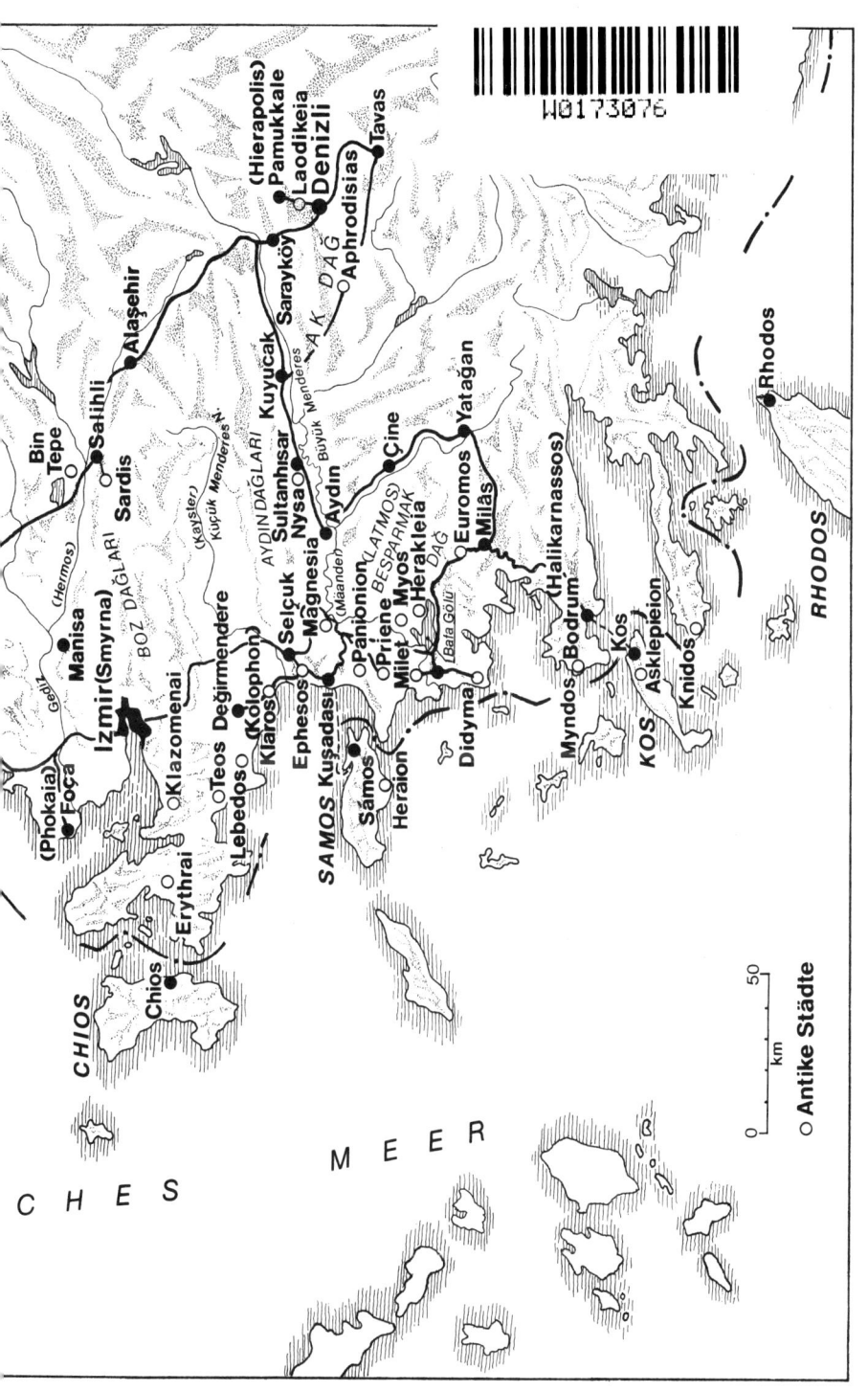

CHES

MEER

CHIOS

Chios

Erythrai

Klazomenai

(Phokaia)
Foça

İzmir(Smyrna)

Manisa

BOZ DAĞLARI

(Hermos)
Gediz

Bin
Tepe

Salihli

Sardis

Alaşehir

(Kayster)
Küçük Menderes

AYDIN DAĞLARI

(Hierapolis)
Pamukkale
Laodikeia
Denizli
Tavas

Sarayköy
Aphrodisias

AK DAĞ

Kuyucak

Sultanhisar
Nysa
Aydın

Büyük Menderes

Çine

Yatağan

Euromos
Milâs

(Halikarnassos)
Bodrum

(LATMOS)
BESPARMAK
DAĞ

Baia Gölü

Teos
Değirmendere

(Kolophon)
Klaros

Lebedos

Ephesos

Magnesia

Selçuk

Kuşadası

SAMOS

Sámos

Heraion

Panionion
Priene
Myos
Milet
Herakleia

Didyma

Myndos

Kos
Asklepieion

Knidos

KOS

Rhodos

RHODOS

0   km   50

o Antike Städte

Jost Herbig

IONISCHE REISE

*Ein Führer zu den Ursprüngen des
abendländischen Denkens:
Westtürkei, Lesbos, Samos, Kos*

Hoffmann und Campe

Die Deutsche Bibliothek – CIP-Einheitsaufnahme

Herbig, Jost:
Ionische Reise : ein Führer zu den Ursprüngen des
abendländischen Denkens: Westtürkei, Lesbos, Samos, Kos /
Jost Herbig. – 1. Aufl. –
Hamburg : Hoffmann und Campe, 1993
ISBN 3-455-08476-1

INHALT

II

AN DER KÜSTE AIOLIENS

III

ÜBER PHOKAIA NACH MILET

IV

DREHSCHEIBE DES HANDELS
UND DER IDEEN
SAMOS

V

DAS UMFELD EINER METROPOLE

VI

DER WEG NACH SÜDEN

VORWORT

*I*onien, das diesem Buch den Titel gab, umfaßte in der Antike einen etwa hundert Kilometer langen Küstenstreifen im Westen der Türkei. Im Norden bildete Smyrna (Izmir) die Grenze, im Süden Milet. Herodot, der Begründer der Geschichtsschreibung, hat es vor zweieinhalb Jahrtausenden als ein Land beschrieben, in dem der Himmel und das Wetter so günstig wie nirgendwo sonst auf Erden seien. Hier, in den reichen und hochentwickelten Handelsstädten Milet, Ephesos, Samos und Kolophon, begann im 6. Jahrhundert vor unserer Zeitrechnung die rationale Erkundung der Welt.

Doch diese Reise zu den Ursprüngen des abendländischen Denkens führt über Ionien hinaus. Sie beginnt etwa 300 Kilometer nördlich von Izmir: in Troja, an der Einfahrt in die Dardanellen, der Welt Homers. An der Küste geht es dann 600 Kilometer nach Süden bis Halikarnassos (Bodrum), Herodots Geburtsort. Im Westen sind die Inseln Lesbos, Samos und Kos Ziele von Tagesausflügen. Östlicher Endpunkt einer Fahrt durchs Landesinnere ist Hierapolis (Pamukkale), in dessen Thermalquellen Menschen schon in der Antike Erholung, Linderung von Schmerzen und Heilung suchten.

Einige der schönsten Landschaften des Mittelmeerraums liegen am Weg: die sanft geschwungenen Bergketten der Westküste Kleinasiens, durch die sich die weiten Schwemmlandebenen des Mäander, des Kayster und Hermos ziehen; die malerischen, dem Festland vorgelagerten Inseln Lesbos, Samos und Kos; die mächtigen Gebirgsmassive im Landesinneren, deren schneebedeckte Gipfel sich über Hochtälern von paradiesischer Fruchtbarkeit erheben.

Es ist eine Region mit einzigartigen Kulturdenkmälern: Die gewaltigen Festungsmauern von Troja gehören ebenso dazu wie das prachtvolle hellenistisch-römische Ruinenspektakel von Ephesos, die Überreste der glanzvollen Handelsstadt Milet und ihres riesigen Orakels in Didyma, der mächtige Artemistempel unterhalb des wildzerklüfteten Burgbergs von Sardis, das Heraion von Samos, das Asklepiosheiligtum von Kos und der Burgberg von Bergama, einst Sitz der Götter und der Könige von Pergamon, heute einer der Hauptanlaufpunkte für Touristenbusse in der Türkei.

Dennoch folgt diese Reise nicht ausgetretenen Pfaden. Ihr Ziel ist es, die Welt jener Griechen lebendig zu machen, die hier auf kleinasiatischem Boden vor zweieinhalb Jahrtausenden das abendländische Denken begründet haben. Sie führt in die Welt der großen Dichter und Denker der Antike, der Ärzte, Geschichtsschreiber und Entdeckungsreisenden, die am östlichen Rand des Mittelmeers die Voraussetzungen für die Moderne geschaffen haben. Es ist eine Reise auch der Phantasie. Zu besichtigen sind Landschaften aus Worten und Gebäude aus Gedanken.

Einbezogen sind Orte, an die es kaum je einen Fremden verschlägt, weil die herkömmlichen, Architektur-orientierten Reiseführer dort »Sehenswürdigkeiten« nicht verzeichnen. Doch auch an Plätzen, wo keine Ruinen zu besichtigen sind, wie dem Flußbett des Skamander und der Beşik-Bucht vor Troja, dem antiken Phoikaia und in Kolophon, lassen sich entscheidende Phasen in der geistigen und sozialen Entwicklung der Griechen nachvollziehen. Wo es an Baudenkmälern fehlt, vermag die Vorstellungskraft eine untergegangene Welt wieder zum Leben zu erwecken.

Nur wenige Kilometer von Troja und seinem Menschengewimmel entfernt läßt sich mit Homer als Führer am Ufer des Skamander ein Einblick in das Naturbild des 8. vorchristlichen Jahrhunderts gewinnen. Den träge dahinfließenden Fluß vor Augen, wird, wer den Abstecher nicht scheut und über etwas Phantasie verfügt, zum Zeugen des dramatischen Kampfes zwischen Achilleus und dem Flußgott, den der Dichter in der Ilias geschildert hat. Im Blutrausch metzelt Achilleus Scharen von Gegnern dahin. Empört, seine heiligen Fluten durch Blut und Leichen besudelt zu sehen, versucht der göttliche Skamandros, den Helden in einer gewaltigen Flutwelle zu ertränken. Achilleus' göttliche Beschützer Athena und Poseidon eilen herbei, und auch der Fluß ruft seine Quellen zu Hilfe. Zwischen den älteren, animistischen Göttern, die selbst Naturkräfte sind, und den jüngeren der Zeusdynastie, die über die Natur herrschen, entbrennt ein erbitterter Kampf. Die jüngeren behalten die Oberhand; Achilleus kommt noch einmal davon – aber nur, weil ihm vom Schicksal ein anderer Tod vorbestimmt ist.

Am Weg zu den Stätten des frühen Denkens liegt auch ein von knorrigen Olivenbäumen bewachsener Hügel bei Değirmendere, südlich von Izmir. Außer einer Landschaft von herber Schönheit ist dort nichts zu sehen. Nur das Knirschen von Tonscherben unter den Füßen und vereinzelte Mauerreste erinnern daran, daß sich auf dem Hügel einst eine größere Stadt befunden hat – das wegen seines Reichtums und der Prunksucht seiner Bürger legendäre Kolophon. Im ersten Drittel des 6. vorchristlichen Jahrhunderts wurde an diesem Ort der Dichter und Philosoph Xenophanes geboren, der Schöpfer einer grandiosen neuen Gottesidee: Hätten die Rinder, Rosse und Löwen Hände wie Menschen, so spottete er über die menschenähnlichen Götter Homers, dann würden sie ihre Götter in Gestalt von Rindern, Pferden und Löwen malen. An die Stelle der anthropomorphen Götter des Volksglaubens setzte Xenophanes die Idee eines einzigen Gottes, der, weder an Gestalt noch an Einsicht den Menschen gleich, die Welt nur durch seines Geistes Denkkraft bewegt.

Ein weiteres selten besuchtes Ziel ist der malerische Badeort Foça nördlich von Izmir, die Stätte der untergegangenen Handelsstadt Phokaia. Von dort aus brachen im 7. und 6. Jahrhundert vor unserer Zeitrechnung kühne Seefahrer zu Handelsreisen bis ans Ende der damaligen Welt auf. Stürmen und Piraten trotzend, überquerten Phokaiaer auf ihren schnellen Fünfzigruderern das Mittelmeer von Osten nach Westen. In Südwestspanien erhielten sie für griechische Luxusartikel Silber, Zinn und Bronze. Durch Handel trugen sie dazu bei, aus der mythischen Welt verführerischer Zauberinnen und menschenfressender Ungeheuer, die das westliche Mittelmeer für die Zeitgenossen Homers gewesen war, einen geographischen Raum mit festen Anlaufpunkten zu machen.

Was diese Reise von anderen unterscheidet, sind freilich weniger einzelne Orte, zu denen sie führt, als die ihr zugrundeliegende Idee: Sie verfolgt die Entwicklung der Lebensweise, des Denkens und Empfindens der Griechen an den Schauplätzen, an denen sie stattgefunden hat. Vor dem Hintergrund der grandiosen Landschaften der Westtürkei und der vorgelagerten griechischen Inseln soll die Epoche eines großen sozialen und geistigen Aufbruchs wiedererstehen, die in uns weiterwirkt. Das Ziel ist, zu erkunden, wie diese Menschen, denen wir so viel verdanken, einst gelebt haben, und was den Umbruch ihres Denkens und Empfindens ausgelöst hat.

Historisch erfaßt dieser Führer durch die Welt der kleinasiatischen Griechen ein Jahrtausend. Er beginnt in der Endphase der mykenischen Kultur im 12. Jahrhundert vor unserer Zeitrechnung und endet mit der Gründung der Bibliothek von Pergamon im 2. Jahrhundert. Im Bewußtsein, Erben einer großen Vergangenheit zu sein, begannen damals hellenistische Herrscher, *systematisch* die Werke der großen Dichter, Denker, Geschichtsschreiber und Ärzte zu sammeln. In ihrem Auftrag haben die Bibliothekare von Pergamon und von Alexandria in Ägypten Büchersammlungen aus Hunderttausenden von Schriftrollen zusammengetragen und so das geistige Erbe der Vergangenheit bewahrt. Ihnen verdanken wir unser Wissen über die Antike.

In den fünf Jahrhunderten zwischen Homer und der Gründung der großen Bibliotheken fand eine der folgenreichsten geistesgeschichtlichen Umwälzungen statt. Die Person löste sich aus der Gebundenheit an die starre aristokratische Ordnung, die Homer beschrieben hat. Das Ich wurde autonom. Innerlich frei geworden, entdeckten Menschen, daß nicht Götter, sondern sie selbst die Urheber ihrer Gedanken, Entscheidungen und Empfindungen waren. Dichter wie der große Archilochos und die »holde, veilchengelockte« Sappho begannen, die Welt der menschlichen Gefühle zu erkunden.

In den sozialen Wirren dieser Umbruchzeit wurzeln die Demokratie und die Idee eines göttlichen Rechts. Unabhängig von der

Person regelt es das Verhalten freier Bürger im Staat. Gleichzeitig erfolgte ein Umbruch im Naturverständnis. Der Glaube an Götter, die nach Belieben in das Naturgeschehen eingreifen, um Menschen zu belohnen oder zu bestrafen, wich der Vorstellung von einer inneren Gesetzmäßigkeit der Natur. Auch sie leitete sich aus der Idee des göttlichen Rechtes ab. Mensch wie Natur schienen ihm unterworfen zu sein. Griechische Denker verstanden den Kosmos als Rechtsordnung der Dinge.

Aus dieser Annahme entstand die Wissenschaft der Griechen, die sich als grundlegend für das Weltbild der modernen Naturwissenschaft erweisen sollte. Griechische Denker erkannten, daß dem Universum Verhältnisse einfacher Zahlen zugrunde liegen. Auch entdeckten sie, daß die veränderbare Welt der sichtbaren Dinge aus unsichtbaren und unvergänglichen Atomen besteht, die sich im leeren Raum bewegen: Alles Werden und Vergehen muß auf der Umordnung von Atomen beruhen.

Angeregt durch die ionische Naturphilosophie entwickelten Ärzte ein kausales Verständnis von Gesundheit und Krankheit. Krankheiten erschienen nun nicht mehr als göttliche Strafen. Sie mußten Ursachen haben, die im Organismus selbst und in der Einwirkung der Umwelt zu suchen waren. Zur gleichen Zeit entstand die Geschichtsschreibung als Versuch, die Ursachen der großen politischen Veränderungen dieser schicksalhaften Epoche zu erkennen. Das Ziel war, aus der Vergangenheit zu lernen und freie Bürger zum Bewußtsein der Beweggründe menschlichen Handelns zu führen.

Dieses Buch soll die traditionellen Kunstreiseführer mit ihren sachkundigen Beschreibungen antiker Städte, Tempel, Paläste und Museen nicht ersetzen. Wer mehr über Baugeschichte und Architektur erfahren möchte, findet das Gewünschte in zwei hervorragenden Büchern: *Türkei, die Westküste von Troja bis Knidos* von Wolf König (Artemis Verlag) sowie *Chios Lesbos Samos, ein Kultur- und Reiseführer* von Brigitte Kronabetter (Otto Müller Verlag). Außerdem werden an den meisten Orten gut bebilderte Broschüren angeboten, die einzelne Ruinenstätten ausführlich beschreiben. In Kauf zu nehmen sind dafür freilich nicht selten abenteuerliche Übersetzungen.

Vielmehr will ich dazu anregen, auf eine andere Art zu reisen und das Gesehene in einem gedanklichen Rahmen zu verarbeiten, der die Vielzahl der Eindrücke ordnet und sie ins Bewußtsein rückt. Kulturgeschichtlich interessiert, wird man von den herkömmlichen Führern dazu angeleitet, systematisch »die Sehenswürdigkeiten« einer Region zu besichtigen. Damit aber setzt man sich einem Sammelsurium heterogener Eindrücke aus, die nichts anderes verbindet, als zufällig am Wege zu liegen. An ein- und demselben Ort mögen das Mauerreste aus mykenischer Zeit sein, die Ruinen einer frühchristlichen Basilika, Fundamente und Säulentrommeln eines hellenistischen Tempels, Überreste einer römischen Therme und eine Moschee aus der Seldschukenzeit. Zurück bleibt ein Potpourri von Eindrücken, deren Konturen im Nebel der Gleichwertigkeit verschwimmen. Sehenswürdigkeiten werden abgehakt, als absolviere man ein Pflichtpensum in Kultur. Man hat sie eben »gemacht«. Am Ende ist die Region kulturell abgegrast, aber bewußt geworden ist wenig. Nur Fotos und Videobänder erinnern später daran, daß man »da« gewesen ist.

Die Idee dieser Reise dagegen, die Entwicklung des Lebens und Denkens der Griechen an den Orten des Geschehens zu verfolgen, verlangt nach einer Auswahl. Sehenswürdigkeiten, die für mein Konzept unwesentlich sind, bleiben in der Regel ausgeschlossen. Ausnahmen bilden antike Städte wie Nysa, Herakleia, Hierapolis und Aphrodisias, deren Schönheit es unverzeihlich erscheinen ließe, einfach vorbeizufahren. Auf der anderen Seite habe ich Orte mit einbezogen, die wegen fehlender Baudenkmäler für gewöhnlich »links« liegenbleiben. Auf diese Weise werden nicht nur Eindrücke aneinandergereiht: Wer so reist, der wird das Gesehene auch bewußter erleben.

Es gehört nun einmal zur Natur unserer Wahrnehmung, daß nur solche Dinge Aufmerksamkeit wecken, die als bedeutungsvoll erscheinen. Auf mehreren Fahrten durch die Region haben wir – meine Frau Barbara, die entscheidend zu diesem Buch beigetragen hat, und ich – immer wieder festgestellt, daß wir anfangs Plätze oder Gegenstände zwar mit den Sinnen registriert, sie aber nicht bewußt wahrgenommen hatten. Wir hatten einfach in die Gegend geschaut. Erst später, als uns ihre Bedeutung für die Idee der Reise aufging, erlebten wir sie bewußt. Es schien, als hätten wir sie soeben entdeckt. Diese wichtige Aufgabe, dem Gesehenen Bedeutung zu verleihen, ist Zweck dieses Führers. Das gemeinsame Thema ordnet die Vielfalt der Eindrücke und leitet zu bewußtem Sehen an.

Vor allem aber versuche ich, einen Abglanz von der Farbigkeit jener Welt einzufangen, in der das rationale Denken begann. Was aus der Entfernung von zweieinhalb Jahrtausenden sonst nur als abstrakte Verstandesleistung einer Anzahl von Geistesheroen erschiene, entstand in Wirklichkeit als Reaktion auf die tiefgreifenden wirtschaftlichen und sozialen Veränderungen in den griechischen Stadtstaaten des 7. und 6. vorchristlichen Jahrhunderts. Beteiligt waren nicht nur die großen Denker Thales, Anaximander, Pythagoras oder Heraklit, sondern ebenso die anonyme Masse, aus der zufällig einzelne Namen und Schicksale überliefert sind.

In diesem Buch treten daher auch die treibenden Kräfte dieser Veränderungen auf, zum Beispiel ein unternehmerischer junger Aristokrat, der aus der Welt des konservativen grundbesitzenden Adels ausbricht, um durch Fernhandel zu Reichtum zu kommen; von den daheimgebliebenen konservativen grundbesitzenden Standesgenossen argwöhnisch beäugt, macht er auf einer einzigen Fahrt ein Vermögen und verschwendet es ebenso leichtherzig an die berühmteste Hetäre ihrer Zeit; ein anderer verdingt sich als Söldner am Hof Nebukadnezars und kehrt hochgeehrt und beutebeladen in die Heimat zurück; dazu gehören auch Reisende, die nach der Begegnung mit den älteren und entwickelteren Kulturen Ägyptens und Babyloniens die traditionellen Überzeugungen der Griechen in Frage stellen; skrupellose Geschäftemacher, denen kein Gewerbe zu schändlich ist; mächtige Adelscliquen, deren Rivalitäten ganze Stadtstaaten ins Chaos stürzen, was wiederum Tyrannen auf den Plan ruft, die für Ruhe und Ordnung sorgen; schließlich bleibt noch die Masse der Handwerker, der kleinen Bauern und Tagelöhner; ihre Unterdrückung durch eine korrupte, von Macht- und Geldgier besessene Aristokratie schafft jenen sozialen Konfliktstoff, der sich in bürgerkriegsähnlichen Auseinandersetzungen mit Ausbrüchen von barbarischer Grausamkeit entlädt.

17

In einer solchen von Parteienhader und Bürgerkrieg zerrissenen Gesellschaft zu philosophieren bedeutete damals mehr, als nur einem inneren Drang nach Erkenntnis nachzugehen. Die Naturphilosophie der Griechen entstand aus dem Versuch, in einer aus den Fugen geratenen Welt die Grundlagen einer neuen Ordnung zu erkennen, die es zu verwirklichen galt. Am Anfang stand die Suche nach einer göttlichen Gesetzmäßigkeit des Kosmos, der auch das menschliche Handeln unterworfen sein mußte. Den Glanz und das Elend, den Fortschritt und die Zerrissenheit dieser Übergangszeit darzustellen ist das Ziel meines Führers durch die Welt der kleinasiatischen Griechen.

Dieses Vorhaben verlangt eine ausführlichere Behandlung des kulturgeschichtlichen Hintergrunds als in Reiseführern üblich. Daher ein Hinweis: Angesichts einer prachtvollen Ruinenstätte eine zwanzigseitige Abhandlung durchzuarbeiten hieße, selbst den ausdauerndsten Leser zu überfordern. Aus diesem Grund habe ich den für den Besuch wichtigen Teil jeweils an den Anfang eines Kapitels gestellt. So lassen sich die benötigten Passagen bequem vor Ort überfliegen, während man sich im Hotel, am Strand, im Café, auf der Überfahrt zu den Inseln oder gar zu Hause in den kulturgeschichtlichen Teil vertiefen kann.

Ein weiterer Hinweis: Die vorgeschlagene Route von Troja über Bodrum und Pamukkale nach Pergamon folgt – wenn auch mit Zugeständnissen an die geographische Lage der Orte – ungefähr der zeitlichen Reihenfolge der jeweiligen geistesgeschichtlichen Beiträge. Meine Darstellung läßt es jedoch zu, sich für eine andere Strecke und damit für eine andere Reihenfolge zu entscheiden. Auch ist es möglich, sich auf einzelne Orte zu beschränken. Jedes Kapitel ist in sich abgeschlossen. Wo notwendig, helfen Querverweise, Beziehungen zu anderen Teilen des Buches herzustellen.

München, im Frühjahr 1993   Jost Herbig

I

AUFTAKT AM HELLESPONT

GRIECHEN UND PERSER

BEGEGNUNG ZWEIER KULTUREN

*D*ie Dardanellen, von den Griechen »Hellespont« genannt, sind eine 60 Kilometer lange Meerenge im Nordwesten der Türkei. Sie entstanden vor Jahrmillionen, als sich das Tal eines urzeitlichen Flusses unter den Meeresspiegel senkte. Seit Jahrtausenden kreuzen sich hier die Verbindungswege von Völkern und Kulturen: Über die anderthalb Kilometer breiten Engstellen führte der Landweg zwischen Europa und Asien; in Nord-Süd-Richtung verband das überflutete Tal das Mittelmeer mit dem Schwarzen Meer. Auf dem Weg zu den Rohstoff- und Nahrungsquellen des Schwarzmeergebiets mußten die Schiffe der Griechen den Hellespont passieren.

Am südlichen Ende liegt der Hügel von Hisarlik mit den Ruinen der Festung von Troja. Seit der Mitte des 3. Jahrtausends hatte Troja die Einfahrt in die so wichtige Wasserstraße zum Schwarzen Meer beherrscht. Seiner Lage verdankte es Reichtum und Macht, zugleich war sie aber auch Ursache für Kriege und Zerstörung. Zu einem einzigen Feldzug verdichtet, spiegeln sich die Kriege um Troja in den beiden großen Epen am Anfang der abendländischen Literaturgeschichte wider – der um 730 v. Chr. entstandenen *Ilias* und der etwas jüngeren *Odyssee*. Aus ihnen läßt sich das Weltbild der Griechen in den Jahrhunderten vor den Anfängen des rationalen Denkens rekonstruieren. Die Ruinen von Troja werden daher das wichtigste Ziel in dieser Region sein.

Doch zunächst gilt es, eine Engstelle der Dardanellen ungefähr 30 Kilometer im Nordosten von Troja aufzusuchen. Mit etwas Phantasie lassen sich dort zwei Ereignisse rekonstruieren, die für die Geschichte des abendländischen Denkens ausschlaggebend wurden: Um Griechenland zu unterwerfen, überquerte im Frühjahr 480 v. Chr. der Perserkönig Xerxes (486–465 v. Chr.) mit einem riesigen Heer auf zwei Schiffsbrücken den Hellespont; anderthalb Jahrhunderte später sollte an der gleichen Stelle Alexander der Große nach Asien übersetzen und griechische Kultur über große Teile Asiens und Nordafrikas verbreiten.

Die Schiffsbrücken des Großkönigs

Der Ort, an dem Xerxes Brücken von Asien nach Europa schlagen ließ, liegt einige Kilometer nördlich der Hafenstadt Çanakkale am Kap von Nare, dem antiken Nagara. Das weit in die Dardanellen ragende Kap bildet die westliche Spitze einer trapezförmigen Landzunge, an deren stumpfem nördlichen Ende das antike Abydos lag. Nare freilich ist heute militärisches Sperrgebiet. Wer die historische Stätte aufsuchen möchte, wird von Bewaffneten barsch abgewiesen.

Doch von Çanakkale fährt stündlich eine Fähre nach Eceabat ans europäische Ufer, wo die Endpunkte der Brücken zugänglich sind. Unterwegs zeichnet sich schemenhaft in einiger Entfernung ein weit in die Wasserstraße vorstoßender bewaldeter Höhenrükken ab – das Kap von Nare. Von Eceabat geht es auf der Uferstraße etwa vier Kilometer nach Norden bis zu einem kleinen Tal, das die steile Felsküste durchbricht und einen leichten Zugang ins Innere der Chersones-Halbinsel gewährt. Über Obstbäume und Pappeln hinweg, die im Flußdelta unterhalb der Straße wachsen, ist am gegenüberliegenden Ufer in anderthalb Kilometer Entfernung schemenhaft Nare mit seinen Militäranlagen zu erkennen. Zwischen diesen beiden Punkten überspannte die südliche der beiden Brücken den Hellespont. 300 bis 400 Meter weiter nördlich befand sich die zweite Brücke.

Versetzen wir uns zurück in den Winter 480/79 v. Chr. Quer zur Fahrtrinne, durch die heute ein steter Strom rostzerfressener russischer Frachter, zerbeulter Tanker unter Billigflaggen neben strahlend weißen Kreuzfahrtschiffen und grauen Kriegsschiffen fährt, verbinden zwei Reihen aus Hunderten von parallel ausgerichteten hölzernen Schiffen das europäische mit dem asiatischen Ufer. Die

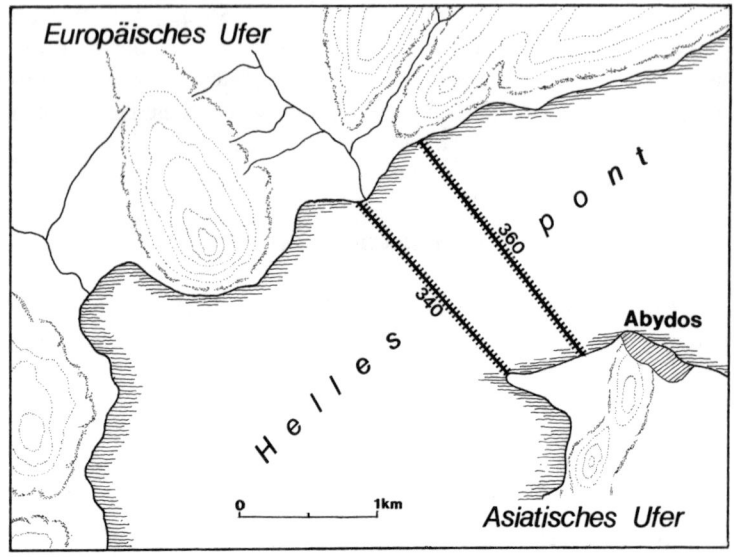

Die Schiffsbrücken über den Hellespont:
An dieser Stelle fiel 480/79 v. Chr. das Perserheer in Europa ein.

südliche besteht aus 340, die nördliche aus 360 Fünfzigruderern und Trieren.

Mit dem Bug in die von Nordosten kommende Strömung gerichtet und durch Anker in Position gehalten, heben und senken sich die Schiffe jeder Reihe mit den sanften Wellen der Dünung. Überwiegend sind es ägyptische und phönizische Fünfzigruderer, elegante Langschiffe mit 25 Reihen hintereinander liegender Ruderbänke und malerisch gewölbter Bug- und Heckzier. Nur in der Mitte der Fahrtrinne befinden sich die höherbordigen Trieren. Das sind die etwa 36 Meter langen und fünf Meter breiten »Schlachtschiffe« der Antike mit drei Ebenen übereinanderliegender Ruderbänke.

Über die Schiffe jeder Reihe führt ein etwa fünf Meter breiter Steg aus Holzbohlen, Brettern und gestampfter Erde von einem Ufer zum anderen. An den Seiten, kaum mannshoch über dem Wasser liegend, steigen die Brücken in der Mitte der Fahrtrinne, wo sich die Trieren befinden, an und gewähren kleineren Schiffen Durchfahrt. Die Bohlen ruhen auf dicken Seilen aus Pflanzenfasern. Quer über die Bordwände gespannt und von mächtigen hölzernen Winden an Land auf Spannung gehalten, verbinden diese Seile die Schiffe einer Reihe von einem Ufer zum anderen. Sichtblenden an den Seiten verhindern, daß Pferde, Maultiere und Kamele beim Anblick des unter ihnen liegenden Meeres in Panik geraten.

Wie schwierig es war, mit den damaligen technischen Mitteln solche Brücken zu bauen, ist leicht vorstellbar. Verbindungsseile und Ankertaue aus Pflanzenfasern mußten dem immensen Druck standhalten, den die starke Nordsüdströmung auf Hunderte von Schiffen ausübte. So ist es nicht verwunderlich, daß der erste Versuch mißlang. Herodot (485–429 v. Chr.), der Begründer der Geschichtsschreibung, berichtet, ein Sturm habe die Spannseile reißen lassen. An den Ankertauen durcheinanderwirbelnd hätten die Schiffe alles kurz und klein geschlagen.

In grenzenlosem Zorn, daß Menschen und Natur sich seinem Willen widersetzt hatten, ordnete Xerxes Vergeltung an. Er ließ die Baumeister köpfen und dem Hellespont 300 Geißelhiebe verabreichen. Während Henker das Wasser peitschten, versenkten Priester unter Verwünschungen ein Paar Fußfesseln in den Fluten (Her. VII 34–36): »Du bitteres Wasser! Der Herr legt dir diese Strafe auf, weil du ihn gekränkt hast, ohne daß du von ihm irgendein Unrecht erlitten hast. Und der Großkönig wird über dich hinwegschreiten, ob du willst oder nicht. Dir wird nun, wie du es verdienst, kein Mensch mehr opfern; denn du bist ein schmutziger, salziger Strom.«

»Zeus! Wozu nimmst du die Gestalt eines Persers an?«

Während der Großkönig mit seiner Landstreitmacht in der lydischen Hauptstadt Sardis (beim modernen Salihi) überwinterte, wurden am Hellespont mit stärkeren Spannseilen neue Brücken gebaut. Im Spätwinter begab sich das Heer auf den Marsch zur 300 Kilometer entfernten Meerenge. Eine Episode beim Aufbruch gibt eine Vorahnung dessen, was Griechenland im Fall eines persischen Sieges erwartet hätte. Xerxes erweist sich als orientalischer Despot, mit dessen Launen Hochherzigkeit abrupt in barbarische Grausamkeit umschlägt (Her. VII 27–29, 38–39):

Phytios, ein Enkel des unterworfenen Lyderkönigs Kroisos (560–46 v. Chr.), hatte den Großkönig beim Zug durch seine Heimat willkommen geheißen, ihn fürstlich bewirtet und zur Unterstützung des Feldzugs sein ganzes Vermögen angeboten. Auf die Frage, wieviel er denn besäße, gab der Lyder die unvorstellbare Summe von 2000 Talenten Silber an; dazu kämen noch fast vier Millionen Dareikos-Stateren, zu denen ihm nur 7000 fehlten. Überwältigt von der Treue und Großzügigkeit seines Vasallen, ernannte Xerxes diesen zu seinem Gastfreund und sagte, er möge seine Reichtümer behalten. Er, der Großkönig, werde ihm die zu den vier Millionen fehlenden 7000 Stateren sogar noch dazuschenken.

Ermutigt durch die Freundschaftsgeste, bat Phytios nun um eine Gnade, die ihm gewährt wurde. Als der Lyder jedoch verlangte, Xerxes möge nur seine vier jüngeren Söhne mit auf den Kriegszug mitnehmen, ihm aber den ältesten als Erben zurücklassen, geriet dieser in grenzenlose Wut. Wie könne Phytios, sein Untertan und Sklave, es wagen, um seinen Sohn zu bitten, während er, sein Herr, die eigenen Söhne und Brüder mit in den Krieg führe! Da Phytios sein Gastfreund sei, wolle er ihn selbst und die jüngeren Söhne verschonen. Den ältesten aber ließ Xerxes in der Mitte auseinanderhauen und die Hälften zu beiden Seiten des Weges auslegen, so daß die Truppen beim Aufbruch aus Sardis durch den Leichnam hindurch marschierten.

Nach mehreren Wochen erreichte das Heer den Hellespont, wo die Flotte schon wartete. In Abydos, am Nordende der Landzunge, wollte Xerxes seine Streitmacht vor dem Einfall in Europa inspizieren. Von einer Schaubühne auf einer Anhöhe betrachtete er das Schauspiel unter sich (Her. VII 45): »Dort saß er nun und blickte hinab auf das Ufer, und wie er das Heer und die Flotte zugleich überschaute, verlangte ihn danach, ein Kampfspiel der Schiffe zu sehen, und als sie kämpften und die Phoiniken aus Sidon den Sieg errangen, freute er sich über dieses Kampfspiel und an seiner Flottenmacht. Als er aber den ganzen Hellespont mit Schiffen überdeckt sah und alle Gestade und alle Gefielde von Abydos von Menschen erfüllt, pries er sich...«

Der Marsch über den Hellespont begann mit Gebeten und Opfern. Schon während der Nacht hatten Priester Räucherwerk auf der Brücke verbrannt und Myrthenzweige auf den schwankenden Stegen über das Wasser verstreut. Als der Tag heraufdämmerte, brachte Xerxes dem Sonnengott ein Trankopfer dar und flehte um Unterstützung bei der Unterwerfung Griechenlands. Danach versenkte er die goldene Opferschale im Meer – ob zur Wiedergutmachung an den Hellespont oder als Opfer für den Sonnengott, konnte Herodot nicht in Erfahrung bringen. Anschließend machte sich die größte Streitmacht, die je ein Mensch versammelt hatte, zum Marsch nach Europa bereit (Her. VII 54–56 und 60 ff.).

Wie zu einem Festzug mit Kränzen geschmückt, stellte sich zuerst die Garde der »Zehntausend« an der Nordbrücke auf. Es war die Elite der persischen Streitmacht – »die Unsterblichen« genannt. Immer wenn einer aus der Garde fiel, rückte automatisch ein Ersatzmann nach, so daß die Zahl stets gleich blieb. Mit Goldschmuck behangen, in Hosen und bunte langärmelige Röcke gekleidet, paradierten die Unsterblichen über die Brücke. In den Händen trugen sie Speere, auf deren Spitzen silberne und goldene Granatäpfel in der Sonne glänzten. Ihnen folgten bis in die Nacht Kolonnen buntgemischter Völkerscharen.

Den folgenden Tag eröffnete die Reiterei. Ihr schlossen sich die zehn heiligen Pferde und der achtspännige Streitwagen des Sonnengottes Ahuramazda an. Neben dem Wagen marschierte der Lenker zu Fuß, da es Menschen verboten war, das Gefährt des Gottes zu betreten. Hinter ihm fuhr Xerxes in seinem von einem persischen Adligen gelenkten Streitwagen. Ihm folgten mit gesenkten Waffen tausend Speerträger und tausend Ritter, stolze persische Aristokraten, die sich rühmten, jeder von ihnen nehme es mit drei Griechen auf.

Am europäischen Ufer machte Xerxes halt, um den Übergang seiner Hauptstreitmacht zu beobachten. Als Aussichtspunkt wird ihm der Hügel am nördlichen Ende des Tals gedient haben. Ein überwältigendes Schauspiel bot sich ihm dar. Durch Geißelhiebe angetrieben und vom Gebrüll der Offiziere begleitet, eilten Kriegerkolonnen aus allen Provinzen seines Reiches über die Nordbrücke von Asien nach Europa.

In Panzern aus versteiftem Leinen stürmten dem Großkönig Assyrer entgegen, deren kegel- oder birnenförmige Bronzehelme wie Gold in der Sonne gleißten. Ihnen folgten wilde Skythen mit spitzen steifen Hüten, Kissier mit bunten Binden um den Kopf, deren Enden malerisch an den Seiten herunterhingen. Auf Inder in Baumwollkleidern und Sarangen in prächtig gefärbten Gewändern und kniehohen Stiefeln folgten Kaspier in zottligen Fellrökken. Hinter Arabern in langen wallenden Mänteln marschierten afrikanische Aithiopen in Panther- und Löwenfelle gehüllt. Asiatische Aithiopen schlossen sich an. Anstelle von Helmen trugen sie die gegerbten Kopfhäute von Pferden mit spitz aufgestellten Ohren und wippenden Mähnen als Helmbüschen. Hinter Pisidern, aus deren ehernen Helmen Stierhörner und -ohren ragten, marschierten Kolonnen wilder Thraker in langen bunten Mänteln und einem Kopfputz aus Fuchspelz. Moscher folgten mit hölzernen Helmen und Marer, deren Kopfschutz aus Flechtwerk bestand. Insgesamt, so berichtet Herodot, habe der Zug des Perserheeres über den Hellespont sieben Tage und sieben Nächte gedauert.

Gleichzeitig setzte der Troß über die Südbrücke über. Es war eine endlose Kolonne schwer mit Proviant, Versorgungsgütern und Waffen beladener Wagen; dazu kamen Lastträgerkolonnen sowie Lastkamele und Maultiere. Ihnen folgten die Reisewagen mit den Dienern, den Kebsweibern und Eunuchen der »Unsterblichen«, begleitet von Bataillonen von Köchinnen und Herden von Schlachtvieh. Heftig an den Leinen zerrend, zogen Meuten indischer Kampfhunde hechelnd ihre Führer hinter sich her ans europäische Ufer.

Nach Herodot zählte das Landheer 1 700 000 Mann. Dazu kamen 80 000 Reiter auf Pferden, 20 000 arabische Kamelreiter und libysche Streitwagenkämpfer. Die Seestreitmacht bestand aus über 1200 Trieren mit je 200 Mann Besatzung und 3000 Fünfzigruderern mit je achtzig Mann – insgesamt eine weitere halbe Million. Um das kleine Griechenland zu unterwerfen, hatte Xerxes mehr als zwei Millionen Krieger aufgeboten, Diener und Troß nicht gerechnet. Wiederholt erwähnt Herodot, nur große Flüsse hätten ausgereicht, um die persische Streitmacht mit Trinkwasser zu versorgen.

Diese Zahlen sind zweifellos übertrieben. Klein war die Streitmacht des Großkönigs indes nicht. Allein die Vorbereitungen für die Invasion hatten vier Jahre gedauert. In allen Gegenden Asiens waren Vorräte eingetrieben und auf Lastschiffen zu Lagern entlang des Weges transportiert worden. Um die gefährliche Umschiffung der Klippen unterhalb des Athosgebirges zu vermeiden, war quer durch den Isthmus der Athoshalbinsel ein zwei Kilometer langer Kanal gegraben worden. Außer den Hellespont hatte Xerxes auch den Strymon in Nordgriechenland überbrücken lassen.

Verzweifelt angesichts der gegnerischen Übermacht soll sich ein Grieche, der den Übergang des Heeres beobachtet hatte, an Xerxes gewandt haben: »Zeus! Wozu nimmst du denn die Gestalt eines Persers und den Namen Xerxes anstatt Zeus an, der du die ganze Menschheit mit dir führst, in dem Wunsche, Hellas zu vernichten. Es wäre dir ja auch ohne diese möglich gewesen, dies auszuführen.« (Her. VII 56)

Welteroberungspläne und Niederlage König Xerxes'

Der Anlaß zu diesem größten Kriegszug, den je ein Mensch unternommen hatte, war eine Flottenexpedition von eher symbolischer als militärischer Bedeutung gewesen. Athen hatte 499 v. Chr. den Aufstand der griechischen Städte an der Westküste Kleinasiens gegen die persische Vormacht mit zwanzig Schiffen unterstützt. Nachdem Xerxes' Vorgänger Dareios I. (521–486 v. Chr.) die Rebellion niedergeschlagen hatte, richteten sich seine Rachegelüste gegen Athen.

Herodot berichtet, der König habe seinen Dienern befohlen, ihm beim Auftragen der Mahlzeiten dreimal zuzurufen: »Herr, gedenke der Athener!« Vier Jahre später waren die Vorbereitungen abgeschlossen. Der Großkönig fiel in Griechenland ein, wurde aber in der Schlacht von Marathon 490 v. Chr. von den Athenern und ihren tapferen Verbündeten aus dem böotischen

Plataiai zum Rückzug gezwungen. Während der Vorbereitungen zu einem neuen Feldzug starb er 486, und der junge Xerxes setzte das Werk des Vaters fort.

Doch, so sollte eine Generation nach Herodot der große athenische Historiker Thukydides (etwa 455–396 v. Chr.) erkennen, Kriege können zwar durch nichtige Anlässe ausgelöst werden, aber die Ursachen liegen in der Gesetzmäßigkeit der Macht. So war es auch in diesem Fall: Im Gefolge seiner Westexpansion war das Perserreich zuerst auf die griechischen Städte an der Westküste Kleinasiens gestoßen. Nach deren Unterwerfung standen dem Machtstreben der Perserkönige die Griechen des Mutterlands im Weg. Wären Athen und die Peloponnes einmal unterworfen, so läßt Herodot Xerxes den wahren Kriegsgrund erklären, »dann werden wir es erreichen, daß das Persische Reich an den Himmelsraum des Zeus grenzt« (Her. VII 8).

Da der Himmel nach damaliger Auffassung hinter dem Rand einer scheibenförmigen Erde begann, meinte der Großkönig »bis ans Ende der Welt«: »Es wird ja dann die Sonne über keinem Land aufgehen, das an das unsrige grenzt, vielmehr werde ich sie alle für euch zu einem einzigen Land zusammenfügen, wenn ich durch ganz Europa gezogen bin. Denn, wie ich erfahre, ist die Lage so: Es bleibt keine Stadt mit ihren Männern und kein Volk auf der Erde übrig, das imstande wäre, sich mit uns im Kampfe zu messen, wenn die, von denen ich gesprochen habe (die Griechen) beseitigt sind.« Um sein Ziel zu erreichen, hatte Xerxes eine Streitmacht aufgestellt, deren Größe jeden Widerstandswillen ersticken sollte.

Doch von der riesigen Armee, die im Frühjahr 480 v. Chr. den Hellespont überschritten hatte, war im Herbst nur wenig geblieben. Nachdem ihm die Flotten der griechischen Verbündeten mit Athen als der treibenden Kraft bei Salamis eine vernichtende Niederlage beigebracht hatten, wollte Xerxes sich mit dem Hauptteil des Heeres nach Persien zurückziehen. 300 000 ausgewählte Soldaten unter dem Feldherrn Mardonius, so meinte er, genügten, um die Griechen in einer Landschlacht zu besiegen. Auch diese Armee sollte 479 v. Chr. bei Plataiai südlich von Theben vernichtend geschlagen werden.

Der Großkönig selbst brach schon im Spätsommer 480 mit dem Hauptteil des Heeres zum Hellespont auf. Um zu verhindern, daß die griechische Flotte ihm den Rückzug über die Meerenge abschnitt, wollte er in Eilmärschen die rettenden Brücken erreichen. Unterwegs dezimierten jedoch Erschöpfung, Nahrungsmangel und Seuchen die flüchtenden Perser. »In fünfundvierzig Tagen«, so berichtet Herodot (VIII 115), »erreichte er (Xerxes) die Stelle des Übergangs, brachte aber von dem Heere fast gar nichts zurück. Es nährte sich das Heer von der Feldfrucht der Länder und Völker, durch die es auf seinem Marsch gelangte, und wo sie keine Feldfrucht fanden, nahmen sie das Gras, das aus der Erde sprießt, schälten die Rinde und rupften die Blätter von edlen und wilden Bäumen, aßen sie und ließen nichts übrig.« Selbst der Wagen des Sonnengottes ging verloren. Wilde Thraker hatten die heiligen Pferde von der Koppel gestohlen.

Von dem unbesiegbar erscheinenden Heer, das Monate zuvor über den Hellespont gezogen war, erreichten nur versprengte Haufen ausgemergelter Gestalten das europäische Ufer der Wasserstraße. Entsetzt stellten die Überlebenden fest, daß die Brücken verschwunden waren. Ein Sturm hatte sie vernichtet. Unter Zurücklassung aller Habe kehrte Xerxes mit den kümmerlichen Resten der Riesenarmee, die im Frühjahr über den Hellespont marschiert war, auf den verbliebenen Schiffen nach Asien zurück.

Der Geschmack der Freiheit

Für das Scheitern des Feldzugs gibt es mehrere Gründe. Zweifellos spielte eine Fehleinschätzung des Xerxes eine wichtige Rolle. Die Größe seiner Streitmacht, in der er seine Stärke sah, behinderte. Bei der Heerschau vor dem Aufbruch über den Hellespont im Frühjahr 480 v. Chr. hatte sein Oheim Artabanos den unerfahrenen König gewarnt, zwei Mächte seien vor allen anderen zu fürchten: das Land und das Meer. Auf dem Meer sei kein Hafen groß genug, in den sich die Flotte bei einem Sturm zurückziehen könnte. Zu Land aber würde Hunger den Feldzug beenden (Her. VII 49). Doch Xerxes schlug die Warnung in den Wind und erwiderte, hätten seine Vorläufer ähnlich gedacht, dann hätte das Persische Reich nie Größe erreicht.

Nachschubprobleme allein entschieden den Krieg jedoch nicht. Nicht weniger wichtig war der Selbstbehauptungswille der Griechen, allen voran der Athener und Spartaner. Trotz der erdrückenden gegnerischen Übermacht dachten sie nicht an Unterwerfung. Mit solchem Widerstandswillen aber hatte Xerxes nicht gerechnet. Schlimmer noch, er war ihm unverständlich. Despot, der er war, konnte er sich nicht vorstellen, in einer aussichtslos erscheinenden Lage könnten Menschen bereit sein, eher ihr Leben als ihre Freiheit zu verlieren.

Deutlich äußert sich der Freiheitswille der Griechen in der Antwort zweier Spartaner an einen persischen Satrapen, der sie zum Überlaufen aufgefordert hatte (Her. VII 135). Wie sein eigenes Beispiel zeige, so versucht ihnen der Vasall des Xerxes den Frontenwechsel schmackhaft zu machen, würden sie es gewiß nicht bereuen. Der Großkönig werde sich erkenntlich zeigen und jedem von ihnen ein eigenes Herrschaftsgebiet in Griechenland zuweisen.

»Hydarnes!«, erwidern die Spartaner ironisch, »der Rat, der sich auf uns bezieht, ist nicht gleichmäßig ausgewogen. Bei dem einen Teil stützest du dich auf eigene Erfahrung, bei dem anderen Teil fehlt sie dir. Was es heißt, Sklave zu sein, das weißt du, mit der Freiheit aber hast du noch keine Erfahrung gemacht und weißt nicht, ob sie süß ist oder nicht. Denn wenn du sie gekostet hättest, würdest du uns raten, nicht nur mit Speeren, sondern sogar mit Äxten für sie zu kämpfen.«

Xerxes dagegen befehligte eine Streitmacht, in der nur wenige aus eigenem Antrieb kämpften. Wiederholt schildert Herodot, wie persische Truppen in die Schlacht geprügelt werden mußten: »Denn hinter ihren Abteilungen standen die Befehlshaber mit Peitschen und hieben unter fortgesetztem Vorwärtstreiben auf jeden Mann ein«, so griffen an den Thermopylen Zehntausende von Persern einige hundert Spartaner und Thespier an.

Die Entschlossenheit seiner Gegner erkannte der Großkönig erst, als es zu spät war. Er erwartete, daß selbst Spartaner sich der Übermacht kampflos ergeben würden (Her. VII 103): »Wenn sie unter dem Befehl eines einzigen stünden«, so rechnet er dem vertriebenen spartanischen König Demaratos vor, »wie es unserem Brauch entspräche, könnten sie wohl aus Furcht vor diesem und entgegen ihrer eigenen Veranlagung sich tapferer zeigen und dürften unter dem Zwang von Peitschenhieben als Minderheit gegen eine Übermacht ziehen. Wird ihnen aber ihr freier Wille gelassen, so tun sie wohl keines von beiden.«

Vergeblich versucht Demaratos, seinen Gesprächspartner über seine spartanischen Landsleute aufzuklären (Her. VII 102 u. 104): »Wisse... sie sind zwar frei, aber doch nicht ganz frei. Denn über ihnen steht als Herr das Gesetz, vor dem sie sich noch viel mehr fürchten als die Deinigen vor dir. Auf alle Fälle tun sie, was es befiehlt. Es befiehlt, immer das gleiche: Es verbietet, vor irgendeiner Übermacht in der Schlacht zu fliehen, in Reih und Glied zu bleiben und entweder zu siegen oder zu sterben.« Daß etwas Abstraktes wie ein Gesetz freie Menschen zum Kämpfen verpflichten konnte, war einem Despoten, der Gehorsam durch Prügel erzwang, zu Beginn des Feldzugs unverständlich. Erst an den Thermopylen sollten ihm die Augen aufgehen. Einige hundert Griechen verteidigten den Paß gegen die erdrückende persische Übermacht bis zum letzten Mann.

Alexanders Traum

Auf Schiffen sollte 334 v. Chr., anderthalb Jahrhunderte nach Xerxes, an der gleichen Stelle das Heer Alexanders des Großen (336–323 v. Chr.) den Hellespont überqueren. Während der erfahrene Heerführer Parmenion die Truppen auf kürzestem Weg zum Granikos führte – dem beim modernen Biga gelegenen Ort der ersten Schlacht –, begab sich der junge Makedonenherrscher auf den Spuren seines großen Vorbilds Achilleus zuerst nach Troja.

Ein von seinem Lehrer Aristoteles redigiertes Exemplar der *Ilias* im Gepäck, reiste er mit einigen Gefährten und einer Abteilung Bewaffneter zuerst zur Südspitze der Chersones. Am europäischen Ufer gegenüber von Troja opferte er an einem Tumulus, der als Grabstätte des Protesilaos galt, des ersten Griechen, der im

Kampf um Troja gefallen war. In voller Rüstung, das Steuer selbst in der Hand, setzte Alexander dann ans andere Ufer über. Um Asien symbolisch in Besitz zu nehmen, schleuderte er noch vom Schiff seinen Speer in den Sand.

Anschließend zog der junge Makedonenkönig in das wenige Kilometer entfernte Troja. Nachdem er im Tempel der Athena geopfert und einen geweihten Schild aus dem Trojanischen Krieg an sich genommen hatte, suchte er einen Erdhügel auf, in dem nach der Legende Achilleus begraben war (S. 49). Plutarch (etwa 46–120 n. Chr.) hat die Szene überliefert (Alexander 15): »Das Grabmal des Achilleus salbte er mit Öl, rannte, wie es der Brauch ist, mit den Gefährten nackt hinauf, bekränzte es und pries ihn (Achilleus) glücklich, daß er im Leben einen treuen Freund (Patroklos) und nach seinem Tode einen mächtigen Herold seiner Taten (Homer) gefunden habe.«

Der Auftakt mutet wie die romantische Reise eines Zwanzigjährigen zu den Stätten seiner Jugendträume an. Auch dürfte Alexanders Streitmacht den Perserkönig Dareios III. (336–331 v. Chr.) anfangs nicht sonderlich beunruhigt haben. Insgesamt verfügte der junge König über 30 000 Mann und 5000 Reiter. Der Proviant reichte für einen Monat, und die Geldreserven waren minimal. Doch den großen Gesten sollten noch größere Taten folgen. Im größten Eroberungszug der Geschichte besiegte Alexander mehrere Armeen des Perserkönigs und eroberte Ägypten sowie Asien bis zum Indus und Hindukusch.

In einem Brief an den Großkönig hatte Alexander seinen Vorstoß nach Asien als Rachefeldzug für das Unrecht erklärt, das dessen Vorfahre Xerxes Makedonien und Griechenland angetan habe. Doch was Alexander antrieb, war mehr als nur Rache oder Machtgelüste. Im Gegensatz zu Xerxes sah Alexander seine Aufgabe nicht nur in Eroberung, er verstand sich auch als Kulturbringer. Von Aristoteles im griechischen Geist erzogen, gründete der Makedone in der Fremde Städte, baute Straßen, um Handel und Verkehr zu fördern, und richtete Verwaltung und Rechtswesen nach griechischem Vorbild ein.

Auf seinem Feldzug ließ Alexander sich daher von einem umfangreichen Troß von Wissenschaftlern und Technikern begleiten:

von Architekten, die Pläne für neue Städte entwarfen, von Geographen und Landvermessern, deren Aufzeichnungen für lange Zeit die Grundlage der Geographie Asiens bildeten, von Ingenieuren, Philosophen, Schriftstellern, Botanikern, Zoologen und weiteren Naturforschern, die den daheimgebliebenen Aristoteles mit Berichten und wichtigen Funden versorgten. Ägypten und Asien sollten nicht nur erobert, sondern auch erforscht werden.

Auf dem Umweg über das von Alexander und seinen Nachfolgern hellenisierte Ägypten gelangten später die meisten erhaltenen Werke der griechischen Denker und Dichter zurück nach Europa. Ohne die um 300 v. Chr. von Alexanders General und Freund Ptolemaios I. (323–285 v. Chr.) gegründete Bibliothek von Alexandria sowie die ihr nacheifernde Schriftensammlung der Könige von Pergamon (S. 342 ff.) wäre von der umfangreichen Literatur der griechischen Antike so gut wie nichts geblieben.

Alexander, so hat der Historiker William Woodthorpe Tarn die Leistung dieses außergewöhnlichen Mannes gewürdigt, »hob die zivilisierte Welt aus einem Gleise heraus und führte sie auf ein neues. Er war der Anfang einer neuen Epoche; nichts konnte bleiben, wie es früher war. Er erweiterte den Horizont des Wissens und das Streben nach Menschlichkeit und bot der griechischen Wissenschaft und Kultur so große Wirkungsbereiche, wie sie sie noch nie gehabt hatten... Die bis jetzt nur den Griechen vorbehaltene Kultur breitete sich über die ganze Welt aus... Das Griechenland, das Roms Lehrmeisterin wurde, war die von Alexander geschaffene hellenistische Welt.«

In Asien vollbrachte Alexander seine wohl erstaunlichste Tat. Obwohl von Aristoteles im griechischen Geist erzogen, überwand er das Vorurteil, nach dem alle Nichtgriechen »Barbaren« und von Natur aus Feinde und Sklaven seien. Aus der Notwendigkeit, ein Weltreich zu regieren, das die unterschiedlichsten Völker, Rassen und Kulturen vereinte, verwirklichte er für einen kurzen historischen Augenblick den Traum von der Brüderschaft aller Menschen. Wenn Alexanders Traum auch nur kurz währte, die Idee von der Einheit der Menschheit geht auf einen Mann zurück, an den sich die Nachwelt nur als den großen Eroberer erinnert.

TROJA

HOMERS WELT

*T*roja lebt vom Mythos Homer. Was man sieht, einen von Archäologen zerfurchten Hügel mit Siedlungsresten aus drei Jahrtausenden, würde allein nie jene Menschenmassen anziehen, die sich zur Reisezeit dort einfinden. Auch die Landschaft ist ohne dramatische Höhepunkte. Man blickt auf die vom rechtwinkligen Raster der Felder durchzogene Skamanderebene, fruchtbares Bauernland. Im Norden liegt auf einem flachen Hügel ein Dorf. Dahinter zeichnet sich die Einfahrt in die Dardanellen als blauer Streifen ab, in dem sich schemenhaft Schiffe bewegen. Ein Schatten am Horizont markiert das gegenüberliegende europäische Ufer, die Spitze der thrakischen Chersones-Halbinsel. Den Blick aufs offene Meer im Westen verstellt ein langgezogener Höhenrücken.

Doch die Mauerreste auf dem Hügel und die Ebene sind Schauplätze eines Krieges, über den vor fast drei Jahrtausenden ein großer Dichter geschrieben hat. Das hat sie zu einem der großen Reiseziele in der westlichen Türkei gemacht. Mit der Landschaft und den Ruinen verbunden ist die Geschichte eines Feldzugs mächtiger Könige aus dem mykenischen Griechenland gegen die Festung am Hellespont. Die um 730 v. Chr. entstandene *Ilias* und die etwa zwei Jahrzehnte jüngere *Odyssee* berichten von einem zehn Jahre währenden Krieg, der schon damals einer mythischen Vergangenheit angehörte.

Seine Anziehungskraft verdankt Troja einem Dichter, um den sich seit der Antike Legenden rankten. Über ein halbes Dutzend Städte beanspruchten, sein Geburtsort zu sein. Obwohl die Meisterschaft, mit der er Menschen und Tiere, Naturphänomene und die Landschaft der Troas beschreibt, von genauer Beobachtung zeugt, machte ihn die Nachwelt zum blinden Sänger. Zu den Ungereimtheiten gehört auch die Frage, ob die »Homer« zugeschriebenen Werke von ein und demselben Dichter stammen.

Wer immer »Homer« war, ohne ihn würden die gewaltigen Befestigungsanlagen der Siedlungsschichten VI (1700–1250 v. Chr.) und VIIa (1250–1180 v. Chr.), in denen Gelehrte die Überreste des homerischen Troja gesehen haben, als das erscheinen, was sie sind: Wälle und Türme aus sorgfältig übereinandergeschichteten grauen Kalksteinblöcken, geschaffen, um Eroberern das Handwerk zu erschweren. Nicht grundlos hat man am Eingang der Ruinenstätte ein hölzernes Riesenpferd aufgestellt. Ästhetisch und kunsthistorisch Muster ohne Wert, stellt es eine Anleihe bei Homer dar.

Er war es, der die Ruinen zu Zeugen eines großen tragischen Geschehens gemacht hat, an das man sich erinnern wird, solange es Menschen gibt. Neun Jahre kämpften die großen Helden der griechischen Sage vergeblich vor diesen Steinwällen, bevor Troja im zehnten durch List fiel. Scharen tapferer Krieger verloren vor diesen Mauern, in der Ebene und im Flußbett des Skamander ihr Leben, darunter Helden von der Größe eines Achilleus, Aias, Hektor oder Sarpedon. Auf den Wegen zwischen den Mauerresten, auf denen heute salopp gekleidete Touristengruppen schlendern, wandelten einst stolz Homers »Troer und Troerinnen im langen Gewande«, bevor sie von den Eroberern niedergehauen und die Überlebenden versklavt wurden.

Mehr als an jedem anderen Ziel dieser Reise sind in Troja daher Phantasie und Wirklichkeit miteinander verwoben. Den Hügel und seine Ruinen, die Ebene und den Skamander umgibt die Vorstellung schicksalhafter Ereignisse, die vor über zweieinhalb Jahrtausenden ein großer Dichter geschildert hat.

Die Handlung ist schnell erzählt. Meisterhaft verdichtet der Verfasser der *Ilias* einen zehn Jahre währenden Krieg zu einem menschlichen Drama von wenigen Tagen Dauer. Einschließlich der Pausen, in denen die Kämpfer im Lager und in der Festung bleiben, um ihre Wunden zu pflegen und die Gefallenen durch ausgedehnte Totenfeiern zu ehren, umfaßt die *Ilias* einen Zeitraum von nicht mehr als fünfzig Tagen.

Ausgelöst wird das Drama durch Agamemnon, den Anführer der Griechen. Als Entschädigung für eigene Verluste nimmt er Achilleus den Anteil an der Kriegsbeute. Da sich in der homerischen Adelsgesellschaft das Ansehen eines Kriegers nach der Beute bemißt, beleidigt Agamemnon dadurch den stärksten der vor Troja versammelten Kämpfer tödlich. In grenzenlosem Zorn zieht der Held sich vom Schlachtfeld zurück. Ohne Achilleus geraten die Griechen – Homers Achaier – in eine verzweifelte Lage, aus der sie dessen Gefährte Patroklos befreit. In der Rüstung des Freundes stürzt er sich in die Schlacht und richtet unter den Gegnern ein Blutbad an. Doch mit Hilfe der Götter gelingt es Hektor, dem Tapfersten unter den Trojanern, Patroklos zu töten.

Um den Gefährten zu rächen, greift Achilleus wieder in den Kampf ein. Er tötet Hektor und schändet den Leichnam. Von Hektors Vater Priamos, dem greisen König von Troja, zu Tränen gerührt, überwindet der Held seine blindwütigen Rachegelüste und gibt den Toten zur Bestattung frei. Die *Ilias* endet mit Hektors Begräbnis. Achilleus' Ende, die kriegsentscheidende List des Odysseus, die Eroberer im Inneren eines hölzernen Pferdes verborgen in die Stadt zu schleusen, und die Zerstörung von Troja sind nur angedeutet. Geschildert werden sie im jüngeren Werk, der *Odyssee*.

Doch so knapp die Rahmenhandlung der *Ilias* ist, dem Dichter genügt sie, um einen Kosmos menschlicher Dramen zu schaffen. Einige Szenen sollen die Verbindung zwischen Phantasie und Wirklichkeit, zwischen der Handlung und den verschiedenen Schauplätzen herstellen: Abschied in der Festung, Kampf um die Mauern, Aufmarsch der Heere in der Ebene, Götterhandlung am Horizont in Samothrake und auf dem Ida-Gebirge, und schließlich eine Schlacht im Skamander. Ich zitiere sie in der vorzüglichen Übersetzung Wolfgang Schadewaldts (vgl. Literaturverzeichnis, S. 362).

Auf der Straße: Hektors Abschied von Andromache

Unsägliches Leid ist die andere Seite des Heldentums. Irgendwo unter den Ruinen befindet sich der Schauplatz einer der ergreifendsten Szenen der *Ilias*: die »gutgebaute Straße«, die durch das heftig umkämpfte Skäische Tor in die Ebene führt. Hier, auf offener Straße, nimmt Hektor Abschied von seiner Gemahlin, der »weißarmigen Andromache«.

Andromache hatte gehört, daß die Griechen mit großer Übermacht gegen die Mauer anrannten. Voll Sorge war sie mit dem Söhnchen Skamandrios und der Amme zum Turm geeilt, um die Schlacht zu verfolgen. Doch erschöpft hatte sich Hektor in die Festung zurückgezogen, seine Gemahlin aber nicht im Palast angetroffen und sich auf die Suche gemacht. Auf der Straße begegnen sich die beiden. Von düsterer Todesahnung erfüllt, versucht Andromache unter Tränen, den geliebten Mann zurückzuhalten. Ein einziges Mal solle er zurückstehen und die Verteidigung der Mauern anderen überlassen (Il. VI 406–14):

> »Unbegreiflicher! Vernichten wird dich dein Ungestüm!
> Und nicht erbarmst du dich
> Deines kleinen Kindes noch meiner, der Unglücklichen, die ich
> bald Witwe
> Von dir bin! Denn bald erschlagen dich die Achaier,
> Alle herangestürmt. Mir aber wäre besser,
> Wenn ich dich verloren habe, in die Erde zu tauchen!
> Denn keine andere
> Erquickung wird mir noch sein, wenn du dem Schicksal
> gefolgt bist,
> Nein, nur Gram!«

Hektor teilt ihre bange Ahnung: »Ja, an all das denke auch ich, Frau.« Es folgt ein Gespräch, das Einblick in das Denken, den Ehrenkodex und die soziale Verpflichtung homerischer Aristokraten gewährt. Wissend, daß sein Tod vom Schicksal bestimmt und Trojas Untergang besiegelt ist, macht Hektor ein bemerkenswertes Geständnis. Der Held, in dem die Trojaner ihren großen Beschützer sehen, erklärt, das Schicksal der anderen, selbst das seiner Brüder

Homers Troja

und Eltern, kümmere ihn wenig. Gegenüber der Gemeinschaft empfindet er keine Verpflichtung. Mit Trauer erfüllt ihn nur, daß die Sieger Andromache versklaven werden.

Er weiß, daß sein Opfer vergeblich ist. Auch zwingt ihn kein Gesetz, eher zu sterben als zu weichen, wie später einen Spartaner (S. 31). Dennoch wird er in die Schlacht zurückkehren. Die Ehre seines Standes verlangt es. Von persönlichen Motiven wie Rachegelüste oder Habgier abgesehen, ist für einen homerischen Aristokraten Standesehre der einzige Grund zu kämpfen. Mehr als den Tod fürchtet Hektor, die Trojaner könnten ihn für einen Feigling halten. Im Angesicht des unabwendbaren Schicksals bleibt ihm der Stolz, nach seinem Ende werde man sich seiner als eines großen Kriegers erinnern (Il. VI 460–65):

>»Und einst wird einer sprechen, wenn er sieht, wie du Tränen
>   vergießt:
>›Die da ist Hektors Frau, der der Beste war im Kampf
>Unter den pferdebändigenden Troern, als sie um Ilios kämpften.‹
>So wird einst einer sprechen, und dir wird neu der Schmerz sein,
>Im Entbehren eines solchen Mannes, der abwehrte den Tag der
>   Knechtschaft.
>Aber mag mich doch, gestorben, die aufgeschüttete Erde decken,
>Ehe ich deinen Schrei vernähme und deine Verschleppung.«

Zum Abschied wendet sich der Held liebevoll dem Sohn auf dem Arm der Amme zu. Doch der, vom wippenden Helmbusch des Vaters erschreckt, drückt sich fest an die Brust der Amme und beginnt zu weinen. Lachend setzt Hektor den Helm ab, nimmt das Kind auf den Arm und küßt es.

Brüsk wendet er sich dann ab, um zurück aufs Schlachtfeld zu eilen. Er drückt Andromache das Kind in die Arme, die es unter Tränen lächelnd entgegennimmt. Zum Abschied ermahnt er seine Frau, anstatt ihn mit ihren düsteren Ahnungen zu quälen, solle sie sich um Frauenangelegenheiten kümmern. Sache der Männer sei der Krieg, und seinem Schicksal könne sich keiner entziehen. Bevor er den Helm wieder aufsetzt, bittet er Zeus, sein Sohn möge ihn einst an Kraft und Tapferkeit übertreffen. Der Lebenszweck eines Aristokraten erfüllt sich im Kampf. Ein blutbeschmiertes Beutestück soll den Sinn der Mutter erfreuen (Il. VI 476–81):

»Zeus und ihr anderen Götter! Gebt, daß auch dieser,
Mein Sohn, werde wie auch ich: hervorragend unter den Troern
Und so gut an Kraft, daß er über Ilios mit Macht gebiete.
Und einst mag einer sagen: ›Der ist viel besser als der Vater!‹
Wenn er vom Kampf kommt. Und er bringe ein blutiges Rüstzeug,
Wenn er erschlug einen feindlichen Mann. Dann freue sich
                                        in ihrem Sinn die Mutter.«

Andromache, so schließt Homer die Szene ab, »aber schritt dem
Haus zu, immer wieder sich umwendend und reiche Tränen ver-
gießend.«

Am Turm und vor der Mauer: Patroklos' Triumph und Ende

Mit einem der Türme der Siedlungsschichten VI und VIIa verbindet der Dichter das tragische Ende des Patroklos. Im Augenblick
des größten Triumphs kündigt sich das Ende eines tapferen Kriegers an. Während Achilleus zürnend dem Kampf fernbleibt, stürzt
sich Patroklos in der Rüstung des Freundes in die Schlacht. Mit
dessen Waffen wachsen ihm ungeahnte Kräfte zu. In wilder
Kampfeslust gelingt es ihm, einen der Türme zu erklimmen.
Doch dort trifft er auf den Gott Apollon, der ihn zurückstößt und
warnt: Weder ihm noch Achilleus sei es beschieden, Troja zu er-
obern (Il. XVI 698–709):
Da hätten die hochtorige Troja genommen die Söhne der Achaier
Unter des Patroklos Händen, denn rings voran wütete er
                                        mit der Lanze,
Wäre nicht Apollon Phoibos auf den gutgebauten Turm
Getreten, ihm verderbliches sinnend und den Troern helfend.
Dreimal stieg auf den Vorsprung der Mauer, der hohen,
Patroklos, und dreimal stieß ihn zurück Apollon,
Mit den unsterblichen Händen gegen den Schild,
                                        den schimmernden, stoßend.
Doch als er nun das viertemal anstürmte, einem Daimon gleichend,
Da sprach mit schrecklichem Zuruf zu ihm der Ferntreffer Apollon:
»Weiche, zeusentsproßter Patroklos! Nicht ist dir Bestimmung,
Daß unter deinem Speer die Stadt vernichtet werde der stolzen Troer
Noch unter dem des Achilleus, der doch weit besser ist als du!«

Der Held zieht sich zwar vom Turm zurück, tötet aber unten vor der Mauer weiter. Doch sein Ende ist gekommen. In Nebel gehüllt steht hinter ihm der Gott, um ihn zu vernichten (Il. XVI 787–93):

> Da nun erschien dir, Patroklos! das Ende des Lebens,
> Denn entgegen trat dir Phoibos, in der starken Schlacht,
> Der furchtbare. Der bemerkt ihn nicht, wie er durch das Gewühl
> herankam.
> Denn von dichtem Nebel umhüllt kam er ihm entgegen.
> Und er trat hinter ihn und schlug ihm den Rücken und die breiten
> Schultern
> Mit niederfahrender Hand, und es verdrehten sich ihm die Augen.

Vom Schmerz gelähmt, erlebt Patroklos, wie ihm der Gott Stück um Stück die Rüstung vom Leib reißt. Der Speer des Trojaners Euphorbos kann nun den ungeschützten Rücken treffen. Unter Aufbietung der letzten Kräfte gelingt es dem Verwundeten, die Waffe herauszureißen. Aber als er versucht, sich zu den Gefährten zu retten, entdeckt ihn Hektor, stößt ihm die Lanze in die Seite und verhöhnt den Sterbenden.

Mit bitterem Spott erwidert Patroklos, hätten nicht Götter sich gegen ihn gestellt, dann hätte er es mit zwanzig von Hektors Sorte aufgenommen. Hektor solle nicht voreilig triumphieren, ein Stärkerer warte schon: Achilleus werde ihn, Patroklos, bald rächen (Il. XVI 845–859):

> »Jetzt nun, Hektor, rühme dich groß! Denn dir hat den Sieg gegeben
> Zeus, der Kronide, und Apollon, die mich bezwangen,
> Leicht, denn selbst haben sie mir von den Schultern die Waffen
> genommen.
> Doch solche wie du, wenn mir auch zwanzig begegnet wären,
> Alle wären sie hier auf der Stelle umgekommen, unter meinem Speer
> bezwungen.
> Aber mich hat das verderbliche Schicksal und der Leto Sohn
> (Apollon) getötet,
> Von den Männern aber Euphorbos, und du erschlägst mich als dritter!
> Doch etwas anderes sage ich dir, du aber lege es dir in deinen Sinn:
> Gewiß wirst auch du selbst nicht mehr lange leben, sondern
> Schon nahe steht bei dir der Tod und das gewaltige Schicksal,
> Von des Achilleus Hand bezwungen, des untadeligen Aiakiden.«

»Als er so gesprochen hatte«, fährt der Dichter fort, »umhüllte ihn das Ende des Todes, und die Seele flog aus den Gliedern und ging zum Haus des Hades, ihr Schicksal beklagend, verlassend Manneskraft und Jugend.«

In der Skamanderebene: der Aufmarsch der Heere

Als Szenerie für sein Schlachtfeld hatte Homer eine andere Landschaft vor Augen als wir (vgl. Karte S. 44). Seit dem 8. vorchristlichen Jahrhundert haben die vom Skamander (Küçük Menderes) und dem Simois (Dümrek) mitgeführten Sand- und Schlammassen das Gebiet zwischen Hisarlik und dem Meer erheblich verändert. Der griechische Geograph Strabo (etwa 64 v. Chr. – 19 n. Chr.) sah anstelle der Küstenebene im Norden von Troja, die heute Ackerland ist, ein von Lagunen, toten Flußarmen und Sümpfen durchsetztes Marschgebiet (Geogr. XIII 31).

Im 13. Jahrhundert v. Chr., der Endphase der mykenischen Kultur, in der die *Ilias* spielt, befand sich im Norden von Troja eine tief eingeschnittene Meeresbucht. Das Wasser reichte bis zum Fuß der Festung. Nach Norden zum Hellespont hin offen, war die Bucht im Westen von dem Höhenrücken gesäumt, an dessen nördlichem Ende heute das Fort von Kumkale die Einfahrt in die Dardanellen kontrolliert. Obwohl der spätere Küstenverlauf noch unbekannt ist, dürften zu Homers Lebzeiten Skamander und Simois einen Teil der Bucht zugeschüttet haben, so daß das Meer schon weiter vom Hügel entfernt war. Da im Norden und Westen der Burg vermutlich Sümpfe und Lagunen lagen, wird der Dichter das Schlachtfeld in der Ebene im Süden und Südwesten gesehen haben. Dort überlagert sich dem Bild einer friedlichen Landschaft die Vorstellung blutiger Schlachten. Wo heute Bauern auf Traktoren ihre Felder bestellen und Schafherden gemächlich dahinziehend Feldraine und brachliegende Äcker abweiden, treffen in der *Ilias* die feindlichen Heere aufeinander.

Wenn sich die Perspektive weitet und Menschengruppen ins Blickfeld geraten, stellt Homer die Dramatik des Geschehens durch Naturvergleiche dar, die zu den eindrucksvollsten Stellen

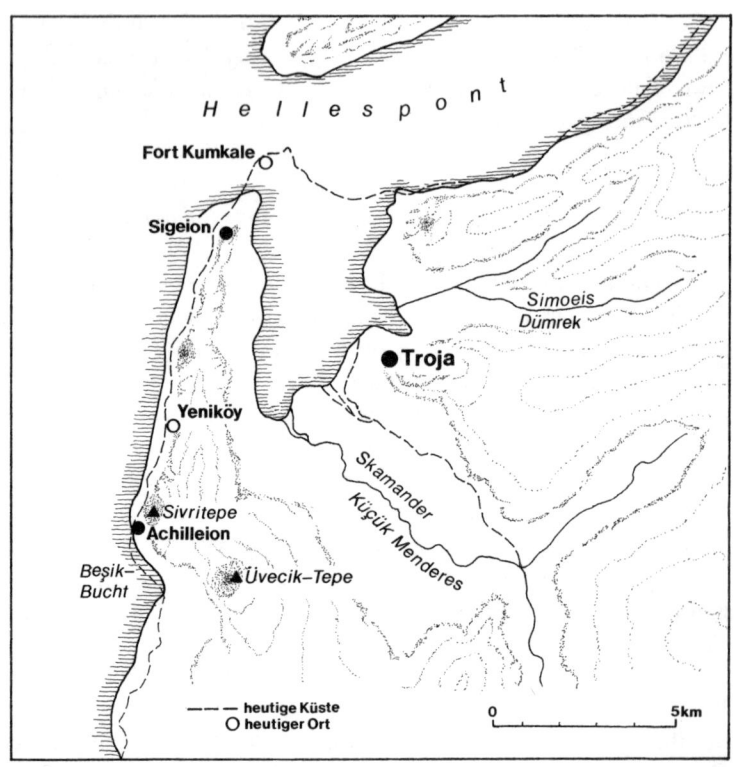

Die nördliche Troas

seines Werks gehören. Unter lautem Kriegsgeschrei fallen die Trojaner wie Schwärme lärmender Vögel in die Ebene ein; dagegen
breiten sich die schweigend marschierenden Griechen lautlos wie
Nebel über die Ebene aus. Nur der aufgewirbelte Staub verrät
Bewegung (Il. III 1–14):

> Aber als die einzelnen mit ihren Führern geordnet waren,
> Schritten die Troer mit Geschrei und Rufen heran wie Vögel:
> So wie sich ein Geschrei von Kranichen erhebt unter dem Himmel,
> Die, wenn sie nun dem Winter entfliehen und dem unsäglichen Regen,
> Mit Geschrei dann fliegen zu des Okeanos Fluten,
> Den Pygmäen-Männern Mord und Todesschicksal zu bringen,

Und in der Frühe tragen sie voran den bösen Streit.
Sie aber schritten in Schweigen heran, die Kampfmut atmenden
Achaier,
Im Mute begierig, beizustehen einander.
So wie über des Berges Gipfel der Südwind herabgießt einen Nebel,
Den Hirten gar nicht lieb, dem Dieb aber besser als Nacht,
Und nur so weit blickt man, wie weit man einen Stein wirft:
So erhob sich unter ihren Füßen der Staub wirbelnd,
Wie sie heranschritten, und gar schnell durchmaßen sie die Ebene.

Am Horizont: Poseidons Aufbruch von Samotrake

Bei guter Sicht erkennt man vom Hügel von Hisarlik im Nordwesten in der Ferne die Kuppe des 1600 Meter hohen Phengari auf Samothrake. Von dort beobachtet der Erderschütterer und Meeresgott Poseidon, wie die Trojaner die Griechen zu den Schiffen zurückgedrängt haben und ins Meer zu treiben drohen. Eine Unaufmerksamkeit des Zeus nutzend, der den Göttern befohlen hatte, dem Kampf unter den Menschen fernzubleiben, bricht Poseidon auf, um seinen Schützlingen beizustehen (Il. XIII 10–31):

Doch keine vergebliche Wacht hielt der gebietende Erderschütterer.
Denn auch er saß und sah staunend auf den Kampf und die Schlacht,
Hoch auf dem Gipfel des bewaldeten Samos,
Der thrakischen, denn von dort aus zeigte sich der ganze Ida,
Zeigte sich des Priamos Stadt und die Schiffe der Achaier.
Dort saß er, aus der Salzflut gekommen, und ihn jammerten die
Achaier,
Von den Troern bezwungen, und dem Zeus verargte er es gewaltig.
Und sogleich stieg er vom Berg herab, dem felsigen,
Schnell ausschreitend mit den Füßen, und es erzitterten die großen
Berge und der Wald
Unter den Füßen, den unsterblichen, des Poseidon, wie er dahinging
Dreimal griff er aus mit dem Schritt, und beim vierten erreichte er
sein Ziel:
Aigai; dort waren ihm berühmte Häuser in den Tiefen der Bucht,
Goldene, schimmernde, bereitet, unvergänglich immer.
Dort angekommen schirrte er die beiden erzfüßigen Pferde an den
Wagen

Die schnellfliegenden, mit goldenen Mähnen behaarten,
Und tauchte selbst in Gold mit dem Leib und faßte die Geißel,
Die goldene, gutgefertigte, und stieg auf seinen Wagen
Und ging und trieb durch die Wogen, und es hüpften die Ungeheuer
unter ihm
Überall her aus den Schlünden und verkannten nicht ihren Herrn.
Und in Freude trat auseinander das Meer, und sie flogen dahin,
Sehr leicht, und unten wurde nicht benetzt die eherne Achse.

Das Liebeslager auf dem Ida

Beim Schiffslager in der Beşik-Bucht im Südwesten der Burg
angelangt, greift der Gott auf seiten der Griechen in den Kampf
ein. Das bemerkt Hera, die Gemahlin des Zeus. Seitdem der trojanische Prinz Paris in der »Mißwahl« unter den drei Göttinnen
nicht ihr – und auch nicht Athena –, sondern Aphrodite den Preis
zuerkannt hatte, verfolgt sie die Trojaner mit blindem Haß. Um
das Schicksal der Griechen besorgt, hatte sie daher das Geschehen
aus der Ferne vom Olymp in Thessalien verfolgt. Zufrieden entdeckt sie, daß Poseidon die Feinde ihrer Feinde unterstützt.

Als Heras Blick jedoch weiter nach Süden schweift, gewahrt sie
Zeus auf »dem höchsten Gipfel des quellenreichen Ida« – dem Kaz
Dağ, einem 1800 Meter hohen Gebirgsmassiv, das an klaren Tagen im Südosten zu sehen ist. Gefahr ist im Verzug. Voll Sorge,
ihr Gemahl werde Poseidons Verkleidung durchschauen, will sie
Zeus ablenken. Die Methode ist so einfach wie bewährt. Hera
beschließt, ihren Gemahl zu betören. Eine Szene von entlarvender
Komik folgt. In einer nur Göttern vorbehaltenen Wildnis, fernab der menschlichen Welt mit ihren strengen Standesregeln, läßt
der Dichter weibliche List über männliche Macht triumphieren
(Il. XIV 154 ff.).

Nach allen Regeln göttlicher Verführungskunst bereitet die
Göttin sich in ihrem Palast auf dem Olymp vor: »Mit Ambrosia
wusch sie sich zuerst von der liebreizenden Haut alle Unreinigkei-
ten und salbte sich glatt mit dem Öl, dem ambrosischen, köst-
lichen, wohlriechenden, das sie hatte.« Nachdem die Haare ge-

kämmt und in schimmernde Zöpfe geflochten sind, legt sie ein prächtiges Gewand an, das Athene gewirkt hat, schließt es mit goldenen Nadeln unterhalb des Busens und schmückt sich mit weiteren kostbaren Accessoires. Schließlich beschafft sie sich unter einem Vorwand Aphrodites Zaubergürtel, der Menschen und Götter in unüberwindbarem Liebesverlangen entbrennen läßt.

So vorbereitet, fliegt sie vom Olymp in die tessalische Küstenebene, überquert in den Lüften schwebend die verschneiten Gebirge Thrakiens in Nordgriechenland und die Chalkidike und erreicht beim Berg Athos das Meer. Um den göttlichen Schlaf, »den Bruder des Todes« als Komplizen zu gewinnen, setzt sie nach Lemnos über. Dort angekommen schmeichelt sie dem Schlaf, als Herr über Götter und Menschen könne er Zeus einlullen. Doch der Umworbene weiß, was ihn erwartet, wenn der Schwindel auffliegt. Er sträubt sich. Aber Hera gelingt es, den Widerstrebenden umzustimmen, indem sie ihm eine schöne Nymphe verspricht. In eine Nebelwolke gehüllt eilen beide mit Riesenschritten über die Ägäis von Lemnos über Imbros zur Küste der Troas. Von dort gelangten sie schließlich

> Zum Lekton, wo sie zuerst das Meer verließen, und schritten beide
> Über das Festland, und unter ihren Füßen erbebten die Spitzen
> des Waldes.
> Da blieb der Schlaf zurück, bevor die Augen des Zeus ihn sahen,
> Auf eine Tanne gestiegen, eine übergroße, die damals auf dem Ida
> Als größte gewachsen war und durch die Luft bis zum Äther reichte.
> Dort saß er, dicht gedeckt von den Tannenzweigen,
> Einem schrillstimmigen Vogel gleichend, den in den Bergen
> Chalkis die Götter nennen, die Männer aber Habicht.

Während der Schlaf sich in der Riesentanne verbirgt, steigt Hera bergan und nähert sich offen ihrem Gemahl. Den Zweck ihres Kommens verschleiert sie mit einer schamlosen Lüge. Doch von Aphrodites Gürtel betört, ist Zeus längst von Liebesverlangen befallen. Heftig umworben, ziert Hera sich zum Schein. Nein, nicht hier unter offenem Himmel auf dem höchsten Gipfel des Ida! Andere Götter könnten zusehen. Schon der Gedanke schockiere sie. Sie sollten sich besser in die Geborgenheit des Palastes auf dem Olymp zurückziehen. Doch Zeus drängt und verspricht zum Schutz gegen neugierige Blicke eine goldene Wolke über das Liebeslager:

> Sprach es, und mit den Armen packte der Sohn des Kronos
> seine Gattin.
> Und unter ihnen ließ wachsen die göttliche Erde frisch
> sprossendes Gras
> Und Lotos, tauigen, und Krokos und Hyakinthos,
> Dicht und weich, der sie von der Erde emporhob.
> Darauf lagerten sich beide und zogen über sich eine Wolke,
> Eine schöne, goldene, und es fielen hernieder glänzende Tropfen Tau.
> So schlief er ruhig, der Vater, auf des Gargaron-Spitze,
> Von Schlaf und Liebe bezwungen, und hielt in den Armen die Gattin.

Hera hat ihr Ziel erreicht. Nachdem der einzige Garant einer gewissen Unparteilichkeit unter den Göttern sanft an ihrer Brust schlummert, kann Poseidon offen gegen die Trojaner kämpfen. Bevor Zeus aufwacht, haben die Griechen auf breiter Front gesiegt. Eine Schlacht ist gewonnen, aber der Krieg geht weiter.

Am Hafen: das Schiffslager und der Einfall in die Ebene

Der Ort, an dem Homer den Landeplatz der Achaier und das heftig umkämpfte Schiffslager gesehen hat, dürfte die Beşik-Bucht, etwa acht Kilometer südwestlich von Troja, gewesen sein. Vom Burgberg ist in der Ferne die Spitze eines Hügels zu erkennen, der den langgezogenen Höhenrücken vor der Küste durchbricht, der Üvecik-Tepe. Etwa drei Kilometer weiter westlich (von Troja aus etwas »rechts«) liegt die Bucht hinter dem Höhenrücken am Horizont. Man erreicht sie auf einer reizvollen Rundfahrt durch die Troas. Ganz in der Nähe liegt auch der Sivritepe, der in der Antike als der Grabhügel des Achilleus galt. Auf dem Rückweg geht es dann zum Flußbett des Skamander, dem Schauplatz einer der dramatischsten Szenen der *Ilias*.

Vom Parkplatz vor dem Museum fährt man zurück zum Ausgang des umzäunten Geländes und folgt dort dem Wegweiser nach rechts zum zehn Kilometer entfernten Yeniköy. In der Ortsmitte vor der Moschee und dem Atatürk-Denkmal führt ein holpriger Lehmweg nach Süden (nach links). An der Gabelung am Wasserturm hinter dem Ortsende hält man sich links und folgt etwa zwei Kilometer einem Feldweg bis zum Fuß eines von Gestrüpp bewachsenen Hügels, der sich über einem Olivenhain erhebt. Es ist der Sivritepe, der in der Antike als der Grabhügel des Achilleus galt.

In älteren Karten ist das Grab des Achilleus im Norden von Yeniköy eingezeichnet. Doch Ausgrabungen des deutschen Archäologen Manfred Korfmann haben ergeben, daß bei einem ca. 500 Meter entfernten zweiten Hügel, dem Yassitepe, wahrscheinlich die von Siedlern aus Lesbos gegründete Stadt Achilleion lag. Da Strabo um die Zeitenwende berichtet hat, das Grab des Achilleus liege in der Nähe dieser Stadt, muß der Sivritepe der vermutete Grabhügel sein. Zu seiner jetzigen Gestalt wurde er allerdings erst in hellenistischer Zeit aufgeschüttet – der Epoche zwischen Alexander dem Großen (336–323 v. Chr.) und Kaiser Augustus (31 v. Chr.–14 n. Chr.).

Man erreicht ihn wie einst Alexander der Große zu Fuß. Wenn es auch nicht mehr üblich ist, ihn wie der junge Makedonenherrscher nackt hinaufzurennen (S. 32), so ist man doch in wenigen Minuten auf der Kuppe. Von dort bietet sich ein überwältigender Blick auf die von Feldern durchzogene Ebene im Süden, in der einzelne Bäume markante dunkle Punkte bilden. An sie grenzt eine weite Bucht, die Beşik-Bucht, deren nördliches Kap der etwa 500 Meter entfernte Yassitepe bildet. Staubwolken aus einem Zementwerk in der Ferne und Frachtschiffe, die dort Ladung aufnehmen, sind die Vorboten des zivilisatorischen Fortschritts und seiner negativen Begleiterscheinungen.

In spätmykenischer Zeit, in der die *Ilias* spielt, so haben die Ausgrabungen Korfmanns ergeben, lag an der Beşik-Bucht eine Siedlung von Fremden. In einem angrenzenden Weinberg stießen die Archäologen auf einen Friedhof mit den Überresten von etwa 200 Fremden, Männern, Frauen und Kindern. Auch fanden sie mykenische Keramik aus dem 13. Jahrhundert v. Chr. Bohrungen in der Bucht lassen vermuten, daß dies der Hafen von Troja gewesen sein muß. Meteorologische Beobachtungen halfen, die Funde zu deuten. Der während des größten Teils des Jahres von Nordwesten wehende Wind dreht nur während kurzer Perioden im Jahr nach Süden. Auf dem Weg von der Ägäis ins Schwarze Meer aber benötigten die damaligen zum Kreuzen untauglichen Segler südliche Winde, um gegen die kräftige Strömung in den Hellespont einfahren zu können.

Aus diesen Anhaltspunkten schlossen die Ausgräber, die Beşik-Bucht müsse in mykenischer Zeit die letzte Haltestelle vor dem Hellespont gewesen sein. Hier war der Hafen, dem Troja seinen

Schiff im Zeitalter Homers

Reichtum verdankte. Mykenische Keramik im Schwarzmeergebiet weist auf einen regen Austausch mit Griechenland hin. Schiffe aus dem Mittelmeer, die auf dem Weg zum Schwarzen Meer den Hellespont zur falschen Zeit erreichten, waren zu einem längeren Aufenthalt in der Bucht gezwungen und wurden an Land gezogen. In der benachbarten Siedlung warteten ihre Besatzungen, Seeleute und Händler mit ihren Familien, manchmal monatelang, auf günstigen Wind. Ihre Toten bestatteten sie in der Umgebung.

Es liegt nahe, daß Homer die Beşik-Bucht zum Ort des Schiffslagers gemacht hat. Dort sind im II. Gesang der Ilias die Griechen in der Ebene vor der Bucht im Lager versammelt. Nach neun Jahren vergeblichen Anrennens gegen die Mauern von Troja haben sie genug vom Krieg. Verzagtheit und Resignation greifen um sich. Die meisten wollen die Schiffe ins Meer ziehen und die Heimfahrt antreten. Unter dem Fußvolk kommt es zu offenem Widerstand. In flammenden Reden gelingt es Achilleus und Nestor jedoch, die Stimmung zu wenden. Da auch die Götter die

Herzen der Männer von neuem entflammen, erscheint den Griechen die Zerstörung Trojas nun wieder verlockender als die Heimkehr. In einem Gebet drückt Agamemnon die wiedergewonnene Entschlossenheit aus (Il. II 412–18):

»Zeus! Ruhmvollster! Größter! Schwarzwolkiger, im Äther
                                                                    wohnend!
Möge nicht eher die Sonne untergehen und das Dunkel herauf-
                                                                    kommen,
Ehe nicht vornüber hinabgeworfen das Dach des Priamos,
Rauchgeschwärzt, und verbrannt die Türen mit feindlichem Feuer,
Und ich das Panzerhemd des Hektor an der Brust in Fetzen
Zerrissen mit dem Erz, und viele Gefährten um ihn
Vornüber hingestreckt im Staub mit den Zähnen die Erde fassend!

Nachdem die Opfertiere geschlachtet sind, der Rauch des brennenden Fetts zu den Göttern aufgestiegen ist und die Männer sich am gebratenen Fleisch gesättigt haben, weist Agamemnon die Herolde an, das Heer zum Kampf zu versammeln. Angefeuert von der Göttin Athene stürmen die Kämpfer aus ihrem Lager in die Ebene.

Als würde ein einziges Bild der Dramatik des Aufmarschs nicht gerecht, setzt der Dichter eine Kaskade von Naturvergleichen in Bewegung. Ohne Atempause zu immer neuen Analogien greifend, schildert er, wie das Heer aus dem Schiffslager stürmt und sich in der Ebene ausbreitet. Man meint das Gleißen schimmernder Waffen zu sehen, verfolgt das Durcheinander der noch ungeordneten Züge, und hört das dumpfe Dröhnen der Erde unter den Füßen marschierender Heeresmassen. All das ist aufgeboten, um Troja in Schutt und Asche zu legen (Il. II 454–73):

Wie ein vernichtendes Feuer hinflammt über den unendlichen Wald
Auf den Gipfeln des Berges, und von weitem sichtbar ist der Glanz:
So drang, als sie dahinschritten, von dem Erz, dem unsäglichen,
Der Glanz, hellschimmernd, durch den Äther hinauf zum Himmel.
Und sie – so wie viele Schwärme von geflügelten Vögeln,
Gänsen oder Kranichen oder Schwänen mit langen Hälsen,
Auf der Asischen Wies bei des Kayster Strömungen
Hierhin und dorthin fliegen, prunkend mit den Flügeln,
Mit Geschrei sich vorwärts niederlassend, und es erdröhnt die Wiese:

So ergossen von denen sich viele Schwärme von den Schiffen
                                                  und Hütten
In die Ebene des Skamandros, und darunter die Erde
Dröhnte gewaltig unter den Füßen der Männer und Pferde.
Und sie hielten an auf der Wiese des Skamandros, der blumigen,
Zehntausende, so viele, wie Blätter und Blüten entstehen im Frühling.
So wie viele Schwärme von dichtgedrängten Fliegen,
Die auf einem Viehhof umherschwirren
Zur Frühlingszeit, wenn von Milch die Gefäße triefen:
Ebenso viele am Haupte langgehaarte Achaier
Standen gegen die Troer bereit, begierig sie zu vernichten.

Der Kampf im Skamander

Zurück in Yeniköy, fährt man nach Norden und erreicht nach
13 Kilometern die Abzweigung zum abgesperrten Militärgebiet
an der Einfahrt in die Dardanellen. Hier biegt man im spitzen
Winkel nach Südosten ab, überquert einen Kanal und erreicht
nach weiteren anderthalb Kilometern die Brücke über den Küçük
Menderes, Homers Skamander.

Ungefähr hier, einige Kilometer nordwestlich von Troja, läßt
sich die dramatische Schlacht zwischen Achilleus und dem Fluß
nachvollziehen, die Homer im XXI. Gesang der *Ilias* erzählt.
Zwar hat der Skamander sein Bett seitdem nach Westen verlagert,
aber der geographische Ort ist weniger wichtig als der Schauplatz:
ein Fluß mit mannshohen, teilweise ausgehöhlten Uferböschun-
gen. Der dichte Schilfgürtel, weit ausladende Bäume und dichtes
Buschwerk hätten flüchtenden Kämpfern Schutz gewährt.

In seiner Gier, den Tod des Freundes Patroklos zu rächen, richtet Achilleus in der Ebene ein fürchterliches Gemetzel unter den
Trojanern an. In wilder Verfolgung jagt er im Streitwagen, mit
blutverschmierten Rädern rücksichtslos über Tote und Sterbende
fahrend, Scharen von Feinden vor sich her zum Fluß. An einer
Furt spaltet sich der Strom der Fliehenden. Einem Teil gelingt es,
sich in die Ebene vor der Stadt zu retten. Der andere wird in den
Fluß gedrängt, »den tiefströmenden, silberwirbelnden« Xanthos,
bei Homer Gewässer und Gott zugleich (Il. XXI 11–16).

Und sie fielen hinein mit lautem Klatschen, und es tosten
                                                die jähen Fluten,
Und laut hallten ringsum die Ufer. Die aber mit wirrem Geschrei
Schwammen hierhin und dorthin, herumgewirbelt in den Strudeln.
Und wie wenn unter dem Andrang des Feuers Heuschrecken
                                                aufflattern,
Fliehend zum Fluß; doch da verbrennt sie, das unermüdliche Feuer,
Das sich plötzlich erhob, und die duckten sich unter das Wasser:
So wurde von Achilleus des tiefwirbelnden Xanthos
Brausende Strömung erfüllt durcheinander von Pferden und Männern.

An Kraft und Mut den anderen überlegen, metzelt der Held Scharen von Gegnern dahin. In einem wunderbaren Bild vergleicht der
Dichter die Trojaner mit Beutefischen, die sich verängstigt vor
einem Raubfisch in Nischen der Uferböschung drücken.

Im Schmerz über den Tod des Freundes kennt Achilleus kein
Erbarmen. Nachdem er zwölf trojanische Jünglinge lebend gefangen hat, um sie auf Patroklos' Scheiterhaufen zu opfern, kämpft
er am Ufer weiter und wirft die Leichen höhnend in die Fluten
(Il. XXI 122–127):

»Da liege nun bei den Fischen! Die werden dir von der Wunde
Das Blut ablecken unbekümmert! Und nicht wird dich die Mutter
Auf der Bahre gebettet beklagen, sondern der Skamandros
Trägt dich, der wirbelnde, in des Meeres breite Mulde.
Und es springt mancher Fisch im Gewoge, aufschnellend
                                                zum schwarzen Schauer,
Der da von Lykaon frißt das weißschimmernde Fett.«

Nun empört sich der Fluß. Mit menschlicher Stimme ruft er aus
der Tiefe: Auch wenn der Göttervater Zeus ihm erlaubt habe, die
Trojaner zu vernichten, so solle er, Achilleus, sie doch aus dem
Wasser verjagen. Sein blutiges Geschäft möge er gefälligst an Land
verrichten, wo weder Leichen noch Blut das Wasser besudelten.
Er, Skamandros, könne seine Fluten nicht mehr ins heilige Meer
senden (Il XXI 218–221):

»Denn schon sind mir erfüllt von Leichen die lieblichen Wasser,
Und ich kann die Strömung nicht mehr in die göttliche Salzflut
                                                ergießen,

Beengt von Leichen, du aber tötest, nicht anzusehen!
Aber laß doch auch ab. Entsetzen faßt mich, Herr der Völker!«

Doch Achilleus gibt nicht nach und springt ins Wasser. Der Fluß
erwidert die Herausforderung. Brüllend wie ein Stier wirft er in
wütendem Schwall die Getöteten an Land und verbirgt die Lebenden in den Strudeln. Von einer gewaltigen Flutwelle bedrängt,
kämpft nun der Held um sein Leben (Il XXI 240–43):

> Doch furchtbar stieg um Achilleus strudelnd die Woge,
> Und in den Schild fallend stieß ihn die Strömung, und mit den Füßen
> konnte er sich nicht feststemmen.

In panischer Angst springt der Held aus dem Wasser und flieht.
Doch der Fluß tritt über die Ufer und überschwemmt die Ebene
mit einem gewaltigen Wasserschwall. So schnell Achilleus läuft,
die Woge holt ihn ein. Jammernd ruft er die Götter an, sollten sie
seinen Untergang wünschen, dann gebühre ihm ein ehrenvoller
Tod durch Hektors Hand. Aber wie ein Schweinehirt von einem
Gießbach ersäuft zu werden, das sei seiner nicht würdig.

Athena und Hera versuchen, ihren Schützling zu retten. Doch
auch der Skamander ruft seinen Bruder Simoeis zu Hilfe. Unter
Aufbietung aller Quellen und Bäche gelingt es beiden Flüssen,
Achilleus in einer gewaltigen Flutwelle niederzureißen. Verzweifelt ruft Hera ihren Sohn, den Schmiedegott Hephaistos, zu Hilfe.
Er solle den Skamander mit seiner Feuerglut versengen, während
sie, um die Flamme zu entfachen, die göttlichen Winde herbeiru-
fen werde. Tatsächlich gelingt es Hephaistos, die Ebene auszu-
trocknen und die herumliegenden Leichen zu verbrennen. Dann
ist der Fluß an der Reihe (Il. XXI 349–56): Hephaistos

> . . . aber wandte gegen den Fluß die hell leuchtende Flamme:
> Und es verbrannten die Ulmen wie auch die Weiden und Tamarisken,
> Und es verbrannte der Lotos und das Zyperngras,
> Die um die schönen Strömungen genügsam wuchsen.
> Und bedrängt wurden die Aale und die Fische in den Wirbeln,
> Die in den schönen Fluten hierhin und dorthin schnellten,
> Vom Hauch bedrängt des vielklugen Hephaistos.
> Und es brannte die Gewalt des Stromes . . .

Von Hephaistos gepeinigt, läßt der Skamander von seinem Opfer ab. Achilleus ist noch einmal davongekommen. Aber er überlebt nur, weil ihm das Schicksal einen anderen Tod bestimmt hat. (Vom Skamander geht es in der eingeschlagenen Richtung weiter über Halileli und Tevfikiye zurück nach Troja.)

Rache für Troja!

Nie wieder hat ein Dichter die Vorstellung von Wahrheit so nachhaltig geprägt wie Homer. Schon zwei Jahrhunderte nach Entstehung der *Ilias* reihte Herodot (etwa 485–429 v. Chr.) den Trojanischen Krieg in die Geschichte ein, so als sei er eine historische Begebenheit gewesen – wie die Perserkriege seiner Zeit. In der gleichen Überzeugung sind seit der Antike Menschen nach Troja gezogen, um dort der schicksalhaften Auseinandersetzung zwischen Griechen und Trojanern zu gedenken, die sie aus der *Ilias* kannten.

Zu den frühen Besuchern zählte der Perserkönig Xerxes. Bevor er 480 v. Chr. mit seinem Heer über die Schiffsbrücken nach Europa zog, suchte er die Burg des Priamos auf (Her. VII 43 u. I 4). Dort ließ er sich erzählen, was geschehen war, opferte der Athena und schwor den Griechen Rache für die Zerstörung Trojas. Durch ihren Feldzug gegen ein asiatisches Königreich und dessen Verbündete hätten sie die Feindschaft mit den Völkern Asiens begonnen. Anderthalb Jahrhunderte später, 334 v. Chr., folgte der Makedonenherrscher Alexander der Große. Vor seinem Asienfeldzug opferte er der Athena und den Heroen und ehrte sein Vorbild und mythischen Ahnen Achilleus. Sein Einfall in Asien, so teilte er dem Perserkönig Dareios III. mit, sei die Rache für den Krieg, den dessen Vorfahre Xerxes gegen Makedonien und Griechenland begonnen habe.

Wie zu einem Wallfahrtsort pilgerten später römische Feldherrn, Konsuln und Kaiser nach Ilium – wie Troja in römischer Zeit hieß. In der Festung am Hellespont verehrten sie die Mutterstadt Roms. Nach der Legende war der aus dem brennenden Troja entkommene Aineias in Italien zum Stammvater des Geschlechts von Romulus und Remus geworden, den Gründern der Weltstadt am Tiber. Als letzten in der Reihe großer Römer zog es um die Mitte des 4. Jahrhunderts unserer Zeitrechnung Julian „Apostata" nach Ilium. Schon um die Zeitenwende hatte Strabo die Troas »in Trümmern und Verwüstung« vorgefunden (Geogr. XIII 1). Später war Ilium christlicher Bischofssitz geworden, und das ließ den letzten Heiden auf dem römischen Kaiserthron Schlimmes befürchten. Denn der Imperator, den die Christen den »Abtrünnigen« nannten, hoffte, das zerfallende römische Weltreich durch Erneuerung des alten Glaubens zu alter Größe zurückzuführen. Zufrieden stellte Julian an Ort und Stelle fest, daß der Tempel der Athena Spuren frischer Opfer aufwies und das Grabmal des Achilleus unversehrt war. Noch ein Jahrtausend später suchte Sultan Mehmed II., der Eroberer von Konstantinopel, die Ruinen von Troja auf. Nachdem er sich aus der *Ilias* hatte vorlesen lassen, schwor er wie einst der persische Großkönig Xerxes den Griechen Rache für den Krieg, den ihre Vorfahren gegen die Völker Asiens geführt hätten.

Den Homergläubigen von Antike und früher Neuzeit folgten im 19. Jahrhundert die Ausgräber. Mit der *Ilias* als Führer suchte in den sechziger Jahren Heinrich Schliemann nach dem Troja Homers. Er ortete es auf dem Hügel von Hisarlik und begann 1871 zu graben. Am Ende seines großen Abräumens meinte er, die Reste der Stadt des Priamos auf dem Grund des sogenannten Schliemanngrabens unmittelbar über dem nackten Fels gefunden zu haben. Schliemann hatte sich geirrt. Troja II, von dem er annahm, es sei durch mykenische Könige zerstört worden, war über ein halbes Jahrtausend älter als die mykenischen Festungen Griechenlands. Troja II entstand zwischen 2500 und 2300 v. Chr., die nach dem Hauptfundort Mykene auf der Peloponnes benannte Kultur dagegen begann erst um 1600 v. Chr. An der Überzeugung, der Hügel von Hisarlik berge die Überreste der Stadt des Priamos, änderte das indessen nichts. Schliemanns Nachfolger Wilhelm Dörpfeld identifizierte das Troja der *Ilias* mit der Siedlungsschicht VI (1700–1250 v. Chr.).

Damit hatte er zwar die Siedlung der mykenischen Epoche, nicht aber die Stadt des Priamos identifiziert. In den dreißiger

Die große Ostbastion von Hisarlik, an die sich links eine römische Mauer anlehnt. Dörpfeld hielt dies für den Wachtturm der »Heiligen Ilios«.

Jahren wies der amerikanische Archäologe C. W. Blegen nach, daß Troja VI nicht durch Menschenhand, sondern durch ein Erdbeben zerstört worden war. Doch der Glaube an den Trojanischen Krieg überstand auch diese Erschütterung. Blegen verlegte die Stadt des Priamos um eine weitere Siedlungsperiode nach oben. Brandspuren an den Ruinen von Troja VIIa (1250–1180 v. Chr.) wiesen auf ein gewaltsames Ende hin. Endlich schien das Troja des Priamos gefunden zu sein, und dabei ist es für die meisten Besucher bis heute geblieben.

Sage und Geschichte

So reizvoll es sein mag, Homers Epen zu historisieren, der Versuch führt auf die falsche Fährte. *Ilias* und *Odyssee* sind nicht historische Berichte, sondern Dichtung. Homer selbst gibt genügend Hinweise, um welche Art von Wahrheit es sich handelt. Gleich in den ersten Zeilen beider Werke beantwortet der Dichter die Frage nach der Herkunft seines Wissens über die Vergangenheit: »Den Zorn singe, Göttin, des Peleus-Sohns Achilleus...« beschwört er in der *Ilias* die göttliche Muse und später in der *Odyssee*: »Nenne mir, Muse, den Mann, den vielgewandten...« Das sind keine rhetorischen Floskeln, sondern Gebete. Ein gläubiger Dichter bittet die Göttin, ihm die Wahrheit zu verkünden. Als sterblichem Menschen, ergänzt er, sei es ihm verwehrt, Kenntnis über das Gewesene zu haben. Was er wisse, verdanke er den Musen, den Göttinnen der Erinnerung (Il. II 485–90):

> Sagt mir nun, Musen! die ihr die olympischen Häuser habt –
> Denn ihr seid Göttinnen und seid zugegen bei allem und wißt alles,
> Wir aber hören nur die Kunde und wissen gar nichts –:
> Welches die Führer der Danaer und die Gebieter waren,
> Die Menge freilich könnte ich nicht künden und nicht benennen,
> Auch nicht, wenn mir zehn Zungen und Münder wären
> Und die Stimme unbrechbar, und mir ein ehernes Herz im
> Inneren wäre.

Auch wenn Homer glaubte, dank göttlicher Hilfe kenne er die Wahrheit, sein Wissen entsprach nicht dem eines Historikers. Was er verkündete, war eine mythologisch-poetische Wahrheit, keine historische. Von der Epoche, in der die *Ilias* und die *Odyssee* spielen, trennte den Dichter ein halbes Jahrtausend. Das entspricht der Zeit zwischen der Entdeckung Amerikas und uns. Während wir dank schriftlicher Aufzeichnungen jedoch recht genaue Kenntnisse über das Zerstörungswerk der spanischen Konquistadoren haben, lagen zwischen dem Untergang von Troja VIIa (um 1180 v. Chr.) und der schriftlichen Abfassung der *Ilias* (um 730 v. Chr.) fünf schriftlose Jahrhunderte. Alles, was der Dichter über die Vergangenheit wußte, war während eines halben Jahrtausends mündlich überliefert worden. Das entspricht einer Kette von 17 Generationen. Selbst wenn jeder einzelne in dieser Generationenfolge sich um genaue Wiedergabe bemüht hätte, so würde allein die Form der Überlieferung genügen, um den Stoff gründlich zu verändern.

Dazu kam, daß die Träger der Überlieferung, die Sänger, je nach Persönlichkeit und dem Anlaß ihres Vortrags den überlieferten Text schöpferisch gestalteten und nicht nur rezitierten. Ihre Aufgabe war, ein adliges Publikum zu unterhalten und zu erbauen, nicht aber historische Ereignisse wiederzugeben. Was einen Kriegeraristokraten des 8. vorchristlichen Jahrhunderts an der Vergangenheit faszinierte, hat Homer selbst beschrieben. Im IX. Gesang der *Ilias* läßt er Achilleus zur Leier greifen. Die Erinnerung an die ruhmvollen Taten früherer Helden soll das Gemüt aufheitern (Il. IX 186–9):

> Und fanden ihn, wie er seinen Sinn erfreute mit der hellstimmigen
> Leier,
> Der schönen, kunstreichen, und ein silberner Steg war auf ihr.
> Die hatte er genommen aus der Beute, als er die Stadt des Eëtion
> zerstörte.
> Mit dieser erfreute er seinen Mut und sang die Rühme der Männer.

Im Heldengesang wurden die Ideale des Kriegertums und die Werte der aristokratischen Gesellschaft verherrlicht. Falls es historische Anlässe gab, so standen gewiß nicht sie im Vordergrund, sondern das Schicksal und die Taten großer Menschen, mit denen sich die Zuhörer identifizieren konnten. Dieser Zweck des Heldengesangs, zu unterhalten, zu erbauen und Werte zu bestätigen, erklärt, warum sich im Laufe der Zeit unbemerkt die Inhalte der Überlieferung verändert hatten. Umgedeutet, verkürzt, erweitert oder mit anderen Stoffen verschmolzen, waren sie einem ständigen Umformungsprozeß unterworfen gewesen.

Selbst wenn Sagen historische Ereignisse zum Anlaß haben, die Art, wie sie entstehen und überliefert werden, unterscheidet sich in einem weiteren wichtigen Punkt von Geschichtsschreibung. Für den Historiker besteht Geschichte aus einer Folge getrennter Ereignisse, die in einer bestimmten zeitlichen Reihenfolge stattgefunden haben. Die Zeitachse ist von zentraler Bedeutung. Nur dadurch, daß er den zeitlichen Ablauf kennt, kann er die Ursachen historischer Ereignisse erforschen. Ursache kann nur etwas sein, was *vor* der Wirkung erfolgte.

Sagenbildung folgt einem anderen Prinzip. Die geschichtliche Zeit als trennender Faktor ist bedeutungslos. Bedenkenlos werden verschiedene Ereignisse zu einem einzigen verschmolzen. Mehrere aufeinanderfolgende Kriege werden zu einem einzigen Krieg, periodisch wiederkehrende Mangelperioden zu einer einzigen großen Zeit der Not. Wie eine Schrottpresse verdichtet Sage die Zeit. Über Generationen hinweg mündlich weitergegeben, verschwimmen die Unterschiede. Was am Ende bleibt, ist die Essenz kollektiver Erinnerung.

Aus einem solchen, in Jahrhunderten entstandenen Fundus aus Sagen und Heldengesängen, deren Wurzeln bis weit in mykenische Zeit (1600–1200 v. Chr.) zurückreichte, schöpfte Homer. Anders als seine Vorgänger, die unbekannten Dichter und Sänger, denen er sein Wissen verdankte, verfügte er über die Schrift. Nur Jahrzehnte vor der Entstehung der *Ilias* (um 730 v. Chr.) hatten die Griechen die Konsonantenschrift ihrer phönizischen Nachbarn zu ihrer eigenen weitaus flexibleren und genaueren Lautschrift weiterentwickelt.

In der langen Generationenkette der Dichter und Sänger war der Verfasser der *Ilias* daher der erste, der schriftlich fixierte, was bis dahin nur mündlich weitergegeben worden war. Diese Niederschrift des Erzählten beendete die Umgestaltung und Weiterentwicklung des Stoffes abrupt. Den Sängern nach Homer erging es wie Ion in Platons gleichnamigem Dialog. Ihre Kunst bestand darin, aus Homers Werk vorzutragen und es zu interpretieren, nicht aber es weiterzuentwickeln. Außerdem erlaubte es die Schrift, komplexere Geschichten zu gestalten. Sie erst schuf die Voraussetzungen für ein Werk von der Vielschichtigkeit, von der sprachlichen und gedanklichen Dichte der *Ilias*. Aus einer Vielzahl von Sagen und Legenden unterschiedlichster Herkunft konnte Homer um das zentrale Thema von Achilleus' Zorn ein dichtes Geflecht aus Nebenhandlungen knüpfen.

Die Geschichte vom Trojanischen Krieg

Sagen sind keine Geschichte, sie haben eine. In seinem lesenswerten Homer-Buch hat der Basler Sprachwissenschaftler Joachim Latacz die Herkunft eines der großen Sagenkomplexe der *Ilias* bis zu den Fürstenhöfen des mykenischen Griechenland zurückverfolgt. Schon auf einem Fries aus dem Palast von Pylos an der Westküste der Peloponnes ist ein Sänger abgebildet, in dem man einen Vorläufer Homers sehen kann. Ein halbes Jahrtausend vor der *Ilias* unterhält er ein adliges Publikum, indem er (vermutlich) über die ruhmreichen Taten früherer Helden singt. Nach Kleinasien gelangte der Heldengesang um die Mitte des 11. Jahrhunderts v. Chr. durch griechische Einwanderer.

Zwei Jahrhunderte zuvor hatten gewaltige Völkerverschiebungen die Hochkulturen des östlichen Mittelmeerraums erschüttert. In dieser Epoche wanderten Dorer, ein rückständiges griechisches Teilvolk, aus dem Balkan in die Peloponnes ein. Zur gleichen Zeit brach dort das mykenische Herrschaftssystem zusammen. Wenn die Ursachen auch weitgehend im Dunkeln liegen, so ist doch zu vermuten, daß die Neuankömmlinge zum Niedergang der mykenischen Adelssitze beigetragen haben. Um 1200 gingen die Paläste von Mykene und Pylos in Flammen auf; der von Tiryns, den ein Erdbeben verwüstet hatte, wurde nicht mehr aufgebaut. Auf der Peloponnes gab es niemanden mehr, der die Macht hatte, die Zerstörungen zu beheben – ein Indiz, daß dort die Zeit der großen mykenischen Herrscher vorüber war.

Wer von der mykenischen Aristokratie die Völkerstürme überlebt hatte, flüchtete in sichere Gebiete. So fanden, nach der Sage,
Vertriebene aus Pylos im Westen der Peloponnes Zuflucht in Attika, der Landschaft um Athen. Es waren die Vorfahren der Ionier.
Von ihren Zufluchtsstätten in Attika, in Böotien und Tessalien
brachen dann um die Mitte des 11. Jahrhunderts v. Chr. Nachkommen der vertriebenen mykenischen Aristokratie auf, um die
Westküste Kleinasiens und die vorgelagerten Inseln zu besiedeln,
die sie aus Erzählungen von Händlern kannten.

Noch ein Jahrtausend später erinnerte man sich dort an die
mykenische Herkunft der griechischen Städtegründer in Kleinasien. Um die Zeitenwende führte Strabo die Gründung der aiolischen Siedlungen an der Nordküste Kleinasiens und auf Lesbos
auf Nachfahren des Orestes zurück, den Sohn des letzten Herrschers von Mykene, Agamemnon; Abkömmlinge von Aristokraten aus Pylos dagegen, die in Attika Zuflucht gefunden hatten,
gründeten Strabo zufolge die wichtigsten ionischen Städte (Geogr. XIII 1,3; XIV 1,3). Im fruchtbaren Küstenstreifen entwickelten sich die Siedlungen der Neuankömmlinge rasch. Zu Homers
Zeiten, nur drei Jahrhunderte später, gehörten die von ihnen gegründeten Städte Milet, Priene, Ephesos, Kolophon, Klazomenai,
Erythrai sowie die Inseln Lesbos, Samos und Chios zu den reichsten der griechischen Welt.

Mit den Kolonisten waren auch Sagen von der Peloponnes nach
Kleinasien gelangt. An den griechischen Adelssitzen der kleinasiatischen Westküste und auf den vorgelagerten Inseln werden Sänger daher die Taten mykenischer Helden von der Peloponnes besungen haben. In der Überlieferung lebte die Welt der Könige von
Argos, Pylos, Sparta und des goldreichen Mykene in Kleinasien
und auf den vorgelagerten Inseln weiter. Ausgeschlossen blieb die
Niederlage der Vorfahren gegen die dorischen Eroberer. Zweck
des Heldengesangs war es, durch Beschwörung der glorreichen
Taten der Vorfahren die Gemüter zu erheben, nicht an schmerz-
liche Niederlagen zu erinnern. Homers Werk klammert daher do-
rische Elemente aus. Es ist in ionischem Dialekt mit aiolischen
Einsprengseln geschrieben – den Sprachen der griechischen
Stämme, die sich zuerst in Kleinasien angesiedelt hatten.

Zu diesem Kreis griechischer Sagen kommt in der *Ilias* als zweiter Komplex »der Krieg um Troja« dazu. Sein historischer Hintergrund beruht vermutlich nicht auf einem einzigen Ereignis, dem »Trojanischen Krieg«. Es handelt sich dabei um die zur Sage verdichtete Erinnerung an eine Jahrtausende währende Geschichte von Konflikten um die Festung am Hellespont, die den Handel zwischen der Ägäis und dem Schwarzen Meer kontrollierte – kurz, Homers Heldenepos geht auf Wirtschaftskriege zurück. Seit dem 3. Jahrtausend hatten sich die Bewohner des Hügels die beherrschende Lage an einem wichtigen Seehandelsweg zunutze gemacht; ihr verdankten sie ihren Reichtum. Zugleich war sie die Ursache wiederholter Kriege, deren Spuren in den Ruinen nachgewiesen worden sind.

Nach dem Ende von Troja VIIb um 1000 v. Chr., so nahm man bisher an, sei der Hügel von Hisarlik von seiner asiatischen Urbevölkerung verlassen worden, um erst gegen Ende des 8. Jahrhunderts von Griechen wieder besiedelt zu werden. Neuere Untersuchungen haben jedoch gezeigt, daß dort auch nach 1000 weiter eine kleine einheimische Bevölkerung lebte. Wenn diesen Menschen auch nichts vom Reichtum und kulturellen Glanz früherer Zeiten geblieben war, so spielte ihr Leben doch vor der Kulisse gewaltiger Ruinen. Unvorstellbare Dinge mußten dort geschehen sein, um solche Mauern zu zerstören. Es ist daher denkbar, daß man in Troja Sagen erzählte, die sich mit dem Hügel und seinen Ruinen verbanden, und auf diese Weise die Erinnerung an »einen« Trojanischen Krieg bewahrte. Zu dieser Urbevölkerung stießen dann um die Mitte des 10. Jahrhunderts v. Chr. Kolonisten aus Griechenland, die Sagen aus ihrer Heimat mitbrachten. Im multikulturellen Umfeld dieser Siedlung könnten sich mehrere Sagenkreise verschmolzen haben.

Einen Hinweis, daß die *Ilias* gegen Ende des 8. Jahrhunderts vor unserer Zeitrechnung in der Umgebung von Troja entstanden sein dürfte, liefert Homer im XX. Gesang. Hier wagt es Aineias, sich dem übermächtigen Achilleus entgegenzustellen. Wissend, daß das angesichts der Stärke des Griechen das sichere Ende bedeutet hätte, rettet Poseidon den Trojaner. Dem Geschlecht des Aineias, so begründet der Gott sein Eingreifen, sei es bestimmt, den

Stamm des Priamos in der Herrschaft über die Troas abzulösen
(Il. XX 303–8):

> »Auf daß nicht ohne Samen das Geschlecht und spurlos vergehe
> Des Dardanos, den der Kronide (Zeus) liebte vor allen Söhnen,
> Die aus ihm geboren wurden und sterblichen Frauen.
> Denn schon ist des Priamos Geschlecht verhaßt dem Kronion.
> Jetzt aber soll nun des Aineias Gewalt über die Troer herrschen
> Und seiner Söhne, Söhne, die künftig geboren werden.«

Namhafte Gelehrte haben diese Verse als Referenz an einen Gönner Homers gewertet. Der Geehrte könnte ein König der Troas
gewesen sein, der seinen Stammbaum auf Aineias zurückführte.
Wo Dardania, der Herrschaftssitz dieses Königs, lag, ist unbekannt. Die Genauigkeit jedoch, mit der Homer den Hügel von
Hisarlik und die Landschaft ringsum beschreibt, legt die Vermu-
tung nahe, daß der Verfasser der *Ilias* längere Zeit in der Troas
gelebt hat.

Wer die *Ilias* liest, kann sich den Dichter bei der Arbeit vorstellen. In der bescheidenen Siedlung des 8. Jahrhunderts, deren Häuser sich an die Reste des monumentalen untergegangenen Troja
aus dem 13. Jahrhundert (Siedlungsschicht VI) anlehnen, verbindet der Dichter die Sagen über eine glorreiche Vergangenheit mit
der Landschaft und den Ruinen vor seinen Augen. Die weite
Ebene, durch die der Skamander und der Simoeis fließen, die
Hügel im Südwesten, Samothrake im Nordwesten und das mächtige Ida-Gebirge im Südosten werden zu Schauplätzen eines zehn
Jahre währenden Krieges.

Auf den ersten Blick mag es enttäuschen, daß »der Trojanische
Krieg« nur in der Vorstellung stattgefunden hat. Aber ist es tatsächlich weniger faszinierend, im Hügel mit seinen Ruinen und
der Landschaft nicht ein Schlachtfeld, sondern den Schauplatz
großer Dichtung zu sehen? Die Unmittelbarkeit der Bilder kämp-
fender Heere in der Ebene, vom Triumph und Tod des Patroklos,
vom Kampf des Achilleus im Skamander und des Abschieds Hektors von Andromaches wird gebrochen. An ihre Stelle tritt eine
andere Wirklichkeit. Man sieht einen großen Dichter, der im
8. vorchristlichen Jahrhundert ein sagenhaftes Geschehen mit dem

Hügel, seinen Ruinen und der Landschaft verbindet. Homer war es gewesen, der das gewaltige Panorama des Trojanischen Krieges schuf.

Selbstdarstellung im Heldengesang

Homers Werk ist voll von Hinweisen auf die zeitgenössische Adelswelt. Aristokraten des 8. vorchristlichen Jahrhunderts waren sein Publikum. Ihrem Denken und ihren Werten mußte er entsprechen. Mit den Helden, von denen er sang, sollten sie sich identifizieren. Die Ideale der Adelsgesellschaft darzustellen, die Gefühle seiner Zuhörer zu rühren, ihre Werte und Prinzipien zu bestätigen, darum ging es.

Dem Zusammenbruch der mykenischen Herrschaft um 1220 v. Chr., der Vertreibung der Aristokratie und der Kolonisierung der Westküste Kleinasiens waren Jahrhunderte des Neubeginns und des Aufbaus gefolgt. Sie führten im 8. Jahrhundert zu neuer wirtschaftlicher und kultureller Blüte. Träger dieser Entwicklung waren aiolische und ionische Aristokraten, Nachfahren von Überlebenden der Katastrophe des mykenischen Herrschaftssystems. Mit dem neugewonnenen Reichtum und der kulturellen Verfeinerung wuchs auch das Bedürfnis nach Repräsentation und nach Selbstbestätigung. Der Heldengesang war das Mittel, es zu befriedigen. Überlebt hatte er die Jahrhunderte nach der Katastrophe als Erinnerung an eine heroische Vergangenheit. Wie Joachim Latacz gezeigt hat, lieferte er nun das Material für eine glanzvolle Neuinszenierung, die dem wiedergewonnenen Selbstbewußtsein der herrschenden Schicht entsprach.

Äußerlich tragen Homers Helden zwar noch Rüstungen und Helme aus mykenischer Zeit, aber in ihrem Inneren denkt und fühlt es modern. Unter einer altertümlichen Schale schlagen die Herzen der Zuhörer. Die Helden sind in eine heroische Vergangenheit projizierte Idealbilder von Aristokraten des 8. Jahrhunderts. Achilleus, Hektor, Diomedes, Odysseus, Andromache, Aineias, Agamemnon und Nestor denken, empfinden und handeln, als wären es idealisierte Zeitgenossen Homers.

Die innere Gebundenheit

Vor fast drei Jahrtausenden hat ein Dichter Menschen dargestellt, deren Gedanken und Gefühle wir mühelos nachvollziehen. Wie wir sind die Akteure Anfechtungen ausgesetzt und geraten in Entscheidungskonflikte. Mut und Verzagtheit, Klugheit und Torheit, Großmut und Kleinlichkeit wechseln ab. Die Helden empfinden Liebe, Haß, Neid und Furcht, und zuweilen lassen sie sich von ihren Gefühlen mitreißen. Es sind Menschen, die uns auch heute noch vertraut erscheinen.

Doch indem wir mit ihnen denken und fühlen, übersetzen wir unbewußt Homers Menschenbild in unsere eigene Vorstellungswelt. Für uns ist die Person autonom. Wir wissen, daß wir selbst die Urheber unserer Gedanken, Entscheidungen und Gefühle sind. Für die Zeitgenossen Homers waren sie es nicht. Das Wort »ich« geht den Helden zwar so selbstverständlich über die Lippen wie jedem von uns, aber es dient nur zur Bezeichnung der Person. »Ich lernte, immer ein Edler zu sein«, sagt Hektor in der herzzerreißenden Abschiedszene mit Andromache (S. 37 ff.). Frei, zu entscheiden, ist dieses Ich jedoch nicht. Es ist nicht autonom.

Hektors Entschluß, auf das Schlachtfeld zurückzukehren, rührt uns. Wir sehen darin die freie Entscheidung eines tapferen Mannes, der seine Furcht überwindet. Im Bewußtsein der Autonomie der Person gehen wir davon aus, Hektor hätte auch anders handeln können. Doch über die Freiheit, zwischen Selbsterhaltung und Pflicht zu wählen, verfügt er nicht. Er vollzieht, was die Ehre seines Standes gebietet. Mit der Konsequenz eines Roboters, der zwar Empfindungen hat, ihnen aber nicht nachgeben kann, geht der Held in den Tod (Il. VI 441–6):

»Ja, an all das denke auch ich, Frau. Aber zu furchtbar
Schäme ich mich vor den Troern und schleppgewandeten Troer-
frauen,
Wollte ich mich wie ein schlechter Mann vom Kampfe fernhalten.
Auch heißt es mich nicht mein Mut, da ich lernte, immer ein Edler
Zu sein und unter den vordersten Troern zu kämpfen,
Zu wahren des Vaters großen Ruhm und meinen eigenen.«

In einer anderen Episode schwärmt der Lykierfürst Sarpedon so konkret von den Verlockungen der fernen Heimat, daß man ahnt, am liebsten hätte er sich davongestohlen. Dem todgeweihten Helden erscheint das Leben so süß, daß er zu träumen beginnt: »Wäre ich nicht Aristokrat und durch Standesehre gebunden, sondern frei wie ein Gott, dann bliebe mir das Kämpfen erspart.« Wenn er dennoch bleibt, dann flüstert ihm nicht die Stimme eines Gewissens ein, zwar habe er die Freiheit zu gehen, aber Verbündete im Stich zu lassen sei unmoralisch. Standesehre hält ihn zurück. Er kämpft und fällt (Il. XII 315–325):

> »Darum müssen wir bei den Lykiern jetzt unter den Ersten
> Stehen oder uns der brennenden Schlacht entgegenwerfen.
> Daß manch einer so spricht von den dicht gepanzerten Lykiern:
> ›Wahrhaftig! nicht ruhmlos herrschen in Lykien
> Unsere Könige und speisen fette Schafe
> Und Wein, auserlesenen, honigsüßen; nein, auch die Kraft
> Ist tüchtig, da sie bei den Lykiern unter den Ersten Kämpfen!‹
> Ja, Lieber! Wenn wir, aus diesem Krieg entronnen,
> Für immer ohne Alter sein würden und unsterblich,
> Dann würde ich selbst nicht unter den Ersten kämpfen
> Und auch dich nicht zur Schlacht, der männerehrenden, rufen.«

Homers Helden reflektieren nicht über ihr Handeln. Fest in das starre System persönlicher Bindungen und Verpflichtungen der Adelsgesellschaft eingebunden, vollziehen sie, was die Etikette ihres Standes von ihnen verlangt. Ihr Denken und Handeln ist durch Abstammung festgelegt: Als Aristokrat hat man sich so und nicht anders zu verhalten.

Die Herrschaft der Götter im menschlichen Inneren

Ist es nicht Standesehre, die das Handeln der Akteure erklärt, dann sind es göttliche Eingriffe. Homers Helden meinen, nicht sie selbst seien die Urheber ihrer Gefühle, ihrer Entscheidungen und Überlegungen. Götter wirken von außen in sie hinein: »Ich aber bin nicht schuldig«, so rechtfertigt vor versammeltem Heer Agamemnon sein Fehlverhalten gegenüber Achilleus (Il. XIX 86–94):

»Sondern Zeus und die (Schicksalsgöttin) Moira und die im Dunkeln
                          wandelnde (Rachegöttin) Erynis,
Die mir in der Versammlung in den Sinn warfen die wilde Beirrung
An dem Tag, als ich selbst das Ehrgeschenk des Achilleus fortnahm,
Aber was sollte ich tun? Der Gott führt alles zu seinem Ende.
Die ehrwürdige Tochter des Zeus ist Ate (Göttin der Verblendung),
                                        die alle beirrt,
Die verderbliche! Die hat weiche Füße, denn nicht auf dem Boden
Nähert sie sich, sondern schreitet über den Häuptern der Männer
Und beschädigt die Menschen . . .«

Man könnte meinen, wenn jemand gleich vier Götter für den
eigenen Fehler verantwortlich mache, dann sei das eine leicht
durchschaubare faule Ausrede. Aber niemand im Griechenheer
widerspricht. Auch Agamemnons Kritiker, die ihn noch kurz zuvor für die drohende Niederlage verantwortlich gemacht hatten,
glauben die Erklärung. Sie alle verbindet die Überzeugung, Menschen verdankten ihre Überlegungen, Entscheidungen und Gefühle den Göttern.

Nicht menschlichen, sondern göttlichen Ursprungs scheint
auch der Kampfesmut zu sein, der Aineias und Diomedes voran-
treibt. Dem einen hat Apollon Mut eingeflößt, Athene dem anderen (Il. V 512 f. und X 483 f.). Nicht Menelaos rafft sich im Kampf
um den Leichnam des Patroklos auf, er betet zu Athene, und diese
»legte ihm Gewalt in die Schultern und in die Knie und schickte
ihm die Kühnheit einer Stechfliege in die Brust« (Il. XVII 569 f.).
Nicht Aias, sonst einer der Tapfersten, ergreift angesichts der
Übermacht der Feinde das Hasenpanier, sondern (Il. XI 544–47):

. . . Zeus, der Vater, der hoch am Steuerruder sitzt, erregte in Aias
                                                  Schrecken,
Und er stand erstarrt, und nach hinten warf er den Schild, den
                                              siebenhäutigen,
Und floh, um sich spähend, in die Menge, einem Raubtier gleichend,
Immer wieder sich umwendend, und nur wenig wechselnd Knie um
                                                    Knie.

Die Zeitgenossen Homers, so hat der Graezist Bruno Snell gezeigt, war die Vorstellung einer Seele oder Psyche als dem Inbe-

griff der Bewußtseinsregungen der Person fremd. Psychische Vorgänge führten sie auf drei verschiedene Organe zurück, die für sie so körperlich waren wie Augen und Ohren. In das erste dieser imaginären Organe, den *thymos*, sandten die Götter die Gefühle, die ein Mensch empfand. Das zweite, der *noos*, empfing die vernünftigen Eingebungen, die ihm die Götter sandten. Als drittes kam die *psyche* dazu, das Organ der Lebenskraft und der Identität der Person. Starb ein Mensch, dann verließ die *psyche* »zischend wie ein Rauch« den Körper und verschwand in der Unterwelt, um dort ein erbärmliches Schattendasein zu führen.

Die Herrschaft der Götter in der Natur

Ebenso wie sie in das menschliche Innere eingreifen, kontrollieren Homers Götter die Natur. Wenn ein Gewitter vom Ida heranzieht, dann wird das nicht als meteorologisches Phänomen verstanden, dessen Ursachen im Naturablauf liegen. Für Homer greift ein Gott von außen in die Welt ein. Hinter allem, was geschieht, steht die Absicht eines Gottes. Es blitzt und donnert, weil Zeus die Griechen erschrecken will, um an diesem Tag den Trojanern den Sieg zu schenken (Il. VIII 75–79):

> Und selber dröhnte er vom Ida her gewaltig, und einen brennenden
> Glanz
> Schickte er in das Volk der Achaier. Und die, wie sie es sahen,
> Erstarrten, und alle ergriff blasse Furcht.
> Da wagte weder Idomeneus standzuhalten noch Agamemnon,
> Noch hielten die beiden Aias stand, die Diener des Ares.

Wird die mächtige Mauer um das Schiffslager der Griechen von den Naturgewalten zerstört, dann *erzählt* der Dichter das Ereignis so, daß wir die Ursachen erkennen. Aber Homer führt den Einsturz auf einen göttlichen Eingriff zurück: Die Griechen, so erklärt er, hatten versäumt, den Göttern die fälligen Opfer zu bringen, und diese revanchierten sich. Erbost beschließen Poseidon und Apollon (Il. XII 18–33):

Auszutilgen die Mauer, und führten, dagegen die Kraft der Ströme,
So viele wie von den Ida-Bergen in die Salzflut fließen.
. . .
Von denen allen wandte die Mündungen zusammen Phoibos Apollon.
Und er sandte neun Tage die Strömung gegen die Mauer, und
                         ununterbrochen
Regnete Zeus, daß er schneller ins Meer die Mauer schwemme.
Und der Erderschütterer selbst, den Dreizack in Händen führend,
Ging voran und stieß heraus alle Grundschichten mit den Wogen
Von Baumstämmen und Steinen, die mühsam gelegt hatten die Achaier
Und glatt machte er es beim starkströmenden Hellespontos
Und bedeckte wieder den großen Strand mit Sand,
Als er ausgetilgt die Mauer, und wandte die Flüsse, daß sie
                         wiederkehrten
In ihren Lauf, wo sie auch früher gesandt das schönströmende Wasser.

Wunder, die der Vernunft widersprechen, kommen in der *Ilias* nicht vor. Selbst wenn es in der Macht der Götter steht, Naturkatastrophen herbeizuführen, die Mauer hinwegzaubern können sie nicht. Alles ist auf natürliche Weise erklärbar. Sintflutartige Regenfälle lassen die Flüsse über die Ufer treten. Wassermassen überschwemmen die Ebene und drücken gegen die Mauer. Von See her unterspülen mächtige Wogen die Fundamente. Ein Erdbeben bringt das Ganze zum Einsturz, und das tosende Meer schwemmt die Reste davon.

Ähnliches gilt für die handwerkliche Kunst des Menschen. In der Schlacht reißt ein Helmriemen oder die frischgespannte Sehne eines Bogens; bei einem Wettrennen bricht das Joch an einem Streitwagen; unter der Wucht des Hiebes zersplittert ein Schwert; ein Speer verfehlt sein Ziel usw. Nichts Mysteriöses geschieht, alles ließe sich auf eine Ursache zurückführen: Materialversagen, Ungeschicklichkeit und ähnliches. Für Homer jedoch sind es Folgen göttlicher Eingriffe: Den Helmriemen hat Apollon zerrissen, Athena das Joch, und ähnliche Erklärungen für Mißgeschicke und Katastrophen finden sich in der ganzen *Ilias*.

Die Absichten der Götter

Die Parallele zwischen der Sicht psychischer Vorgänge und von Naturereignissen ist unübersehbar. Ebensowenig wie Homers Menschen sich als die Urheber ihrer Gefühle und Entscheidungen verstehen, scheint die Natur ihrer eigenen inneren Gesetzmäßigkeit von Ursache und Wirkung zu folgen. Wo immer der Erzähler und seine Akteure sich die menschlichste aller Fragen stellen, »Warum geschah es?«, kommen sie zur gleichen Antwort: »Es geschah, weil ein Gott oder eine Göttin etwas erreichen wollte.«

In den Göttern, die über die Natur und die Menschen herrschen, lassen sich unschwer die auf den Olymp gespiegelten aristokratischen Zeitgenossen Homers ausmachen. Wie unter ihren irdischen Vorbildern entscheidet unter den Göttern Abstammung über Rang. Ebensowenig wie diese kennen sie ein für alle gleichermaßen verbindliches Recht. Was Recht ist, wird von Fall zu Fall entschieden, und der Höherrangige darf sich Dinge erlauben, für die ein Rangniederer schwer bestraft würde. Unumstößliche sittliche Normen gibt es für die Götter ebensowenig wie für irdische Aristokraten. Wie eine Lehnsherrin, die ein paar Dörfer mitsamt Bevölkerung verschachert, macht Hera ihrem Gemahl Zeus ein Angebot, das von atemberaubender Gleichgültigkeit gegenüber dem Schicksal betroffener Menschen zeugt: Falls er ihr Troja zur Zerstörung überlasse, dürfe er ihre drei Lieblingsstädte Sparta, Argos und Mykene vernichten.

Wie Aristokraten, die von ihren Gefolgsleuten Abgaben erwarten, verlangen die Götter von den Menschen Opfergaben. Den persönlichen Bindungen und Verpflichtungen zwischen Herr und Gefolgsmann entspricht das Verhältnis zwischen dem Gott und seinem adligen Schützling. Wer ihm die fälligen Opfer bringt, wer sich achtungsvoll im Gebet an ihn richtet, dem fühlt er sich verpflichtet. Im Kampf steht er ihm gegen Feinde bei, hilft ihm in der Not, leitet ihn in der Fremde und verleiht ihm Weisheit, wenn eine schwierige Entscheidung ansteht.

Unerbittlich dagegen im Zorn, bestrafen die Götter den, der sie beleidigt, der ihnen ein Opfer verweigert oder sich gar an ihrem Besitz vergreift. So grenzenlos der Haß der Hera auf Troja ist, so nichtig war sein Anlaß. Paris, einer von fünfzig Söhnen des Trojanerkönigs Priamos, hatte nicht ihr, sondern Aphrodite den Preis der Schönheit zuerkannt. In blinder Parteilichkeit unterstützt sie fortan die Griechen, weil es die Feinde ihrer Feinde sind. Ihr Haß geht so weit, daß ihr Zeus schließlich vorwirft, am liebsten würde sie die Trojaner roh verspeisen.

Mit dem Niedergang der Adelsherrschaft löste sich das Netz persönlicher Bindungen und Verpflichtungen auf, auf dem sie beruhte. An seine Stelle trat die Idee des göttlichen Rechts, dem das Handeln der frei gewordenen Menschen unterworfen ist. Mit dem Wandel der Gesellschaft und des menschlichen Selbstverständnisses veränderten sich daher auch die Göttervorstellungen. Zwei Jahrhunderte nach Entstehung der *Ilias* sollte der Philosoph und Dichter Xenophanes von Kolophon die menschlichen Götter Homers der Lächerlichkeit preisgeben: »Alles haben Homer und Hesiod den Göttern angedichtet, was nur immer bei den Menschen Schimpf und Schande ist: Stehlen, Ehebrechen und sich gegenseitig betrügen«, und: »Wenn Kühe, Pferde oder Löwen Hände hätten und damit malen und Werke wie Menschen schaffen könnten«, spottete Xenophanes, »dann würden die Pferde pferde-, die Kühe kuhähnliche Götterbilder malen und solche Gestalten schaffen, wie sie selber haben.« (DK. B 11 u. B 15)

II

AN DER KÜSTE AIOLIENS

ASSOS

BESUCH BEI ARISTOTELES
UND KLEANTHES

Auf dem Weg von Troja nach Ayvalık, dem Ausgangshafen für die Überfahrt nach Lesbos, führt ein Abstecher zu den Ruinen des antiken Assos an der Südküste der Troas*. Auf einen aus dem Meer aufgestiegenen Vulkankegel gebaut, galt es als die am schönsten gelegene griechische Stadt der Antike. Wenn Assos heute auch in Trümmern liegt, die Schönheit der Lage ist geblieben. Der Blick vom Gipfel des Berges mit dem Athenatempel auf die darunter liegende Stadt, auf das Meer hinüber zur Insel Lesbos am Horizont macht den Ausflug zum Erlebnis.

In dieser Stadt gingen im 4. Jahrhundert vor unserer Zeitrechnung Politik und Philosophie für einige Jahrzehnte eine denkwürdige Verbindung ein. Unter der Patronage des Herrschers von Atarneus, Hermias, lehrte und forschte dort der große Aristoteles für einige Jahre. Anderthalb Jahrzehnte später wurde am gleichen Ort der Stoiker Kleanthes geboren, einer der eigenwilligsten und liebenswertesten unter den Denkern der Antike.

Auf dem Weg von Troja nach Süden zweigt man in Ayvacık nach Behramkale ab, dem türkischen Dorf über den Ruinen der antiken Stadt. Die schmale Straße windet sich durch eine von Wäldern, Sträuchern und niederem Buschwerk bewachsene Berglandschaft von wilder Schönheit. Schon von weitem verrät der stechende Geruch von schwelendem Holz die Anwesenheit von Köhlern. Mächtige runde Meiler stehen neben der Straße. Aus unzähligen mühsam zusammengetragenen Stämmen und Ästen

* Nach Troja Assos aufzusuchen bedeutet, die entscheidenden vier Jahrhunderte griechischer Geistesgeschichte nach Homer (8. Jh.) zu überspringen. Doch die Lage des Ortes macht den Vorgriff notwendig. Das Versäumte wird später nachgeholt.

sorgfältig aufgeschichtet und nach dem Brand wieder abgetragen, geben sie eine Vorstellung von der Härte dieses Daseins.

Im Süden der Troas ist Behramkale schon von weitem zu sehen. Über Olivenhainen und Feldern erhebt sich der flache Kegel eines Vulkans, über dessen Nordhang sich das Dorf erstreckt. Zwischen kleineren Häusern zeichnen sich im Dunst die gewaltigen hellenistischen Stadtmauern von Assos als scharf abgegrenzte Licht- und Schattenflächen ab. Im Dorf geht es dann bergan zu einem kleinen Platz mit Souvenirläden und einem Teehaus. Die im Freien aufgestellten Tische ruhen auf Säulenstümpfen und Kapitellen der antiken Stadt. An kleinen Häusern vorbei wandert man durch verwinkelte Gassen zum Gipfel. Vor ihren Häusern bieten Dorfbewohner Deckchen und Spitzen, buntgemusterte Teppiche und gestrickte Wollsocken an (siehe Kasten).

Die Leute von Behramkale

Auch wenn solche Angebote als überflüssig oder gar lästig erscheinen, sollte man nicht einfach vorübergehen. Diesen Menschen gegenüber gleichgültig zu sein hieße, sich nur in der Geisterwelt der Ruinen zu bewegen. In der Bescheidenheit, in der Würde und Freundlichkeit, aber auch in der Armut und Rückständigkeit, denen man auf der Straße begegnet, verkörpert sich die Wirklichkeit des Lebens in dem Land, dessen Kulturdenkmäler man besucht.

Die Türkei befindet sich im Aufbruch. Doch die wirtschaftliche Entwicklung hat hier nicht nur Wohlstand gebracht. Während eine städtische Oberschicht ihren neugewonnenen Reichtum in den an der Küste wuchernden häßlichen Feriensiedlungen ungeniert zur Schau stellt, sind große Teile der Landbevölkerung verarmt. Die galoppierende Inflation zu Beginn der neunziger Jahre hat die Einkommen vieler Menschen unter das Existenzminimum sinken lassen. Bitter bemerkt der Aufseher der Ruinenstätte, alles sei gestiegen: die Armut der Armen ebenso wie der Reichtum der Reichen.

Die Folgen sind auch in Behramkale spürbar. Während im Ortskern schöne alte Häuser von reichen Fremden – überwiegend Türken, aber auch schon von Deutschen – aufgekauft und für Ferienaufenthalte hergerichtet worden sind, leben die früheren Bewohner in einer billigen Neubausiedlung an der Peripherie. Unten am Meer, auf der Südseite des Vulkans, haben sich Hotels, Bars und Restaurants angesiedelt. In dieser schwierigen Situation versuchen Dorfbewohner am Geschäft mit den Fremden teilzuhaben, die auf dem Weg zu den Ruinen von Assos an ihren Häusern vorbeikommen.

Von der penetranten Aufdringlichkeit der Händler an den großen Touristenorten ist hier nichts zu spüren. Bescheiden bieten Kinder auf der Straße einfache Häkelarbeiten an; geschwind baut ein weißhaariges Paar vor der Haustür einen Verkaufsstand für Wollsachen auf, wenn es spätabends noch zwei einsame Touristen zum Gipfel aufsteigen sieht. Auf dem Rückweg finden die Besucher dort, wo vorher nackte Wand war, ein buntes Sortiment handgeknüpfter Teppiche und Taschen, selbstgestrickter Socken und ähnliches vor. Mit wenig Geld läßt sich hier nicht nur helfen; wer etwas kauft, bestätigt diese Menschen auch in der Würde, mit der sie ihr Leben meistern.

Auf dem Gipfel bietet sich ein Panorama von überwältigender Schönheit. Einsam ragen hoch über der antiken Stadt fünf wiederaufgerichtete Säulen des 530 v. Chr. erbauten Athenatempels in den Himmel. Unterhalb des schwindelerregenden Steilabfalls am südlichen Rand des Gipfelplateaus liegen zwischen Sträuchern und Buschwerk die rötlichen Mauerreste hellenistischer Bauten aus dem 3. und 2. vorchristlichen Jahrhundert: eines Gymnasiums und der Agora, des Marktes von Assos. Undeutlich sind in einer Mulde links davon die freigelegten und wiederhergestellten Sitzreihen eines verfallenen Theaters zu sehen. Hinter einem weiteren Felsabbruch schimmert, 230 Höhenmeter unter dem Gipfel, die Mole des antiken Hafens als ein sichelförmiger türkisfarbener

Streifen im tiefen Blau des Meeres. In der Ferne zeichnen sich die Berge von Lesbos als dunkler Schatten vor dem hellen Mittelmeerhimmel ab.

Aristoteles und Hermias: Philosophie und Politik

An diesem Ort verbrachte Aristoteles (384–322 v. Chr.) die entscheidenden Jahre nach Platons Tod. Als Siebzehnjähriger 367 v. Chr. nach Athen gekommen, hatte er zwei Jahrzehnte – anfangs als kritischer Schüler, später als ein geistig ebenbürtiger Partner – an Platons Akademie verbracht. Als nach dem Tod des Meisters 347 v. Chr. jedoch nicht er, sondern dessen wenig bedeutender Neffe Speusippos die Nachfolge antrat, zog Aristoteles zusammen mit Xenokrates, einem weiteren Platonschüler, nach Assos.

Die beiden Philosophen fanden dort eine außergewöhnliche Allianz von Geist und Macht vor. Assos gehörte um die Mitte des 4. Jahrhunderts zum Reich von Atarneus, einem beim modernen Dikili gelegenen Herrschaftssitz. Entstanden war dieses kurzlebige Reich wenige Jahrzehnte zuvor, als ein Bankier namens Eubulos den Aufstand eines persischen Satrapen gegen den Großkönig finanziert hatte und dafür mit der Herrschaft über Atarneus belohnt worden war. Durch geschicktes Taktieren hatte er es anschließend geschafft, seine Herrschaft am Rand des riesigen Perserreichs zu sichern.

Bedeutender freilich war sein Nachfolger Hermias, ein Eunuch und freigelassener Sklave des Eubulos. Der Sklave muß seinen Herrn so beeindruckt haben, daß dieser ihn zur Ausbildung an Platons Akademie nach Athen geschickt hatte. Dort war er auch Aristoteles begegnet. Nach Atarneus zurückgekehrt, war er von Eubulos zum Partner und später zum Thronerben gemacht worden. Wie der Geograph Strabo überliefert hat, war es Hermias, der Aristoteles nach Assos rief (Geogr. XIII 1, 57).

Unter der Oberherrschaft des Emporkömmlings war die Stadt zu einem bedeutenden geistigen Zentrum geworden. Regiert wurde sie von zwei weiteren Platonschülern: Erastos und Koriskos aus Skepsis am Ida. Hermias hatte ihnen die Macht in Assos als Dank für einen wichtigen Rat übertragen. Die von ihnen angeregten Reformen hatten ihm so viele Sympathien eingetragen, daß die Bevölkerung des Gebiets zwischen Assos und dem Ida-Gebirge – dem Kaz Dağ im Osten – freiwillig seinem Reich beigetreten war. Damit war in Assos zur Zeit von Aristoteles' Ankunft zum ersten und wohl auch einzigen Mal für eine kurze Zeit Platons Idee vom Philosophen als Herrscher verwirklicht.

Die Jahre in der Stadt sollten richtungweisend für das weitere Leben des großen Gelehrten sein. Hier bildete Aristoteles die Grundlagen einer eigenen Schule. Irgendwo in einem Gebäude auf demselben Felsabsatz, auf dem später die hellenistische Agora und das Gymnasium gebaut wurden, wird der große Gelehrte unterrichtet haben. Wie sich aus der häufigen Erwähnung des Koriskos als Lehrbeispiel seiner Vorlesungen ableiten läßt, saß dieser leibhaftig vor ihm.

Aus dem benachbarten Lesbos kam der zwanzigjährige Theophrast, um bei dem großen Aristoteles zu lernen. Nach dem Tod des Meisters 322 v. Chr. sollte er die Leitung der aristotelischen Schule in Athen, des Peripatos, übernehmen. Theophrast bewahrte auch die Lehrschriften und die umfangreiche Bibliothek des Lehrers und gab sie später an Neleus, den Sohn des Koriskos, weiter. Beiden, Theophrast und Neleus, ist es zu verdanken, daß diese unersetzlichen Handschriften nicht verlorengingen (S. 348).

Während des Aufenthalts in Assos lernte Aristoteles seine spätere Frau Pythias kennen, eine Adoptivtochter und Nichte seines Gönners und Freundes Hermias. Dem Kreis von Assos gehörte vermutlich auch Aristoteles' stolzer Neffe Kallisthenes an. Auf Anraten seines Onkels sollte er ein Dutzend Jahre später als Geschichtsschreiber Alexander den Großen auf seinem Asienfeldzug begleiten. Seine Biographie begründete die Alexander-Legende. Als Alexander von seinen griechischen Begleitern jedoch nach orientalischer Sitte den Fußkuß verlangte, weigerte sich Kallisthenes und bezahlte dafür 327 v. Chr. mit dem Leben.

Die Symbiose von Macht und Geist im Reich von Atarneus währte nur kurz. Auf der Suche nach einem mächtigen Verbündeten, der seine Unabhängigkeit von Persien garantierte, hatte Hermias Verbindung zum Makedonenherrscher Philipp II., dem Vater Alexanders des Großen, aufgenommen. Der Perserkönig bekam Wind von der drohenden Allianz und ließ Atarneus belagern. Nachdem er die Stadt nicht einnehmen konnte, lockte der persische Feldherr Hermias arglistig zu Verhandlungen aus der Stadt und verschleppte ihn unter Bruch des zugesagten freien Geleits nach Susa. In der Hauptstadt des Perserreichs auf der Folter über seine Verbindungen zum makedonischen König befragt, schwieg das Opfer standhaft. Bevor Hermias ans Kreuz geschlagen wurde, gewährte man ihm eine letzte Bitte. »Meldet meinen Freunden und Genossen, daß ich nichts der Philosophie Unwürdiges noch Haltungsloses getan habe«, lautete die Botschaft des letzten Herrschers von Atarneus. Erschüttert schrieb Aristoteles, der 341 v. Chr. am Hof Philipps II. in Makedonien vom Ende seines Freundes und Schwiegervaters erfahren hatte, ein Weiheepigramm und einen Hymnos auf den Toten.

Durch die von Hermias hergestellte Verbindung zu Philipp sollte Aristoteles 342 v. Chr. als Lehrer des Thronerben Alexander nach Makedonien gelangen. In seinem Werk über Aristoteles hat der Graezist Werner Jaeger die Motive aufgehellt, die einen großen Denker veranlaßten, die Erziehung eines Vierzehnjährigen zu übernehmen. In der geistigen Formung des Thronerben der griechischen Vormacht Makedonien bot sich ihm die einmalige Gelegenheit, aus der Sphäre reiner Spekulation über den Idealstaat auszubrechen. Unter dem Einfluß des erfahrenen Staatsmannes Hermias hatte Aristoteles die Notwendigkeit erkannt, als Philosoph die Realpolitik zu beeinflussen.

Falls es in der antipersischen Stimmung in Makedonien überhaupt eines geistigen Anstoßes bedurfte, um gegen Persien vorzugehen, dann ist Aristoteles' Einfluß auf Alexander nicht zu unterschätzen. Von der Überlegenheit hellenischer Kultur überzeugt, pflanzte Aristoteles seinem Schüler die Idee ein, die Welt im griechischen Geist zu gestalten. Er formte aus dem Thronerben eines halbwilden Volkes an der Peripherie der griechischen Zivilisation einen Vorkämpfer des Griechentums. Wenn er den Erfolg auch nicht mehr erlebte, durch Alexander den Großen und dessen politische Erben sollte Aristoteles wesentlich zur Gestaltung der Welt nach der Zerstörung des Perserreichs beitragen (S. 32 ff.).

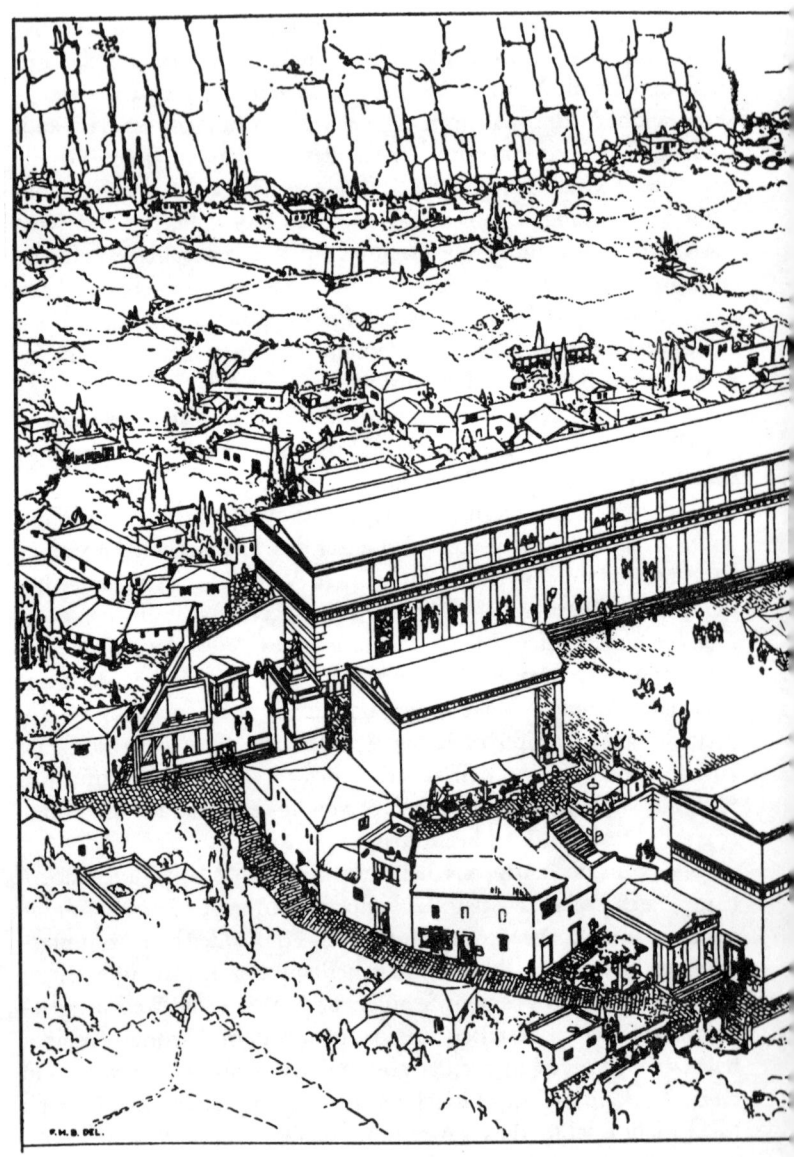

Die Agora des hellenistischen Assos

Doch zurück ins Jahr 345 v. Chr.: Als er vier Jahre vor dem Tod des Hermias gemeinsam mit Theophrast Assos verließ, siedelte sich Aristoteles für zwei weitere Jahre auf dem gegenüberliegenden Lesbos an. In den fünf Jahren zwischen 347 und 342 v. Chr., die er in Assos und auf Lesbos verbrachte, wandte er sich naturgeschichtlichen Studien zu. Sein biologisches Werk, insbesondere die *Geschichte der Tiere,* enthält, wie der englische Gräzist D'Arcy Thomson 1910 bemerkt hat, zahlreiche Bezüge zu Kleinasien und zur Insel Lesbos. Die Ergebnisse dieser Forschung sollten bis in das Mittelalter die Grundlagen des Wissens über die Tierwelt bilden. Es ist daher wohl kaum übertrieben, zu sagen, daß in Assos und auf Lesbos Zoologie und Botanik zu eigenständigen Wissenschaften wurden.

Kleanthes: die Gleichheit der Menschen

In Assos wurde 331 v. Chr. – vierzehn Jahre nach Aristoteles' Abreise – der Stoiker Kleanthes geboren; gestorben ist er als Achtzigjähriger, 251 v. Chr. Zu philosophieren begann er jedoch nicht hier, sondern in Athen, dem geistigen Zentrum der griechischen Welt. Dort lernte er freilich nicht in der elitären Abgeschirmtheit von Platons Akademie oder von Aristoteles' Peripatos, wo Nachfolger das Werk der Gründer weiterführten. Seine geistige Ausbildung erhielt Kleanthes auf der Straße – um genau zu sein: im überdachten Wandelgang der *Stoa poikile,* wo am Rande der Athener Agora sein Lehrer Zenon aus Kition, der Begründer der stoischen Schule, seit 301 v. Chr. tätig war.

Mittellos nach Athen gelangt, schlug Kleanthes sich mit Gelegenheitsarbeiten durch. In einer Welt, in der angestammter Besitz über das Ansehen eines Menschen entschied, war das für einen Metöken – einen Zugewanderten ohne Bürgerrecht – keine besonders günstige Ausgangsposition. Kleanthes wurde vor den Adelsrat zitiert, um ein Einkommen nachzuweisen. Als Zeugen brachte er einen Gärtner und die Frau eines Müllers mit, die ihm bestätigten, er bestreite seinen Unterhalt durch Wasserschöpfen und Getreidemahlen bei Nacht.

Die Behörden gaben sich damit zufrieden. Ja, Kleanthes scheint sie so sehr beeindruckt zu haben, daß ihm eine Rente angeboten wurde. Doch Zenons Lehre getreu, zog er es vor, auch weiter von eigener Hände Arbeit zu leben. Weniger Verständnis hatten die Kollegen. Die meisten Vertreter der etablierten Denkschulen stammten aus begüterten Häusern und sahen Kleanthes mit dem gängigen Vorurteil ihres Standes: Wer denkt, kann keine Schwielen an den Händen haben. Kleanthes antwortete auf seine Weise. Er zog eine Handvoll Münzen aus der Tasche, warf sie demonstrativ auf die Straße und erwiderte stolz: »Kleanthes könnte einen zweiten Kleanthes ernähren, wenn er wollte, aber die Herren leben von anderen und sind dennoch als Denker gleichgültig.«

Damit spielte er auf die Einstellung seiner Gegner zur Sklaverei an. Denkern vom Rang eines Platon und Aristoteles, die sich intensiv mit ethischen Fragen befaßt hatten, war das Schicksal der Sklaven, die ihren Unterhalt bestritten, gleichgültig gewesen. Sklaverei, das war für sie eine Naturgegebenheit gewesen. Aristoteles hatte sich sogar dazu verstiegen, Sklaven zu lebenden Werkzeugen zu erklären, die von ihrer *Natur* her dazu bestimmt seien, die Bedürfnisse freier Menschen zu befriedigen.

Zenon und Kleanthes dagegen wagten es, das große Tabu der griechischen Gesellschaft zu durchbrechen. Sie erklärten die angeblich natürlichen Unterschiede für nichtig, die ihren griechischen Landsleuten zur Rechtfertigung von Unterdrückung und Ausbeutung dienten – die zwischen Sklaven und Freien ebenso wie die zwischen Griechen und »Barbaren«. Unsere Überzeugung vom Recht aller Menschen auf Freiheit und von der Gleichwertigkeit der Völker und Rassen geht auch auf Zenon von Kition und seinen Schüler und Nachfolger Kleanthes von Assos zurück.

VON ASSOS NACH LESBOS

*V*on Assos führt eine neugebaute Straße an der Küste zum 24 Kilometer entfernten Küçükkuyu am Nordufer des Golfs von Edremit. Entlang der westlichen Ausläufer des Ida (Kaz Dağ) fährt man durch dichte, schier endlose Olivenhaine, die sich wie Wälder bis hinauf in die Berge erstrecken. Die wenigen Höfe liegen hinter Bäumen versteckt. Im Frühjahr begegnet man Bauern, die Bäume schneiden und mit Pferdegespannen das zwischen den Stämmen wachsende Gras unterpflügen.

In Küçükkuyu geht es auf die Hauptstraße nach Izmir, weiter um den Golf von Edremit nach Ayvalık, dem Hafen für die Überfahrt nach Lesbos. Doch die Insel der Sappho und des Alkaios ist nur mit etwas Glück zu erreichen. Schiffe nach Mytilene verkehren nicht täglich und vor Beginn der Saison am 1. Mai gar nicht. Auskunft geben die Reiseunternehmen um das Zollgebäude.

Anstatt an einem nicht sonderlich wirtlichen Ort Tage auf die Überfahrt zu warten, empfiehlt es sich, den Abstecher nur in Gedanken zu machen und weiterzufahren. Zwar ist Mytilene auf der anderen Seite der Meerenge eine reizvolle Stadt, aber wie das übrige Lesbos archäologisch wenig erforscht. Besondere Sehenswürdigkeiten aus der Antike hat es nicht vorzuweisen. Wichtig für diese Reise ist es wegen seiner Geschichte und der beiden großen Dichter, die dort um 600 v. Chr. gelebt haben.

Kein Ort eignet sich für einen solchen Besuch in Gedanken besser als Mytilene: In Gedanken hat dort schon vor zweieinhalb Jahrtausenden Sappho Verbindung zur geliebten Anaktoria im 150 Kilometer entfernten Sardis hergestellt und die Macht des Geistigen erprobt.

84

LESBOS

SAPPHO UND ALKAIOS:
DIE BEFREIUNG DER GEFÜHLE

Auf Lesbos liegt Mytilene, eine große, bezaubernde Stadt; sie ist von Kanälen durchzogen, in die das Meer einströmt, und mit Brücken aus glattem weißem Marmor geschmückt. Man könnte meinen, eine Insel vor sich zu haben, nicht eine Stadt. Von ihr etwa 200 Stadien (36 Kilometer) entfernt lag das Landgut eines wohlhabenden Mannes, ein herrlicher Besitz: da gab es Berge, die Wild hegten, Ebenen, die Weizen trugen; da gab es Hügel mit Weinreben, Weideplätze für Herden, und das Meer bespülte das weithin sich erstreckende Gestade von feinkörnigem Sand.«
So stellte im 2. Jahrhundert unserer Zeitrechnung der griechische Autor Longos seine Heimatinsel Lesbos vor, den Schauplatz des bukolischen Romans *Daphnis und Chloe*. Longos beschreibt zwar eine spätere Stadt als das Mytilene der großen Sappho (etwa 635–565 v. Chr.) und ihres jüngeren Zeitgenossen Alkaios (etwa 625–570 v. Chr.), aber sein Bericht gibt eine Ahnung des Zaubers von Lesbos in der Antike.
Auch Sappho hatte acht Jahrhunderte zuvor in einigen Versen an ihre Schutzgöttin Aphrodite ein stimmungsvolles Bild der Landschaft hinterlassen. In einem von Obstbäumen und Rosen bewachten Hain, durch den ein Bach fließt, steht ein Tempel, auf blühenden Frühlingswiesen weiden Pferde:

... vom Himmel steige hernieder,
Komm hierher, zum heiligen Tempel ...
Wo von Apfelbäumen ein schöner Hain sich
Rings erstreckt, darinnen Altäre stehen,
                                        schwelend von Weihrauch,

Kühles Wasser rauscht an den Apfelzweigen
Leis vorbei, im Schatten der Rosensträucher

Liegt der Hang, von wiegenden Blättern
senkt sich Schlummer hernieder.

Eine Wiese liegt da, den Pferden Weide,
prangt sie bunt im Schmucke der Frühlingsblumen,
süßen Duft verströmt das Aniskraut.

Mit seinen verwinkelten Gassen und dem Kastell über dem Meer
ist Mytilene auch heute voller Reiz. Doch die Kanäle sind verschwunden und mit ihnen die marmornen Brücken. Von der
Stadt, die Longos vor Augen hatte, sind nur noch die Reste einer
Befestigungsmauer aus dem 4. Jahrhundert v. Chr. sowie eines
antiken Theaters (h) zu sehen. Nahezu alles, was aus der Zeit der
Sappho und des Alkaios geblieben ist, liegt unter der Erde. Archäologisch ist Lesbos wenig erforscht. Dennoch läßt sich aus
dem Werk der beiden Dichter Aufschluß über das Leben im archaischen* Mytilene gewinnen. Auszüge aus Herodots Geschichte
der Perserkriege vervollständigen das Bild.

Wenn sich das Schiff von Ayvalık Lesbos nähert, zieht in einiger
Entfernung der ehemalige Nordhafen (c) des archaischen Mytilene vorbei. Hinter einer Mole (d), deren Reste noch zu sehen
sind, befand sich einst der Hauptumschlagplatz eines florierenden
Seehandels. Schiffe lesbischer Kaufleute fuhren bis nach Ägypten,
in die Levante und ins Schwarzmeergebiet. Der Hafen verlandete
unter der Türkenherrschaft nach dem 15. Jahrhundert.

Etwa auf der Höhe des südlichen Drittels des Nordhafens befindet sich am Stadtrand eine Senke (e), die rechtwinklig zum Ufer
das moderne Mytilene unterteilt. Sie endet im modernen Hafen
(g), dem Südhafen der antiken Stadt. Zu Sapphos und auch noch
zu Longos Zeit verlief dort ein Meereskanal, der eine vorgelagerte
kleine Insel von Lesbos trennte. Auf der Insel südlich des verlandeten Kanals lag die Stadt der Sappho und des Alkaios. An den
Nordhafen wird sich die archaische Agora (a) angeschlossen haben, das wirtschaftliche und politische Zentrum, und auf dem
angrenzenden Hügel, den heute ein Kastell krönt, die Akropolis.

* Die »archaische Epoche« sind das 7. und 6. Jahrhundert v. Chr., die »geo-
metrische« die beiden Jahrhunderte davor.

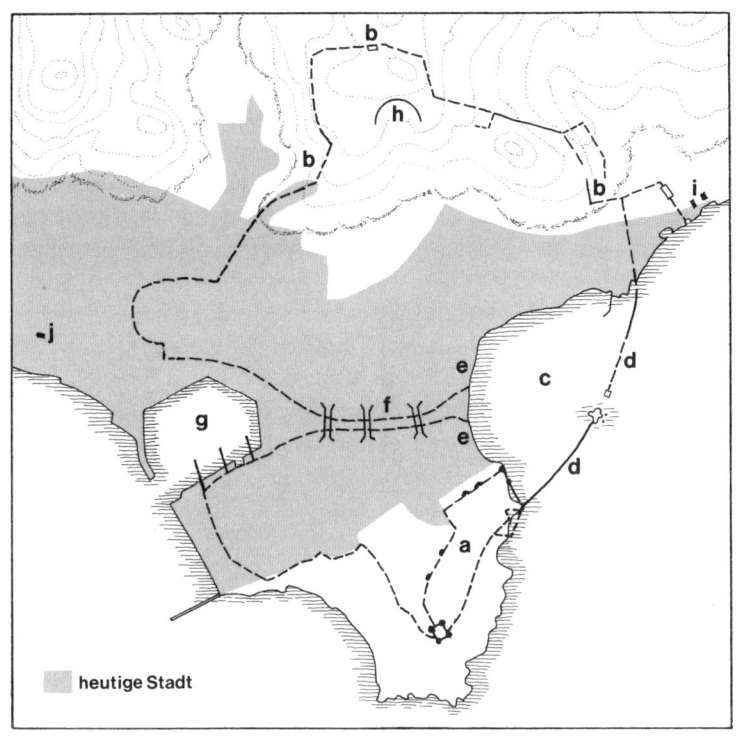

heutige Stadt

Das antike Mytilene

Erst im 5. Jahrhundert v. Chr. dehnte sich Mytilene über die Meerenge nach Norden aus. Die von Longos beschriebenen Marmorbrücken (f) stellten nun die Verbindung zwischen beiden Teilen her. Zum Schutz gegen äußere Feinde wurden damals auch die langen Mauern (b) gebaut, von denen noch Reste zu sehen sind.

Menschen im alten Mytilene

In der überschaubaren Welt der Lesbos vorgelagerten kleinen Insel lebten Sappho und Alkaios. Die Dichterin stammte aus einer vornehmen Familie aus Eresos im Westen und war mit einem reichen

Mann aus Andros verheiratet, der sich in Mytilene niedergelassen hatte. In der Stadt oder in einem Landhaus in der Umgebung wird Sappho als junge Frau gelebt haben.

Dem gleichen Milieu entstammte Alkaios, der einem der führenden Adelsgeschlechter der Stadt angehörte. Die beiden kannten einander. In einem Gedicht, von dem nur diese Zeilen übrig geblieben sind, wendet er sich voll Ehrerbietung an die Ältere: »veilchengelockte, lieblich lächelnde Sappho, die ich in heiliger Scheu verehre«.

Vermutlich vom Nordhafen des alten Mytilene brach Sapphos Bruder Charaxos, ein Händler von nicht ganz untadeligem Ruf, mit einer Schiffsladung lesbischem Wein und Olivenöl nach Ägypten auf. Von den Sorgen der Schwester und vom Getuschel der Nachbarn begleitet, sollte er dort sein Herz an die berühmteste Hetäre der Zeit verlieren. Im Nordhafen werden sich bei ihrer Verbannung um das Jahr 600 v. Chr. auch Sappho, Alkaios und dessen älterer Bruder Antimenidas eingeschifft haben.

Sapphos Exil lag in Sizilien. Noch unter dem Eindruck der Gefahr schreibt sie, wie das Schiff auf der Überfahrt im Sturm unterzugehen drohte:

. . .
Laß mit gutem Glück unser Schiff gelangen
Zu dem Hafen, laß uns . . .
. . . die schwarze Erde wieder betreten . . .

Sturmwind tobt: Nicht wollen die Schiffer weiter
Segeln, denn sie fürchten die starken Stürme,
Wünschen nur das Ende der Fahrt und anzulaufen das Festland.

. . . woher sie auch segeln möchten
Über Bord schon geht des Schiffes Ladung
. . .

Während Alkaios auf einem Frachtschiff ins Exil nach Ägypten fuhr, ging sein Bruder Antimenidas vermutlich in Syrien an Land, um sich nach Babylon durchzuschlagen, wo er als Söldner Nebukadnezars zu Reichtum und Ruhm gelangte. Als er anderthalb Jahrzehnte später hochgeehrt und mit kostbaren Geschenken aus der Fremde zurückkehrte, schloß ihn der inzwischen begnadigte

Wie Sappho lebte Alkaios in Mytilene. Als »veilchengelockte, lieblich
Lächelnde« hat er sie besungen, die er »in heiliger Scheu« verehre.

Alkaios freudig in die Arme. Stolz feiert er die Rückkehr des
Bruders:

Mit dem goldgefaßten Schwertgriff aus Elfenbein
Bist du vom äußersten Rand der Erde heimgekehrt.
(Alkaios sagt, sein Bruder Antimenidas habe, an der)
Babylonier Seite kämpfend, aus der Gefahr
(Freunde) befreit und eine große Tat vollbracht:
Einen Krieger der Königsgarde erlegtest du,
Der nur eine Handbreit kleiner als fünf
Ellen maß . . .

In einem der Gebäude der Agora, am südlichen Ende des Nordhafens, wurde, zu Sapphos ganzem Stolz, ihrem zweiten Bruder Larichos, einem gesitteten jungen Mann aus vornehmem Haus, die Ehre zuteil, den Würdenträgern der Stadt beim Festmahl den Wein zu kredenzen.

Sappho und die jungen Frauen

In Mytilene oder seiner Umgebung unterhielt Sappho nach ihrer Rückkehr aus der Verbannung auch das Haus, in dem sie als reife Frau »höhere Töchter« aufnahm. Im Gegensatz zu ihrem Ruf als Verführerin junger Mädchen, den ihr die Nachwelt angeheftet hat, bestand in diesen Frauenbeziehungen zu Lebzeiten der Dichterin nichts Anrüchiges. Sapphos Aufgabe war es, die ihr anvertrauten Mädchen auf ihre spätere Rolle als Ehefrau von Aristokraten vorzubereiten.

Zweifellos spielte Erotik in diese Beziehungen hinein. Am Ende von vier wunderbaren Zeilen über eine einsame Nacht, in der Sappho vergeblich wartet, klingt es fast anklagend durch, sie schlafe allein. Aber die kultivierte Distanz, mit der eine große Dichterin ihr Liebesverlangen ausdrückt, ist weit von plumper Sexualität entfernt:

> Nun ist schon der Mond versunken
> Und auch die Pleiaden. Mitte
> Der Nacht, und die Zeit des Wartens
> Vorüber. Alleine schlaf ich.

Daß diese Mädchen schließlich im Hafen der Ehe landeten, zeigt sich in den Hochzeitsliedern. Mit leichter Ironie, in der sich Distanz zum zukünftigen Gatten eines ihrer Mädchen andeutet, ruft Sappho die Zimmerleute auf, den Türbalken des Hauses anzuheben. Ein Riese von Bräutigam nahe:

> Hoch die Tür des Gemaches!
> – Hymenaios –
> Hebt den Türsturz, ihr Bauleute, höher!
> – Hymenaios! –

Ganz wie Gott Ares naht nun der Bräutigam,
Viel größer als sonst große Männer!

Im Haus der Sappho lernten Mädchen, die von weither kamen,
die Kultiviertheit von Frauen der lesbischen Oberschicht. Wie sie
in einigen bösen Bemerkungen über Konkurrentinnen andeutet,
war die Dichterin nicht die einzige, die ein solches Haus führte.
Zur Ausbildung gehörten ebenso die Verfeinerung des Gefühls-
lebens und der Umgangsformen, die in Sapphos Werk so entzük-
ken, wie praktische Dinge, zum Beispiel Geschmack und Be-
nimm. Wer zur Aristokratie gehörte, mußte bestimmte Formen
beherrschen; eine Frau mußte wissen, wie »man« sich kleidet und
gibt. In einem Gedicht mokiert sich Sappho über eine Person, die
nicht weiß, was sich schickt:

Welch bäurisches Mädchen denn fesselt den Sinn?
Wer denn, mit solchem bäurischen Kleide angetan, . . .
Nicht versteht sie, den Saum bis zu den Fußknöcheln emporzuziehn.

Hält man die raue Männerwelt des Alkaios mit ihren Trinkgelagen, Machtkämpfen und Verschwörungen dagegen, dann fällt es
nicht schwer, in der Intimität der Beziehungen in Sapphos Frauen-
kreis eine subtile Form der Abwehr und des Selbstschutzes zu
sehen. Diese Mädchen waren dazu bestimmt, Männer zu heiraten,
auf die eine Waffenkammer erotische Ausstrahlung ausübte und
die, wenn sie genug getrunken hatten, ins Schwärmen gerieten:

Tränke mit Wein deine Lungen!
Denn das Gestirn vollendet die kreisende Bahn;
Schwer drückt die Sommerschwüle,
Alle Geschöpfe dürsten vor Hitze.
Aus dem Laub klingt lieblich das Lied der Zikade,
Unter den Flügeln bringt sie ihr schrilles Zirpen hervor,
Wenn der lodernde Sommer . . .
In Blüte stehen die Disteln.
Jetzt ist die Zeit, da die Weiber gierig und geil,
Schlaff die Männer liegen;
Denn Sirius dörrt ihnen Kopf und Knie . . .

»Da brach unser Elend an«: eine Zeit der Wirren

Der glanzvollen Welt Mytilenes gedachte wehmütig Alkaios, als er verarmt in seinem ersten Exil im 40 Kilometer entfernten Pyrrha am Ostufer des Golfs von Kalloni lebte. Doch er wäre sich untreu geworden, hätte er allzulange trüben Gedanken nachgehangen. Von Pyrrha wanderte er zum wenige Kilometer entfernten Heraheiligtum von Messa, um sich beim Anblick tanzender Mädchen zu trösten, die sich aus ganz Lesbos zum Kult der Schönheit eingefunden hatten:

> Karge Nahrung und Schutz suchend, so kam ich her,
> Leb, wie Bauern es tun auf ihrem Ackerlos.
> Nur eins sehn ich herbei: zu hören
> Wie Heroldes Ruf zu der Versammlung lädt,
>
> Wo mein Vater ergraut und meines Vaters Ahn,
> Wie sie pflogen des Rats mit diesen Bürgern, die
> Stets nur Böses einander sinnen. –
> Mir ist das versagt. Fern am fernsten Strand
>
> Zog ich, einsam, verbannt. Hauste wie der gehaust,
> Den ein reißender Wolf ansprang: man meidet ihn.
> Dem Krieg bin ich entflohn: nicht hilft ja
> Kampf gegen die Macht, wider die Herren der Streit.
>
> Doch mich führte mein Weg hier zu dem Heiligtum
> Der Glückseligen. Hier fand eine Heimstatt ich
> Und freut mich der Festreigen.
> Leid ließ ich dahint, als ich das Land betrat.
>
> Auserlesen von Wuchs, lesbische Mädchen drehn
> Langgewandet im Tanz hier sich, es schallt ringsum
> Jubelnd jauchzender Schrei der Fraun, und
> Zum heiligen Fest himmelan tönt ihr Ruf.

Das Leben beider Dichter fiel in eine Zeit bürgerkriegsähnlicher Konflikte. Nach dem Fall des Königtums um die Mitte des 7. Jahrhunderts v. Chr. kämpften rivalisierende Adelsgeschlechter um die Macht in Mytilene. Stadtpolitik in dieser Zeit glich einem

Bäumchen-wechsle-dich-Spiel. Eine Partei siegte, ihr Anführer riß die Alleinherrschaft an sich und verbannte die Unterlegenen; diese wiederum bereiteten im Exil den Staatsstreich vor, durch den sie den Tyrannen stürzten, um einem neuen Alleinherrscher Platz zu machen.

Zuerst eroberte ein Aristokrat namens Megakles die Macht. Er wurde von seinem Standesgenossen Melanchros gestürzt. Melanchros wiederum fiel um 610 v. Chr. einem Anschlag des Pittakos und der älteren Brüder des Alkaios zum Opfer, darunter der spätere Söldner Antimenides. Der Dichter selbst, als Erwachsener einer der Hauptverschwörer, war noch zu jung. Von Alkaios argwöhnisch beobachtet, gewann einige Jahre später Myrsilos an Einfluß. Als er mit Unterstützung seiner Adelsfraktion dann die Alleinherrschaft errang, verbündeten sich Alkaios und Pittakos gegen ihn, doch der Putsch scheiterte. Während Pittakos zu Myrsilos überlief, floh der Dichter nach Pyrrha und überschüttete seinen ehemaligen Mitverschwörer mit Hohn. Als Myrsilos starb, jubelte sein Widersacher aus der Ferne, aber die Freude war verfrüht. Der Adelsfehden überdrüssig, übertrug das Volk Pittakos die Alleinherrschaft.

Dieser erwies sich als ein weiser Regent. Nachdem er seinen Mitbürgern den ersehnten Frieden gebracht hatte, trat er nach zehnjähriger Herrschaft freiwillig zurück. Pittakos war so klug gewesen, seinen Standesgenossen, darunter erneut Alkaios, die Fortsetzung ihrer Streitereien unmöglich zu machen. Er verbannte sie und ließ sie, erst nachdem sich die Verhältnisse stabilisiert hatten, wieder zurückkehren. Wegen seiner Unparteilichkeit und Weitsicht sollten ihn die Griechen später zu ihren Sieben Weisen rechnen. »Gut zu sein ist schwer«, ist einer der lakonischen Sprüche, die man ihm zuschrieb, »den rechten Augenblick erkennen«, ein anderer.

In Pittakos einen unparteilichen Vermittler zwischen Adel und Volk zu sehen, wie das vernünftig gewesen wäre, kam Alkaios indessen nicht in den Sinn. Als Vertreter aristokratischer Standesinteressen beschimpft er im zweiten Exil den einstigen Gefährten als ein Geschöpf der Gosse:

Pittakos, den Sohn des Pöbels,
Setzten sie zum Herrscher ein
Über diese laue, die vom
Bösen Geist beseßne Stadt.
Und sie priesen allesamt
Ihn in den höchsten Tönen.

Obwohl selbst an den politischen Auseinandersetzungen unbeteiligt, war auch Sappho von der Verbannungswelle unter Pittakos betroffen. Sie folgte ihrem Mann ins Exil nach Sizilien. In einem Gedicht klagt sie bitter über das Elend, das über die Familie hereingebrochen ist. Doch anders als Alkaios werden die politischen Umstände der Verbannung nur kurz erwähnt, im Vordergrund steht persönliche Betroffenheit.

Ihre innig geliebte Tochter Kleis, ein verwöhntes Mädchen aus reichem Haus, hatte sich eine Mitra aus der lydischen Hauptstadt Sardis gewünscht – eine bunte Haube aus der damaligen Modemetropole Kleinasiens. Mit der kultivierten Raffinesse ihres Standes lenkt die Mutter die Aufmerksamkeit der Tochter zunächst auf einen Kopfputz hin, den sie sich leisten könnte. Sich Purpurbänder in das Haar zu flechten, erklärt sie der Tochter, so hätte einst ihre eigene Mutter gesagt, ziere ein junges Mädchen am meisten; Blondhaarigen dagegen stünden Kränze aus bunten Blumen besser. Doch Kleis läßt sich nicht von ihrem Wunsch abbringen. Nun erst nennt die Mutter den wahren Grund. Am Ende bricht die Verzweiflung über ihr Unglück durch:

... Doch eine solche, wie du, Kleis,

Jetzt dir wünschst, eine sardische,
Bunte (mag es in) Lydiens Städten (geben, doch nicht,
                                    wo wir eben sind).

Keine bunte hab ich für dich,
Kind! Woher denn auch nähme ich solchen Schmuck?
                              Mytilenes Beherrscher, ihm

(Gib die Schuld, daß es soweit kam)
... haben die ganze Stadt (?) wenn ... einer bunten ...

94

Spuren trägt unsere Stadt genug,
Seit der Kleanaktiden Macht viele forttrieb:
                    Da brach unser Elend an.

Der verlorene Bruder: ein Mensch der neuen Zeit

Die Schlüsselfigur zum Verständnis der folgenreichen Veränderungen des 7. und 6. Jahrhunderts ist Charaxos, das Sorgenkind in Sapphos Familie. Als Händler ist er der Repräsentant einer Schicht von Aufsteigern, die mit der Werteordnung des grundbesitzenden konservativen Adels gebrochen hatten: »Das Land ist sicher, auf das Meer ist kein Verlaß«, so hatte Pittakos von Mytilene die Mentalität von Charaxos' traditionsgebundenen Standesgenossen wiedergegeben. Lieber Jahr für Jahr sichere, aber bescheidenere Einkünfte aus Landbesitz als die Aussicht auf risikobehaftete Riesengewinne von einer einzigen Fahrt.

Aus dieser Welt war Sapphos Bruder ausgebrochen. Er hatte zu Beginn des 6. Jahrhunderts durch Handel in Naukratis in Ägypten ein Vermögen gemacht. In dieser um 630 v. Chr. von einem Dutzend griechischer Städte gegründeten Handelsstadt im Nildelta muß Goldrauschatmosphäre geherrscht haben. Griechische Erzeugnisse, Wein, Olivenöl, Keramik und Silber, waren in Ägypten begehrt – ägyptischer Weizen, Papyros und Luxusgüter in Griechenland. In Naukratis ließ sich ebenso schnell ein Vermögen gewinnen, wie verlieren. Charaxos gelang beides.

Das leichtverdiente Geld hatte unternehmerische Männer aus Samos angelockt. In dem für ein reichhaltiges Sklavenangebot bekannten Thrakien hatten sie schöne junge Frauen gekauft, deren Liebreiz sie sich in Naukratis teuer bezahlen ließen. Der verführerischsten dieser Hetären, Rhodopis (Sappho nennt sie Doricha), deren Schönheit in der ganzen griechischen Welt besungen wurde, erlag Charaxos. Er kaufte sie, wie Herodot erwähnt, um »großes Geld« frei. Doch anstatt ihrem Wohltäter ewige Treue zu schwören, zog Rhodopis es vor, fortan auf eigene Rechnung zu wirtschaften. Die Entscheidung erwies sich als richtig. Frei geworden, brachte die Schöne es zu legendärem Reichtum (Her. II 135).

Noch vor der Rückkehr des »verlorenen Bruders« muß sich die Nachricht von dessen Abenteuer auf Lesbos wie ein Lauffeuer verbreitet haben. Auch Sappho hörte davon. In einem Gedicht wünscht sie dem Bruder eine glückliche Heimkehr. Möge er von Stürmen und Schiffbruch verschont bleiben. Doch uneigennützig sind ihre Wünsche nicht. In der Heimat, so mahnt sie den Heimkehrenden, stehe noch eine Rechnung offen. Er müsse wiedergutmachen, was er dem Ruf der Familie geschadet habe:

> Seine Schwester wieder in Ehren sehen
> Sei sein Vorsatz, frei von den schlimmen Sorgen,
> Die sein Leid bisher ihr gebracht hat, . . .
>
> Wenn er (alles) hörte, er müßt erröten (?)
> Über das, was hier seine Bürger reden,
> Und es brächt ihn nochmals . . .
> Höchster (Bedrängnis?).

In einem späteren Gedicht bestätigt die Schwester, Charaxos habe seine Schuld auf Lesbos beglichen. Sie wünscht ihm gute Überfahrt nach Ägypten und bittet ihre Schutzgöttin Aphrodite:

> Kypris, dich als strafende Göttin spüre
> Doricha! Nicht laß sie sich dessen rühmen,
> Daß ein zweites Mal in entflammter Liebe
> Er ihr verfallen!

Um zu erkennen, wie sehr Sapphos unternehmerischer Bruder gegen die tradierten Normen seines Standes verstieß, muß man sich in die Welt des 8. Jahrhunderts zurück versetzen (S. 66 f.). Auch die Menschen, die Homer dargestellt hat, sind Verlockungen ausgesetzt und haben Wünsche, die als unbillig gelten. Aber die Freiheit, mit den Standesregeln zu brechen, haben sie nicht. Ängstlich schauen sie, was die anderen von ihnen halten. Wenn sie sich überwinden, gegen die eigene Neigung den Standesnormen zu entsprechen, dann nicht aus innerer Überzeugung. Vielmehr fürchten sie, Ansehen in den Augen der anderen zu verlieren. Sie sind außengelenkt.

Davon ist bei Charaxos nichts mehr zu spüren. Das Gerede der Leute auf Lesbos läßt ihn kalt. Wohl eher, weil die Schwester drängt, denn aus Sorge um den eigenen Ruf, bringt er seine Angelegenheiten in der Heimat ins reine. Dann bricht er wieder nach Ägypten auf. Neue Ladung, neues Glück und vielleicht auch eine neue Leidenschaft.

Wie Charaxos hatten mit der Ausweitung des Fernhandels im 7. und 6. Jahrhundert in zunehmendem Maß Menschen ihre angestammten Bindungen aufgegeben. Adlige Gefolgsleute kündigten ihren Herren die Gefolgschaft, um selber groß zu werden. Durch Erzeugung von Olivenöl und Wein für den Export konnten sie zu Reichtum kommen. Größere und kleinere Grundbesitzer brachten freie Bauern in Abhängigkeit und ließen Tagelöhner Land roden, um es in Olivenhaine und Weinberge zu verwandeln. Von der Erbfolge ausgeschlossene jüngere Söhne des grundbesitzenden Adels wandten sich dem einträglichen Fernhandel zu oder gründeten Kolonien. Andere wie Antimenidas verdingten sich als Söldner in der Fremde und kehrten mit Beutegut und wertvollen Ehrengaben heim. Da sich am Hafen mehr als auf dem Marktplatz erzielen ließ, stellten Handwerker Handelsgüter wie die begehrte griechische Keramik oder kunstvolle Bronzegegenstände für den Export her.

Jeder für sich

So vielfältig die Möglichkeiten, es zu etwas zu bringen, und so bunt das Spektrum derjenigen waren, die es versuchten, eines verband sie: Ob Händler, Handwerker, Söldner, Grundbesitzer, Sklavenhändler oder Hetären – sie alle hatten die starre Ordnung der homerischen Gesellschaft durchbrochen. Nicht mehr Abstammung entschied über den Rang und damit auch über die Rechte und Pflichten einer Person, sondern die Fähigkeiten freier Bürger. Gewiß verschaffte adlige Herkunft noch immer bessere Ausgangsbedingungen, aber Reichtum und Rang waren nicht mehr daran gebunden.

Von den persönlichen Bindungen und Verpflichtungen der homerischen Adelswelt, die vom Tagelöhner bis zum König die freien Mitglieder der Gemeinschaft zusammengehalten hatten, waren nur Bruchstücke geblieben. Aufgehoben war die Treueverpflichtung des Gefolgsmanns gegenüber seinem Herren ebenso wie dessen Fürsorgeverpflichtung ihm gegenüber. Jeder war auf sich gestellt, jeder entschied selbst. Niemand sagte dem Händler, welche Exportgüter in Ägypten oder am Schwarzen Meer gefragt waren, und was in Griechenland benötigt wurde; niemand sagte dem Grundbesitzer, ob er Wein und Öl für den Export oder Getreide für den heimischen Verbrauch erzeugen solle; niemand erteilte dem Töpfer Anweisungen. Jeder wirtschaftete für sich selbst, und jeder trug das Risiko zu scheitern. Stellte sich ein kleiner Herr geschickt an, dann konnte er den alten grundbesitzenden Adel an Reichtum übertreffen; paßte sich ein Angehöriger der alten Führungsschicht den veränderten Bedingungen nicht an, dann zog das unweigerlich sozialen Abstieg nach sich, selbst wenn er einen Stammbaum bis zu den Göttern vorweisen mochte.

Die innere Freiheit

Das Denken und Empfinden der Epoche spiegelt die neue Ungebundenheit wider. Sie zeigt sich in der Unbeschwertheit, in der sich Lyriker des 7. und 6. Jahrhunderts über die Werte der homerischen Aristokratie lustig machen. Launisch berichtet der zwanzigjährige Alkaios von einer »Heldentat«, die einem homerischen Krieger die Schamröte ins Gesicht getrieben hätte. Um seine Haut zu retten, hatte er im Krieg, den Mytilene 607/6 v. Chr. mit Athen um den Besitz von Sigeion an der Einfahrt zum Hellespont führte, seine Waffen weggeworfen. Aber das kümmerte ihn wenig:

> ... dem Herold trug er auf,
> Zu vermelden denen zu Hause: Gerettet ist Alkaios,
> Die kriegerischen Waffen aber nicht. Den Schild, den schützenden ...
> Haben im Tempel aufgehängt die Athener.

Alkaios spielte auf ein großes Vorbild an. Um die Mitte des 7. Jahrhunderts hatte der dichtende Söldner Archilochos von Paros berichtet, wie er, um schneller zu fliehen, seine Waffen auf dem Schlachtfeld zurückgelassen hatte:

Irgendein Saier prahlt mit dem Schild nun, den ich im Dickicht,
Meine untadlige Wehr, ließ, und ich wollte es nicht.
Selber aber entrann ich dem tödlichen Ende. Mein Schild sei
Immer dahin; ich kauf einen nicht schlechteren mir.

Nur etwa zwei Generationen jünger als Homer, gehörte Archilochos zu den Außenseitern der Gesellschaft. Als Abkömmling eines Aristokraten und einer Sklavin war er ein Bastard, den Not von seiner Heimatinsel Paros vertrieben hatte. Die Erfahrungen eines unsteten Lebens als Söldner und Kolonist schlugen sich in dem Spott nieder, den er für die traditionellen Werte übrig hatte.

Im Gedicht über den verlorenen Schild machte er sich über den Ehrenkodex homerischer Helden lustig, die eher starben, als daß sie ihre Waffen preisgaben. Für sie war die Rüstung ein Teil ihrer Persönlichkeit gewesen, ein Ausdruck ihrer Stärke und ihres Mutes. Ebensosehr wie den Tod des Patroklos beklagt Achilleus den Verlust seiner Waffen, die er dem Freund geliehen hatte (Il. XVIII 80–85):

»Aber was nützt mir das, wo mir der liebe Gefährte zugrunde ging,
Patroklos, den ich von allen Gefährten wert hielt
Gleich wie mein eigenes Haupt! Den hab ich verloren, und die
                              Waffen hat Hektor,
Der ihn erschlug, ihm abgezogen, die ungeheuren, ein Wunder
                              zu schauen,
Die schönen...«

Nun erklärt der Söldner Archilochos seinen Schild zum austauschbaren Gebrauchsgegenstand. Schlimmer noch, in einer ironischen Anspielung auf den Waffenfetischismus seiner im homerischen Geist erzogenen adligen Zeitgenossen spricht er den Schild, »meine untadelige Wehr«, von Schuld an der Niederlage frei. Das Gelächter unter den Kumpanen kann man sich vorstellen. »Nicht auf die Waffe, auf mich kommt es an«, ist die neue Botschaft, »ein Schild kann ersetzt werden, ich nicht«. Mit einem ironischen Seitenhieb auf den Ehrenkodex der Aristokratie fragt der Dichter, wer denn nach dem Tod von den Bürgern noch geehrt und gerühmt werde. Es sei doch besser, als Lebender nach Anerkennung zu streben, denn »den Toten wird das Schlimmste angetan«.

Archilochos ist keinesfalls feige. Wie Hektor oder Sarpedon (S. 40) überwindet er seine Furcht und stellt sich dem Kampf. Aber Homers Helden kämpfen nur, weil Standesehre es verlangt und sie nicht als Feiglinge gelten wollen (Il. VI 441–3). Hektor bekennt, zwar teile er Andromaches Sorge, er könne in der Schlacht fallen, aber zu furchtbar

> Schäme ich mich vor den Troern und schleppgewandeten
> > Troerfrauen,
> Wollte ich mich wie ein schlechter Mann vom Kampf
> > fernhalten.

Von dieser Furcht vor der Meinung anderer ist bei Archilochos nichts zu spüren. Er schöpft seine Kraft aus sich selbst. Wissend, daß ihm kein Gott beisteht, überwindet er sich selbst:

> Herz, mein Herz, von auswegslosem Leiden stürmisch aufgewühlt,
> Raff dich auf und wehr dem Feinde. Tapfer ihm entgegen wirf
> Deine Brust; und fest gewurzelt halt ihm so im Nahkampf stand,
> Unerschüttert! bist du Sieger, juble nicht vor aller Welt,
> Und, besiegt, wirf nicht zu Hause jammernd auf den Boden dich;
> Sondern erfreu dich deiner Freude, gräm dich deines Mißgeschicks
> Nie zu sehr. Erkenne, welcher Wechsel über Menschen herrscht.

Die Welt der Gefühle

Die neugewonnene innere Freiheit äußerst sich in der Erkundung der Gefühle. Homers Helden hatten die Furcht und den Mut, die sie empfanden, ihren Schmerz und ihr Verlangen stereotyp auf Götter zurückgeführt. Sappho dagegen weiß, daß sie selbst es ist, die liebt und leidet. In einem Gedicht beschreibt sie das Gewitter, das in ihrem Inneren tobt, als sich eines ihrer Mädchen in einen Mann verliebt:

> Scheinen will mir, daß er den Göttern gleich ist,
> Jener Mann, der neben dir sitzt, dir nahe
> Auf den süßen Klang deiner Stimme lauscht
> > und, wie du voll voll Liebreiz

Ihm entgegenlachst; doch, fürwahr, in meiner
Brust hat dies die Ruhe geraubt dem Herzen.
Wenn ich dich erblicke, geschicht's mit einmal,
          daß ich verstumme.

Denn bewegungslos liegt die Zunge, feines
Feuer hat im Nu meine Haut durchrieselt,
Mit den Augen seh ich nichts, ein Dröhnen
          braust in den Ohren,

Und der Schweiß bricht aus, mich befällt ein Zittern
Aller Glieder, bleicher als dürre Gräser
Bin ich, dem Gestorbensein kaum mehr ferne
          schein ich mir selber.

Die gelähmte Zunge, die prickelnde Haut und die zitternden Glieder sind nicht organische Seelenteile wie Homers *thymos*, in den die Götter Furcht oder Mut, Liebe oder Haß senden (S. 69). Wenn die Dichterin beschreibt, was in ihr vorgeht, während sie das glückliche Paar beobachtet, dann drückt sich darin ihr eigener seelischer Zustand aus. Sie liebt, und ihre Verzweiflung, die geliebte Frau verloren zu haben, verdrängt alles andere. Zurück bleibt lähmende Leere.

Uns ist diese Art von uns selbst, von unseren Gefühlen, von unseren Fehlern und Handlungen zu sprechen, so selbstverständlich geworden, daß sie als naturgegeben erscheint. Es fällt schwer, sich heute vorzustellen, daß Menschen sich dieser inneren Freiheit nicht bewußt gewesen sein konnten. Doch Hektors Abschied von Andromache (S. 37 ff.) läßt erkennen, wie wenig selbstverständlich diese innere Freiheit einst gewesen ist.

Unter der starren Maske von Menschen, denen Standesregeln alles sind, brechen in dieser Szene auf offener Straße kurz die Gefühle durch. Für Augenblicke sprechen die Gatten von ihren Sorgen und Ängsten. Dann jedoch wendet sich Hektor brüsk ab. Wie tief seine und seiner Frau Empfindungen auch sein mögen, sie müssen unterdrückt werden. Standesehre verlangt, daß er zurück aufs Schlachtfeld kehrt, selbst wenn es das sichere Ende bedeutet. Sie dagegen muß in der Webstube ihren Frauenpflichten nach-

kommen. Jeder tut, was von ihm erwartet wird. Niemand fällt
aus der Rolle.

Stellt man folgende Verse Sapphos dagegen, dann öffnet sich
der Blick in eine neue, freiere Welt:

> Reiterheere mögen die einen, andre
> Halten Fußvolk oder ein Heer von Schiffen
> Für der Erde köstlichstes Ding – ich aber das,
> was man lieb hat.

Nachdem sie allgemein über die verschiedenen militärischen Vorlieben ihrer männlichen Standesgenossen geredet hat, kommt sie
zum entscheidenden Punkt. Ihr Ich – ein Ich, das in Homers Welt
undenkbar gewesen wäre – spricht von dem, was ihm selbst das
wichtigste ist – von der eigenen Liebe.

In den folgenden Zeilen erklärt sie, warum das so ist. Von Liebe
verführt, habe schon Helena ihr Kind und einen vortrefflichen
Mann verlassen, um einem anderen zu folgen. Dann kommt die
Dichterin in einigen Zeilen, von denen nur Bruchstücke erhalten
sind, zum konkreten Anlaß des Gedichts zurück – ihre Liebe zur
fernen Anaktoria, einer ehemaligen Schülerin, die nun jenseits des
Meeres im fernen Lydien lebt:

> . . . biegsam ist ja . . .
> . . . leicht . . .
> Läßt mich auch der fernen Anaktoria
> Wieder gedenken.

> Ihren leichten Schritt wollt' ich lieber sehen
> Und das helle Leuchten in ihrem Antlitz
> Als der Lyder reisiges Heer und
> erzgewappnete Streiter.

Die Entdeckung des Geistigen

Erstmals erscheint bei Sappho die Welt des Geistigen. Besonders
schön ist das in einem zweiten Gedicht an Anaktoria ausgedrückt.
Leiblich ist die Geliebte nicht mehr da, aber im Geist überbrücken

die Liebenden ihre Trennung. Nicht nur die körperliche Begegnung, auch Gedanken verbinden Menschen.

> ... oftmals von Sardeis her richtet sie zu uns heimwärts
> die Gedanken,
> Denkt daran, wie wir damals vereint gelebt:
> Götterähnlich erschienst du ihr, dein Lied fand Arignota
> stets das schönste.

> Fein und schön lebt sie unter Lydiens
> Fraun, wie nach Sonnenuntergang rosenfingrig der Mond mit
> seinem Scheine

> Aller Sterne Glanz hell überstrahlt, sein Licht
> Breitet er übers salz'ge Meer gleicherweise wie über Blumenauen,

> Und da liegt frisch der Tau, und die Rosen blühn
> Und der Kerbel, der zarte, und Honiglotos mit seinen Blütendolden.

> Auf und ab wandert sie, an die freundliche
> Atthis denkt sie mit wehem Sinn voller Sehnsucht, da wird das Herz
> ganz schwer ihr.

> »Komm zu mir!« – Sie ruft laut es hinaus, doch nicht
> Trägt das rauschende Meer, das uns trennt, den Ruf uns herüber:
> keiner hört ihn ...

Ähnliches hat Homer zwar empfinden, es aber nicht als geistiges Phänomen verstehen können. In einer Abschiedsszene voller Zartheit, in der Liebe zwischen der bezaubernden Nausikaa und Odysseus anklingt, sagt diese (Od. VIII 461 ff.):

> »Fremder, leb wohl! Und bist du erst daheim, gedenke dann meiner;
> Mir als der ersten schuldest du Dank für die Lebensrettung.«

Odysseus erwidert, sollte ihm die Heimkehr vergönnt sein:

> »Immer würde ich dich dort einem Gott gleich betend verehren
> Alle die Tage, da du mich am Leben erhalten hast, Mädchen.«

Einer geistigen Beziehung kommt das so nah, wie es Homer nur möglich gewesen war. Und dennoch trennt eine Welt die Liebenden. Nachdem Odysseus heimgekehrt ist, wird er Nausikaas gedenken, so wie man sich an etwas Vergangenes erinnert. Sapphos Beziehung zur fernen Anaktoria dagegen besteht auch nach der Trennung fort. Sie lebt in der Gegenwart weiter, und das Mittel, sie zu erhalten, sind Gedanken. Die Dichterin ahnt, daß auch die Geliebte in Gedanken die Verbindung sucht, und daher weiß sie sich im Geist mit der fernen Freundin vereint.

Eine von der körperlichen getrennte Welt der Gedanken und Gefühle existiert bei Homer nicht. Für ihn ist der Schmerz so körperlich wie der Pfeil, der ihn erzeugt. Ort der Gedanken und Gefühle der Person scheinen Organe zu sein, der *noos* und der *thymos,* die so körperlich sind wie Augen und Ohren. Für Homer sind es Empfangsstationen für göttliche Eingebungen. Daher kann die Person sich zwar an das erinnern, was sie erlebt hat, nicht aber aktiv selber in der Vorstellung Verbindungen zu anderen Menschen herstellen. Sappho dagegen weiß, daß sie selbst die Urheberin ihrer Gefühle und Gedanken ist. Dies erlaubt ihr, frei mit ihnen umzugehen.

III

ÜBER PHOKAIA NACH MILET

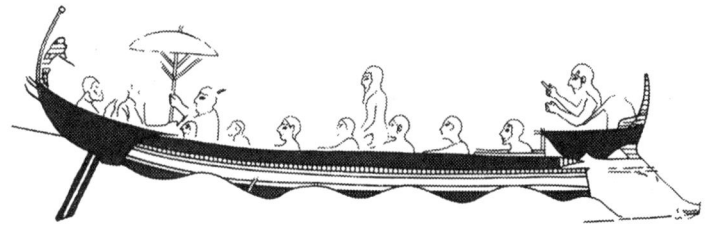

DER PLAN

ie Dramaturgie dieser Reise macht es sinnvoll, nach der
Rückkehr auf das Festland Pergamon zunächst links liegen-
zulassen. Der große Beitrag dieses prachtvollen hellenistischen
Herrschaftssitzes zur griechischen Geistesgeschichte stammt aus
einer späteren Epoche, dem 2. Jahrhundert v. Chr.: Durch ihre
Bibliothek haben die Könige von Pergamon entscheidend zur Bewahrung des geistigen Erbes der Antike beigetragen. Was von den
Schriften der großen Denker und Dichter der Griechen erhalten
blieb, lagerte einst in den Regalen Pergamon und Alexandria in
Ägypten. Ohne diese beiden Büchersammlungen wäre die Geschichte des Denkens anders verlaufen.

Doch so wichtig das Rettungswerk der Bibliothekare von Pergamon und Alexandria auch war, ihr Beitrag bestand im Sammeln und Wiederherstellen alter Schriften. Es ist der Abschluß
einer Entwicklung, deren Anfänge es zunächst zu verfolgen gilt.
Aus diesem Grund habe ich Pergamon und die Geschichte der
Bewahrung und Überlieferung an den Schluß gesetzt. Vorläufig
geht es weiter durch das archaische Zeitalter, d. h. das 7. und
6. Jahrhundert.

Von Lesbos auf das Festland zurückgekehrt, sollte man daher
nach Foça, der Stätte des antiken Phokaia fahren und anschließend
auf direktem Weg nach Kuşadası, etwa 80 Kilometer südlich von
Izmir. Mit einer Anzahl guter Hotels und Restaurants eignet sich
dieser Küstenort als Ausgangsstation für Ausflüge zu den Zielen,
die in der Dramaturgie dieser Reise auf Lesbos folgen: Priene,
Milet und das Heiligtum von Didyma, die Insel Samos, Ephesos,
Kolophon und das Orakel von Klaros. Nur wer den kürzesten
Weg sucht, sollte Pergamon unmittelbar nach Lesbos aufsuchen.

PHOKAIA

SEEFAHRT ZU DEN GRENZEN DER ERDE

Auf dem Weg nach Süden liegt etwa 30 Kilometer hinter Ayvalik bei Dikili ein zweihundert Meter hoher Hügel östlich der Hauptstraße. Vor zweieinhalb Jahrtausenden, als das Meer noch bis zum Fuß des Hügels reichte, befand sich dort die Akropolis von Atarneus. Von hier regierte Hermias, der Freund und Gönner der Philosophen von Assos, sein kurzlebiges Reich (S. 77 ff.).

Nach weiteren 50 Kilometern kommt die Abzweigung zum malerischen Ferienort Foça, der Stätte des antiken Phokaia. Wer dort nach antiken Baudenkmälern sucht, wird allerdings enttäuscht. Von der Stadt, die in archaischer Zeit neben Milet *der* ionische Welthafen war, sind wenig mehr als ein paar Säulentrommeln und Kapitellfragmente eines Tempels geblieben. Sie liegen im Hof des Gymnasiums auf einer Anhöhe über dem Meer.

Auch hat Phokaia keine bedeutenden Denker hervorgebracht. Wagemutige Seefahrer lebten hier, geschickte und ausdauernde Ruderer, tüchtige Händler, und, was auf das gleiche hinauslief, Seeräuber, die sich auf ihr Handwerk verstanden. Zur Blütezeit zwischen 620 und 544 v. Chr. hatte die Stadt kaum mehr als einige tausend Einwohner. Dennoch kann der Beitrag von Phokaia zum rationalen Verständnis der Welt kaum überschätzt werden.

Stürmen und Piraten trotzend, durchquerten phokaische Schiffe auf regelmäßig befahrenen Handelsrouten das Mittelmeer von Osten nach Westen. »Die Phokaier«, so hat Herodot (I 163) ein Jahrhundert nach dem Niedergang ihre Verdienste gewürdigt, »haben zuerst unter den Hellenen weite Seefahrten unternommen, und sie sind es, die das Adriatische Meer, Tyrrhenien, Iberien und Tartessos entdeckt haben.« Ihnen ist es zu verdanken, daß aus einer Welt der Fabelwesen, die für die Zeitgenossen Homers westlich von Sizilien begann, ein festumrissener geographischer Raum wurde. Neben dem Reiz des Ortes ist daher die große Geschichte des archaischen Phokaia ein Grund, den Ort zu besuchen.

Das Tor zur Welt

Die Fahrt über das Vorgebirge, auf dessen westlichem Ausläufer Foça liegt, vermittelt einen Eindruck von der günstigen Lage der archaischen Siedlung. Etwas unterhalb der Paßhöhe blickt man über einen von Aleppokiefern und Sträuchern bewachsenen felsigen Höhenrücken herab auf eine weite, durch Landzungen und vorgelagerte Inseln geschützte Bucht, in die ein Höhenrücken mit dem Ortskern von Foça ragt. Auf ihm lag einst Phokaia. Zwei Buchten an den Seiten bilden natürliche Häfen.

Einen besser geschützten Zugang zum Meer hätten die ionischen Kolonisten, die Phokaia im 8. vorchristlichen Jahrhundert auf aiolischem Stammesgebiet (dem Küstenstreifen im Norden von Izmir) gründeten, nicht finden können. Noch Jahrhunderte später erinnerte man sich an die Allgegenwart der Seeräuberei im alten Hellas. Bedroht waren vor allem die Küstensiedlungen. »Die Führung« bei diesen Raubzügen, so hat der Geschichtsschreiber Thukydides (etwa 456–396 v. Chr.) überliefert, »übernahmen die Mächtigsten zu ihrer eigenen Bereicherung und zur Versorgung der Ärmeren mit Lebensunterhalt. Sie überfielen die mauerlosen, dorfartig gebauten Städte, plünderten sie aus und lebten fast gänzlich davon. Schande brachte dieses Handwerk nicht, vielmehr Ruhm.« (Thuk. I 5)

Durch gut zu verteidigende Inseln und Landzungen von See her geschützt, lag Phokaia zugleich in der Nähe wichtiger Binnenhandelswege. Nur zehn Kilometer südlich mündete der Hermos (Gediz) ins Mittelmeer. Durch das Tal dieses Flusses verlief der Weg von der lydischen Hauptstadt Sardis im Landesinneren zur Küste. 30 Kilometer weiter westlich kreuzte er bei Larissa am Hermos die Handelsroute von Smyrna zu den aiolischen Städten im Norden. Dank dieser Lage kontrollierte die Stadt einen wesentlichen Teil des Austauschs des reichen und mächtigen Lyderreichs mit dem Mittelmeerraum.

Lydien aber galt für die Griechen des 7. und 6. Jahrhunderts als der Inbegriff von Reichtum und Luxus. Seitdem Gyges (etwa 689–52 v. Chr.) die Macht in Sardis an sich gerissen und die Dynastie der Memnaden begründet hatte, war das Gold der lydischen Könige sprichwörtlich. Durch ihre Hauptstadt Sardis floß der Paktolos, der große Mengen von Goldstaub mit sich führte, den man nur aus dem Wasser schöpfen mußte (S. 326 f.).

»Mich kümmert nicht des reichen Gyges vieles Gold, noch faßt mich jemals Neid«, schrieb um die Mitte des 7. Jahrhunderts der große Archilochos. In diesen Zeilen distanzierte sich ein Außenseiter von der Faszination, die lydisches Gold auf seine griechischen Landsleute ausübte. Andere waren da weniger zurückhaltend. In der Schatzkammer des letzten Vertreters dieser Dynastie, des legendär reichen Kroisos (560–546 v. Chr.), vergaß selbst der athenische Aristokrat Alkmeon allen Stolz. Aufgefordert, zu nehmen, was er davontragen könne, stopfte er sich Wams, Hosen, Stiefel und beide Backen voll mit Goldstaub.

In einem Chorlied malte der aus Sardis stammende Grieche Alkman (um 625 v. Chr.) spartanischen Mädchen in leuchtenden Farben den Luxus seiner Heimat vor:

Denn den Kampf zu bestehen
Mangelt des Purpurs Fülle,
Fehlt es an künstlich verzierten, schlangengewundenen,
Ganz aus Gold geschmiedeten Reifen,
An lydischem Kopfputz, der Zierde
Sanftblickender Jungfraun.

Einen solchen Kopfputz, »eine Mitra, ... eine sardische, bunte«, hatte sich auch Sapphos Tochter Kleis gewünscht. In einem anderen Vers stellt die Dichterin lydisches Schuhwerk als Attribut weiblicher Eleganz dar: »Die Füße staken ihr in purpurnen Schuhen, wie Lyder kunstreich sie machen.« Griechische Aristokraten, die sich solchen Luxus leisten konnten, orientierten sich an der Lebensart ihrer lydischen Standesgenossen. Nach dem Untergang des Lyderreichs 546 v. Chr. warf der Dichter Xenophanes von

Kolophon (etwa 570–470 v. Chr.) seinen Mitbürgern vor, sie seien unter dem Einfluß ihrer Nachbarn im Osten verweichlicht (DK B 3):

> Sie, die die nutzlosen Feinheiten von den Lydern gelernt hatten,
> Solange sie noch frei waren von der verhaßten Tyrannis,
> Gingen auf dem Marktplatz in Gewändern, die ganz mit echtem
> Purpur gefärbt waren,
> Im ganzen nicht weniger als tausend,
> Stolz, prunkend mit schön verzierten Haaren,
> Durch künstlich bereitete Salben triefend von Duft.

Was das Herz eines Angehörigen der griechischen Oberschicht begehrte – Gold, prächtige Gewänder, duftende Salben, prächtige Hauben und Schuhe –, gab es in Sardis. Lydien wiederum war ein Binnenstaat mit erheblichem Bedarf an importierten Gütern aus dem Mittelmeerraum. Von den Griechen bezog es dringend benötigte Bronze sowie deren Bestandteile Kupfer und Zinn. Die wichtigste Handelsverbindung zwischen Lydien und der Mittelmeerküste aber führte durch das Hermostal. Nur zehn Kilometer neben der Mündung gelegen, stellte Phokaia mit seinen beiden Häfen das Tor Lydiens zur Welt im Westen dar. In einigen Zeilen gibt Sappho auf Lesbos einen Hinweis auf die Mittlerrolle Phokaias im Austausch der Griechen mit den »Maioniern«, vermutlich Lydern:

> Kopftücher der Maionier,
> Hauchfeine von Purpurstoff,
> Die dir Mnasis geschickt hat von Phokaia
> Köstliche Arbeiten der Maionier.

Die Bedeutung des Handels zwischen Lydern und Griechen zeigt sich auch in der Erfindung des Münzgeldes. Um den Austausch zu erleichtern, entwickelten Lyder um die Mitte des 7. vorchristlichen Jahrhunderts ein Zahlungsmittel, das das Finanzwesen revolutionieren sollte. Sie stellten Scheiben aus Elektron – einer natürlichen Goldsilberlegierung – her, deren Wert nicht mehr umständlich durch Wiegen bestimmt werden mußte. Er wurde durch eine Prägung garantiert. Die Neuerung bewährte sich so sehr, daß sie sich innerhalb kurzer Zeit in der griechischen Welt verbreitete.

Am Hafen: Aufbruch zu großer Fahrt

Wer Foça besucht, ist erstaunt, wie klein der Ort war, dessen Bewohner einst das westliche Mittelmeer erkundet haben. In wenigen Minuten läßt sich die Halbinsel mit dem Ortskern, die Stätte des alten Phokaia, bequem umrunden. Man beginnt an der Uferstraße des Nordhafens, folgt dem Küstenverlauf, passiert den Fuß des Plateaus, auf dem einst ein ionischer Tempel stand, umrundet die Spitze der Halbinsel und ist im Südhafen angelangt. Nichts an diesem schönen Badeort durchbricht den Eindruck von Abgeschiedenheit und Geborgenheit. Selbst der Blick auf das offene Meer ist durch die vorgelagerten Inseln verstellt.

Auch erinnert wenig an die ruhmreiche Vergangenheit, als von hier phokaische Fünfzigruderer zu ihren Reisen ans Ende der Welt aufbrachen. Malerisch liegen im Nordhafen Fischerboote und Kutter, im Südhafen sind kleine Frachter vertäut. Der Hauptstrom des Schiffsverkehrs fließt heute in einiger Entfernung an Foça vorbei zum Hafen von Izmir im Südosten des Golfs.

Selbst die Fischer, die abends in unserem Lieblingsrestaurant am Hafen ihren Fang feierten, machten nicht den Eindruck, Nachfahren von Entdeckungsreisenden zu sein. Es waren Genießer, denen anzusehen war, daß sie gern und ausgiebig aßen. Zugegeben, in der Runde saßen eindrucksvolle Gestalten mit verwegenen, von Wind und Wetter gebleichten Schiffermützen und schwieligen Fäusten, die zupacken können. Aber über dem Gürtel wölbten sich stattliche Bäuche und beim Lachen schoben sich Bäckchen über die Augen. Domäne dieser Männer war nicht das Weltmeer, es waren die sauberen und fischreichen Küstengewässer um Foça, in denen sich noch die Robben (altgriechisch phoca) halten, denen der Ort seinen Namen verdankt.

Mit Phantasie läßt sich an der von Restaurants und Hotels gesäumten Uferpromenade am Nordhafen der Aufbruch einer phokaischen Handelsexpedition zu ihrer langen gefahrvollen Reise nach Westen rekonstruieren. Im Hafenbecken, in dem heute buntbemalte Fischerboote liegen, wird ein halbes Dutzend Schiffe beladen. Es sind nicht die üblichen dickbauchigen Frachtensegler, in denen Massengüter wie Getreide transportiert werden. Auf den

Angriff eines Piratenschiffes auf einen Frachtensegler.
Attisches Vasenbild (spätes 6. Jahrhundert v. Chr.)

langen ungeschützten Handelsrouten durch das westliche Mittel-
meer wären träge vor dem Wind segelnde Lastschiffe eine leichte
Beute etruskischer und karthagischer Piraten gewesen. Um ihren
Feinden zu entgehen, benutzen die Phokaier schnelle und wendige
Fünfzigruderer.

Es sind elegante, etwa 25 Meter lange hölzerne Kriegsschiffe
mit 25 hintereinanderliegenden Ruderluken in jeder Bordwand.
Unter der Wasserlinie ragt aus dem gedrungenen eberkopfförmi-
gen Bug ein mächtiger Rammsporn, darüber befindet sich der
kleinere Obersporn. Von fünfzig Ruderern beschleunigt, werden
die Schiffe beim Rammstoß zur tödlichen Waffe. Als Bugzier
symbolisiert der geschnitzte Hahn die phokaischen Tugenden
Aufmerksamkeit, Gewandtheit und Angriffsbereitschaft. Eine
Heckzier, die sich in elegantem Bogen fächerförmig über das
Schiffsende wölbt, unterstreicht den Eindruck der nach vorn
drängenden Kraft einer schwimmenden Kampfmaschine.

Um die Ruderer bei achterlichen Winden zu entlasten, kann in
der Schiffsmitte ein Mast mit einem Rahsegel aufgestellt werden.
Da eine Rahtakelage die Manövrierfähigkeit jedoch behindert,
wird sie kurz vor dem Kampf abgebaut und der Mast flachgelegt.
So gerüstet müssen die phokaischen Fünfzigruderer nicht stets
fliehen, wenn sie fremde Kriegsschiffe sichten. Sind sie dem Geg-

ner überlegen, dann können sie ihrerseits angreifen und die Gelegenheit zu einer Prise nutzen. Seeräuberei und Handel sind in diesen Tagen nahe Verwandte.

Auf den Remenkasten unterhalb der Bugzier ist ein Augenpaar aufgemalt. Man lebt in einer kompaßlosen Zeit. Um sich nicht in der Weite des Meeres zu verlieren, fahren Schiffe soweit wie möglich in Sichtweite der Küste. Auf hoher See bleiben zur Orientierung nur die Sonne und die Sterne. Ist der Himmel verhangen, dann kann der Steuermann nur noch dem Richtungssinn seines Schiffes vertrauen. Um den Weg durch ein wegloses Meer zu finden, benötigt es Augen.

Der größte Teil der Flotte befindet sich an Land. Um die hölzernen Planken vor Durchnässung abzudichten, die den Rumpf schwer und die Fugen undicht werden läßt, hat man die Schiffe aus dem Wasser gezogen. Sie liegen auf der flachen Uferböschung rund um das Hafenbecken. Sklaven sind dabei, die Rümpfe mit einer Schutzschicht aus Teer und Pech zu bestreichen, die vor Algenbewuchs und dem gefürchteten Schiffswurm bewahrt und regelmäßig erneuert werden muß.

Ruderboote kommen, um die im Wasser liegenden Fünfzigruderer zu beladen. Kaum etwas davon ist in Phokaia selbst hergestellt. Man lebt vom Handel und bezieht die Ware anderswo. Wegen der begrenzten Aufnahmefähigkeit ihrer Transportmittel handeln die Phokaier vorwiegend mit Gütern, die bei geringem Gewicht einen hohen Wert haben und überall entlang der Route absetzbar sind. Lydisches Gold, Elektronmünzen, duftende Salben und wertvolle Textilien stellen die Grundausstattung dar. Im Verlauf der Reise werden die Schiffe immer wieder Häfen anlaufen, um Proviant aufzunehmen und Teile der Ladung gegen andere Waren zu tauschen, die sich entlang der Route verkaufen lassen. Am Ziel der Reise werden sie schwimmenden »Gemischtwarenläden« von Luxusgütern gleichen.

Zweieinhalb Jahrtausende später sollten Archäologen entlang der Fahrtstrecke der phokaischen Händler – von den Ägäisinseln, über Griechenland, Italien bis nach Emporion in Nordwestspanien – sogenannte »Lydions« finden. Das sind kleine, charakteristisch geformte Vasen. Sie dienten als Behälter für aromatisch duftende Salben, eine weitere Spezialität aus Lydien. Nicht nur die prunksüchtigen Bürger Kolophons hüllten sich in Wolken lydischer Wohlgerüche, lydische Parfümerien waren überall begehrt. Von der Agäisinsel Amorgos berichtete zu Beginn des 6. vorchristlichen Jahrhunderts der Dichter Semonides:

> Ich salbte mich mit Spezereien, mit Myrrhenöl
> Und Balsam, denn ein fremder Kaufherr war mein Gast.

Auch griechischer Wein war ein begehrter Exportartikel. So gelangten von der um 600 v. Chr. gegründeten phokaischen Tochterstadt Massilia wertvolle griechische Bronzegefäße durch das Rhônetal zu den Höfen keltischer Fürsten im westlichen Mitteleuropa. Spuren des zum Konservieren von Wein verwendeten Baumharzes an den Wänden lassen vermuten, daß die griechischen Händler sie ihren trinkfreudigen keltischen Partnern nicht leer zukommen ließen.

Wege durch das Mittelmeer

Nach der Ausfahrt aus dem Hafen nehmen die Fünfzigruderer Kurs aufs Meer. In Sichtweite der Küste fahren sie nach Süden auf Samos zu, das neben Chios wichtigstes Zentrum der Bronzeherstellung und -verarbeitung in Kleinasien ist. Dort wird ein Teil der lydischen Ware gegen wertvolles Kunsthandwerk aus Bronze getauscht. Jahrtausende später fanden Archäologen in Südwestspanien prächtige griechische Bronzehelme und -statuetten.

Von Samos geht es vorbei an Ikaria, zwischen Mykonos und Delos hindurch quer durch die Inselwelt der Kykladen nach Westen. Hinter Kythnos nehmen die Schiffe Kurs auf die Südspitze Attikas und fahren vorbei am Kap Sounion in den Saronischen Golf ein. Um die Umrundung der Peloponnes mit dem gefährlichen Kap von Maleia zu vermeiden, wird nun der Isthmus von Korinth angesteuert. Dort werden sie entladen. Schiffe und Handelsgüter werden sodann mit Hilfe großer Wagen auf einem gepflasterten Weg, dem Diolkos, über die sechs Kilometer breite Landenge gezogen. Währenddessen tauschen die Händler im Hafen Teile der Ladung gegen weithin begehrte korinthische Keramik ein. Später werden sie diese kostbaren Vasen in Spanien absetzen.

Auf der anderen Seite des Isthmus wieder zu Wasser gebracht und beladen, durchqueren die Schiffe nun den Golf von Korinth. Um eine Überfahrt durch das Ionische Meer mit 400 Kilometer offener See zu vermeiden, drehen sie nach dem Isthmus in Richtung Nordwesten und halten sich parallel zur Küste bis zur Straße von Otranto. An dieser nur 80 Kilometer breiten Engstelle der Adria setzen sie nach Italien über. An der »Hacke« des »Stiefels« angelangt, geht es in Sichtweite der Küste nach Südwesten zur Meerenge von Messina und von dort nordwestlich entlang der italienischen Küste durch das Tyrrhenische Meer.

Dort beginnt der gefährlichste Teil der Reise. In den Gewässern vor Caere, nördlich von Rom, lauern etruskische Seeräuber. Die Schnelligkeit der Schiffe und die Aufmerksamkeit, Ausdauer und Geschicklichkeit ihrer Besatzungen entscheiden nun über Ausgang des Unternehmens. Ist die ligurische See erreicht, dann dreht die Expedition im Golf von Genua nach Westen und fährt entlang der Riviera zum Ziel der langen und gefahrvollen Reise, der phokaischen Tochterstadt Massilia.

Eine zweite phokaische Handelsroute führte nach Tartessos, einer silber- und kupferreichen Region im Mündungsgebiet des Guadalquivir in Südwestspanien. Sie verlief zunächst entlang der kleinasiatischen Küste nach Süden. Nach der Passage von Rhodos und Kreta nahmen die Schiffe Kurs auf Nordafrika und fuhren dann parallel zur Küste nach Westen. Auch auf dieser Strecke liefen griechische Händler Gefahr, gekapert zu werden. An der Engstelle zwischen Sizilien und Nordafrika lag Karthago, eine Tochterstadt des phönizischen Tyros. Seine mächtigen Handelsherren sahen in den Griechen lästige Konkurrenten im lukrativen Handel mit dem westlichen Mittelmeerraum. War diese gefährliche Engstelle glücklich passiert, ging es entlang der Küste weiter durch die Straße von Gibraltar in den Atlantik nach Tartessos in Südwestspanien.

Entdeckt hatten Griechen die Welt im Westen durch Zufall. Um 640 v. Chr. wurde ein Schiff von der Insel Samos auf der Überfahrt nach Ägypten vom Ostwind abgetrieben. Nach einer Reise ins Ungewisse durchquerte es die Straße von Gibraltar. Die Irrfahrt der Samier endete, wie Herodot (Her. IV 152) bemerkt, »zu ihrem Glück« in Tartessos. Als erster Grieche in eine silberreiche Region vorgedrungen, habe der Anführer Kolaios auf einer einzigen Fahrt mehr Gewinn erzielt als je ein Grieche zuvor.

Händler aus Phokaia nahmen zwei Jahrzehnte später die Verbindung wieder auf. Freundschaftliche Beziehungen zum Herrscher von Tartessos bilden die Grundlage ihres florierenden Geschäfts (Her. I 163). Die Zeit war günstig. Die Expansion des Überseehandels fiel in die Jahrzehnte zwischen 620 und 546 v. Chr., in der ihre phönizischen Konkurrenten in der Levante unter Kontrolle des mächtigen Assyrerreichs standen. Später sollte das aufstrebende Karthago die Handelsrouten im westlichen Mittelmeer für griechische Schiffe blockieren.

Um ihre Handelswege zu sichern, gründeten die Phokaier entlang ihrer Routen Stützpunkte und Tochterstädte. Neben einer Niederlassung in Tartessos waren das Massilia, Nizza, Alalia auf Korsika (gegründet 564 v. Chr.), sowie Emporion im Nordosten Spaniens. Als Hauptumschlagplätze dienten Massilia und Tartessos. Hier tauschten die Händler ihre Ware gegen zwei der wichtigsten Rohstoffe des östlichen Mittelmeerraums: Bronze und das zur Bronzeherstellung benötigte Zinn.

In Tartessos erhielten sie für lydische Luxusartikel, für korinthische Vasen und kunstvolle griechische Helme und Statuetten große Mengen unverarbeiteter Bronze und Zinn. Dazu kam Silber. Das Zinn, das aus Lagerstätten im Nordwesten Spaniens stammte, wurde in Tartessos zusammen mit Kupfer aus lokalen Lagerstätten zu Bronze verarbeitet. Das für die Griechen wichtigste massilische Handelsobjekt dürfte Zinn aus Cornwall gewesen sein, das über keltische Zwischenhändler durch das Rhônetal zur Mittelmeerküste gelangte.

Durch ihre Handelsfahrten trugen die Bürger einer kleinen

Stadt so dazu bei, ihre kleinasiatische Heimat mit Bronze und Zinn zu versorgen. Während es auf Zypern ergiebige Kupfervorkommen gab, waren in archaischer Zeit im gesamten östlichen Mittelmeerraum keine ausreichenden Zinnlagerstätten bekannt. Zinn und die daraus hergestellte Bronze aber gehörten zu den begehrtesten Gebrauchsmetallen. Um unterwegs Wasser und Proviant sowie örtliche Spezialitäten aufzunehmen, die sich anderswo mit Gewinn absetzen ließen, wurden auch auf der Rückfahrt immer wieder Häfen entlang der Routen angelaufen. Auch hier wurden die neuen Güter aus der Ladung bezahlt. Auf diese Weise gelangten Bronze und Zinn bis nach Unteritalien, nach Sizilien, Griechenland und auf die Ägäisinseln.

Was am Ende der Reise geblieben war, wurde auf Samos und Chios abgesetzt, den beiden kleinasiatischen Zentren der Metallverarbeitung. Für ihre Rohstoffe erhielten die phokaischen Händler verarbeitete Bronzestücke, zum Beispiel kostbare Gefäße. In Phokaia gelöscht und durch das Hermostal nach Sardis geschafft, wurden sie dort gegen lydische Luxusgüter und Gold getauscht, bzw. mit Münzgold bezahlt.

Per Saldo hatten die Händler für das Prestige, das der Besitz griechischer und lydischer Luxusgüter ihren Abnehmern im Westen verschaffte, dringend benötigte Rohstoffe erhalten. Sie brachten veredelte Güter aus dem östlichen Mittelmeerraum zu Barbarenfürsten, die bereit waren, für lydischen Luxus und griechisches Kunsthandwerk teuer zu bezahlen. Ein prachtvoller Bronzehelm von einem Kilo Gewicht brachte in Tartessos große Mengen Bronze und Silber ein. Um die Tragfähigkeit der Schiffe bis zum äußersten zu nutzen, wurden sogar die mitgebrachten Eisenanker durch silberne ersetzt.

Die Vertreibung der Fabelwesen

Um zu ermessen, was diese Handelsfahrten ans Ende der Welt zur Entwicklung des Denkens beigetragen haben, sollte man sich in Homers Zeit zurückversetzen. Bis zur Mitte des 7. Jahrhunderts war das Meer westlich Siziliens eine Domäne phönizischer Seefahrer gewesen. Phönizier hatten sich dort seit dem 11. Jahrhundert v. Chr. an den Küsten im Süden niedergelassen. Nach Karthago war die wichtigste phönizische Gründung Gadir (Cadiz) in Südwestspanien, das Zugang zur silber- und kupferreichen Region von Tartessos im Landesinneren gewährte. Von dort bezogen die Phönizier im 8. und 7. Jahrhundert wertvolle Metalle, die sie mit Gewinn in der griechischen Welt und im Orient verkauften.

Für die Aristokraten Homers galt der Handel als eine verächtliche Beschäftigung, unwürdig eines Kämpfers, der im Krieg und im Wettkampf geschult ist. »Fremder, du scheinst mir keiner, der sich in Spielen des Wettkampfs auskennt, ... sondern einer, der stets im Ruderschiffe umherfährt«, so versucht ein Phaiake Odysseus zu beleidigen: »Das sind so Händler und Krämer, immer auf Fracht bedacht und Ausschau haltend nach Ladung und errafftem Gewinn.« (Od. VIII 159 ff.) In der *Odyssee* ist dieses Geschäft noch fest in den Händen phönizischer Kaufleute. Als Seefahrer von den Griechen bewundert, gelten sie zugleich als gefährliche Betrüger und Gauner, die ihre Partner nach Strich und Faden täuschen. Wer sich als argloser Passagier einem phönizischen Händler anvertraut, wird, wenn er nicht über Bord geht, als Sklave verkauft (Od. XIV 288 ff., XV 415 ff.).

Vermutlich verteidigten die Phönikier ihr Handelsmonopol, indem sie ihren gutgläubigen griechischen Abnehmern wahre Schauergeschichten über den geheimnisumwitterten Westen erzählten. Die Spuren solcher Erzählungen finden sich in der *Odyssee*. Ins westliche Mittelmeer vorzudringen bedeutete um 700 v. Chr. für einen Griechen, die vertraute Welt zu verlassen und in einen von Fabelwesen besiedelten mythologischen Raum einzutreten.

Klare geographische Vorstellungen hat Homer nur vom östlichen Mittelmeer. In der *Odyssee* erscheinen die Westküste Kleinasiens, die Inselwelt der nördlichen Ägäis, Nordgriechenland und die Peloponnes mit dem gefährlichen Kap von Maleia als feste geographische Größen. Auch Kreta und Zypern, die Levante, Ägypten, Libyen, Unteritalien und Sizilien gehören zur bekannten Welt. Mit der Entfernung verschwimmen zwar die Konturen, aber daran, daß der Dichter von der Existenz Zyperns, Phöniziens und sogar Äthiopiens weiß, besteht kein Zweifel.

Im Westen von Sizilien hört in der *Odyssee* die reale Welt auf. Wen es dorthin verschlägt, der tritt in einen mythologischen Raum ein. Von widrigen Winden und Strömungen getrieben, irrt der Held den größten Teil seiner zehnjährigen Fahrten orientierungslos in einer von Fabelwesen besiedelten mythischen Welt umher: von dem in Nordafrika gelegenen Land der Lotophagen, wo ahnungslose Seefahrer die Heimkehr vergessen, zur Insel der menschenfressenden Zyklopen; zur schwimmenden Insel des Windgottes Aiolos; ins Land der menschenfressenden Laistrygonen, wo Odysseus sämtliche Schiffe mit Ausnahme des seinen und die meisten seiner Gefährten verliert; auf die Insel der betörenden Zauberin Kirke; zum Eingang der Unterwelt; durch die Meerenge von Scylla und Charybdis mit ihren schlagenden Felsen und einem weiteren menschenfressenden Ungeheuer; zur Insel des Sonnengottes; zu guter Letzt Schiffbruch, dem die verbliebenen Gefährten zum Opfer fallen; nur Odysseus wird nach mehreren Tagen und Nächten hilflos im Wasser treibend ans Ufer der Insel der betörenden Kalypso gespült, die ihn sieben Jahre bei sich behält; schließlich Aufbruch in die Heimat, Sturm und glückliche Rettung in das weitere Nirgendwo der Phaiaken.

Im gleichen Augenblick, in dem er die bekannte Welt verläßt, hat der Held die Orientierung verloren. Zwar bleibt die Heimkehr sein Ziel, aber den Weg dorthin findet er nicht. Winde und Strömungen treiben ihn, wohin es seinen göttlichen Widersachern beliebt. Nichts könnte die Beziehung zwischen dem mythologischen und dem geographischen Raum in der Vorstellungswelt des 8. Jahrhunderts v. Chr. deutlicher ausdrücken als die Heimkehr nach Ithaka. Als nach mehreren Tagen am Hof des Phaiakenkönigs schließlich ein Schiff der Phaiaken Odysseus in die Heimat zurückbringt, versetzt der Dichter den Helden in einen tiefen Schlaf. Schlafend wird Odysseus am Strand ausgesetzt. Erst nachdem die Retter verschwunden sind, wacht er auf. Den Wiedereintritt in den geographischen Raum hat er bewußt nicht erlebt. Es ist ein Erwachen aus einem tiefen Traum. Wo das Land seiner Wohltäter lag, hätte er ebensowenig angeben können wie den Ort der Insel der Kalypso oder des Laistrygonenlandes. All das befindet sich im mythologischen Bereich.

So reizvoll der Versuch moderner Autoren daher gewesen sein mag, die Irrfahrten des Odysseus auf Segeltörns durchs Mittelmeer nachzuvollziehen, er beruht auf einem Mißverständnis. Schon im 2. Jahrhundert v. Chr. hat der hellenistische Gelehrte Eratosthenes ironisch angemerkt: Die Route des Odysseus werde man erst wissen, wenn der Lederarbeiter gefunden sei, der den Windsack genäht habe, in dem Aiolos die unheilbringenden Winde verschlossen habe.

Indem sie die Welt im Westen erkundeten, haben die phokaischen Seefahrer daher mehr als nur weiße Flecken auf einer Mittelmeerkarte ausgefüllt. Sie haben dazu beigetragen, die Welt zu entmythologisieren. Die irreale Szenerie der Mythen und der Schiffermärchen wurde zum geographischen Raum mit bestimmten Schiffahrtsrouten, festen Orientierungsmerkmalen, Stützpunkten und Handelsniederlassungen. »Die Phokaier haben«, um an Herodots (I 163) Würdigung zu erinnern, »das Adriatische Meer, Tyrrhenien (die italienische Westküste), Iberien (Westspanien) und Tartessos (Südwestspanien) entdeckt.«

Dabei erfuhren sie, daß die Welt nördlich und westlich von Sizilien von der gleichen Beschaffenheit wie die bekannte war. Nicht Fabelwesen lebten dort, sondern Menschen aus Fleisch und Blut. Die Gefahren, die im Westen auf griechische Seefahrer lauerten, Piraten, Stürme, Untiefen und widrige Strömungen, gehörten der gleichen Wirklichkeit an wie die der Ägäis.

Der Exodus

Der Freiheitswille dieser Seefahrer stand ihrer Kühnheit nicht nach. Wie die meisten anderen ionischen Städte war auch Phokaia um die Mitte des 6. Jahrhunderts vom Lyderkönig Kroisos unterworfen worden, hatte jedoch seine Unabhängigkeit weitgehend bewahrt. Die Lage änderte sich, als nach der Niederlage des Kroisos 546 v. Chr. ein Heer der siegreichen Perser vor den Toren der Stadt erschien und eine Geste der Unterwerfung verlangte.

Im Gegensatz zu anderen kleinasiatischen Griechen dachten die Phokaier jedoch nicht daran, ihre Freiheit aufzugeben. Um den

Auszug vorzubereiten, baten sie den gegnerischen Feldherrn um Bedenkzeit (Her. I164ff.). Während sich das persische Heer zurückzog, brachten sie ihre Fünfzigruderer zu Wasser, ließen die Frauen und Kinder einsteigen, luden die bewegliche Habe, leichtere Götterbilder und Weihegaben aus den Tempeln dazu und brachen zur Fahrt in ein ungewisses Schicksal auf.

Zuerst nahmen sie Kurs auf Chios. Doch aus Furcht vor der Konkurrenz verweigerten die Chier ihren ionischen Stammesbrüdern die Ansiedlung auf einer benachbarten Inselgruppe. Daraufhin beschlossen die Vertriebenen, sich in ihrer Tochterstadt Alalia auf Korsika anzusiedeln. Um Rache zu nehmen, fuhren sie vor dem Aufbruch kurz nach Phokaia zurück, erschlugen die persische Besatzung und verfluchten jeden, der sich dem Aufbruch nach Korsika nicht anschließen würde. Dies getan, versenkten sie einen Erzbrocken im Meer und schworen, nicht eher zurückzukehren, als bis das Erz wieder zutage getreten sei. Doch die Flotte war kaum abgefahren, als die Hälfte der Auswanderer, von Heimweh überwältigt, den Schwur vergaß und zurückkehrte. Die anderen brachen ins westliche Mittelmeer auf.

Von ihrer Tochterstadt Alalia auf Korsika aus drangsalierten sie in der Folgezeit ihre alten Gegner, die Karthager und Etrusker, durch Seeräuberei. Verärgert beschlossen diese, das Übel an der Wurzel auszurotten. 539 v. Chr. kam es zu einer Seeschlacht, in der sich die Phokaier noch einmal gegen eine doppelte Übermacht behaupteten. Aber es war, wie Herodot bemerkt, ein »kadmeischer Sieg« – ein »Pyrrhussieg«, wie wir sagen. Vierzig der sechzig Schiffe gingen verloren, und der Rest war kampfuntauglich. Wer in die Hände des Feindes fiel, wurde versklavt oder von aufgebrachten Etruskern gesteinigt.

Die Überlebenden packten erneut ihre Habe auf die Schiffe und setzten nach Italien über. Südlich von Paestum – dem griechischen Poseidonia – gründeten sie Elea. Dort, auf italienischem Boden, wurde etwa zwanzig Jahre später der große »phokaische« Denker geboren: Parmenides von Elea.

PRIENE

BIAS UND DIE MACHT DES WORTES

D iese Ionier, denen die Bundesstätte von Panionion gehört, hatten ihre Städte in einer Landschaft angelegt, wo Himmel und Wetter so günstig sind wie nirgends auf Erden, soweit wir sie kennen. Denn weder die Landstriche, die oberhalb liegen, noch die unterhalb liegen, können sich darin mit Ionien vergleichen, jene, weil sie unter Kälte und Nässe, diese, weil sie unter Hitze und Dürre zu leiden haben. «

So hat im 5. Jahrhundert v. Chr. Herodot (I 142) das Land beschrieben, in dem sich seit der Mitte des 11. Jahrhunderts die aus Attika und Euböa eingewanderten Ionier angesiedelt hatten. Unter allen Regionen Großgriechenlands war es von der Natur am meisten begünstigt. Das ionische Stammesgebiet umfaßte die Ägäisküste zwischen Milet im Süden und Smyrna (Izmir) im Norden sowie die Inseln Samos und Chios im Westen. Phokaia, die nördlichste Siedlung der Ionier war bereits aiolisch.

Die zwölf ionischen Städte – Milet, Myos, Priene, Samos, Ephesos, Kolophon, Lebedos, Teos, Erythrai, Klazomenai, Chios und Phokaia – bildeten einen losen Bund mit dem Panionion als gemeinsamem Versammlungsort und Heiligtum. An den nördlichen Ausläufern des Mykale-Gebirges (Samsun Dağlari) am Ostrand des Dorfs Güzelçamlı gelegen, bestand es aus einem dem Poseidon geweihten Altar auf einem Hügel, einem theaterähnlichen Versammlungsgebäude an dessen Fuß und einer Höhle westlich davon.

Die ursprüngliche Schönheit des Landes, das Herodot vor zweieinhalb Jahrtausenden beschrieben hat, erlebt, wer von Kuşadası über Söke nach Priene fährt. An der Küste wuchert das Geschwür eines unkontrollierten Baubooms, der große Teile der westlichen

Türkei befallen hat. Aus dem Boden gestampfte Siedlungen aus Hunderten gleichartiger Ferienhäuschen haben die schönsten Buchten in Alptraumszenarien eines standardisierten Urlauberglücks verwandelt. Doch einige Kilometer hinter Kuşadası entfernt sich die Straße vom Meer und führt durch unberührtes mediterranes Hügelland. Als hätten die dort lebenden Menschen versucht, selbst die bescheidenen Zeugnisse ihrer Anwesenheit harmonisch in die Landschaft einzufügen, liegen die wenigen Bauernhöfe und Weiler in Mulden und Tälern.

Priene im 19. Jahrhundert

Die Silhouette der geschwungenen, hintereinandergestaffelten Höhenrücken, die das Bild der Landschaft bestimmen, lösen sich in der Ferne im Dunst des Mittelmeerhimmels auf. Vom Rot und Weiß blühender Bäume und Sträucher durchbrochen, sind die fruchtbaren Täler im Frühjahr vom zarten Grün sprießender Gräser und Blätter überzogen. Beiderseits der Straße stehen Oliven-, Feigen- und blühende Obstbäume. Neben Eukalyptusbäumen

123

mit weit ausladenden Kronen sind kleine Gehölze aus schlanken, hohen Pappeln gepflanzt. Ihr lichtes Gelbgrün hebt sich von den dunklen spitzen Zypressen ab, die sich wie hintereinandergereihte Ausrufezeichen über einen Höhenrücken ziehen. Wo die Natur sich selbst überlassen ist, haben sich Schilf, wilde Sträucher und Bäume angesiedelt, die die Vielfalt der Farben und Formen dieser Landschaft noch vergrößern.

Hinter Söke verändert sich das Bild. Vorbei an den steil aufragenden felsigen Ausläufern des Mykale-Gebirges fährt man in eine weite Ebene ein. Dieses von Entwässerungsgräben durchzogene flache Land, das sich nach Süden und Osten hin bis zum Horizont erstreckt, ist erst in den letzten zweieinhalb Jahrtausenden vom Mäander (Büyük Menderes) aufgeschüttet worden. In archaischer Zeit (7. und 6. Jahrhundert v. Chr.), befand sich dort, wo sich heute endlose Baumwollfelder erstrecken, eine weite Meeresbucht – der Latmische Meerbusen (S. 135). Er reichte bis zum 20 Kilometer landeinwärts gelegenen Latmosgebirge (Besparmag Dağ) im Osten. Der Mäander, der sein Bett seitdem nach Süden verlagert hat, floß noch im 7. und 6. Jahrhundert v. Chr. entlang der felsigen Ausläufer des Mykale, parallel zur Straße nach Güllübahçe, dem Dorf unterhalb der Ruinen von Priene.

Die archaische Stadt: unter Schwemmland begraben

Hoch über der Ebene liegen auf einem Vorsprung unterhalb schroffer Felswände die Überreste des um 350 v. Chr. gegründeten hellenistischen Priene. Es ist die einzige vollständig ausgegrabene griechische Polis, ein Wunderwerk antiken Städtebaus. Selbst die Trümmer vermitteln noch einen Eindruck der Schönheit und Eleganz einer kleinen wohlhabenden, aber nicht reichen Landstadt des 4. Jahrhunderts v. Chr.

Ihre Vorgängerin, das archaische Priene, in dem in der ersten Hälfte des 6. Jahrhunderts Bias, einer der legendären Sieben Weisen lebte, ist nie gefunden worden. Was davon blieb, liegt irgendwo in der Ebene unter dicken Sedimentschichten begraben. Eine Stadt, die Belagerungen und Kriege überstanden hatte, fiel durch die sanfte Gewalt des Mäander. Vermutlich hatten Ablagerungen aus dem Fluß das Gebiet um die archaische Siedlung in eine malariaverseuchte Sumpflandschaft verwandelt. Weil Mükken und Sumpffieber das Leben in der Ebene unerträglich machten, bauten die Priener auf einem Felsvorsprung des Mykale-Gebirges, hoch über der Ebene, eine neue Stadt.

Zu den großen Mitgliedern des ionischen Bundes hatte auch das archaische Priene nicht gehört. Ausgehend von den zwölf Schiffen, mit denen es sich 494 v. Chr. an der Seeschlacht von Lade beteiligte, haben Historiker seine Einwohnerzahl auf knapp 10 000 geschätzt. Im benachbarten Milet, das 80 Schiffe stellte, lebten zur selben Zeit 64 000 Menschen. Daß Priene dennoch Bedeutung erlangte, hat zwei Gründe. Auf seinem Gebiet lag auf der anderen Seite des Mykale das Heiligtum des Ionischen Bundes, das Panionion. Außerdem hatte es in Bias einen in der ganzen griechischen Welt verehrten charismatischen Führer.

Seiner Umsicht und seiner Entschlossenheit verdankte Priene viel. Unter Bias wehrte es einen Angriff des mächtigen Lyderreichs ab. Auch gelang es diesem außergewöhnlichen Mann, nach einer Niederlage gegen das mächtige Samos durch kluges Verhandeln einen günstigen Friedensabschluß zu erreichen. Er war es, der den ionischen Städten *nach* der Unterwerfung durch die Perser um 546 v. Chr. bei den Beratungen im Panionion die Auswanderung empfahl. Würden sie in Ionien bleiben, dann blieben sie abhängig von Persiens Gnaden. Frei von Knechtschaft würden sie dagegen in Sardinien einen neuen Aufschwung erleben. Herodot (I 170), der aus der Erfahrung des folgenden Jahrhunderts schrieb, betont, das sei ein vortrefflicher Rat gewesen: »Hätten sie ihm gehorcht, so wäre es ihnen möglich gewesen, am meisten unter allen Griechen zu Wohlstand zu kommen.«

Das Wort dieses Weisen wurde weit über die Stadtgrenzen hinaus gehört: »Hast du ein Urteil zu fällen, so sprich es klug, prienisch aus«, so identifizierte ein Zeitgenosse, der Dichter Semonides von Amorgos, die Stadt mit ihrem berühmtesten Bürger. Für Hipponax von Ephesos wurde Bias sogar zum Maßstab menschlicher Urteilskraft: »Selbst den Bias von Priene übertrafen im Urteil ...«

Das hellenistische Priene: eine Stadt der planenden Vernunft

Am Anfang dieser Erkundung steht jedoch nicht die Stadt des Bias, sondern die jüngere, deren Ruinen man besichtigt. Wie in Assos erhob sich auch im hellenistischen Priene der Tempel der Stadtgöttin Athena über der menschlichen Siedlung. Im 4. Jahrhundert von Pytheos, dem berühmtesten Baumeister seiner Zeit, geschaffen, galt er in der Antike als *der* ionische Tempel.

Selbst die Ruine läßt seine einst vielbewunderte Schönheit noch erahnen. Strahlend hell heben sich im Sonnenlicht fünf schlanke, von ionischen Kapitellen gekrönte Säulen vor dem dunklen Grau und Grün der von Kiefern und Gestrüpp bewachsenen Felswände ab. Das Wechselspiel zwischen den scharfen Schattenlinien der Kanneluren und den lichterfüllten weichen Wölbungen der Hohlkehlen nimmt dem Material alle Schwere. Leicht und elegant streben die von Menschenhand geformten steinernen Säulen vor dem Hintergrund der urwüchsigen Felsmassen des Mykale zum Himmel empor.

Achtlos, wie Kinderspielzeug zur Erde geworfen, liegen Hunderte kunstvoll kannelierter Trommeln gestürzter Säulen am Fuß der Anhöhe. Zwischen Trümmern leuchten im Frühjahr gelb die Blütenkugeln des Riesenfenchels. Verborgen im schwelenden Mark der trockenen Stengel brachte nach der Sage einst Prometheus den Menschen das Feuer. Über das vom Erderschütterer Poseidon hinterlassene Gehagel hinweg sieht man auf die weite, vom rechtwinkligen Raster endloser Baumwollfelder durchzogene Ebene, die am Horizont im Süden durch Hügel begrenzt wird. Dort auf der anderen Seite des verlandeten Latmischen Meerbusens befinden sich die Überreste des etwa 15 Kilometer entfernten Milet.

Unter dem Heiligtum breiten sich die guterhaltenen Ruinen einer rational geplanten Landstadt des 4. Jahrhunderts v. Chr. aus. Nach den Vorstellungen des großen Städteplaners und Sozialutopisten Hippodamos von Milet (etwa 475–400 v. Chr.) angelegt, zieht sich über den Bergrücken ein rechtwinkliges Netz aus geraden, breiten Hauptstraßen und kleineren Verbindungswegen. Dem Bergrücken regelrecht aufgezwungen, unterteilt der hippo-

Athenatempel von Priene

damische Raster das Stadtgebiet in gleich große Häuserblocks von je vier Einheiten.

Die Anlage spiegelt eine demokratische Verfassung wider und eine Wirtschaft, in der es viele wohlhabende Bürger, aber nur wenig Reiche gab. Jedes Haus sollte gleich viel Platz einnehmen, keiner der Bürger durfte sich durch eine bevorzugte Wohnlage über die anderen erheben. Was demokratisches Wohnen den Prienern abverlangt hat, erfährt, wer die steile Hauptstraße hinter der Kasse hinauf zum Athenatempel steigt. Ohne Zugeständnisse an Bequemlichkeit geht es schnurgerade steil bergauf. Obwohl von bescheidenen Ausmaßen, boten die Häuser beachtlichen Komfort.

127

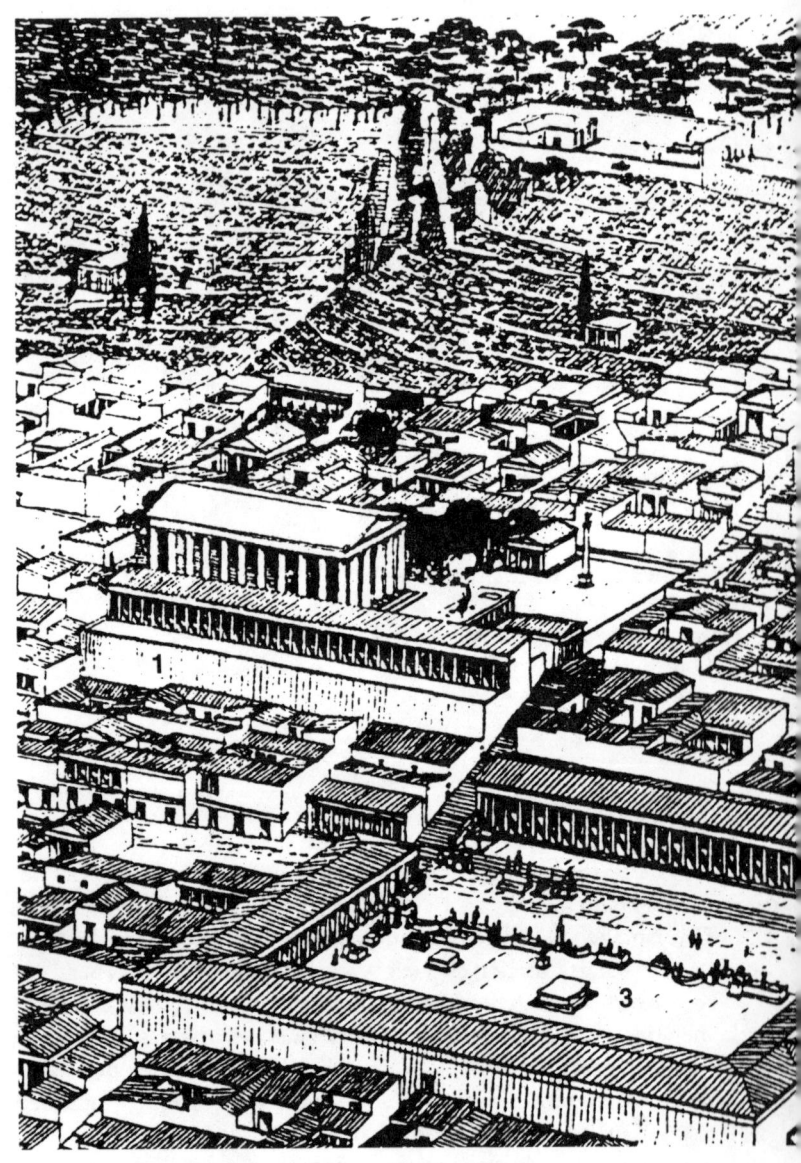

Das hellenistische Priene, eine Stadt der planenden Vernunft
1 Athenatempel, 2 Theater, 3 Agora

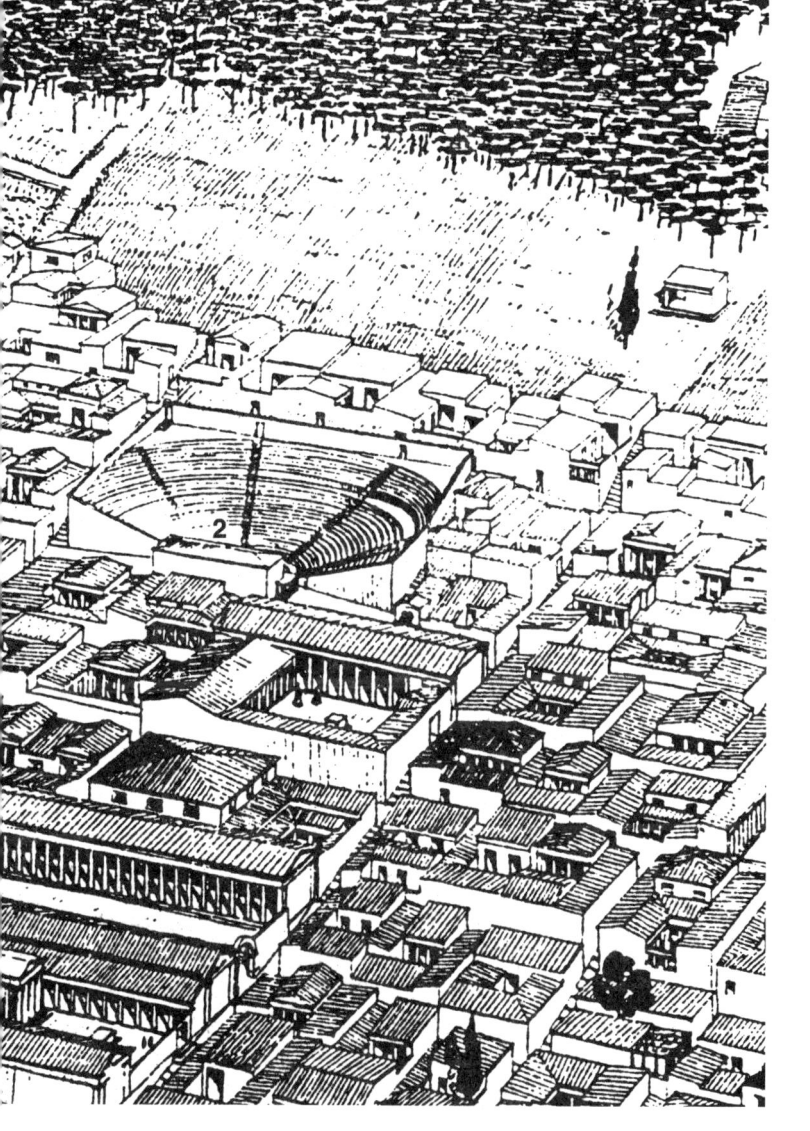

Durch einen offenen Innenhof konnten Licht und frische Luft in die Räume strömen. Auch Plätze und Gebäude durchbrachen den rechtwinkligen Straßenraster nicht. Der benötigte größere Raum entstand durch Zusammenlegen mehrerer Blöcke.

Das hellenistische Priene war wohlhabend, aber nicht reich. Während der Reichtum des großen Nachbarn Milet auf Seehandel beruhte, lag Priene fernab vom Meer. Grundlage seiner Wirtschaft war das fruchtbare Land in der Mäanderebene. Bearbeitet wurde es von Sklaven und der in den umliegenden Dörfern lebenden Urbevölkerung, die der Stadt abgabenpflichtig war. In Priene gab es nur wenige Großgrundbesitzer, dafür aber einen breiten Mittelstand von Landbesitzern, Handwerkern und Ladenbesitzern, dazu kamen Sklaven.

Die Zeiten, in der die Gemeinschaft im Strudel erbitterter Parteienkämpfe mächtiger Adelsgeschlechter unterzugehen drohte, waren vorbei. Selbst die Reichen, deren Maßlosigkeit die Hauptursache des Elends im archaischen Griechenland gewesen war, hatten sich angepaßt. Da sie öffentliche Verpflichtungen übernahmen, indem sie in Notzeiten die Gemeinschaft unterstützten, waren sie wohlgelitten. Das hellenistische Priene war eine Stadt der planenden Vernunft, ein Ort der gebändigten Leidenschaften. Es hatte sich eine Ordnung auferlegt, die jedem, Frauen und Sklaven eingeschlossen, seinen Platz, seine Rechte und Pflichten zuwies, letzteren freilich vorwiegend Pflichten.

Ein Wettstreit der Edlen

Vergessen war die Zeit, in der die Bürger, unfähig ihre Angelegenheiten selbst zu regeln, unparteiische und integre Männer als Schlichter beriefen, indessen nicht. Sie lebte in der Erinnerung an die Sieben Weisen weiter, die sich zwischen 600 und 550 v. Chr. als Gesetzgeber, Schlichter und Ratgeber bewährt hatten. Tatsächlich war die Liste jedoch weitaus länger. Insgesamt beträgt die Zahl derjenigen, die an verschiedenen Orten dazugezählt wurden, über zwanzig. Vier Namen wurden jedoch stets genannt: Bias von Priene, Solon von Athen, Thales von Milet und Pittakos von Mytilene.

Noch jahrhundertelang haben die Geschichten, die man über die Sieben Weisen erzählte, die Griechen fasziniert. Spätere Generationen haben eigenes hinzugefügt und Legenden ausgesponnen, so daß sich um diese Männer schon bald ein kaum entwirrbares Geflecht aus Geschichte und Geschichten rankte. Aber auch die Geschichten, die man über sie erzählte, geben eine Vorstellung, was die Betroffenen in den Augen ihrer Mitbürger auszeichnete. Bezeichnend ist die vom Goldenen Dreifuß, die Plutarch im 1. Jahrhundert n. Chr. aufgezeichnet hat (Solon 4):

Fischern von der Insel Kos geht der prachtvolle goldene Dreifuß ins Netz, den einst Helena auf der Rückfahrt von Troja als Weihegabe im Meer versenkt hatte. Der kostbare Fund löst einen Streit um die Besitzrechte aus. Unfähig das Problem selbst zu lösen, ziehen die Parteien das Orakel zu Rat. Sie erfahren, der wertvolle Fund solle dem weisesten Menschen auf Erden übergeben werden. Daraufhin wird der Dreifuß zu Thales nach Milet gebracht. Dieser sträubt sich jedoch: Nicht ihm, dem Bias in Priene gebühre der Preis. Aber auch Bias fühlt sich unwürdig und gibt den Dreifuß an einen Dritten weiter, der seinerseits einen vierten als den einzig Würdigen nennt und dieser einen fünften. Schließlich hat der Fund die Runde gemacht und gelangt zu Thales zurück. Wissend, der Wettstreit werde sonst endlos weitergehen, beendet ihn dieser, indem er das wertvolle Fundstück Apollon weiht.

In die menschliche Einsichtsfähigkeit vertrauen

Uns erscheint das als eine hübsche Anekdote. Pointiert berichtet Plutarch über die Uneigennützigkeit und Urteilsfähigkeit einer Gruppe weiser Männer. Was solche Eigenschaften um die Wende zum 6. Jahrhundert v. Chr. tatsächlich bedeutet haben, zeigt sich am deutlichsten im Werk Solons, eines der Beteiligten. Eindringlich hat dieser große Staatsmann des archaischen Athen die erregende Atmosphäre des neu erwachten Individualismus und der schrankenlosen Selbstverwirklichung am Ende des 7. Jahrhunderts geschildert.

In der ersten Elegie beschreibt er, wie nach dem Zusammenbruch der aristokratischen Ordnung auch die Eindeutigkeit und Verbindlichkeit ihrer Werte verschwunden sind. Vergessen ist die patriarchalische Fürsorge des Herrn, nichts ist mehr von der Treueverpflichtung des Gefolgsmanns zu spüren. Entstanden ist eine Vielfalt gegensätzlicher Wertvorstellungen und Ziele. Jeder ist auf der Suche nach dem eigenen Glück: der eine mit Erfolg, der andere ohne, der eine redlich, der andere mit Lug und Trug. Selbstverblendung herrscht unter den Menschen. Orientierungslos treibt die Gemeinschaft dahin. Unheil droht:

> Also denken die Menschen, die Redlichen wie auch die Bösen,
> Jeder gefällt sich im Wahn eigener Größe, bevor
> Ihn das Leid überfällt, dann jammert er; aber bis dahin
> Gaffen wir nur, vom Schein flüchtiger Hoffnung erfreut.
> . . .
> Dieser, ein Jämmerling, meint, er sei vollkommen und tüchtig,
> Hält sich selber für schön, fehlt ihm auch jeglicher Reiz;
> Jener, der Güter bar, gequält von den Nöten der Armut,
> Meint, er habe bestimmt bald es zu Reichtum gebracht.
> Andere streben nach anderem. Der eine vertraut sich dem Meere
> Mit seinen Schiffen, begehrt Heimkehr und reichen Gewinn,
> Wagt sich hinaus aufs Reich der Fische, der tückischen Winde,
> Schont sich nimmer und setzt sorglos sein Leben aufs Spiel.
> Andere durchfurchen das baumreiche Feld und plagen sich bitter,
> Fronende Jahr um Jahr, mit dem gebogenen Pflug.
> Einer, geübt in Athenas Kunst und auch in Hephaistos'
> Werken, erwirbt sich das Brot durch tätige Hand.
> Einen belehrte die schenkende Gunst der olympischen Musen,
> Daß er sich auf das Maß lieblicher Weisheit versteht.
> Einen erkor zum Seher der Gott mit dem Bogen, Apollon,
> Und so sieht er von fern das drohende Unheil voraus, . . .

Auch hat niemand die Gefahren deutlicher erkannt als Solon. In einer anderen Elegie beschreibt er die Wirren vor seiner Wahl in das höchste Staatsamt von Athen im Jahr 594 v. Chr.: Die Führer des Volks sind korrupt, Rechtlosigkeit und Machtmißbrauch herrschen. Vom »Unrecht verführt«, mißachten die Mächtigen die heiligen Satzungen der Göttin der Gerechtigkeit. Weder das Staatsvermögen noch die Schätze der Tempel sind vor ihnen sicher. Von unersättlicher Gier nach Reichtum getrieben, stehlen und rauben sie, wo immer Beute lockt. Das Volk verarmt und verläßt in Scharen das Land. Bauern werden mit Stricken gebunden und von ihren Herren als Sklaven verkauft. Verhetztes Gesindel rottet sich zusammen. Bürgerkrieg und Tyrannenherrschaft drohen.

Ähnliche Verhältnisse herrschten in Kleinasien – so in Mytilene auf Lesbos (S. 92 f.) und in Milet (S. 155 f.) auf der anderen Seite des latmischen Meerbusens. In dieser verzweifelten Lage vertrauten die Bürger die Geschicke ihrer Stadt erfahrenen Männern an, die im Ruf standen, unbestechlich und unparteilich zu sein. Die Sieben Weisen sind, wie sie der Aristotelesschüler Dikaiarchos charakterisiert hat, »weder weise, noch Philosophen gewesen, wohl aber Persönlichkeiten von besonderer Einsicht, die zugleich als Gesetzgeber gewirkt haben«.

Eine dieser Einsichten sollte schon im 5. Jahrhundert der Naturphilosoph Heraklit, der den großen Dichtern und Denkern der Vergangenheit sonst kritisch gegenüberstand, in den höchsten Tönen loben (DK B 39): »Zu Priene wurde geboren Bias, des Teutames Sohn, dessen Aussage weiter reicht als die der anderen.« Das Lob des Jüngeren bezog sich auf das lapidare Urteil des Bias: »Die meisten Menschen sind schlecht.«

Doch bei resignierenden Feststellungen beließen es die Sieben Weisen nicht. Von ihren Mitbürgern als Gesetzgeber, Schlichter, Richter und Ratgeber berufen, suchten sie Auswege aus der Krise der archaischen Welt. Sie stellten den inneren Frieden her, indem sie das Vertrauen, das ihnen ihre Mitbürger entgegenbrachten, dazu nutzten, an die menschliche Einsichtsfähigkeit zu appellieren: »Mir gibt das Herz den Befehl, die Athener so zu belehren: Gilt kein Gesetz, wird viel Übel dem Staate zuteil. Gilt das Gesetz, – es fügt zu schönster Ordnung das Ganze ..«, so hat Solon seine Aufgabe beschrieben. Er will die Athener nicht zwingen, sondern aufklären: Gesetzestreue ist zum Nutzen aller. Die Macht des Wortes ersetzt physische Gewalt.

Was von den Sieben Weisen überliefert ist, sind einfache Lebensregeln. In den verschiedensten Formen forderten sie ihre Mitbürger auf, Maßlosigkeit zu vermeiden, nichts im Überschwang zu tun, besonnen und selbstkritisch zu sein:

Kleobulos: »Maßhalten ist das Beste!« – »Nichts mit Gewalt tun!«

Solon: »Nichts zu sehr!« – »Fliehe die Lust, die Unlust gebiert!«

Chilon: »Erkenne dich selbst!« (Auch Thales zugeschrieben) – »Wähle lieber Verlust als schimpflichen Gewinn – denn jener bringt nur einmal Gram, dieser immer.«

Thales: »Sei nicht reich durch Schlechtigkeit.« – »Halte Maß!«

Pittakos: »Gewinn ist unersättlich.«

Bias: »Sei weder gutmütig noch bösmütig!«

Periander: »Die Lüste sind vergänglich, die Tugenden unvergänglich.«

Das sind gewiß keine philosophischen Einsichten, sondern Lebensweisheiten. Man sollte sich auf eine bestimmte Weise verhalten. Unausgesprochen schimmert jedoch schon eine allgemeinere ethische Reflexion durch: Um ein friedliches Zusammenleben mit anderen zu ermöglichen, muß jeder gewisse allgemeine Regeln einhalten. In solchen Maximen finden sich Anzeichen jener sozialen Vernunft, die später im hellenistischen Priene verwirklicht wurde. Die Aufforderung des Thales, »Halte Maß!«, ist im hippodamischen Straßenraster, das keinem der Bürger einen bevorzugten Platz einräumt, architektonische Norm. Nichts in diesem Raster gleich großer Häuserblocks überschreitet die ihm zubemessene Größe.

Wie aktuell diese altbackene Lebensregel im archaischen Griechenland war, wird die Fahrt nach Milet auf der anderen Seite des verlandeten Meerbusens erweisen. Es geht in eine vom Parteienhader und Bürgerkrieg zerrissene Stadt.

IN DER MÄANDEREBENE
SCHIFFAHRT IN DER ANTIKE

Die Straße von Priene nach Milet verläuft zunächst weiter am Rand des Mykale nach Südwesten, bevor sie nach Süden abbiegt. Zehn Kilometer geht es nun durch das Schwemmland des Mäander. Am Horizont durchbricht ein langgestreckter Hö-

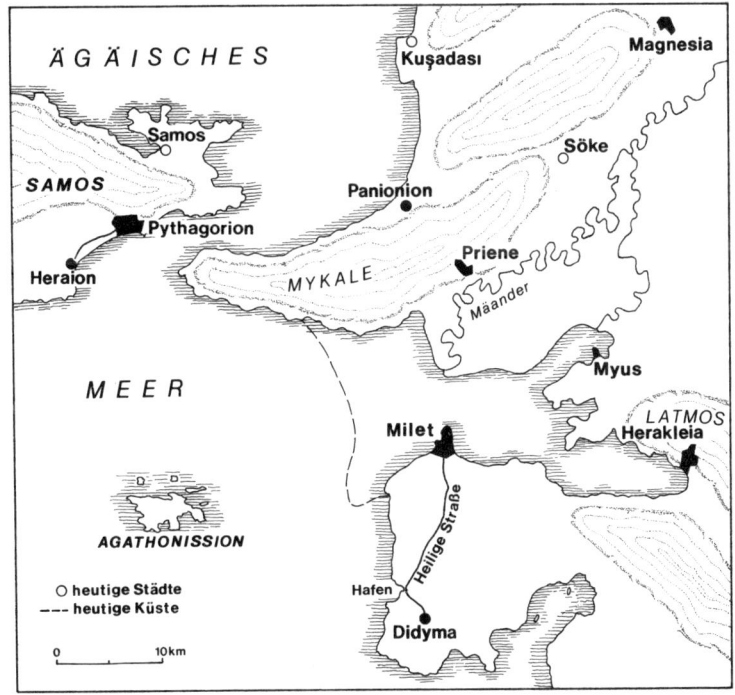

Das südliche Ionien, Küstenverlauf in der Antike und heute

henrücken die weite Ebene. Es ist die Milet einst vorgelagerte, nun vom Land eingefangene frühere Insel Lade, in deren Gewässern sich 494 v. Chr. das Schicksal Ioniens entschied.

Vor zweieinhalb Jahrtausenden befand sich an der Stelle der Ebene eine riesige Bucht – der Latmische Meerbusen. Milet, inzwischen zehn Kilometer vom Meer entfernt, lag auf einer Landzunge an der südlichen Ausfahrt im Schutz der Insel Lade. Wo heute die Straße verläuft, herrschte zur Blütezeit um die Wende zum 6. vorchristlichen Jahrhundert reger Schiffsverkehr.

Milet ist die führende Handelsstadt der griechischen Welt mit 90 Kolonien und Handelsniederlassungen. Tief im Wasser liegend laufen quer zur heutigen Straße dickbauchige Frachtensegler langsam von Nordwesten in die Bucht ein. In der von achtern wehenden Brise wölbt sich ein riesiges Rahsegel. Hinter ihnen liegt die lange Fahrt aus dem Schwarzen Meer und dem Marmarameer. Milet besitzt dort Dutzende von Tochterstädten und Handelsniederlassungen.

Die Ladung besteht überwiegend aus Getreide aus dem Schwarzmeergebiet. Um über 60 000 Einwohner zu ernähren, ist Milet auf Getreideimporte angewiesen. Aber in den Frachträumen drängen sich in qualvoller Enge auch Sklaven und Schlachtvieh. Auch Spezialitäten aus den Kolonien im Norden werden mitgeführt, Wachs und Honig, diverse Metalle, Pökelfisch und eine als Delikatesse begehrte Paste aus fermentiertem Fisch.

Wenn die Schiffe Wochen später die Stadt wieder verlassen, werden sie Öl und Wein, Wolle, kostbare Stoffe und Filz aus milesischer Produktion mit sich führen. Dazu kommt Handelsware aus anderen Gebieten. Auf dem »Weltmarkt«, der Ionien mit Lydien im Landesinneren, Thrakien, dem Schwarzen Meer und dem Mittelmeer bis nach Südfrankreich und Spanien verbindet, ist Milet einer der Hauptumschlagplätze. Gehandelt wird, was Gewinn verspricht: Sklaven, Kupfer, Gold und Elektron, Schlachtvieh, Zinn, Bronze, Eisen und Stahl, Zinnober, Keramik und Kunsthandwerk, Parfümerien und weitere Luxusartikel, Textilien, Getreide und Delikatessen.

Ein Schiffbruch: die Gefahren der antiken Seefahrt

Die milesischen Frachtschiffe, »Lastesel«, von denen das wirtschaftliche Wohlergehen der Stadt abhängt, sind hochbordige plumpe Segler. Nicht Geschwindigkeit zählt wie bei den phokaischen Fünfzigruderern, sondern ein großer Laderaum, um Massengüter zu stauen. Obwohl Nutzfahrzeuge, sind sie reich verziert. In der Verlängerung des sichelförmigen Achterstevens ragt dekorativ eine zierliche Raute aus drei schwungvoll gebogenen Hölzern über dem Steuermann in die Luft. Am Bug zeigt eine Nase mit dem aufgemalten Auge nach vorn: Bei schlechter Sicht und bedecktem Himmel muß das Schiff den Kurs selbst finden.

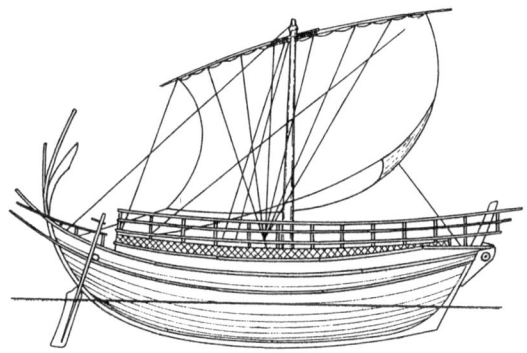

Frachtschiff aus dem 6. Jahrhundert v. Chr.

Welchen Gefahren die Schiffahrt damals ausgesetzt war, haben die Verfasser der Apostelgeschichte in der wohl dramatischsten Darstellung einer Seereise der Antike beschrieben (Paulus 27–28). Um in Rom Rechenschaft abzulegen, wird um die Mitte des 1. Jahrhunderts der Apostel Paulus zusammen mit weiteren Untersuchungsgefangenen in Caesarea in Palästina auf einen Frachtensegler gebracht. Das Schiff kämpft sich gegen widrige Winde zunächst mühsam entlang der syrischen Küste nach Norden, dreht auf der Höhe von Zypern nach Westen und erreicht glücklich Myra in Lykien, an der Südwestküste der Türkei. Dort überführt der Hauptmann der Wachmannschaft die Untersuchungsgefangenen in einen Frachtensegler aus Alexandria, der ägyptisches

Getreide nach Italien transportiert. Es ist schon spät im Jahr, zu spät für die Überfahrt. Dennoch arbeitet sich das Schiff gegen den Wind nach Knidos im Süden der kleinasiatischen Westküste vor. Von dort soll es nach Kreta übersetzen.

Unterwegs erkennt der Kapitän die Aussichtslosigkeit des Vorhabens, Italien noch im diesem Jahr zu erreichen. Er beschließt, auf Kreta zu überwintern. Auf der Suche nach einem geeigneten Hafen wird das Schiff vom Sturm überrascht und kann nicht mehr in den Wind gestellt werden. Hilflos treibt es aufs offene Meer. Da der Himmel wolkenverhangen ist, läßt sich ein Kurs nicht bestimmen. Tagelang bläst der Sturm den schweren Getreidetransporter vor sich her. Niemand weiß, wohin.

Unter den Passagieren schwindet die Hoffnung auf Rettung. In der vierzehnten Nacht, in der das Schiff auf dem tosenden Meer treibt, zeigt das Lot eine rasche Abnahme der Wassertiefe. Um nicht vom Sturm auf Felsen geschleudert zu werden, wirft die Besatzung die Anker aus. Doch die Seeleute trauen dem Manöver nicht und versuchen, sich im Beiboot davonzustehlen. Die Wachmannschaft vereitelt die Flucht. Um das Schiff zu erleichtern, wird die Getreideladung in der Nacht über Bord geworfen. Als er in der Morgendämmerung eine flache Bucht entdeckt, setzt der Kapitän das Schiff auf Grund. Obwohl es in der Brandung zerbricht, retten sich Passagiere und Besatzung ans Ufer. Die Schiffbrüchigen haben Glück gehabt. Sie sind auf Malta mit einer römischen Kolonie gestrandet. Zu Frühjahrsbeginn werden sie auf einem anderen alexandrinischen Schiff nach Sizilien übersetzen.

Widrige Winde und Schiffbruch gehörten zu den üblichen Risiken der antiken Seefahrt. Aber nicht alle Schiffbrüchigen hatten das Glück, von hilfreichen Menschen aufgenommen zu werden. Gerade die Schwarzmeerroute der milesischen Frachtensegler führte durch gefährliche Gewässer. An den Küsten Nordgriechenlands, des Marmarameeres und des Schwarzen Meeres siedelten im 7. und 6. Jahrhundert v. Chr. wilde Thraker und Skythen. Was Schiffbrüchige dort erwartete, hat Archilochos von Paros um 650 v. Chr. anschaulich geschildert. Einem treulosen Freund wünschte er Schiffbruch vor der Küste Thrakiens, so wie man heute jemandem die Pest auf den Hals wünscht:

... vom Wogenschlag
Hin an die Küste gespült;
Zu Salmydessos sollen ihn, den nackten Mann,
Thraker mit struppigem Schopf
Aufs freundlichste empfangen; viele soll er dort
Qualen erdulden, das Brot
Der Sklaven fressen, und er soll mir frosterstarrt,
Salzüberkrustet von Tang
Und zähneklappernd, auf der Schnauze wie ein Hund
Liegen, zu Tode erschöpft,
Am Fuß des steilen Klippenrandes, gischtgepeitscht.
Wahrlich, das sähe ich gern.
Der mich verriet, den Eid mit Füßen trat, er war
Einst mein Gefährte und Freund!

Die Kolonisierung des Nordens

Milets Aufstieg zur führenden Stadt Ioniens hatte um 670 v. Chr.
begonnen. Die Bevölkerung war gewachsen und damit auch die
Abhängigkeit von Nahrungsmitteleinfuhren. Um Stützpunkte für
den Handel mit den Bewohnern der Gebiete im Norden zu haben,
legten milesische Händler Niederlassungen entlang der Küsten an.
Ihnen folgten Auswanderer, die Tochterstädte am Hellespont und
den Küsten des Marmarameeres, der *propontis,* gründeten. Eine oder
zwei Generationen später drangen milesische Kolonisten zu den
Küsten des Schwarzen Meeres, dem *pontos euxeinos,* vor.
    Schon um 630 v. Chr. war der Pontos von einem Saum milesischer
Tochterstädte und Handelsniederlassungen umgeben: im Westen
Istria an der Mündung der Donau, im Norden Olbia an der des Bug
sowie Berezan und Tyras an den Mündungen von Dnjepr und
Dnjestr ins Schwarze Meer, im Süden schließlich Trapezunt und
Sinope, um nur einige der wichtigsten zu nennen. Staunend hat im
5. Jahrhundert Herodot (IV 53) die natürlichen Reichtümer an der
Nordküste des *pontos* beschrieben:
    »... der Borysthenes (Dnjepr), ist neben dem Istros (Donau) der
größte unter diesen Strömen, ja, was Ertrag und Nutzbarkeit an-
langt, ist er, nach meinem Urteil, der reichste ... Den Viehherden

bietet er die schönsten und fruchtbarsten Weiden, Fische hat er von allen die besten und in größter Menge, sein Wasser ist lieblich zu trinken und fließt klar und rein, wohingegen das der anderen Flüsse unrein und trüb ist. An seinen Ufern sind die schönsten Saatfelder, und wo das Land nicht mit Aussaat bestellt wird, steht das dichteste Gras. An seiner Mündung bildet sich Salz von selber in Fülle. Dazu bietet er Fische ohne Gräten zum Einsalzen, die sie Antakaien nennen, und viele andere wunderbare Dinge.«

Zugang zu diesen natürlichen Reichtümern hatte Milet im 7. und 6. Jahrhundert durch seine Kolonien Olbia und Berezan. Am Unterlauf des Dnjepr siedelten ackerbauende Skythen, von denen es Getreide bezog. Über Sinope und Trapezunt, den wichtigsten Tochterstädten im Süden des Schwarzen Meeres, erhielt es hochwertigen Stahl aus Kappadokien. Obwohl der Schwerpunkt der Handelsbeziehungen im Norden lag, liefen milesische Frachtschiffe auch die griechische Niederlassung Naukratis in Ägypten an, wo zur gleichen Zeit Sapphos Bruder Charaxos sein Glück in den Armen der schönen Rhodopis fand (S. 95).

Die Seeschlacht vor Lade: das Ende der Freiheit

Nach sieben Kilometern Fahrt durch die verlandete Bucht überquert man zuerst einen Seitenarm des Mäander. Am Horizont sind in der Verlängerung des Flußbetts auf einem Hügel die Umrisse des riesigen hellenistisch-römischen Theaters von Milet zu erkennen. Einen Kilometer weiter folgt der Hauptarm des Flusses. An seinen Ufern wachsen Schilf und Tamarisken, die im Frühjahr in Wolken kleiner rosafarbener Blüten gehüllt sind. Es fällt schwer, sich vorzustellen, daß dieses trübe Gewässer, das träge durch die Ebene fließt, die riesige Meeresbucht mit Schwemmsand und Schlick aufgefüllt hat. Doch an der Mäandermündung bei Akköy, an der später der Weg von Milet zum Apollonorakel von Didyma vorbeiführt, läßt sich die Verlandung einer Bucht beobachten. Die Kraft des Flusses ist nicht versiegt (S. 173 ff.).

Westlich der Straße durchbricht eine Hügelkette die Ebene. Es ist die vom Land eingefangene frühere Insel Lade, vor der sich

494 v. Chr. das Schicksal der kleinasiatischen Griechen entschied. Die Niederlage in der Seeschlacht von Lade bedeutete das Ende ihrer Unabhängigkeit.

Nach dem Sieg über den Lyderkönig Kroisos 546 v. Chr. war Persien zur neuen Vormacht Kleinasiens geworden. Im Gegensatz zu den Phokaiern, die nach Korsika ausgewandert waren, hatten sich die meisten griechischen Küstenstädte mit den neuen Herren arrangiert und eine gewisse Unabhängigkeit bewahrt. Ein Vertrag sicherte zunächst noch Milets Handelsfreiheit. Gegen Ende des 6. Jahrhunderts nahm der Druck jedoch zu. Mit Ägypten wurde

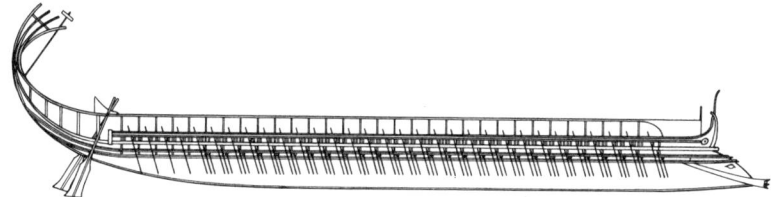

Attische Triere, 5. Jahrhundert v. Chr.

die griechische Handelssiedlung Naukratis dem Perserreich einverleibt. Im Norden befanden sich der Hellespont und der Bosporus, die den Zugang zum Schwarzen Meer kontrollierten, in persischer Hand. Milets Handel war nun ernsthaft bedroht.

In dieser Lage erhoben sich 499 v. Chr. die griechischen Städte und Inseln an der Westküste Kleinasiens unter Führung Milets im Ionischen Aufstand. Doch sie hatten den Gegner unterschätzt. Drei persische Satrapen vereinten ihre Heere und rückten gegen Milet vor. Zur See bedrohten die unter persischem Kommando stehenden phönizischen und ägyptischen Kriegsflotten die Griechen (Her. VI 6–20). Auf einer Versammlung im gemeinsamen Heiligtum des Panionion beschlossen die Mitglieder des Ionischen Bundes, die Verteidigung Milets den Bürgern zu überlassen. Die Entscheidung sollte vor Lade von den vereinten Flotten herbeigeführt werden. Mit Unterstützung des aiolischen Lesbos gelang es den ionischen Städten schließlich, 350 Trieren (siehe Kasten auf S. 142) aufzubieten.

Die Triere, Königin der Meere

Die Triere, ein elegantes knapp 40 Meter langes und fünf Meter breites Kriegsschiff, war im 6. Jahrhundert die unangefochtene Herrin der Meere. Von 170 Ruderern angetrieben und mit einem mächtigen Rammsporn am Bug ausgerüstet, stellte sie eine tödliche Bedrohung für jedes gegnerische Schiff dar.

Phönizier hatten dieses Meisterwerk antiker Schiffsbaukunst entwickelt, Griechen hatten es vervollkommnet. Um die Kraft der Ruderer optimal zu nutzen, mußte der Rumpf einen möglichst geringen Wasserwiderstand bieten. Es galt, den sperrigen Ruderapparat auf engstem Raum unterzubringen. Der »Motor«, 170 ausgewachsene Männer, konnte nicht an den beiden Seiten hintereinandergereiht werden. Da jeder etwa einen Meter Bewegungsfreiheit benötigte, mußten die Ruderer auf jeder Seite in drei übereinanderliegenden Reihen untergebracht werden. Um auch den letzten Winkel zu nutzen, war die obere der drei Ruderbänke knapp über den Zwischenräumen der unteren angebracht. Für den Mann auf der unteren Bank bedeutete das, wie ein Komödiendichter spottete, mit dem stinkenden Hintern des Obermanns vor dem Gesicht zu rudern. Aber diese Anordnung erlaubte maximale Kraftentfaltung und Wendigkeit. Beides sollte das Seekriegswesen revolutionieren.

Weitere dreißig Mann standen an Deck zum Kämpfen bereit. Wenn das Schiff zum Angriff überging, dann entschied Wendigkeit. Da die Rahbesegelung beim Angriff behindert hätte, mußten Matrosen rasch das Segel einholen und den Mast niederlegen. Die Soldaten an Deck benötigten Platz, um die gegnerische Mannschaft bei der Vorbeifahrt mit einem Hagel von Pfeilen einzudecken.

Während die griechischen Trieren vor Lade ankerten, berieten sich die Befehlshaber auf der Insel. Obwohl er selbst nur drei Schiffe kommandierte, gelang es dem Anführer der Phokaier Dionysos, die unschlüssigen Verbündeten durch eine flammende Rede hinter sich zu bringen. Zum Oberbefehlshaber gewählt, führte er ein strenges Regiment. Tagelang ließ er die Griechen das wichtigste und zugleich schwierigste Manöver der antiken Seekriegsführung üben, die Durchfahrt.

Bei diesem Manöver fahren die Trieren mit großer Geschwindigkeit in einer Linie auf die Front des Gegners zu. Kurz vor dem Aufprall steuern sie die Zwischenräume zwischen zwei feindlichen Schiffen an und ziehen die Riemen ein. Während der Rumpf krachend die Reihe der Riemen des gegnerischen Schiffes durchbricht und es dadurch manövrierunfähig macht, wird die Mannschaft von Deck aus mit Pfeilen beschossen. Ist die Linie durchbrochen, dann kann die Triere auf engstem Raum wenden, um mit dem Rammsporn ein weiteres Schiff von hinten anzugreifen.

Solche Manöver müssen geübt werden, bis jeder Handgriff sitzt. Über Sieg oder Niederlage der Schlacht entscheidet das Zusammenwirken einer Besatzung von 200 Mann, und das auf allen 350 Schiffen der griechischen Flotte.

Doch der Anstrengung überdrüssig, unter sengender Sonne die Durchfahrt zu üben, meuterten die Griechen schon nach einigen Tagen. Selbst persische Knechtschaft könne nicht schlimmer sein, als den Befehlen dieses phokaischen Leuteschinders zu gehorchen! Nicht ahnend, was sie erwartete, gaben sie den traditionellen griechischen Schwächen, Individualismus und Uneinigkeit, selbst im Augenblick äußerster Bedrohung nach. Anstatt sich auf die Entscheidungsschlacht vorzubereiten, zogen sich die Kämpfer, von denen die Freiheit der Griechen Kleinasiens abhing, in die schattigen Zelte auf der Insel zurück.

Die Front der Verbündeten begann zu bröckeln. Aus Angst, sie könnten auf seiten der Verlierer stehen, zogen sich zuerst die Samier zurück, ihnen folgten die Lesbier. Als es schließlich zur Schlacht mit den 600 Trieren des Feindes kam, nahm die Uneinigkeit weiter zu. Die Seeschlacht von Lade endete in einer vernichtenden Niederlage. Als alles verloren war, warfen sich die Überlebenden gegenseitig Feigheit vor.

Bezeichnend war das Verhalten des phokaischen Oberbefehlshabers der Flotte. Als Dionysos erkannte, daß die Niederlage besiegelt war, gab er auf. Während Teile der griechischen Streitmacht noch kämpften, zog er sich zurück. Er fuhr auf drei erbeuteten Kriegsschiffen in phönizische Gewässer und kaperte dort mehrere Handelsschiffe. Mit reicher Beute drehte er dann nach Westen ins Tyrrhenische Meer und wurde Freibeuter. Seine Raubzüge, so betont Herodot (VI 17), richteten sich jedoch »nicht gegen die Hellenen, sondern gegen die Karchedonier und Tyrrhenen« – also gegen Karthager und Etrusker, die alten Feinde Phokaias.

Grausam übten die Sieger Vergeltung. Nachdem sie Milet belagert und erobert hatten, plünderten und zerstörten sie die Stadt und das Heiligtum von Didyma, versklavten Frauen und Kinder und deportierten die überlebenden Männer. Ein ähnliches Schicksal traf wenig später die anderen Aufständischen. Der Perserkönig Dareios machte seine Drohungen wahr. Er eroberte und zerstörte die Städte, ließ die edelsten Knaben kastrieren und verleibte die schönsten Jungfrauen seinem Harem ein.

Die Weissagung des Orakels von Delphi hatte sich erfüllt. Im Anschluß an einen anderen Orakelspruch hatte die Pythia von Delphi ungefragt den Untergang von Milet und seines Heiligtums Didyma vorausgesagt (Her. VI 19):

> Dann auch wirst du, Milet, du Stifterin übler Werke,
> Vielen geraten zum Schmaus und zu rühmlicher Beute, und deine
> Gattinnen waschen die Füße der Männer mit wallendem Haupthaar.
> Unseres Tempels sodann zu Didyma walten wohl andere.

Damit war 494 v. Chr. die glanzvolle Epoche beendet, in der, ein Jahrhundert zuvor, in Milet die Naturphilosophie begonnen hatte. Obwohl die Stadt sich nach dem Sieg der verbündeten griechischen Flotten über die Perser in der Seeschlacht von Mykale 479 v. Chr. wieder erholte, erlangte sie ihre frühere Bedeutung nie wieder. Aus den Perserkriegen ging Athen als Siegerin hervor. Unter seiner und Spartas Führung hatten die Griechen des Mutterlandes die Perser geschlagen und sie anschließend auch aus Kleinasien vertrieben. Doch nur das demokratische Athen verstand es, Nutzen daraus zu ziehen. Es wurde zur politischen und geistigen Führungsmacht Griechenlands.

MILET

ANAXIMANDER UND
DAS GÖTTLICHE GESETZ DER WELT

*H*inter den Hügeln von Lade zweigt die Straße zu den Ruinen Milets ab. Sie führt zu einem großen Platz, über dem sich der Riesenbau des Theaters erhebt. In der Antike befand sich hier eine tief ins Stadtgebiet geschnittene Bucht. Wo heute unter schattenspendenden Eukalyptusbäumen Souvenirstände und Restaurants stehen, wo Busse und Autos der Besucher parken, liefen vor zwei Jahrtausenden Schiffe aus allen Teilen des Mittelmeers ein und aus. Auf der einen Seite durch den Theaterberg – den Kaletepe – auf der anderen durch das ansteigende Gelände hinter den Restaurants begrenzt, bildete die Bucht einen der vier Häfen der Stadt.

Schiffen, die sich zur Römerzeit im 2. Jahrhundert n. Chr. dem Theaterhafen näherten, präsentierte sich Milet von der eindrucksvollsten Seite. Wie eine Burg türmte sich hinter dem Vorplatz die 40 Meter hohe und 140 Meter breite Fassade des Theaters auf. An den Seiten von zwei mächtigen abweisenden Vorbauten mit großen Torbögen gerahmt, erhob sich ein dreigeschossiges, reich mit Säulen und Pilastern, Statuen und Reliefs verziertes Bühnengebäude über dem Meer. Überragt wurde es noch vom riesigen Halbrund des dahinterliegenden Zuschauerraums, in dem 25 000 Menschen Platz fanden.

Wie nahezu alles in Milet stammt auch dieses größte Bauwerk der Stadt aus einer späteren Epoche als die, der die Reise gilt. Mit dem Bau eines kleinen Theaters, in dem ursprünglich nur 5000 Zuschauer Platz fanden, wurde im 4. Jahrhundert v. Chr. begonnen. Aber erst im 2. Jahrhundert n. Chr., unter Trajan (98–117), dem großen Griechenfreund unter den römischen Kaisern, wurde er zur späteren Größe erweitert.

Von der archaischen Stadt (7. und 6. Jahrhundert v. Chr.), die 494 v. Chr. von den Persern verwüstet worden ist, sind nur spärliche Reste ausgegraben worden. Obwohl die Überlebenden der Katastrophe sich nach dem Sieg der Griechen über die Perser 479 v. Chr. an den Wiederaufbau machten, ist auch davon wenig geblieben. An diese Phase erinnert das rechtwinklige Straßenraster, das der große Städtebauer Hippodamos von Milet (geb. um 510 v. Chr.) erstmals beim Wiederaufbau seiner Heimat realisierte.

Vom Gipfel des Theaterbergs, den die Ruine eines byzantinischen Kastells krönt, läßt sich mit Hilfe der Karte (S. 148) ein Eindruck der Ausmaße Milets gewinnen. Die beste Übersicht bietet sich von den oberen Sitzreihen des Theaters. Dessen Mittelachse, die ungefähr nach Westen zum Meer hin zeigt, dient zur Orientierung. Dabei sollte man stets im Auge behalten, daß Milet, heute inmitten von Land, in der Antike zu drei Vierteln vom Meer umspült war. Es lag auf einer zweieinhalb Kilometer langen Landzunge an der südlichen Einfahrt zum Latmischen Meerbusen.

Etwas rechts von der Achse erhebt sich in der Ferne der Doppelhügel der Insel Lade. Links unterhalb der verlandeten Insel führt die Straße zum Theatervorplatz, über die man Milet erreicht hat. Neben ihr sind in der verlängerten Mittelachse des Theaters einige Bäume und zerfallenes Gemäuer zu erkennen. Dort, auf der gegenüberliegenden Seite der verlandeten Theaterbucht, befanden sich die hellenistische Westagora und ein archaischer Athenatempel. Das an dieser Stelle ansteigende Gelände bildete die ins Meer vorstoßende Westspitze der Stadt.

Von dort verlief die Küstenlinie zum Kalabaktepe, dem abgeflachten der drei etwa anderthalb Kilometer entfernten Hügel im Südwesten (etwa 45 Grad links von der Achse). In diesem Gebiet, wo das Land sanft ansteigt, war Milet mit dem Festland verbunden. Auf dem Kalabaktepe befand sich, nur 100 Meter vom Meer entfernt, die Akropolis des archaischen Milet. Später, in hellenistischer Zeit, lag der Hügel bereits einen halben Kilometer jenseits der Stadtmauer.

Da der Blick nach Norden und Osten durch das byzantinische Kastell über dem Theater verstellt ist, läßt sich dieser Teil der Stadt nur von der anderen Seite des Kaletepe betrachten. Nach

Osten zog sich die hellenistische Stadt über den Hang des Kaletepe – des Theaterbergs – und den gegenüberliegenden Humeytepe hin. In der Senke zwischen beiden Hügeln befand sich ein zweiter Hafen, der sogenannte Löwenhafen. Seinen Namen verdankt er den beiden mächtigen marmornen Löwen, die einst die Einfahrt bewachten. Heute liegen die früheren Hafenwärter halb vom Sand begraben zehn Kilometer vom Meer entfernt.

Nach Süden hin schloß sich an den Löwenhafen die hellenistische Nordagora an, deren Fundamente vom Theaterberg aus zu sehen sind. Hinter ihr steht die Ruine der ionischen Stoa aus dem ersten Jahrhundert unserer Zeitrechnung. Ihre vier wieder aufgerichteten Säulen, die sich im Frühjahr, wenn die Senke überflutet ist, malerisch im Wasser spiegeln, geben eine vage Ahnung, wie es dort aussah, als Milet noch am Meer lag. Damals reichte das Wasser bis zur Nordagora am Ende des Hafens.

Um eine Vorstellung von der Größe dieser Stadt zu gewinnen, muß man die Ruinenlandschaft freilich durchwandern. Den Hang des Kaletepe hinab geht es in die Senke. Schafe, magere Kühe und Pferde weiden hier die spärliche Vegetation über den Überresten der Wohngegend des hellenistisch-römischen Milet ab. Unterwegs wird man mit etwas Glück von einem kleinen älteren Hirten mit Stoppelbart abgefangen, der dort seine Herde hütet.

Ihm zu entgehen, war bei mehreren Besuchen zu Beginn der neunziger Jahre kaum möglich. Behend eilte er Fremden, die sein Revier betraten, in orangebraunen Gummistiefeln entgegen. Ein Packen abgegriffener Fotos, die er stolz aus der Jackentasche zog, wies ihn als erfahrenen Führer aus. Die Bilder zeigten ihn, ein weiß und orange gemustertes Tuch dekorativ um den von einer Schirmmütze bedeckten Kopf geschlungen, neben meist weiblichen Besucherinnen vor einer der Hafenlöwen. Sich immer wieder umdrehend, winkte er uns hinter sich her zu den Löwen, die in Sandmulden versteckt am nördlichen Ende der Senke liegen. Dort ließ er sich erneut fotografieren und nahm mit freudig aufgerissenen Augen das wohlverdiente Trinkgeld entgegen.

Nicht wie beabsichtigt am Hafenbecken, sondern zuerst bei den Löwen etwa 300 Meter weiter nördlich angelangt, wandert man anschließend am besten den flachen Hang des Humeytepe hinauf.

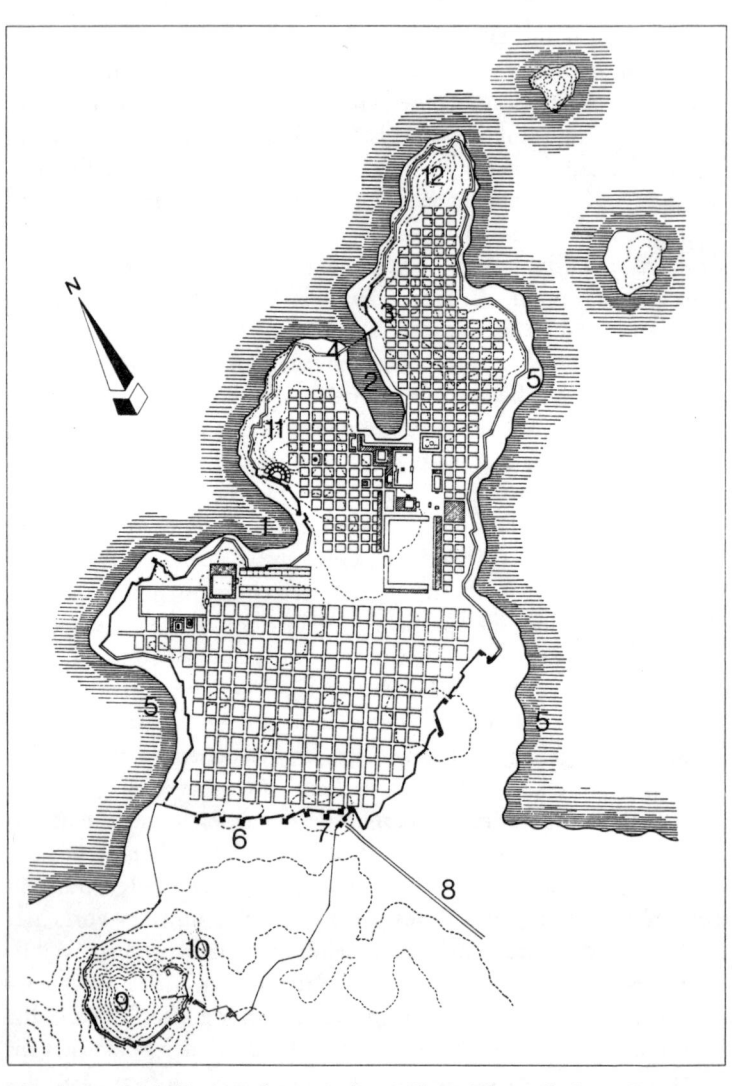

Stadtplan des hellenistisch-römischen Milet: 1 Theaterhafen, 2 Löwenhafen, 3–4 Löwenstatuen, 5 Stadtmauern, 6 Türme, 7 Heiliges Tor,
8 Heilige Straße (Milet–Didyma), 9 Kalabaktepe, 10 Nekropole,
11 Kaletepe, 12 Humeytepe

Auch dieser kahle Hügel war einst vom rechtwinkligen Raster kleiner Häuser und Gassen überzogen. Auf der Spitze bietet sich ein schöner Blick über die Ebene und den Fluß, der Milet in einer großen Schleife umrundet.

Vom Humeytepe geht es hinab zum Hafen und dem angrenzenden Marktviertel. Wie es dort einst ausgesehen haben mag, hat der Historiker Michael Rostovtzeff lebendig beschrieben. Neben großen und eleganten öffentlichen Gebäuden und Plätzen muß man sich einen lärmenden und wahrscheinlich schmutzigen Hafen vorstellen, vollgestopfte Lagerhäuser, malerische Kais mit kleinen Läden, mit Vergnügungslokalen, Tavernen und Bordellen.

Von der Südagora am Ende des Viertels schlendert man wieder nach Westen, an den Faustinathermen und am Stadion vorbei, zurück zum Kaletepe mit dem Ausgang des abgezäunten Ruinenbezirks. Wer dort angelangt ist, meint, eine große Stadt gesehen zu haben. Doch das war kaum die Hälfte des Stadtgebiets. Wie groß Milet tatsächlich war, zeigt sich später, wenn man sich verabschiedet hat und zum Museum fährt. Felder und Olivenhaine beiderseits der Straße sind mit Bruchstücken antiker Bauten übersät.

Menschen im archaischen Milet

Archäologisch ist die Stadt, in der im 6. Jahrhundert v. Chr. mit Thales und Anaximander die Naturphilosophie begann, wenig erforscht. An den Hängen des Kalabaktepe liegen Reste einer mächtigen, einst zwölf Meter hohen Stadtmauer aus dem 7. Jahrhundert v. Chr. In dieser Gegend, die in hellenistischer Zeit nicht mehr besiedelt war, haben in den letzten Jahren deutsche Ausgräber auch Wohnhäuser aus der Zeit des Thales entdeckt. Weitere Spuren archaischer Besiedlung liegen im Bereich des einstigen Theaterhafens. An der Südseite der hellenistischen Westagora wurden die Fundamente eines Athenatempels aus dem 6. Jahrhundert zusammen mit Siedlungsresten gefunden, die bis in mykenische Zeit (um 1400 v. Chr.) zurückreichen. Auch ist unterhalb der hellenistischen Stadtmauer vor der Theaterfassade noch Mauerwerk eines älteren Turmes zu erkennen.

Milet. Modell des hellenistisch-römischen Stadtzentrums:
1 Ionische Stoa, 2 Nordmarkt, 3 Markttor, 4 Rathaus

Das archaische Milet, so läßt sich folgern, erstreckte sich vom Kalabaktepe im Süden bis zur Höhe von Athenatempel, Theater und Löwenhafen. Wie weit es darüber hinaus nach Norden und Nordwesten zum Kale- und zum Humeytepe reichte, ist noch unbekannt. Doch dürfte es nicht kleiner als die hellenistische Stadt gewesen sein. Ausgehend von den achtzig Trieren, die Milet 494 in der Seeschlacht von Lade stellte, hat der amerikanische Historiker Carl Roebuck eine Einwohnerzahl von 64 000 errechnet.

Mehr als von der Stadt ist über ihre Bewohner bekannt. Selbst vom asketischeren 5. Jahrhundert geprägt, hat sie der athenische Geschichtsschreiber Thukydides mit kritischen Augen gesehen (I 6): Wie auch die ältere Generation der Athener seien die Ionier »so weichlich, daß sie bis vor kurzem noch einen leinenen Leibrock trugen und das Haar auf dem Haupte mit goldenen Spangen in Form von Heuschrecken zu einem Zopf zusammenbanden«. Von einfacher kurzer Kleidung und genügsamer Lebensweise wie in Sparta, so merkt der Historiker an, hielten sie nichts.

Schwelgerisch hatte zwei Jahrhunderte zuvor der anonyme Verfasser des Homerischen Hymnos auf Apollon den Reichtum und die Eleganz gepriesen, mit der die Ionier beim Fest des Apollon auf der Insel Delos auftraten:

> Dies ist der Ort, wo Ioniens Söhne in wallenden Kleidern
> Dir zu Ehren sich sammeln samt Kindern und züchtigen Weibern.
> Freude bereiten sie dir, denn sie denken an dich, wenn der Wettstreit
> Anhebt mit Tänzen und Liedern und Faustkampf. Mancher der Gäste
> Meint wohl, wenn er Ioniens Söhnen dort allen begegnet,
> Daß es Unsterbliche seien, die nimmermehr altern.
> Säh er bei allen doch Armut, schwelgte sein Herz doch in Freuden,
> Wenn er die Männer erblickt, und die schöngegürteten Frauen,
> Schiffe in eilender Fahrt und die Fülle ihres Besitztums.

Diese ionischen Reichen genossen das Leben in vollen Zügen. In einem Gedicht gibt Ananios, ein wenig bekannter Poet des 6. Jahrhunderts v. Chr., eine Vorstellung des kulinarischen Raffinements, mit dem ein Reicher sich durchs Jahr schlemmte:

> Frühlings ist der Aal am besten, Lachs im Winter noch besser,
> Krabbenfleisch auf Feigenblättern ist die beste Vorspeise.

Köstlich mundet Ziegenbraten in der Zeit des Spätherbstes,
Und vom Ferkel ißt man gern zur Lese, wenn man Wein keltert;
Und dann schmecken auch am besten Hunde, Füchse, Feldhasen,
Doch die Schafe erst im Sommer, wenn die Grillen laut zirpen.
Dann ist ein Stückchen Thunfisch aus dem Meere nicht übel,
Sondern, gar mit Käsepaste, eher äußerst wohlschmeckend.
Doch ein fetter Ochse mundet, mein' ich, mitternachts wie
                              am hellen Tage herrlich.

Die kultivierten ionischen und aiolischen Adligen des 7. und
6. Jahrhunderts hatten nicht nur wie Sappho die Gefühle, sondern
auch die Freuden des Gaumens entdeckt, und manch einer kostete
sie bis zur Neige aus. In launischen Versen über das Ende eines
Schlemmers erzählte Hipponax von Ephesos (um 550 v. Chr.),
wie Genußsucht einen Reichen in den Ruin getrieben hat:

Denn früher schmauste er den ganzen Tag Thunfisch
Und Käsepaste, mit Behagen laut schmatzend,
Dem Hämling gleich aus Lampsakos, und so kam es,
Daß er sein Gut verfraß. Nun muß er hart graben,
. . .
Die Felsen brechen, Gerstenbrot und Dörrfeigen
Armselig kauend, Futter eines Stallknechtes.
. . .
Kein zartes Feldhuhn und kein Hasenfleisch beißend,
Auch nicht mit Sesam würzend den Pfannkuchen,
Noch auch Gebäck in dichten Honig eintauchend.

Wie Hipponax am eigenen Leib erfuhr, als er in der Verbannung
verarmte, bestanden gewaltige Unterschiede zwischen Reichen
und Armen. Während die einen schlemmten und sich in prachtvolle Gewänder kleideten, blieb den anderen kaum das Lebens-
notwendige. Ihre Kost bestand aus Gerste, Dörrfeigen und Mehl-
brühe. Mit leichter Selbstironie bat der Dichter zähneklappernd
vor Kälte den Gott Hermes:

Kyllener Hermes, lieber Hermes, Sohn Maias,
Ich fleh dich an, zumal ich ganz verdammt friere
Und mit den Zähnen klappre . . .
Gib einen Mantel, gib ein Wams dem Hipponax,
Sandalen, ein paar warme Schuhe und sechzig
Goldne Dukaten – durch des Nachbars Wand reich sie.

Schon im 7. Jahrhundert hatte Tyrtaios von Milet das harte Los der abhängigen Kleinbauern beklagt, die ihren Herren die Hälfte der Ernte schuldeten:

> So wie die Esel, vom Joch mächtiger Lasten gedrückt,
> Tragen auch die, gebückt vom traurigen Zwange die Hälfte
> Sämtlicher Früchte des Landes in seine Scheuern dem Herrn.
> . . .
> (Sie müssen teilnehmen am Leichenbegängnis der Herren)
> Klagend um ihre Gebieter, sie selbst und all ihre Frauen,
> Wenn der verderbliche Tod einen der Herren ergriff.

Ganz unten in der sozialen Hierarchie standen die Sklaven, von denen Hipponax lakonisch berichtet:

> Gefangene Barbarensklaven, sind's Phryger,
> Verkauft man nach Milet, daß sie dort Korn mahlen.

Das Geheimnis eines erfolgreichen Tyrannen

Im archaischen Milet um den Kalabaktepe lebten die drei Denker, die das neue Bild der Welt schufen: Thales (etwa 624–546 v. Chr.), Anaximander (etwa 611–546 v. Chr.) und Anaximenes (etwa 586–525 v. Chr.). Mit Ausnahme von Thales weiß man so gut wie nichts über ihr Leben. Dagegen ist die Geschichte ihrer Heimatstadt hinreichend bekannt, um einen Zusammenhang zwischen der Krise der Gesellschaft des 6. Jahrhunderts und den Anfängen der Naturphilosophie zu erkennen.

In der Jugend des Thales, des ältesten unter den dreien, fällt die Begegnung der Griechen Kleinasiens mit den Lydern. In Milet erlebte Thales den wachsenden Druck auf die Küstenstädte. Im letzten Jahrzehnt des 7. Jahrhunderts erschienen der Lyderkönig Sadyattes und sein Nachfolger Alyattes regelmäßig mit ihren Heeren zur Erntezeit vor der Stadt (Her. I 17). Elf Jahre mußten die Bürger ohnmächtig zusehen, wie die Lyder beim Klang von Flöten und Lyren ihre reifen Felder, ihre Obst- und Olivenbäume in Brand steckten. Milet hielt sich dank seiner Mauern und einer Flotte, der es gelang, die eingeschlossene Stadt von See her mit

Nahrung aus den Schwarzmeerkolonien zu versorgen. Doch es war eine entbehrungsreiche Zeit.

Nachdem er in offener Feldschlacht zweimal besiegt worden war, gelang es dem milesischen Tyrannen Trasybulos schließlich im zwölften Jahr, den Gegner zu täuschen. Als ein lydischer Bote zu Verhandlungen erschien, ließ Trasybulos sämtliche Nahrungsvorräte auf dem Markt zusammentragen und wies die Bürger an, ein Gelage zu feiern. Die List verfing. Alyattes, der eine Hungersnot erwartet hatte, meinte, seine Strategie der verbrannten Erde sei gescheitert und schloß ein Bündnis mit den Milesiern.

Trasybulos war wie sein Zeitgenosse Pittakos von Mytilene einer jener aristokratischen Alleinherrscher, die in einer Zeit erbitterter Parteienkämpfe mit Unterstützung des Volks zur Macht gekommen waren. Wie dieser stellte er den inneren Frieden her, indem er seine Standesgenossen in Schach hielt. Zu welchen Mitteln er dabei griff, zeigt eine von Herodot überlieferte Episode (Her. V 92): Als in Korinth ein Staatsstreich drohte, sandte der dortige Tyrann Periander einen Boten nach Milet, um den Kollegen nach dem Geheimnis einer erfolgreichen Herrschaft zu befragen. Wortlos führte Trasybulos den Korinther vor die Stadtmauer zu einem Getreidefeld und riß alle Ähren aus, die aus der Masse herausragten. Zurückgekehrt berichtete der Bote seinem Herrn über diesen seltsamen Mann, der ihm die Antwort schuldig geblieben sei und statt dessen ein Feld verwüstet habe. »Doch Periandros«, so schreibt Herodot, »verstand genau, was Trasybulos ihm riet: Daß er alle, die unter den Bürgern hervorragten, umbringen solle.«

Bürgerkrieg und Massaker

Anderthalb Jahrzehnte jünger als Thales wuchs Anaximander in einer Zeit bürgerkriegsähnlicher Wirren auf, die nach dem Tod des Tyrannen in Milet herrschten. Die durch Trasybulos unterdrückten Gegensätze zwischen Adel und Volk, zwischen Reichen und Armen brachen zu Beginn des 6. Jahrhunderts offen aus. Zwei Parteien kämpften um die Vorherrschaft: die *plouties*, die

Reichen, und die *cheiromacha,* kleine Handwerker und einfaches Volk, von ihren Gegnern verächtlich *gergithai* – Barbaren – genannt, vermutlich weil es Abkömmlinge der karischen Urbevölkerung waren.

Anfangs behielt die Adelspartei die Oberhand, und die »Umsicht«, mit der sie die Stadt regierte, trug ihnen den Spott des Dichters Demodokos von Leros ein: »Die Milesier sind keine Narren, aber sie verhalten sich so, als wären sie es.« Hier in Milet, an einem der ehemaligen Häfen, läßt sich nachvollziehen, was Demodokos meinte. Immer wenn wichtige Entscheidungen anstanden, begaben sich die Oberhäupter der führenden Familien auf ihre Schiffe und stachen in See. Während das Volk an Land über die *aeinautai* (die ständigen Segler) witzelte, berieten diese abgeschirmt von der Masse über die Geschicke der Stadt. »Was hat der von adliger Herkunft, dem es durch Rede und Tat nicht glückt, das Volk zu gewinnen«, sollte der milesische Dichter Phokylides (6. Jahrhundert v. Chr.) bitter bemerken.

Doch die Masse der Handwerker, Bauern und kleinen Händler ließ sich auf Dauer nicht unterdrücken. Ein Aufstand vertrieb die Adligen. Das Volk sperrte die zurückgebliebenen Frauen und Kinder in Kornspeicher ein und ließ sie von Rindern zu Tode trampeln. Nach ihrer Rückkehr rächten sich die Männer auf nicht weniger barbarische Weise. Sie banden ihre Widersacher und deren Kinder an Pfähle und teerten sie, um die Plätze Milets mit lebenden Fackeln zu erleuchten. Die Nachricht vom Greuel gelangte bis zum Apollonorakel nach Delphi. Der Gott, so verkündete die Pythia, sei »betrübt über den Mord an den friedlichen *gergithai* und den Tod der geteerten Männer«. Er verweigerte den Tätern fortan den Zutritt zum Heiligtum.

Nach Herodot (V 28f.) spalteten die Kämpfe die Bevölkerung während zweier Generationen. Als die Stadt zerrüttet und das Umland verwüstet war, einigten sich die verfeindeten Parteien schließlich auf neutrale Vermittler. Außenstehende sollten vollbringen, wozu die Bürger nach Jahrzehnten des Hasses selbst nicht mehr fähig waren. Die Schlichter, angesehene Männer von der Insel Paros, schlugen eine verblüffende Lösung vor. In dem vom Bürgerkrieg zerstörten Land suchten sie nach den wenigen

Feldern, die ordentlich bestellt waren. Dann riefen sie die Bevölkerung zu einer Versammlung ein und erklärten, die Besitzer der gepflegten Äcker sollten fortan über die Stadt herrschen. Wer inmitten von Chaos seine Felder bestelle, so versicherten sie den staunenden Milesiern, werde ebenso sorgsam in öffentlichen Angelegenheiten verfahren.

Die Anfänge rationalen Denkens

In dieser vom Parteienhader zerrissenen Stadt begann inmitten von Ungerechtigkeit, Leid und Haß im 6. Jahrhundert die Naturphilosophie der Griechen. Hier erklärte Thales, die Erde sei aus dem Wasser hervorgegangen, auf dem sie wie ein Stück Holz schwimme. Hier suchte Anaximander nach dem Urgrund, aus dem alle anderen Dinge hervorgegangen sein sollen. Er fand, es müsse ein unerschöpfbarer Vorrat einer eigenschaftslosen, von Lebenskraft beseelter Materie sein: das *apeiron* – das Unbegrenzte. Hier führte Anaximenes, der Jüngste unter den dreien, die Ursache allen Werdens und Vergehens auf die Verdichtung und die Verdünnung von Luft zurück.

Uns erscheinen solche Theorien als naiv. Wie, so fragen wir uns, konnte Anaximenes ohne die Spur eines Beweises erklären, alles, was existiert – Menschen, Häuser, Feuer, Herde, Wasser, Brot, Erde, die Sterne am Himmel usw. –, sei verdünnte oder verdichtete Luft? Wie konnte Anaximander die Entstehung der Welt vom Uranfang bis zur Menschwerdung auf ein einziges Prinzip zurückführen – das Unbegrenzte? Doch um die überragende Bedeutung dieser Denker für die abendländische Geistesgeschichte zu erkennen, darf man ihre Lehren nicht an der Elle der modernen Naturwissenschaft messen. Ihr Verdienst besteht nicht darin, dies oder jenes zur Ursache alles anderen erklärt zu haben. Ihre große Leistung war, überhaupt nach Ursachen in der Natur gefragt zu haben.

Ausgangspunkt war die geistige Welt Homers. Vor Thales hatten die Griechen Naturerscheinungen auf Eingriffe von Göttern zurückgeführt, die wie Menschen Absichten verfolgten. Auf die menschliche Grundfrage nach dem *Warum* – »*Warum* kam das Unwetter auf?; *Warum* wurde die Mauer davongeschwemmt?; *Warum* bebte die Erde?; *Warum* riß die Sehne des Bogens?« – hatten Homers Zeitgenossen stereotyp geantwortet: »Es geschieht, weil die Unsterblichen uns Menschen helfen, bestrafen oder erschrecken wollen.« Wie in der folgenden Szene der *Ilias* sah Homer hinter den Naturerscheinungen und Wechselfällen des Lebens absichtsvoll handelnde Götter (Il. XX 56–60). Hier spielen sie mit den Naturgewalten Krieg:

> Und schrecklich donnerte der Vater der Männer und Götter
> Von oben, aber von unten erschütterte Poseidon
> Die Erde, die grenzenlose, und der Berge steile Häupter.
> Und alle Füße erbebten des quellenreichen Ida
> Und die Gipfel, und der Troer Stadt und die Schiffe der Achaier.

Solche göttlichen Eingriffe sind aus der Vorstellungswelt der milesischen Naturphilosophen verbannt. Wenn die Erde bebt, wenn es blitzt und donnert, dann hat kein zorniger Gott die Hand im Spiel: »Thales behauptet, die Erde werde vom Wasser getragen. Sie werde wie ein Schiff bewegt, und infolge der Beweglichkeit des Wassers schwanke sie dann, wenn die Leute sagen, sie erbebe.« So hat im 1. Jahrhundert unserer Zeitrechnung der Römer Seneca Thales' Erklärung der Entstehung von Erdbeben überliefert.

Thales' Schüler Anaximander schlägt zwar eine andere Erklärung vor, aber auch für ihn hat ein Erdbeben eine Ursache, die im Naturgeschehen selbst liegt: Der Wechsel von Wärme und Kälte, von Feuchtigkeit und Trockenheit erzeugt im Erdinnern Spannungen, die sich in Stößen entladen. Wenn es blitzt und donnert, dann ist es nicht mehr Zeus, der Menschen erschrecken will. Anaximander erklärt das gewaltsame Auftreten von Pneuma (einer fiktiven luftartigen Substanz) aus der Wolkenhülle zur Ursache des Donners; es blitzt, wenn die Schwärze der Wolke abrupt auseinanderreißt.

Nichts, was sie in der Natur wahrnahmen, war für Homers Zeitgenossen ohne das Eingreifen eines Gottes erklärbar gewesen. Anderthalb Jahrhunderte später beschrieb Anaximander einen

Kosmos, der weder einen göttlichen Schöpfer noch einen göttlichen Maschinisten braucht. Das All funktioniert von selbst. Im Mittelpunkt der Welt schwebt die Erde als ein flacher Säulenstumpf. Um sie rotiert im Abstand von 27 Erddurchmessern ein mit Feuerluft gefüllter hohler Radkranz aus kristallisierter Luft täglich um seine Achse. An einer Stelle des Radkranzes befindet sich eine erdgroße Öffnung, aus der wie aus einem Blasebalg Feuerluft strömt, die sich beim Austreten entzündet: die Sonne. Ursache von Tag und Nacht ist die Drehung der Sonne um die Erde; Ursache einer Sonnenfinsternis ist eine Verstopfung des Blasebalgs.

Die göttliche Weltnorm

Zwischen dem neuen Natur- und Menschenbild besteht eine bemerkenswerte Parallele. Unter dem Einfluß der Veränderungen der archaischen Gesellschaft sind Dichter wie Archilochos und Sappho zum Bewußtsein ihrer Autonomie gelangt. Nicht Götter, sie selbst sind die Urheber ihrer Gedanken, Gefühle und Entscheidungen. Ihr Ich ist autonom geworden. Nur wenig später stellen die milesischen Denker die Autonomie der Natur gegenüber göttlichen Eingriffen fest. So wie die Menschen aus eigenem Antrieb fühlen und handeln, folgen auch die Dinge aus einer inneren Notwendigkeit der Natur dem Prinzip von Ursache und Wirkung.

Im Denken der drei großen Milesier ist die Natur zwar unabhängig von göttlichen Eingriffen, gesetzlos ist sie jedoch nicht. Im Kosmos herrschen nicht Chaos und Willkür, sondern Ordnung und Gesetzmäßigkeit. Diese bahnbrechende Einsicht zeigt sich im einzigen wörtlich überlieferten Satz aus dem Werk Anaximanders. Schon Simplicius, der ihn im 6. Jahrhundert unserer Zeitrechnung aufzeichnete, muß die überragende Bedeutung erkannt haben. Anstatt nur den Inhalt zu resümieren, wie es mit dem erhaltenen Rest aus Anaximanders Werk geschah, gab er diese Zeilen wörtlich wieder:

> Woraus aber den seienden Dingen ihr Ursprung sei, dahinein müßten sie auch wieder vergehen nach Schicksalsfügung, denn sie müßten einander Buße zahlen und Strafe für ihre Ungerechtigkeit nach dem Richtspruch der Zeit.

Was Anaximander unter den »seienden Dingen« verstand, sei offengelassen. Wichtiger ist die Beziehung, die er zwischen ihnen herstellte. In ihr deutet sich eine Vorahnung von Gesetzmäßigkeit im Kosmos an. Die Dinge kämpfen um die Macht. Eines erringt sie. Dabei begeht es Unrecht an den anderen, die das gleiche Anrecht haben. Nach dem Richtspruch der Zeit muß es dafür Buße leisten. Seine Buße besteht darin, daß es nach einer gewissen Zeit die Macht an ein zweites Ding abtreten muß. Während dieses vorübergehend die Herrschaft ausübt, begeht es seinerseits Unrecht und leistet anschließend Buße, indem es einem dritten Platz macht. Alles ist gesetzlich geregelt. Als Richter sorgt die Zeit für einen rechtmäßigen Wechsel der Herrschaft.

Man erkennt, daß nicht die Natur für Anaximanders Vorstellung vom Kosmos Modell stand. Es war die Rechtsordnung der griechischen Polis: »Anaximander«, so hat der Gräzist Werner Jaeger den geistesgeschichtlichen Hintergrund beleuchtet, »stellt sich leibhaftig vor, daß die Dinge unter sich im Streit liegen wie Menschen vor Gericht. Wir sehen eine ionische Polis vor uns. Wir sehen den Markt, wo das Recht gesprochen wird, und den Richter, der auf dem Stuhl sitzt und die Buße festsetzt. Er heißt Zeit. – ... Sein Arm ist unentfliehbar. Was einer der Streitenden vom anderen zuviel genommen hat, wird ihm unweigerlich wieder entzogen und dem gegeben, der zuwenig erhielt.«

Ebenso wie die Menschen im Stadtstaat um Macht kämpfen, sieht Anaximander die Rivalität der »seienden Dinge« auch im Kosmos als gegeben an. Es geht nicht darum, sie zu unterdrücken. Tyrannen und Schlichter bringen nur vorübergehende Lösungen. Irgendwann brechen die Gegensätze wieder auf. Es geht vielmehr darum, den in der Natur wie im Stadtstaat angelegten Konflikt in einem allgemein akzeptierten Verfahren zu regeln. Ebenso wie die schrankenlose Selbstverwirklichung der Individuen in der Polis im Bürgerkrieg endet, würde der ungeregelte

Streit der Dinge in der Natur Chaos herbeiführen. Ein Gesetz wird benötigt, um das Verfahren zu regeln. Ein Richter, in der Natur ist es die Zeit, überwacht die Einhaltung des Gesetzes.

Anaximanders Gesetzesvorstellung ist noch weit von einem Naturgesetz entfernt, das neutral den inneren Zusammenhang von Ereignissen beschreibt. Hinter ihr steht vielmehr eine verzweifelte Hoffnung: »Ein solches Gesetz *muß* es geben, da Chaos und Willkür nicht der gottgewollte Zustand der Welt sein können.« Am Anfang der griechischen Naturphilosophie stand nicht wissenschaftliche Neugier. Geistesgeschichtlich wurzelt sie im Nährboden metaphysischer Überzeugungen über eine notwendige Ordnung der Welt.

Es sind Überzeugungen, die sich unter ähnlichen Umständen eine Generation vor Anaximander schon im Denken Solons, des großen Staatsmanns und Dichters des archaischen Athen, gezeigt hatten. Gäbe es eine solche göttliche Rechtsordnung nicht, dann wäre die bedrückende Wirklichkeit Athens um 600 v. Chr. – Korruption und Übergriffe der Mächtigen, Unterdrückung, Elend und die Gefahr des Bürgerkriegs – der Normalzustand der Welt. Das aber, darin waren sich Solon und Anaximander einig, kann nicht sein. Daher muß es ein göttliches Gesetz geben, das der Willkür und dem Machtmißbrauch Grenzen setzt. Es bildet die Grundlage für ein geregeltes und friedliches Zusammenleben der Menschen im Staat.

Solon erkannte dieses göttliche Gesetz, indem er nach den Ursachen des Elends im Stadtstaat suchte. Er gelangte zur Überzeugung, daß das göttliche Gesetz in *der* Ordnung verwirklicht ist, in der Frieden und allgemeines Wohlergehen herrschen. Es ist eine Ordnung, in der die Ursachen von Elend, von Unfreiheit und Willkür beseitigt sind.

Das gleiche Bestreben steht hinter dem Interesse des großen milesischen Denkers: »Anaximanders Erklärung der Natur ist etwas anderes und mehr als bloße Erklärung der Natur im Sinn moderner ›Wissenschaft‹«, stellt Jaeger fest. Sie beruht »nicht auf einer kühlen Konstatierung des gleichförmigen äußeren Ablaufs von Ursache und Wirkung, sondern in einer *Weltnorm*, die *bejaht* werden will, weil sie die göttliche Gerechtigkeit selbst ist.«

Diese göttliche Norm der Welt zu erkennen, die sich in der Natur ebenso wie im Staat manifestierte, war für Anaximander Zweck der Wissenschaft. Sie ließ sich erkennen, indem man das Naturgeschehen kausal als eine Folge von Ursachen und Wirkungen verstand. »Der Kosmos Anaximanders«, so hat Jaeger es ausgedrückt, »ist der Triumph des Geistes über eine ganze Welt roher und ungeformter Kräfte, deren Aufruhr die menschliche Existenz mit urwelthafter Gefahr bedrohte, in dem Augenblick, in dem die mythisch-feudale Ordnung zerbrach.«

Theologie und Naturphilosopie haben sich noch nicht voneinander getrennt. Es gibt eine göttliche Weltnorm, der das Universum unterworfen ist. Sie zu erkennen hat einen unmittelbar religiösen Sinn. Das Göttliche wird von der Ebene unmittelbarer Eingriffe auf die des Prinzips verlagert. Es äußert sich im göttlichen Gesetz, dem Natur und Menschen unterworfen sind. Ziel der Wissenschaft ist, dieses göttliche Prinzip des Kosmos zu erforschen.

Die große Entdeckung

In der Überzeugung, im Kosmos herrsche Gesetzmäßigkeit, liegt der Schlüssel zum Verständnis der Anfänge wissenschaftlichen Denkens. Nur mit ihr läßt sich nach Ursachen von Ereignissen suchen. In einer Natur, die von absichtsvoll handelnden Göttern beherrscht wird, die nach Gutdünken in den Ablauf der Dinge eingreifen, ist es sinnlos, nach Ursachen zu fragen. »Nichts geschieht ohne Notwendigkeit«, so sollte gegen Ende des 5. Jahrhunderts Leukipp von Milet (etwa 495–430 v. Chr.), der bedeutendste Nachfolger der frühen milesischen Denker, die neue Weltsicht prägnant erfassen.

Auf der Grundlage dieser Überzeugung gelangten die vorsokratischen Denker – das sind die Philosophen zwischen Thales im 6. und Demokrit im 4. vorchristlichen Jahrhundert – zu einer der folgenreichsten Entdeckungen der antiken Naturphilosophie: der Atomtheorie der Materie. Den Weg bahnte Anaximander, der sich nicht darauf beschränkte, nach den Ursachen *einzelner* Phänomene wie Blitz und Donner oder einem Erdbeben zu suchen. Als erster stellte er die weitaus umfassendere Frage nach der *gemeinsamen* Ursache *aller* Naturerscheinungen*, nach dem Urgrund der Dinge.

Die Natur, so erkannte Anaximander, ist in ständigem Wandel begriffen. Auf die Hitze des Sommers folgt im Winter Kälte, Trockenheit auf Feuchtigkeit und auf die Helligkeit des Tages das Dunkel der Nacht. Im Frühjahr wachsen die Pflanzen, reifen und sterben im Sommer und Herbst ab. Tiere und Menschen werden geboren, wachsen auf, zeugen Nachkommen, altern und sterben. Und dennoch gibt es Gesetzmäßigkeit im Wandel der Erscheinungen. Die Veränderung ist zyklisch. Nach dem Ende des Zyklus beginnt alles wieder von vorn. Auf die Kälte des Winters folgt wieder die Wärme des Sommers, auf die Helligkeit des Tages das Dunkel der Nacht, auf Tod folgt Leben usw.

Die Natur verändert sich zwar ständig, aber nicht willkürlich. Es muß eine gemeinsame Ursache aller Veränderung geben, die selber unveränderbar ist. Aus ihr scheint alles hervorgegangen zu sein, und in sie wird es wieder zurückkehren. Anaximander sah in dieser gemeinsamen Ursache den Urgrund aller Dinge. Für ihn war es das *apeiron*, das Unbegrenzte; für Anaximenes war es *Luft*; und für Heraklit schließlich das *Feuer*. Zwar waren sämtliche Antworten falsch, aber Anaximanders Frage nach der gemeinsamen Grundlage aller Vielfalt und aller Veränderung führte spätere Denker auf den richtigen Weg.

Durch Kritik an den Lehren der Vorgänger gelangten jüngere Denker zu neuen Erkenntnissen, wurden ihrerseits von Nachfolgern kritisiert, die neue Gesichtspunkte einführten und verbesserte Theorien vorschlugen. Schrittweise näherten sich so die Naturphilosophen zwischen Anaximander (etwa 611–547 v. Chr.) und Leukipp von Milet (etwa 495–430 v. Chr.) sowie dessen Schüler Demokrit von Abdera (etwa 460–370 v. Chr.) der Wahrheit.

Ohne jedes Experiment, nur mit Hilfe der Sinne und des Ver-

---

* Wie neuere Untersuchungen zeigen, hat Thales, dem Aristoteles die Priorität zuschreibt, die Frage nach dem Urgrund nicht gestellt. Anders als man häufig liest, hat Thales nicht gelehrt, alles sei aus Wasser entstanden, sondern nur, die Erde schwimme auf dem Wasser, vielleicht auch, die Erde sei aus Wasser entstanden.

standes gelangten sie zu der Entdeckung, die den Höhepunkt und Abschluß der vorsokratischen Naturphilosophie darstellt: Alles Werden und Vergehen in der Natur beruht auf der Umordnung von Atomen, die sich im leeren Raum bewegen. Selbst unerschaffen und unvergänglich, bilden Atome die materielle Grundlage aller Veränderung. Diese fundamentale Erkenntnis, die auf Anaximanders Frage nach Substanz des Bleibenden in einer sich verändernden Welt zurückgeht, sollte Jahrtausende später von der modernen Naturwissenschaft bestätigt werden.

BEGEGNUNG MIT FREMDEN KULTUREN: HEKATAIOS

Als Passagier auf einem Handelsschiff nach Naukratis brach um 530 v. Chr. Hekataios (etwa 560–480 v. Chr.) von Milet nach Ägypten auf. Zu jung, um Schüler Anaximanders (gest. 547 v. Chr.) gewesen zu sein, wird er doch das Werk seines großen Mitbürgers gekannt haben. Später sollte er, ausgehend von Anaximanders Erdmodell, eine Weltkarte zeichnen, die das geographische Wissen der Zeit wiedergab. Obwohl Logograph – d. h. Schreiber von Geschichten, Novellen und Fabeln –, zeichnete ihn der kritische Geist der milesischen Denker aus. Hekataios hinterließ zwei Werke, von denen Bruchstücke erhalten blieben: die *Genealogien* und die *Periegese,* eine »Umfahrt um die Welt«.

Die *Genealogien* waren ein Kompendium aus überliefertem Wissen über die Vergangenheit. In bunter Mischung fanden sich darin neben Stammbäumen von Herrscherhäusern, Berichten über historische Begebenheiten und merkwürdige Ereignisse auch Sagen und Legenden. Dennoch zeigt sich in diesem Werk eine neue kritische Einstellung zur Überlieferung.

Unter Berufung auf die Musen, denen er sein Wissen verdanke, hatte Homer blind der Überlieferung vertraut (Il. II 485–8; S. 58 f):

»Sagt mir nun, Musen! die ihr die olympischen Häuser habt –
Denn ihr seid Göttinnen und seid zugegen bei allem und wißt alles,
Wir aber hören nur die Kunde und wissen gar nichts.«

Hekataios dagegen leitete seine *Genealogien* im Bewußtsein der eigenen Urteilsfähigkeit mit einem Paukenschlag ein:

»Hekataios von Milet spricht also: Dies habe ich niedergeschrieben, wie mir jegliches wahr zu sein schien, denn der Hellenen Reden sind mannigfach und, wie mich bedünkt, lächerlich.«

Lächerlich erschien ihm, daß seine Landsleute kritiklos der Überlieferung vertrauten. Scharfsinnig entlarvte er die allzu unwahrscheinlichen Elemente griechischer Sagen als Fiktion. So konnte selbst ein Herakles unmöglich die Rinder des Geryon aus Erytheia in Spanien nach Mykene auf der Peloponnes getrieben haben. Anstatt freilich die gesamte Geryongeschichte anzuzweifeln, paßte Hekataios sie nur der Vernunft an. Er machte Geryon zum Herrscher eines Landstrichs im Nordwesten Griechenlands, der wegen seiner roten Erde Erytheia – Roterde – geheißen haben könnte. Von dort, so schloß er, wäre es möglich gewesen, Rinder nach Mykene zu treiben. Zwar unterschied Hekataios nicht zwischen Sage und Geschichte, aber er sonderte unglaubwürdige Elemente aus der Sage aus.

Von Milet zu den Quellen des Nils

Wesentlich zu dieser kritischen Einstellung gegenüber der griechischen Überlieferung dürfte die Begegnung mit Ägypten beigetragen haben. Wie auch andere Reisende vor ihm wollte Hekataios dieses Land mit seiner uralten Hochkultur kennenlernen und zwei seiner großen Rätsel lösen: die Nilschwelle und die Frage nach der Quelle dieses mächtigen Flusses. Beides hatte griechische Denker seit langem fasziniert. Der Nil, die Lebensader Ägyptens, verhielt sich anders als alle anderen Flüsse. Im Sommer, wenn in Griechenland Flüsse zu dünnen Rinnsalen wurden oder austrockneten, führte er Hochwasser. Er trat über die Ufer und überschwemmte das Tal. Woher stammte die sommerliche Flut?

Zwei Generationen vor Hekataios hatte Thales Ägypten bereist und eine Erklärung gegeben. Ursache der Nilschwelle schien der sommerliche Nordwind zu sein: Er staue das aus dem Süden heranströmende Wasser. Für Hekataios war es nicht schwer, Thales' Fehlschluß zu durchschauen. Hätte dieser recht gehabt, so wandte später Herodot (484–425 v. Chr.) ein – der vermutlich Hekataios' Argument übernahm –, dann müßten sämtliche in Südnordrichtung strömenden Flüsse im Sommer Hochwasser führen (Her. II 20–25). Das war jedoch nicht der Fall; folglich hatte Thales unrecht. Hekataios' – Herodots – Erklärung indessen war nicht besser. Durch Nordstürme aus ihrer Bahn getrieben, ziehe die Sonne sich im Winter nach Süden in das Innere Libyens (Afrikas) zurück. Dort ließe sie die Flüsse austrocknen, so daß der Nil im Winter weniger Wasser führe als im Sommer. Indem er das Hochwasser im Sommer zum Normalpegel des Nils erklärte, mogelte sich Hekataios über das Problem hinweg.

Zwar löste Hekataios die Rätsel Ägyptens nicht, aber in der alten Pharaonenstadt Theben kam es zu einer folgenreichen Begegnung. Dort, im Angesicht einer fremden, weitaus älteren Kultur, öffneten sich dem Griechen die Augen, wie dünn die scheinbar feste Kruste der eigenen Überlieferung tatsächlich war (Her. II 143–46).

Der milesische Aristokrat hatte einen Tempel aufgesucht und den Priestern stolz seinen Stammbaum vorgelegt, der ihn in der sechzehnten Generation von einem Gott herleitete. Das nachsichtige Lächeln in den Mundwinkeln der Priester kann man sich vorstellen. Höflich baten sie den Gast in einen großen Saal, in dem 345 überlebensgroße Priesterstatuen auf den Fremden herabblickten. Mit der Autorität eines überlegenen Wissens klärten sie den Besucher auf: Nach ihren Berechnungen könne ein Mensch unmöglich einen Gott im Stammbaum haben. Der Beweis, so hielten sie dem staunenden Griechen vor, seien die Statuen. Sie stellten die ehemaligen Oberpriester des Tempels dar. Jeder dieser Priester habe sein Amt vom Vater übernommen, und jeder habe zu Lebzeiten eine Statue von sich aufstellen lassen. Obwohl von edler Herkunft, sei dennoch keiner dieser Männer selbst ein Gott gewesen. Die Herrschaft der Götter über Ägypten falle in die Zeit *vor* dem ersten in dieser Ahnengalerie. Der letzte göttliche Herrscher aber sei Oros gewesen, den die Griechen als Apollon verehrten.

In Hekataios muß eine Welt zusammengebrochen sein. Er war in der Gewißheit nach Ägypten gereist, die Epoche der Götter und der Heroen habe unmittelbar vor dem Trojanischen Krieg gelegen. Bei einer Generationsdauer von dreißig Jahren hätte sein eigener göttlicher Vorfahre fünf Jahrhunderte vor ihm selbst, etwa zur Zeit der ionischen Einwanderung in Kleinasien, gelebt. Nun führten ihm 345 Priesterstatuen vor Augen, wie weit die Ära der Menschen in die Vergangenheit reichte, bevor man auf die jüngsten Götter stieß. Für einen Griechen war das eine bittere Erkenntnis. Taten, die nach der eigenen Überlieferung vergöttlichte Heroen wie Herakles vollbracht hatten, waren in Wirklichkeit Menschenwerk und den Heroen nur zugeschrieben worden. Im selben Maß wie die menschliche Zeit sich in die Vergangenheit ausdehnte, schrumpfte die für das Wirken der Götter. Dieser Kulturschock wird entscheidend zu Hekataios' kritischer Einstellung gegenüber der eigenen Überlieferung beigetragen haben, die sich im Satz von der Lächerlichkeit der Reden der Griechen äußert.

Die Erdkarte

Im Werk des Hekataios zeichnet sich jedoch nicht nur der Übergang vom Epos zur Geschichtsschreibung, sondern auch zur Geographie ab. Seine Erdkarte und die *Periegesis*, die »Umfahrt um die Erde«, stellen eine Bestandsaufnahme des geographischen Wissens der Zeit dar.

Was es einst bedeutet haben muß, eine Vorstellung der Erde zu entwickeln, können wir uns heute nur schwer vorstellen. Satellitenfotos zeigen uns den Planeten als eine blauschimmernde Kugel, auf der sich die Umrisse der großen Landmassen abzeichnen. Doch damals waren nur kleine Teile der Erde bekannt. Zwar hatten schon lange vor Hekataios sumerische und babylonische Herrscher den Anspruch erhoben, Herren der vier *Welt*gegenden zu sein, tatsächlich beschränkte sich ihr Anspruch jedoch auf die bekannten Teile.

Hekataios' Karte dagegen erfaßte die gesamte Erde. Ihre Grundlage war Anaximanders Modell, das der Erde eine Gestalt gab, die unabhängig von empirischen Kenntnissen war. Es beruhte auf folgender Überzeugung: »In einem Universum, in dem Ordnung und Gesetzmäßigkeit herrschen, kann die Erde nicht willkürlich geformt sein (S. 159). Wie das All muß sie strenge Symmetrie aufweisen. Sie gleicht einem flachen Säulenstumpf mit einer Länge dreimal so groß wie der Durchmesser. Bewohnt ist nur die eine Seite des Stumpfes. Es ist eine vom Okeanos umflossene Scheibe aus zwei gleich großen Landmassen, Europa sowie Asien und Libyen (Afrika), die von zwei Strömen, der Donau und dem Nil, in gleichgroße Hälften unterteilt wird. In der Mitte der Erde liegt Griechenland mit Delphi als dem Nabel der Welt.«

Asien und Afrika gleich groß wie Europa zu machen, ist natürlich ebenso spekulativ wie die Gestalt, die Anaximander der Erde gab. Aber nur mit der Überzeugung, die Erde müsse Symmetrie aufweisen und eine bestimmte Form haben, konnte man in einer Zeit begrenzter empirischer Kenntnisse die Vorstellung eines größeren Ganzen – und nicht nur der bekannten Teile – entwickeln.

Dieses Modell übernahm Hekataios. Sein Beitrag bestand darin, es mit dem geographischen Wissen der Zeit um 500 v. Chr. anzureichern – und das war eine nicht geringe Leistung. Sein Werk entstand am Ende einer Epoche, in der sich den Griechen die Welt geöffnet hatte. Schon im folgenden Jahrhundert sollten die Karthager das westliche Mittelmeer abriegeln. Damit war den Griechen der Weg zur Atlantikküste Europas und Afrikas versperrt.

Was entstand, war eine Mischung aus Spekulation und solider Geographie. Herodot (V 49 ff.) erwähnt eine »eherne Tafel, worauf der ganze Umkreis der Erde mit allen Meeren und Flüssen eingegraben war«. Mit ihr im Gepäck reiste Aristagoras, der Tyrann von Milet, um 500 v. Chr. nach Sparta, um Verbündete für den Aufstand der ionischen Städte gegen Persien zu gewinnen. Diese Karte, die als Hekataios' Werk gilt, enthielt exakte Angaben über Wege und Entfernungen, über Flüsse, Landschaften und ihre Bewohner. Auf sie gestützt schilderte Aristagoras dem Spartanerkönig Kleomenes in leuchtenden Farben die Reichtümer Asiens. Falls dieser mit seinen kampferprobten Spartanern von der Küste Ioniens zur persischen Hauptstadt Susa marschiere, würden sie ihm als Kriegsbeute in die Hände fallen. Herodot hat die Szene ausführlich beschrieben:

»›Hier neben den Ioniern wohnen die Lyder in einem gesegneten Lande und sind über die Maßen reich an Silber.‹ Dabei wies er auf die mitgebrachte Tafel mit dem eingegrabenen Erdkreis. ›An die Lyder‹, fuhr er fort, ›grenzen hier nach Osten die Phrygen, die wohl von allen Völkern, die ich kenne, die reichsten sind an Vieh-

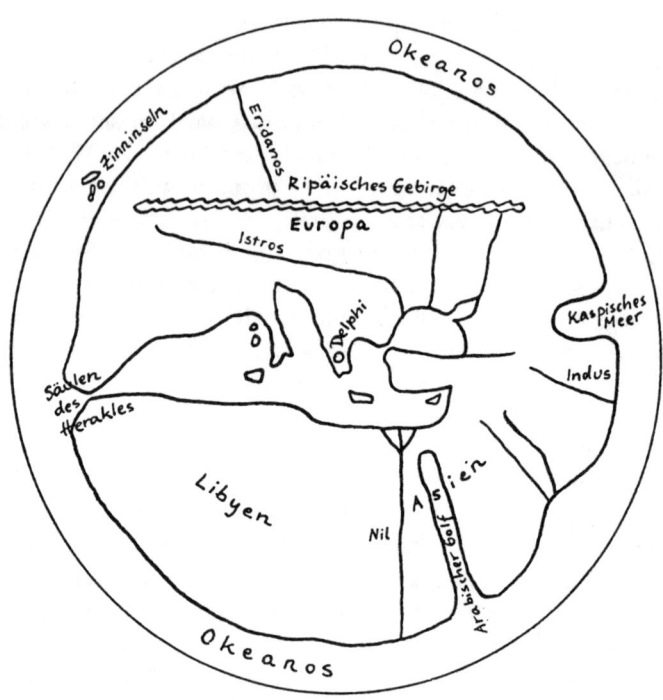

Erdkarte des Hekataios von Milet (um 500 v. Chr.)

herden und Feldfrüchten. An die Phrygen grenzen die Kappadoken, die wir Syrer nennen. Deren Nachbarn sind die Killiken; die reichen bis an dieses Meer hinab, wo hier die Insel Kypros liegt, und zahlen dem König fünfhundert Talente jährlichen Zins. Auf die Killiken folgen die Armenier, die auch große Viehherden haben, und auf die Armenier die Matiener in diesem Lande hier, und an dieses stößt das Land der Kissier. Darin liegt am Fluß Choaspes die Stadt Susa, wo der Großkönig seinen Sitz hat und wo auch seine Schatzkammern liegen. Nehmt ihr die, so möget ihr euch an Reichtum getrost mit Zeus messen.‹«

Indem sie ihm half, den Weg von der Küste Kleinasiens nach Susa zu überblicken, verschaffte Hekataios' Karte dem Spartanerkönig eine Vorstellung des Abenteuers, zu dem ihn Aristagoras

verleiten wollte. Insgesamt, so rechnete er aus, hätte der Marsch
93 Tage gedauert. Vernünftigerweise lehnte Kleomenes Milets
Hilfsersuchen ab.

Die Quellen: Händler, Entdeckungsreisende und Söldner

Auf der Erdkarte und in der *Periegese* hatte Hekataios das geographische Wissen seiner Zeit zusammengestellt. Selbst hatte er
Ägypten und Teile Libyens bereist. Als Grundlage seiner Beschreibung der Königsstraße von der ionischen Küste nach Susa
dienten ihm offizielle persische Listen, in denen Entfernungen,
Flüsse, Rastplätze mit Herbergen und Kastelle angegeben waren.

Phokaische Schiffsbesatzungen hatten das westliche Mittelmeer, die Straße von Gibraltar und Südwestspanien erkundet. Ihre
Handelspartner in Tartessos hatten ihnen über den Seeweg nach
Norden zum Land der Kelten (Frankreich) und die ihm gegenüberliegende große Insel (England) berichtet. Händler und Kolonisten aus Hekataios' Vaterstadt Milet wiederum steuerten ihr
Wissen über die Küsten des Schwarzen Meeres bei. Griechische
Teilnehmer des Skythenzuges des Perserkönigs Darius 512 v. Chr.
brachten Kenntnisse über das Innere Rußlands mit.

Die Küsten Afrikas (»Libyens«) waren im 6. Jahrhundert erforscht worden. Um 600 v. Chr. hatte der Pharao Necho mehrere
phönizische Schiffe auf eine große Entdeckungsreise ins Ungewisse geschickt. Aus dem Roten Meer drangen die Phönizier in
den Indischen Ozean vor, umrundeten dann, immer in Sichtweite
der Küste, in zwei Jahren Afrika, gelangten im dritten durch die
Straße von Gibraltar ins Mittelmeer, wo sie entlang der Küste
Nordafrikas zurück nach Ägypten segelten.

Eine zweite Afrikareise unternahm im letzten Drittel des
6. Jahrhunderts der Schiffsführer Euthymines von Massilia. Er
durchquerte die Straße von Gibraltar und gelangte, entlang der
afrikanischen Westküste fahrend, zu einem großen Fluß mit Fluß-
pferden – vermutlich dem Senegal oder dem Niger. Da die Griechen annahmen, diese mächtigen Tiere lebten außer im Indus nur
im Nil, meinte Euthymines, in der Flußmündung die Nilquelle

entdeckt zu haben. Es schien der Beweis dafür zu sein, daß der Nil dem Okeanos entsprang.

Als weitere Quelle diente der Reisebericht des Kariers Skylax von der Halikarnassos (Bodrum) vorgelagerten Insel Karyanda. Im Auftrag des Perserkönigs Darius hatte dieser in den Jahren 518 bis 516 v. Chr. mit dem Schiff den Indus vom Pandschab bis zur Mündung erkundet. Anschließend war er im Indischen Ozean nach Westen um die Arabische Halbinsel ins Rote Meer gefahren und etwa dort gelandet, wo heute der Suezkanal mündet.

Hekataios' Karte der Erde war natürlich nur so gut wie Anaximanders Annahme, auf der sie beruhte. Gestützt auf das bessere empirische Wissen seiner Zeit sollte sich Herodot (IV 36) schon im folgenden Jahrhundert über seinen großen Vorgänger lustig machen, dem er, ohne es einzugestehen, so viel verdankte: »Ich muß lachen, wenn ich sehe, wie viele schon der Erde Umkreis gezeichnet haben und noch keiner ihn mit rechtem Verstand dargestellt hat. Da zeichnen sie den Okeanos rings um die Erde fließend und die Erde kreisrund, wie mit dem Zirkel gedreht, und machen Asien gleich groß wie Europa.«

Immerhin war Hekataois' Erdkarte gut genug, um den Spartanerkönig Kleomenes vom ungewissen Abenteuer eines Marsches nach Susa abzuhalten. Im Wissen um die Größe des Perserreichs hatte auch Hekataios selbst 499 v. Chr. seinen Landsleuten vom Aufstand gegen die Perser abgeraten. Nachdem der Vorschlag abgelehnt worden war, gab er einen weiteren guten Rat. Um sich zur See zu behaupten, sollte Milet den immensen Goldschatz, den der Lyderkönig Kroisos dem Stadtheiligtum in Didyma gestiftet hatte, zum Ausbau der Flotte verwenden. Doch die Milesier, die das Ausmaß der Bedrohung nicht wahrhaben wollten, verwarfen auch diesen Vorschlag. Selten hat Geiz sich schlechter ausgezahlt. Mit Milet wurde 494 v. Chr. auch Didyma genommen. Der Goldschatz, den die Bürger nicht hatten angreifen wollen, fiel unangetastet in die Hände des Großkönigs.

AN DER MÄANDERMÜNDUNG –
DAS ENDE EINER BUCHT

Der Weg von Milet zum Heiligtum von Didyma führt am Museum vorbei nach Akköy, wo sich die Mäandermündung gegenwärtig befindet. Dort, zehn Kilometer südwestlich von Milet, läßt sich der Vorgang beobachten, dem die Stadt und der Latmische Meerbusen zum Opfer gefallen sind.

Um 500 v. Chr. befand sich zwischen Milet und Priene eine tief in das Land geschnittene große Meeresbucht (Karte S. 135). Die Mündung des östlichen der beiden Mäanderarme, lag, 25 Kilometer von der heutigen Küste entfernt, in einer kleinen Bucht im Nordosten. Herodot erwähnt, zu Beginn des Ionischen Aufstands habe die Flotte der Milesier vor Myus gelegen, einem Seehafen am Südufer dieses entlegenen Teils des Meerbusens. Von dort fuhr sie zum offenen Meer, um sich vor Lade mit den Verbündeten zu vereinigen. Ein zweiter Mäanderarm strömte ein Dutzend Kilometer westlich davon an der Nordeinfahrt des Latmischen Meerbusens etwa sieben Kilometer nördlich von Milet ins Meer.

Fünf Jahrhunderte später bereiste der griechische Geograph Strabo (64 v. Chr.–19 n. Chr.) die Region (Strabo XIV 1,9–11). Myus fand er schon inmitten von Sümpfen vor. Um es zu erreichen, mußte er von der Mäandermündung im Ruderboot 5,5 Kilometer flußaufwärts fahren. Doch die Stadt war verlassen. Stechmücken, die in den Sümpfen ideale Vermehrungsbedingungen fanden, hatten die Bewohner nach Milet vertrieben. Im Norden dürfte der zweite Flußarm die Milet gegenüberliegende Küste bereits ein gutes Stück zur Stadt hin vorgeschoben haben.

Der südliche Teil des Latmischen Meerbusens dagegen war frei befahrbar. Nach Strabo betrug die Strecke von Milet nach Herakleia am Latmosgebirge wegen der vielen Buchten 20 Kilometer.

Zu dieser Zeit und auch in den beiden folgenden Jahrhunderten erlebte Milet eine neue Blüte. Unter der Patronage römischer Kaiser und Senatoren wurde das Theater zur heutigen Größe erweitert. Es entstanden die prachtvollen Bauten um den Löwenhafen. Schiffe aus Milet gelangten ungehindert ins Meer. Im 4. Jahrhundert schüttete der Mäander dann den Zugang zum Südostteil des Meerbusens zu. Damit war die Bucht von Herakleia vom Mittelmeer abgeschnitten. Durch die nördlichen Ausläufer des Latmosgebirges selbst vor der Verlandung geschützt, wurde sie zum Binnensee – dem heutigen Bafa Gölü. Schiffe erreichten Herakleia nicht mehr. Der Seehafen war eine Landstadt geworden.

Obwohl die Verlandung seit der Spätantike auch in Milet spürbar wurde, gelang es, die Verbindung zur offenen See noch fast ein Jahrtausend offenzuhalten. Nach dem 6. Jahrhundert schrumpfte die Stadt unter byzantinischer Herrschaft auf einen Bruchteil ihrer früheren Größe. Sand und Schlick aus dem Mäander schwemmten die Häfen zu. Aber noch im frühen 15. Jahrhundert, als Milet – bzw. Palatia, wie es nun hieß – unter seldschukischen Fürsten wieder zum bedeutenden Handelszentrum an der kleinasiatischen Küste wurde, scheint eine Verbindung zum Meer bestanden zu haben. Das zumindest läßt sich aus den Handelsbeziehungen zur Seerepublik Venedig schließen. Erst unter der Osmanenherrschaft (nach 1425) ging auch diese Rinne verloren.

Der Vorgang, durch den der Latmische Meerbusen zugeschüttet wurde, läßt sich heute einige Kilometer südlich der Flußmündung beobachten. Hinter Akköy erreicht die Straße nach Didyma die Küste. Von einer Anhöhe über dem Meer erblickt man in der Ferne eine von Felsufer umgebene Bucht im Norden, aus der eine flache Sandzunge kilometerweit ins Meer vorstößt. In diesem Bereich schiebt heute der Mäander seine Sandmassen ins Meer. Von der Mündung haben Wind und Strömung große Mengen Sediment nach Süden verfrachtet. Unterhalb des Standorts, kilometerweit vom Fluß entfernt, wachsen wie von selbst Sandbänke aus dem Wasser. Dazwischen befinden sich offene Rinnen und Becken. Blau an manchen Stellen zeigt noch größere Tiefe an. Doch sandfarbene Verfärbungen, die von den Rändern ins Blaue vordringen, sind Vorboten der unaufhaltsamen Verlandung.

So wie die Fischer, deren Boote in einer kleinen verlandenden Bucht unterhalb des Standorts ankern, den Weg ins Meer noch durch offene Rinnen finden, wurden auch Myus, Herakleia, Milet oder das an der Kaystermündung gelegene Ephesos im Norden nicht an einem Tag abgeschnitten. Hier im Mündungsgebiet des Flusses kann man sich vorstellen, wie die Bewohner zuerst in einiger Entfernung vereinzelte Sandbänke an der Wasseroberfläche aufsteigen sahen, die bei Sturm und Hochwasser wieder verschwanden, um an anderer Stelle wieder aufzutauchen. Zunächst wird das niemanden sonderlich beunruhigt haben.

Doch die Sandbänke breiteten sich aus, während es immer weniger offenes Wasser gab. Die Aufschüttungen rückten näher, Becken und Rinnen wurden flacher, und das erschwerte die Zufahrt größerer Schiffe. Besorgt sahen die Bewohner der bedrohten Hafenstädte, wie das Meer, von dem sie lebten, immer schwerer erreichbar wurde. Irgendwann beschloß die Obrigkeit, etwas zu unternehmen, und Ingenieure entwickelten Pläne zur Lösung des Problems. Sklavenkolonnen waren fortan ein Leben lang damit beschäftigt, natürliche Kanäle zu vertiefen, Sandbarrieren abzutragen, neue Fahrrinnen auszuheben und Schutzdämme gegen weitere Sandverfrachtung aufzuschütten. Das zögerte die Abschnürung vom Meer hinaus, aber es beendete sie nicht.

In Zeiten wirtschaftlichen und politischen Niedergangs, in denen es dringendere Sorgen gab, erlahmte der Kampf gegen Sand und Schlick. Die Verlandung beschleunigte sich, und die angehäuften Sedimente erschwerten die Arbeit späterer Generationen. Unter immer größeren Anstrengungen wurden zugeschüttete Kanäle wieder ausgehoben und der Zugang zum Meer freigekämpft. Die Länge des Kampfes wechselte. Während das kleine Myus sang- und klanglos starb und auch Herakleia anscheinend ohne größeren Widerstand abgeriegelt wurde, gelang es großen und mächtigen Handelsstädten wie Milet und Ephesos, die Abschnürung vom Meer um Jahrhunderte hinauszuschieben. In Ephesos, einem späteren Reiseziel, lassen sich die einzelnen Phasen des Kampfes verfolgen. Doch am Ende behielten Kaystros und Mäander die Oberhand. Die Natur war stärker.

DIDYMA

*D*as hellenistische Didymaion war nicht eines jener Heiligtümer, in denen die Gläubigen in ruhiger Gelassenheit der
Majestät des Göttlichen gegenübertraten. Unvorstellbar, wie im
Orakel von Delphi hier aufgefordert zu werden: »Erkenne Dich
selbst.« Von den gewaltigen Säulen und Mauern der Vorhalle beengt, in der ihnen der Orakelspruch verkündet wurde, bekamen
die Ratsuchenden ihre Bedeutungslosigkeit im Angesicht der Re-
präsentanten des Gottes körperlich zu spüren. Für Selbsterkennt-
nis blieb hier wenig Raum.

Mit sicherem Blick hat Caligula (37–41 n. Chr.), der Verrückte
auf dem römischen Kaiserthron, diesen Tempel ausgewählt, um
sich als Gott eines bedeutenden Heiligtums verehren zu lassen.
Die übermenschlichen Abmessungen jenes Riesenbaus, in dessen
Innenraum ein ganzes Dorf Platz gehabt hätte, mußte dem grö-
ßenwahnsinnigen Imperator als seinem Kult angemessen erscheinen. Doch ein Mordanschlag beendete Caligulas Versuch, den
Tempel fertigzustellen. Obwohl spätere Kaiser die Arbeiten wie-
deraufnehmen ließen, blieb das Didymaion wie auch andere hellenistisch-römische Tempel Kleinasiens unvollendet.

Die Offenbarungsanlage

Die Geschichte des Heiligtums reicht bis in die Zeit vor der
ionischen Einwanderung im 11. vorchristlichen Jahrhundert zurück. An der gleichen Stelle befand sich eine heilige Quelle mit
einem Orakel der karischen Urbevölkerung. Um sich der prophe-
tischen Kraft dieser Quelle zu versichern, übernahmen die griechi-

Gorgonenhaupt vom Didymaion

schen Einwanderer den Ort und weihten ihn ihrem eigenen Ora-
kelgott Apollon.

Um die Mitte des 6. Jahrhunderts v. Chr. begannen die Milesier,
denen Didyma gehörte, den älteren Tempel durch einen neuen zu
ersetzen. Der Bau sollte ihrem Hauptheiligtum einen Rahmen
schaffen, der dem Reichtum und Ansehen der Stadt entsprach.
Schon um 600 v. Chr. hatte Pharao Necho Didyma seine Referenz
erwiesen und einen kostbaren Panzer gestiftet. Endgültig bestätigte der Lyderkönig Kroisos den Rang des Orakels. Nachdem er
560 v. Chr. seinen Halbbruder im Streit um die Thronfolge besiegt
und auf dem Walkerkamm zu Tode hatte foltern lassen, übertrug er
aus dessen Vermögen Didyma einen riesigen Goldschatz.

Der Wert seiner Weihegabe, so betont Herodot (I 92), habe dem
seiner Gaben an Delphi entsprochen, dem führenden Orakel der
griechischen Welt. Welche Schätze Didyma erhalten hatte, läßt
sich daher an Kroisos' Weihegeschenk an Delphi ermessen. Herodot verzeichnete 121 goldene Halbziegel mit einem Gewicht von

Didyma im 19. Jahrhundert

insgesamt mehr als drei Tonnen, eine 260 Kilogramm schwere Löwenstatue aus Gold, zwei große Mischkrüge, zwei Gefäße aus Gold und Silber sowie vier silberne Fässer.

Auch wenn Kroisos ein Extremfall von Orakelgläubigkeit war, solche Reichtümer verschenkte auch dieser Herrscher nicht, nur um etwas über die Zukunft zu erfahren. Da die Tempel als öffentliche Schatzhäuser dienten, verpflichtete sich der Lyderkönig auf diese Weise seine griechischen Nachbarn. Indem er ihre führenden Heiligtümer großzügig bedachte, verschaffte er sich Ansehen in den Augen der Griechen.

Bei dem 540 v. Chr. begonnenen älteren Didymaion hatten die Milesier keine Kosten gescheut. Wenn es die wenige Jahrzehnte älteren Riesentempel von Samos (S. 200 ff.) und Ephesos (S. 225 ff.) auch nicht an Größe übertraf, so war es ihnen doch an Pracht und Reichtum ebenbürtig. Doch der archaische Tempel stand nur kurze Zeit. Nachdem sie 494 v. Chr. Milet verwüstet hatten, leisteten die Perser auch in Didyma ganze Arbeit. Sie zerstörten das Heiligtum, raubten den Schatz und entführten die Statue des Gottes.

Der Tempel, dessen Überreste man besichtigt, stammt aus hellenistisch-römischer Zeit. Auf seinem Asienfeldzug hatte Alexander der Große (336–323 v. Chr.) Milet und das zerstörte archaische Heiligtum von Didyma besucht. Priester hatten den Befreier aus persischer Unterdrückung zwar als Sohn des Zeus willkommen geheißen, aber nicht er, sondern einer seiner Generäle und Nachfolger, der Diadoche Seleukos I. (323–280 v. Chr.), ordnete den Wiederaufbau an.

Nachdem die entführte Statue des Gottes im persischen Ekbatana gefunden und nach Didyma zurückgeführt worden war, sollte das Orakel einen noch größeren und beeindruckenderen Rahmen erhalten als zuvor. Um 310 v. Chr. begonnen, zog sich der Bau ein halbes Jahrtausend bis ins 2. Jahrhundert n. Chr. hin. Zuletzt scheint unter Kaiser Julian Apostata (361–363) noch einmal an ihm gebaut worden zu sein. Fertiggestellt wurde das Werk dennoch nicht. Man erkennt es an den unkannelierten Säulentrommeln, die wie die Scheiben einer aufgeschnittenen Riesensalami an der Längs- und der Rückseite des Tempels liegen. Auch der äußere Säulenring blieb unvollendet.

Die Geheimnisse des Orakels

Zur Reisezeit ist die Anlage von Menschen überflutet. Es herrscht ein fröhliches Durcheinander, das mit der Gewalt der Architektur versöhnt. Unbeirrt vom Geist des Ortes verharrt auf den Stufen des Unterbaus eine Reisegruppe mit verinnerlichtem Gesichtsausdruck und gefalteten Händen minutenlang in stiller Meditation. Währenddessen vollführen eine Ebene darüber im Vorraum, dem Pronaos, Kameraträger groteske Verrenkungen, um das gewünschte Motiv zu erfassen. Am Ende des Vorraums zwängen sich Klassen lärmender Schulkinder aufgeregt durch die engen Gewölbegänge hinunter zum riesigen Adyton, dem Heiligen Hof. Dort posieren auf den unteren Stufen der Monumentaltreppe zum Chresmographeion, in dem einst Priester die Orakelsprüche aufbereiteten und verkündeten, japanische Touristen zum Gruppenvideo. Über ihnen sitzen auf den oberen Stufen junge Leute, die zur Gitarre romantische Lieder singen.

So munter es heute, wo fast alles jedem offensteht, im Didymaion manchmal zugeht, Funktion und Wirkung des Orakels erfährt man so nicht. In der Antike waren nur wenige zugelassen. Auch hatten die Auserwählten Zugang nur zum Pronaos. Das gesamte durch eine Mauer von 25 Metern Höhe abgeschirmte Tempelinnere, das Adyton, war den Priestern und Wahrsagern sowie ihren Bediensteten vorbehalten. Während man die Ruine durchwandert, sollte man sich daher darüber bewußt sein, in welchem Teil des Tempels man sich befindet, und was dort geschah. Das Didymaion war eine komplexe Offenbarungsanlage mit deutlich voneinander abgegrenzten Bereichen (S. 182).

Der Besucher betritt das Ruinengelände über eine Treppe, die an der Nordostecke nach unten führt. Hier endete auch in der Antike die 17 Kilometer lange Heilige Straße, die Milet mit dem Heiligtum verband. Unten auf dem Niveau des Tempelvorplatzes liegt ein gemauerter Brunnen aus archaischer Zeit, der einst von einem auf vier Säulen ruhenden Baldachin überdeckt war. Daneben, etwa in der Mitte des Tempelvorplatzes, befinden sich die Fundamente eines runden Altars von acht Metern Durchmesser. Brandspuren lassen erkennen, daß auf diesem Altar Tieropfer

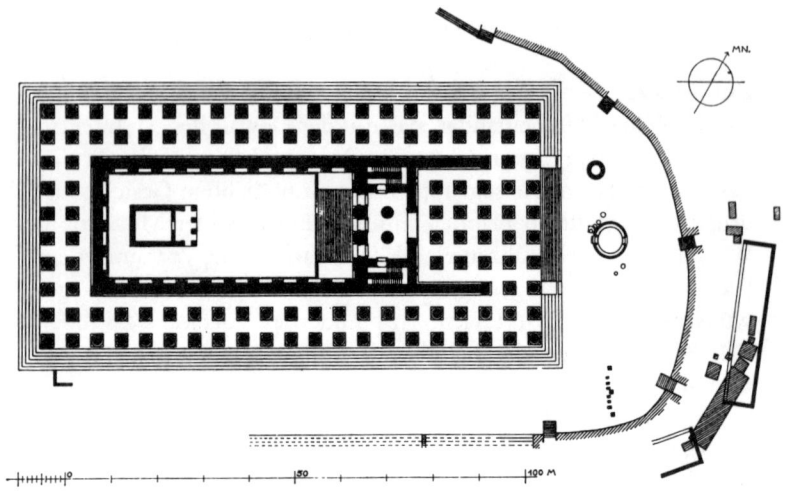

Grundriß des hellenistischen Didymaion

vollzogen wurden, um den Gott durch den Geruch von brennendem Fett und Fleisch zu erfreuen.

Man steht nun vor der Vorderseite eines Tempels von übermenschlicher Wucht und Größe. Ein siebenstufiger Unterbau von dreieinhalb Metern Höhe entzieht selbst den Fußboden den Blikken der Besucher auf dem Vorplatz. Über dem Unterbau erhebt sich wie eine Bastion des Gottes das Heiligtum mit einer Grundfläche von 51 × 109 Metern. Mit ihren 20 Metern Höhe geben die drei noch stehenden Säulen einen Eindruck einstiger Größe und Pracht. Vollendet wäre der Innenraum von zwei Reihen aus insgesamt 108 solcher Säulen umgeben gewesen. Obwohl der Tempel kein Giebeldach, sondern einen flachen Oberbau trug, war er fast 30 Meter hoch.

Nachdem sie auf dem Altar die vorgeschriebenen Opfer gebracht und Votivgaben hinterlassen hatten, betraten die Ratsuchenden den Pronaos (Vorraum) über die 14 Stufen der Treppe an der Eingangsseite. Dort standen sie, an den Seiten durch die fast 20 Meter hohen Mauern der Anten (die verlängerten Seitenmauern des Innenraums) abgeschirmt, zwischen vier Dreierreihen mächtiger Säulen. Wer heute in den engen Räumen zwischen

Rekonstruktion des hellenistischen Apollontempels von Didyma

Stümpfen von zwei Meter Durchmesser steht, gewinnt einen Eindruck, wie winzig die Gläubigen sich vorgekommen sein müssen. Hoch über ihnen sorgte das Dach für ehrfurchtgebietendes Halbdunkel.

In der Rückwand des Pronaos befand sich auf Brusthöhe ein riesiges Tor von sechs Meter Breite und 14 Meter Höhe. Aber dieses Heilige Tor gewährte niemandem Durchlaß. Ein mächtiger Marmorblock versperrte den Zugang zum anschließenden anderthalb Meter höher liegenden Raum. Den Blicken der Besucher verborgen, befand sich hinter dem Heiligen Tor das Chresmographeion. Dort überarbeiteten Priester den Spruch der Wahrsager, um ihn anschließend von der Höhe der Schwelle den Ratsuchenden zu verkünden.

Vom Chresmographeion führte eine 24stufige Monumentaltreppe von 15 Meter Breite in den riesigen Innenhof des Heiligtums, das Adyton. Abgeschirmt durch 25 Meter hohe Mauern wuchs hier, im Allerheiligsten, der Lorbeer des Apollon. Die Offenbarung vollzog sich in einem Tempelchen am hinteren Ende des Innenhofs, dem Naiskos. Im Inneren befand sich die Statue des Gottes und vermutlich auch die heilige Quelle. Vom Gott

Ionische Säulenordnung: Rekonstruktion des älteren Didymaion

ergriffen, empfingen die Wahrsager dort ihre mystischen Eingebungen. Diener eilten dann die Treppe zum Chresmographeion hinauf, wo die göttliche Botschaft von kundigen Priestern redigiert und als Spruch des Apollon von der Schwelle des heiligen Tores den im Vorraum wartenden Ratsuchenden verkündet wurde.

In seinem klassischen Werk über *Die Tempel der Griechen* hat Gottfried Gruben diesen 22 Meter breiten und 54 Meter langen Innenhof den »gewaltigsten aller griechischen Säle« genannt. Obwohl nicht überdacht, tragen die Wände die charakteristischen Merkmale einer Dachkonstruktion. An sie angebaut sind auf einem hohen Sockel stehende Pilaster mit Kapitellen und einem Gebälk, so als trügen sie über sich den freien Himmel.

Diesen Innenhof betraten die Priester und Wahrsager auf dem gleichen Weg wie heutige Besucher über die beiden Gewölbegänge, die aus dem Pronaos nach unten in den Hof führen. In der Antike freilich waren es hinter Pforten verborgene dunkle, mystische Gänge, an deren Ende sich grabartige Kammern befanden. Einfühlsam hat Gruben den Eindruck beim Verlassen dieser Zugänge beschrieben: »Aus diesem unterirdischen engen ›Propylon‹, aus dem Finsteren und Unheimlichen, trat man endlich, wenn die äußeren Türflügel in den großen Treppenwangen des Adyton sich öffneten, plötzlich ins Weiteste und Hellste, in den Himmelsaal Apollons.«

Weitere verborgene Zugänge führen auf das Dach. Versteckt hinter den Wänden des Chresmographeion befinden sich zwei Treppenhäuser, deren Decken mit labyrinthischen Mäandermustern verziert sind. Vermutlich wurden auch auf dem flachen Giebeldach, hoch über den Gläubigen, kultische Handlungen vollzogen.

So eindrucksvoll das hellenistisch-römische Heiligtum von Didyma ist, zwischen Apollon als dem Gott des Lichtes, den die Griechen in ihm verehrten, und den Gläubigen steht hier eine mysteriöse Orakelanlage von erdrückender Gewalt. Tore mit überhöhten Pforten, übermenschliche Proportionen von Säulen, Treppen und Sockeln, verborgene Innenräume sowie die psychologische Wirkung eines Rituals, das sich versteckter Durchgänge bedient, um unerwartete Erscheinungen zu produzieren, eine barocke Ornamentik aus gewaltigen Gorgonenhäuptern mit qualvoll verzerrtem Gesicht, klauenbewehrten Greifen und anderen Fabelwesen – das alles diente einem Zweck. Der Gläubige erlebte seine Ohnmacht und Ausgesetztheit gegenüber denen, die sich dieser Anlage bedienten.

In keinem anderen griechischen Tempel läßt sich die Kritik besser nachvollziehen, die im 1. Jahrhundert v. Chr. der römische Dichter Lukrez an der Spätform antiker Religiosität geübt hat (V 1198 f.). Wahrer Glaube sei nicht,

> verhüllt gesehen zu werden,
> Wie man sich kehrt zu dem Stein und allen Altären zu nahen,
> Nicht, sich zu Boden werfen gestreckt und die Hände zu breiten
> Vor den Tempeln der Götter, nicht Altäre mit vielem
> Blute von Tieren zu sprengen, Gebet an Gebete zu reihen,
> Sondern vielmehr mit befriedetem Sinn alles schauen zu können.

Nicht die Pythia – das Medium – im Orakel des Phoibos Apollon, die Wissenschaft erkenne die Wahrheit. Sie habe (I 737 f.):

> Antwort gegeben aus dem stillen Inneren des Herzens
> Unantastbar noch und auf viel gewissere Weise,
> Als vom Dreifuß und Lorbeer des Phoebus Pythia kündet ...

IV

DREHSCHEIBE DES HANDELS
UND DER IDEEN

SAMOS

DIE WECHSELVOLLE GESCHICHTE EINER IONISCHEN INSEL

*V*on Kuşadası geht es mit dem Schiff zu einem Tagesausflug nach Samos. Obwohl an der engsten Stelle nur fünf Kilometer von der Halbinsel Mykale entfernt, gehört es nach einer wechselvollen Geschichte im Spannungsfeld rivalisierender Mächte seit 1912 zu Griechenland. Und das Grenzritual beider Seiten liefert politischen Anschauungsunterricht über die Kluft, die noch immer die Nachbarn trennt.

Bei der Einschiffung wartet hinter dem Zollhaus in Kuşadası eine Überraschung. Anstatt zu einem der großen und modernen Passagierschiffe, die vorn an der Reede liegen, wird man zu zwei betagten Ausflugsbooten im hinteren Teil des Hafens geführt. Dort sahen wir, wie bei windigem Wetter selbst Angehörige der traditionsreichen Seefahrernation Großbritannien erbleichten. Was, solche winzigen Boote mute man ihnen zu, erregten sich Captain Cooks verängstigte Nachfahren. Nichts auf der Welt werde sie dazu bringen, den Fuß auf ein Schiff kleiner als die Fähren über den Ärmelkanal zu setzen. Entschieden forderten sie vom Agenten der türkischen Schiffahrtslinie ihr Fahrgeld zurück, was mit souveräner Geste geschah.

Besorgten Passagieren sei daher versichert, diese Schiffe, die zur Reisezeit täglich zwischen Kuşadası und Samos verkehren, haben ihren Dienst bisher sicherer versehen als die Kanalfähren nach England. Jeden Teilnehmer überzeugte die abendliche Wettfahrt bei der Rückkehr von der Leistungsfähigkeit der türkischen Küstenschiffahrt.

Die Erklärung dafür findet sich im Zollamt von Kuşadası in einem zwei Meter hohen goldverzierten Holzrahmen hinter Glas. Wie eine kostbare Reliquie auf blauen Samt gebettet, fordert darin ein Bild des Staatsgründers Kemal Atatürk seine Landsleute auf: »Seefahrt sollte als ein nationales Ideal der Türken angesehen werden, und alle unsere Anstrengungen sollten darauf gerichtet sein, es unverzüglich zu erreichen.«

Drei Riesenbauten und ein großer Denker

Samos entschädigt für die Umstände an der Grenze, die das einstige Ionien teilt. In archaischer Zeit war die Hauptstadt der Insel eine der reichsten und prachtvollsten des Ionischen Bundes. Aus der Blütezeit im 6. Jahrhundert v. Chr. sind die Überreste von Bauwerken geblieben, die zu den eindrucksvollsten der griechischen Welt gehörten. Ihretwegen widmete Herodot Samos ein ganzes Kapitel (III 39–60): »Ich habe mich deshalb über die Samier so ausführlich ausgelassen, weil sie die drei größten Bauwerke geschaffen haben, die es in Hellas gibt«, schrieb er ein Jahrhundert später um 450 v. Chr.

Um die Wasserversorgung gegen Belagerer zu schützen, hatte der Tyrann Polykrates (538–522 v. Chr.) den Baumeister Eupalinos mit einem der ehrgeizigsten Ingenieursvorhaben der Antike beauftragt. Das Wasser einer zweieinhalb Kilometer nördlich gelegenen Quelle sollte in unterirdischen Tonröhren durch den Stadtberg hindurch nach Samos geführt werden. Nach sorgfältiger Vermessung des Geländes trieben zwei Arbeitskolonnen von beiden Enden her einen kilometerlangen, mannshohen Gang mit fünf Metern Gefälle durch den Berg. Das schwierige Vorhaben gelang. Mit nur geringer Abweichung stießen die Kolonnen in der Mitte des Berges aufeinander.

Polykrates ließ auch das zweite Bauwerk errichten, das Herodots Bewunderung fand. Zum Schutz des Hafens hatte der Tyrann eine gewaltige Mole aufschütten lassen. Ein 300 Meter langer, bis in 25 Meter Wassertiefe reichender Damm bezog das Hafenbecken in den Mauerring um die Stadt mit ein. Hinter diese Bastion sollte die samische Kriegsflotte, die das östliche Mittelmeer unsicher machte, sich bei einem Angriff jederzeit zurückziehen können.

Doch diese Meisterwerke antiker Ingenieurskunst verblaßten gegenüber dem dritten Bauwerk – dem Heraion. Das um 530 v. Chr. begonnene Heiligtum sollte der größte und prachtvollste Tempel der Epoche werden. Wie das Didymaion wurde auch es nie fertiggestellt. Aber was Herodot im folgenden Jahrhundert sah, genügte, um es als eines der großen Wunder der Zeit zu preisen.

Dieser sogenannte Polykratesbau war nur der letzte in einer Reihe von Tempeln, die im Laufe der Jahrhunderte im heiligen Bezirk der Hera errichtet worden waren. Im Heraion von Samos läßt sich die Entwicklung des griechischen Heiligtums verfolgen, angefangen beim Kult an einem heiligen Baum bis zum ersten Monumentaltempel, der Vorbild aller späteren werden sollte. In der Geschichte des Heraion spiegelt sich die der Insel wieder. Im Verlauf von zwei Jahrhunderten entwickelt sich eine egalitäre Bauerngesellschaft zu einem von Tyrannen regierten Stadtstaat.

Schließlich ist Samos die Geburtsstätte des Pythagoras (etwa 570–500 v. Chr.), eines der bedeutendsten und eigenartigsten unter den griechischen Denkern. Mathematiker, Mystiker und Ordensgründer in einer Person, geht eine der grundlegenden Annahmen der ionischen Naturphilosophie auf ihn zurück: Er entdeckte, daß dem Universum mathematische Strukturen zugrunde liegen. Neben der Atomtheorie der Materie ist diese Erkenntnis der zweite große Beitrag der frühen griechischen Denker zur Geschichte des Wissens. Beide wirken in der modernen Naturwissenschaft weiter.

Um 570 v. Chr. geboren, verließ Pythagoras um 532 v. Chr. seine Heimat und siedelte sich in Süditalien an. In Kroton am Golf von Tarent gründete er den Orden der Pythagoreer. Auch wenn Pythagoras' Wirkungsgebiet in Süditalien lag, auf Samos hatte er die entscheidenden Jahre verbracht, die sein Denken formten. Hier wird er den Bau des großen Heratempels verfolgt haben, ein Ereignis, das – so vermute ich – sich in seiner Lehre von der Zahl als dem gestaltenden Prinzip der Welt niederschlägt.

Es war der Geist der von Anaximander begründeten *ionischen* Naturphilosophie, den Pythagoras nach Süditalien verpflanzte. Er und sein Altersgenosse Xenophanes von Kolophon, ein weiterer

Emigrant (S. 245 ff.), schufen so die Grundlage dafür, daß dieses Denken nach dem Ende der Unabhängigkeit Ioniens im freieren Klima Süditaliens und Siziliens weiterlebte. Aus diesem Grund sei Pythagoras aus der Sicht des ionischen Samos betrachtet.

Händler, Seeräuber und Tyrannen im archaischen Samos

Auf der Überfahrt nach Samos bleibt genügend Zeit, sich mit der Geschichte der Insel im 6. Jahrhundert v. Chr. zu beschäftigen. Isoliert vom historischen Hintergrund, vor dem sie entstanden, sähe man in den Monumentalbauten dieser Zeit sonst lediglich bewundernswerte technische und künstlerische Leistungen. Doch die Baumeister und Ingenieure des 6. Jahrhunderts führten nur aus, was andere anordneten. Ausschlaggebend war der politische Wille, in einer neuen Größenordnung zu bauen.

Um 570 v. Chr., eine Generation vor Polykrates, hatte ein unbekannter samischer Tyrann die Baumeister Rhoikos und Theodoros mit dem Bau des ersten Monumentaltempels der griechischen Welt beauftragt. Dieser sogenannte Rhoikostempel stellte nicht eine kontinuierliche Weiterentwicklung bestehender Sakralbauten dar. Wie sich an Ort und Stelle, im Heraion, zeigen wird, war es der Sprung in eine neue Größenordnung. In diesem Tempel drückt sich ein Repräsentationswille aus, der in der griechischen Welt neu war. Vorbilder gab es nur in den Riesentempeln Ägyptens. Ein solches Werk zu verwirklichen, setzte eine Konzentration von wirtschaftlichem Reichtum und von Macht voraus, wie es sie seit dem Zusammenbruch der mykenischen Herrschaft im 12. Jahrhundert v. Chr. nicht mehr gegeben hatte. Der Tempel war Ausdruck der neuen Macht, Zehntausende einem einheitlichen Willen unterzuordnen.

Zu seinem Reichtum und seiner Macht war Samos auf die gleiche Weise wie andere ionische Stadtstaaten gelangt – durch Handel. Herodot erwähnt die Insel als Heimat des Händlers Kolaios (Her. IV 152; S. 116). Auf der Fahrt nach Ägypten von widrigen Winden abgetrieben, gelangte das samische Schiff nach einer Irrfahrt durch die Straße von Gibraltar schließlich nach Tartessos im

Südwesten Spaniens und kehrte schwer mit Silber und Bronze beladen zurück.

Das Museum von Samos/Vathi – dem Ankunftsort der Schiffe von Kuşadası – vermittelt einen Eindruck der weltweiten Verbindungen im 7. und 6. Jahrhundert.* An keinem anderen Ort Griechenlands ist das Spektrum der Herkunftsländer der Funde so breit. Die aus dem Heraion stammenden Ausstellungsstücke, meist Votivgaben, stammen aus allen Teilen der damaligen Welt: aus den verschiedenen Regionen Griechenlands, aus Ägypten, Syrien, Babylonien, Armenien, Etrurien, Zypern, Kreta und Südwestspanien. Gestiftet wurden sie von Händlern, von Reisenden und Pilgern, die das berühmte Heiligtum vor den Toren von Samos aufsuchten.

Die Insel lag am östlichen Kreuzungspunkt der vielbefahrenen Ost-West-Route quer durch die Inselwelt der Kykladen. Die meisten Frachtensegler, die Kleinasien mit Gütern aus Griechenland und dem westlichen Mittelmeer versorgten, nahmen Kurs auf Samos. Dort spaltete sich der Strom auf. Ein Teil der Schiffe fuhr in östlicher Richtung nach Ephesos. Ein anderer nahm Kurs nach Süden mit Milet als wichtigstem Hafen oder fuhr weiter nach Rhodos, Kreta und Zypern. Die Südroute endete in Ägypten, wo Samos an der griechischen Handelsniederlassung Naukratis beteiligt war. Die Nordroute führte entlang der kleinasiatischen Küste durch die Dardanellen ins Marmarameer und Schwarze Meer.

Mit der Ausweitung des Seehandels in archaischer Zeit wuchs daher auch die Bedeutung der Insel. Wie auf Lesbos, in Milet und anderen griechischen Städten dürfte auch hier das Aufkommen neuer Schichten die Führungsrolle des alten grundbesitzenden Adels geschwächt haben. Wenngleich es darüber keine Aufzeichnungen gibt, so ist doch zu vermuten, daß auch auf Samos bürgerkriegsähnliche Auseinandersetzungen die Folge waren. Jedenfalls erschienen nach 600 v. Chr. die ersten Alleinherrscher – die in der griechischen Welt übliche Lösung solcher Konflikte.

* Da es um 15 Uhr schließt, sollte man es gleich nach der Ankunft besichtigen und erst danach zum Heraion und nach Pythagorion fahren, der Stätte des alten Samos.

VORHERGEHENDE SEITE:
OLIVENBAUM AUF DEM
AKROPOLISHÜGEL VON
KOLOPHON

OBEN: FESTUNGSMAU-
ERN DES HOMERISCHEN
TROJA MIT DER EIN-
FAHRT IN DIE DARDA-

NELLEN IM HINTER-
GRUND
UNTEN: DER HAFEN
VON TROJA: DIE BEŞIK-
BUCHT

OBEN: ATHENATEMPEL
AUF DEM VULKAN-
GIPFEL VON ASSOS,
HOCH ÜBER DER ÄGÄIS

UNTEN: BLICK VON
PRIENE AUF DIE
MÄANDEREBENE

LINKE SEITE: DER ATHENATEMPEL VON PRIENE; IM HINTERGRUND DAS MYKALE-GEBIRGE

OBEN: DIE IONISCHE STOA VON MILET
UNTEN: EINER DER BEIDEN LÖWEN AN DER EINFAHRT DES EINSTIGEN HAFENS VON MILET MIT ORTSKUNDIGEM FÜHRER

LINKE SEITE: DAS
APOLLONORAKEL VON
DIDYMA

OBEN: DAS HERAION
VON SAMOS

UNTEN: SÄULENFRAG-
MENTE VOM JÜNGEREN
HERATEMPEL VON
SAMOS

LINKE SEITE: DIE AR-   OBEN: DAS RIESIGE   SÄULEN DER ARKA-   UNTEN: VERLANDUNG
KADIANE, DIE ZUM   THEATER VON EPHE-   DIANE IM VORDER-   EINER WEITEREN
EINSTIGEN HAFEN FÜH-   SOS MIT DEN ERSTEN   GRUND   MEERESBUCHT:
RENDE PRACHTSTRASSE   MÄANDERMÜNDUNG
VON EPHESOS   BEI AKKÖY

LINKE SEITE: FELSEN-
GRÄBER AM BAFA
GOLÜ BEI HERAKLEIA

OBEN: DER EINSTIGE
HAFEN VON HERA-
KLEIA

UNTEN: BODRUM MIT
DEM THEATER VON
HALIKARNASSOS IM
VORDERGRUND

LINKE SEITE: DER APHRODITETEMPEL VON APHRODISIAS MIT DEM AK-GEBIRGE IM HINTERGRUND

OBEN: DAS HONAS-GEBIRGE, IM ALTERTUM KADMOS, ZWISCHEN TAVAS UND DENIZLI

UNTEN: BIN TEPE, DAS LAND DER TAUSEND HÜGEL, MIT DEN GRÄBERN LYDISCHER FÜRSTEN

LINKE SEITE: DER AR-
TEMISTEMPEL UNTER-
HALB DES AKROPOLIS-
BERGS VON SARDIS

OBEN: IONISCHES
KAPITELL VOM
ARTEMISTEMPEL IN
SARDIS

UNTEN: DAS ATEM-
BERAUBEND STEILE
THEATER VON PERGA-
MON ÜBER DEM
MODERNEN BERGAMA

NACHFOLGENDE SEITE:
DER TRAJANTEMPEL
AUF DER AKRA VON
PERGAMON

Einer der ersten dieser Tyrannen, Phoebias, mag in einer solchen Krise vom Volk als Schlichter berufen und unterstützt worden sein. Vermutlich von Perioden wiederaufflammender Adelskonflikte unterbrochen, folgten in der ersten Hälfte des 6. Jahrhunderts weitere Alleinherrscher, darunter Demoteles und Syloson der Ältere. Um 538 v. Chr. riß Polykrates die Macht an sich. Unter ihm entwickelte sich die Insel zur führenden Macht in der Ägäis und an der Westküste Kleinasiens.

Unter der Ägide »starker Männer« baute Samos systematisch seine Kriegsflotte aus. Um die Jahrhundertmitte begann es, seine Herrschaft über benachbarte Inseln und das Festland auszuweiten. Unter Polykrates führte es als erster griechischer Stadtstaat die Triere ein, jenen Schiffstyp (S. 142), der entscheidend zur samischen Seeüberlegenheit beitrug. Mit seiner Flotte aus 100 Fünfzigruderern, über 40 Trieren und einer Streitmacht von 1000 Bogenschützen wurde Polykrates zum Schrecken der Ägäis. »Denn überall, wohin er auch auszog zum Krieg, überall war das Glück mit ihm«, berichtete Herodot (III 39). Mit seiner Flotte bedrohte er die traditionellen Seemächte. Gegen Ende von Polykrates' Regierungszeit schlug Samos die vereinigten Flotten von Milet und Lesbos. Es gelang ihm sogar, ein Expeditionskorps Spartas, der damals führenden Militärmacht Griechenlands, zur Rückkehr zu zwingen.

Durch eine kaum kaschierte Piraterie bedrohten samische Schiffe den Seeweg zwischen Griechenland und Kleinasien. Sie raubten den riesigen, reich verzierten Mischkrug, den Sparta um 446 v. Chr. dem Lyderkönig Kroisos sandte. Ähnlich war es im Jahr zuvor einem kostbaren Geschenk des ägyptischen Pharaos Amasis ergangen (Her. I 70; III 47). Um sich Geld zu beschaffen, fuhr eine Gruppe samischer Exilanten kurzerhand zur kleinen Insel Syphnos, wo es erhebliche Gold- und Silbervorkommen gab. Als die Bewohner sich weigerten, die geforderten zehn Talente zu leihen, machten die Samier kurzen Prozeß. Sie verwüsteten die Insel, nahmen die Männer, die sich ihnen entgegenstellten, gefangen und erzielten die zehnfache Summe als Lösegeld (Her. III 58). Nicht zu Unrecht galt Samos in der griechischen Welt als ein Seeräubernest.

Widerstand im Inneren ließ der Tyrann nicht aufkommen. Nach Aristoteles (Pol. 1313b24) setzte er die Bevölkerung systematisch zu Zwangsarbeit an seinen gigantischen Bauvorhaben ein, die einen erheblichen Teil des privaten Reichtums verschlangen. Bis zur Grenze ihrer körperlichen und wirtschaftlichen Leistungsfähigkeit belastet, sollte aber keiner der Untertanen auf die Idee kommen, den Staatsstreich zu planen.

Die Skrupellosigkeit dieses glanzvollen Herrschers zeigt sich in einer Episode, die Herodot (III 44–5) überliefert hat. Vor dem Feldzug des Perserkönigs Kambyses II. (529–52 v. Chr.) gegen Polykrates' Verbündeten Pharao Amasis (569–525 v. Chr.) wechselte der Samier die Front. In kluger Einschätzung des Kräfteverhältnisses schlug er sich auf die Seite des Persers. Er schickte Kambyses 40 Trieren, die diesem helfen sollten, Amasis zu unterwerfen. Arglistig bemannte er die Schiffe mit seinen innenpolitischen Gegnern und ließ Kambyses ausrichten, er möge diese im Krieg verheizen. Doch die Betroffenen rochen Lunte. Vorzeitig heimgekehrt, drohten sie, den Tyrannen zu stürzen. In seiner Bedrängnis versicherte Polykrates sich der Loyalität seiner Untertanen auf die ihm gemäße Weise. Er ließ die Frauen und Kinder aller waffenfähigen Männer in die Schiffshäuser einsperren und drohte, sollten die Männer zu den Aufständischen übergehen, dann würden die Schiffshäuser in Brand gesetzt.

Von Hofpoeten wie Anakreon und Ibykos besungen, wurde Polykrates schließlich ein Opfer des eigenen Machtwahns. Unter dem Vorwand, ihm Geld für weitere Eroberungszüge zu geben, lockte ihn der persische Satrap Oroites nach Magnesia am Mäander. Gegen den Rat seiner Umgebung begab sich Polykrates tatsächlich in die Hand des Gegners. Oroites ließ Polykrates auf so bestialische Weise zu Tode quälen, daß Herodot die Sprache versagte (Her. III 125); darüber, wie der bewunderte Polykrates zu Tode kam, wollte sich der Geschichtsschreiber nicht äußern. Er erwähnte nur, daß der glanzvollste Herrscher seiner Zeit dann als Toter ans Kreuz geschlagen wurde: »So erfüllte Polykrates, da er am Pfahle hing, seiner Tochter Traumgesicht, denn er wurde gebadet von Zeus, sooft der Gott es regnen ließ, und wurde gesalbt von der Sonne, als ihm die Feuchte aus dem Leibe quoll.«

MASS UND FORM: DAS HERAION

*V*om Ankunftsort der Schiffe im modernen Samos/Vathi ist das etwa 15 Kilometer entfernte Heraion mit dem Bus oder dem Taxi zu erreichen. Umgeben von einem dichten Gürtel aus Schilf und Büschen, liegt es einige hundert Meter vom Meer entfernt am Rand einer fruchtbaren Ebene im Mündungsgebiet des Imbrasos. Eine einsame Säule und Fundamentreste aus mächtigen Kalksteinquadern, auf denen man malerisch die riesigen Basen längst verschwundener Säulen deponiert hat, sind alles, was von diesem vielgerühmten Heiligtum blieb.

Frühere Generationen haben ganze Arbeit geleistet und eines der großen Wunderwerke antiker Baukunst bis auf die Grundmauern abgeräumt. Kaum etwas, das geblieben ist, übersteigt Schulterhöhe. Und dennoch gehört der Besuch des Heraion zu den großen Erlebnissen einer Reise durch das alte Ionien. Es bedarf nur einiger Vorstellungskraft, um in Gedanken wiederzuerschaffen, was Natur und Menschen im Lauf der Zeit zerstört haben.

Schon seit dem 3. Jahrhundert unserer Zeitrechnung haben Bauwerke, die zu den prachtvollsten der Antike zählten, als Steinbrüche gedient. Die Masse der Mauern, der Säulentrommeln und Kapitelle wurde jedoch erst seit dem 11. Jahrhundert unter der Herrschaft der Seerepubliken Venedig und Genua auf Schiffen abtransportiert. Vermutlich um als Wegweiser zum Steinbruch zu dienen, blieb der Stumpf der einst 20 Meter hohen, einsamen Säule stehen. Was die Fremden übriggelassen hatten, verwerteten anschließend die Einheimischen. In kleine Bruchstücke zertrümmert, lieferten mächtige Kalksteinquader Baumaterial für die Häuser, Scheunen und gemauerten Feldraine der Bauern in der

Umgebung. Ein Reisender im 19. Jahrhundert fand die Fundamente drei bis vier Fuß hoch mit Splittern vom Zerschlagen größerer Teile bedeckt.

Der heilige Ort

Wer sich im Heraion nicht im Labyrinth der Fundamente unterschiedlichster Bauten aus verschiedenen Epochen verirren will, sollte sich auf den Kern der Anlage beschränken. Das sind der Heratempel mit der Säule und der dazugehörende Altar (vgl. S. 197). Er liegt 70 Meter vom Tempel entfernt am östlichen, der Eingangsseite entgegengesetzten Rand der Ausgrabungsstätte.

Ein moderner Architekt könnte sich angesichts der massigen Fundamente fragen, warum seine griechischen Vorläufer den Riesenbau auf einem so schwierigen Untergrund wie im sumpfigen Schwemmland des Imbrasos errichteten, wo doch der Tempel weiter nördlich, am Fuß der Hügel, auf festem Boden gestanden hätte. Doch die Griechen haben ihre Heiligtümer nicht dort errichtet, wo es zweckmäßig oder besonders stimmungsvoll gewesen wäre. Die Orte waren vorgegeben. Aufgabe der Baumeister war es, die mit dem Untergrund verbundenen Probleme zu lösen. Anders als christliche Kirchen, die durch Segnung zu Heiligtümern werden, standen die Tempel der Griechen auf heiligem Boden. Fromme Legenden, die mit bestimmten Orten sakrale Ereignisse wie die Geburt eines Gottes verbanden, gaben die Standorte vor.

An der Westküste Kleinasiens griffen die eingewanderten Griechen häufig auf Heiligtümer der Urbevölkerung zurück. Wie im Didyma und Ephesos übernahmen die Kolonisten, die sich um die Mitte des 11. Jahrhunderts auf Samos ansiedelten, einen vorhandenen Kultplatz. Dabei verschmolz der Glaube der karischen Ureinwohner mit den Göttervorstellungen der Neuankömmlinge. Ein Amalgam aus griechischen und fremden Elementen entstand.

Nach der Überlieferung war Hera am sumpfigen Ufer des Imbrasos unter einem Lygosstrauch geboren worden. Der Reiseschriftsteller Pausanias, der diesen Strauch im 2. Jahrhundert unse-

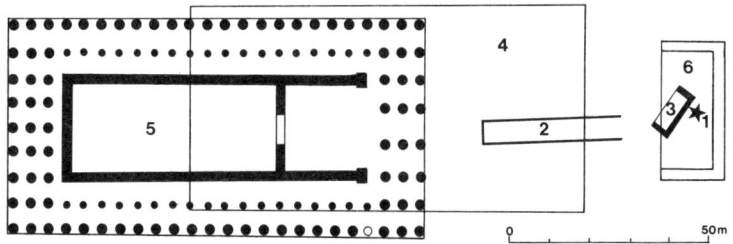

Plan des Heraion von Samos: 1 Kultbaum und erster Altar aus dem
späten 2. Jahrtausend; 2 Hekatompedos (Hundertfußtempel) I und II,
8./7. Jahrhundert v. Chr.; 3 Altar des 8. und 7. Jahrhundert v. Chr.;
4 Rhoikostempel, um 570–535 v. Chr.; 5 Polykratestempel nach
530 v. Chr.

rer Zeitrechnung noch gesehen haben will, bezeichnet ihn als den
ältesten Baum Griechenlands (VII 4,4; VIII 23,5). Auch heute
wächst der Lygos, eine Weidenart mit weißen, violetten oder roten Blütenkerzen, im Mündungsgebiet des Flusses südlich des
Heiligtums. Auch diese Verbindung einer fruchtbaren Ebene mit
dem Herakult ist nicht zufällig. So wie Athena die höchste Erhe-
bung einer Stadt als Ort für ihr Heiligtum bevorzugte und Apollon die felsige unfruchtbare Wildnis, waren Hera als Göttin der
Ehe und der Fruchtbarkeit die Ebenen vorbehalten.

Die Göttin, deren Kult seit der Mitte des 2. Jahrhunderts am
Imbrasos gefeiert wurde, war ursprünglich nicht die weißarmige,
unterdrückte Gemahlin des Zeus, als die Homer sie später dar-
stellte. Von der karischen Urbevölkerung wurde sie als eine selb-
ständige Natur- und Fruchtbarkeitsgöttin verehrt.

Nach Ankunft der Griechen im 11. Jahrhundert begann dann
Zeus auf Samos eine Nebenrolle zu spielen. Die Legende verband
ihn mit der einheimischen Göttin: Am Imbrasos unter dem Lygos
begegnet Zeus, der Gott der Neuankömmlinge, der Vegetations-
göttin der Ureinwohner. Macht über sie hat er nicht. Im Ritual
der Heiligen Hochzeit tritt er nur als der männliche Partner einer
empfängnisbereiten Fruchtbarkeitsgöttin auf.

Daß sich daran bis in die Spätantike nichts geändert hat, ist
durch den heiligen Augustinus (5. Jahrhundert) verbürgt (Gottes-

197

staat VI 7): Auf Samos blieb dem obersten Gott der Griechen und Römer nur die männliche Statistenrolle im Fruchtbarkeits- und Eheritual der heiligen Hochzeit. Im Mittelpunkt des Kults stand Hera bzw. ihr römisches Äquivalent Juno.

Etwa in der Mitte des großen Heraaltars aus dem 6. Jahrhundert haben Ausgräber die Überreste eines kleinen gepflasterten Altars aus dem späten 2. Jahrtausend gefunden. Im Pflaster steckte der Stumpf eines mächtigen Baumes, den das Sumpfwasser konserviert hatte. Spuren von Opfern ließen erkennen, daß hier Menschen unter freiem Himmel den Kult ihrer Göttin gefeiert hatten.

Dieser Kultbaum wurde zum Kristallisationspunkt aller späteren Altäre. Ihnen zugeordnet waren die Tempel. Während die Lage der Tempel sich im Lauf der Jahrhunderte änderte, blieb der Altar am gleichen Ort. Denn er, nicht der Tempel, stand im Mittelpunkt des Kults. Hier wurden die sakralen Handlungen vollzogen. An diesem Ort erhielt Hera, was Götter in der Antike am meisten schätzten: Opfergaben.

Aus diesem Grund soll der Altar, nicht der auffälligere Säulenstumpf als Orientierungspunkt der folgenden Betrachtung dienen. Etwa 20 Meter westlich des Standorts (Richtung Säule) wurde im 8. vorchristlichen Jahrhundert der älteste archäologisch erforschte Tempel des Heraion erbaut. Wie seine Nachfolger diente er als Behausung des Kultbilds. Ursprünglich war das eine menschengroße Holzbohle, mit der sich eine wundersame Legende verband. Die griechischen Einwanderer übernahmen den Fetisch und schnitzten daraus eine Götterfigur mit menschlichen Zügen.

Der so geschaffene Hekatompedos I (Hundertfußtempel) war einer der ersten griechischen Tempel. Am Altar stehend hätte man im 8. Jahrhundert auf die Vorderseite eines langgestreckten Fachwerkbaus aus Lehmziegeln und Holz geblickt. An der Ruine des Heratempels aus dem 6. Jahrhundert gemessen war er bescheiden. Etwa 38 Meter (hundert samische Fuß) lang und acht breit, trug er ein schilfgedecktes Giebeldach. Es ruhte auf 13 Holzstützen, die sich in der Mittelachse des Tempelinneren befanden. Kleinere Stützen könnten die Außenseite des überstehenden Daches getragen haben.

Einen solchen Tempel zu bauen, verlangte zwar einigen Aufwand, aber nichts, was die Möglichkeiten einer Kultgemeinde überschritten hätte. Es liegt nahe, die Erbauer in den Bewohnern des sechs Kilometer entfernten Samos zu sehen. Dort bildete sich in dieser Zeit die erste zusammenhängende Siedlung. Das Haus für das Kultbild könnte eine Weihegabe der Gläubigen an die Göttin gewesen sein.

Um die Mitte des 7. Jahrhunderts wurde der Hekatompedos I durch einen Neubau an der gleichen Stelle ersetzt, den Hekatompedos II. Nach dem Urteil des Ausgräbers Hans Walter – auf dessen vortreffliches Buch *Das Griechische Heiligtum* ich mich stütze – brach der Hekatompedos II mit der traditionellen Bauweise. Er stellte einen Neubeginn dar, der für alle späteren Tempel richtungweisend werden sollte. Er war zwar nur unwesentlich größer als der alte, aber in seiner Bauweise deutete sich eine neue Monumentalität an.

Der gemauerte Innenraum – der Vorläufer der Cella späterer Tempel – trug das Dachgebälk nun selbst. Diese Konstruktion machte die Stützen im Inneren entbehrlich. Auch war die aus viereckigen Holzpfosten bestehende Ringhalle, die den Innenraum umgab, nicht mehr angebaut, sondern in die Konstruktion einbezogen. Sie wurde zur Vorläuferin der steinernen Säulenreihen, die alle späteren Tempel umgaben. Diese sogenannte Peristasis entstand aus einem um die Cella gelegten Ring schlichter Holzstützen, auf denen die Außenseite eines vorstehenden Giebeldaches ruhte.

Erbauer des Hekatompedos II wird nicht mehr wie beim Vorläufer eine Kultgemeinde gewesen sein. Es war die Polis, der Stadtstaat Samos, der im 7. Jahrhundert entstand. In dieser Zeit wurde auch eine Prozessionsstraße von der Stadt zum sechs Kilometer entfernten Heraion gebaut, die Heilige Straße. Das Heiligtum, in prähistorischer Zeit ein kleiner Altar, an dem einfache Bauern unter freiem Himmel ihre Riten vollzogen hatten, war zum religiösen Zentrum eines Stadtstaats geworden.

Der erste Monumentaltempel

Um 570 v. Chr. wurde auch der Hekatompedos II abgetragen. Er machte einem Neubau Platz, dessen Größe und Pracht alles Dagewesene in den Schatten stellte. Es war der nach einem der beiden Baumeister benannte Rhoikostempel. Auf seiner Grundfläche hätte der Vorgänger zwölfeinhalbmal Platz gehabt. Im Gegensatz zu den Architekten Rhoikos und Theodoros ist der Name des Auftraggebers unbekannt. Vermutlich war es einer der Tyrannen zu Beginn des 6. Jahrhunderts.

Nur ein Alleinherrscher konnte ein Bauwerk errichten lassen, das einen erheblichen Teil der Reichtümer von Samos verschlang. Während die Auftraggeber des archaischen Artemision von Ephesos (um 560 v. Chr. begonnen) und des archaischen Apollonorakels von Didyma (um 540 v. Chr.) dem Heratempel auf Samos nacheiferten, war dieser in der griechischen Welt ohne Vorbild. Traditionsgebundenen Geistern muß es wie der Plan eines Verrückten erschienen sein. Um eine solche Idee zu verwirklichen, bedurfte es einer Macht, wie sie zu dieser Zeit in der griechischen Welt nur Tyrannen hatten.

Auch vom Rhoikosbau sind nur Bruchstücke geblieben. Sie befinden sich jedoch nicht mehr am ursprünglichen Ort. Wenige Jahrzehnte nach der Fertigstellung trug man das Wunderwerk bis zum Erdreich ab. Alles Baumaterial aus Stein, Mauern, Fundamente und Säulenteile, wurde in einem noch größeren Nachfolger wiederverwendet. Dieser um 530 v. Chr. begonnene sogenannte Polykratesbau ist der Tempel, vor dessen Überresten man steht. Den Ort des abgetragenen Rhoikosbaus markieren heute nur noch Fundamentspuren und Gräben. Zusammen mit den im Nachfolgebau gefundenen Teilen genügen sie jedoch, um eine Vorstellung von der Kühnheit des Entwurfs und der Pracht dieses ersten Monumentaltempels der Griechen zu machen.

Vom Altar nach Westen blickend, hätte man ihn um die Mitte des 6. Jahrhunderts in etwa 20 Meter Entfernung vor sich gehabt. Für den zeitgenössischen Betrachter, der noch den weitaus kleineren Hekatompedos II vor Augen hatte, muß es ein überwältigender Anblick gewesen sein. Er stand vor einem Tempel mit einer

Heratempel, Rekonstruktion. Um 570 v. Chr. Säulenhöhe etwa 10,5 m

Grundfläche von 52,5 × 105 Metern. Vor ihm ragte eine Fassade mit acht Reihen von je zwei kunstvoll kannelierten weißen Kalksteinsäulen auf, über denen sich noch der Giebel erhob. Eine Vorstellung seiner Größe liefert der Polykratesbau. Mit 52 Metern nur zweieinhalb Meter breiter, nimmt er fast die gesamte Breite der Ausgrabungsstätte ein. Die fast elf Meter hohen Säulen des

Rhoikostempels übertrafen den erhaltenen Säulenstumpf des Nachfolgers um vier Meter.

An diesem Bauwerk zeigte sich, zu welch außergewöhnlicher Wirkung eine schon im Hekatompedos II angedeutete Idee gesteigert werden konnte. Die aus massiven Kalksteinblöcken bestehende Cella mit ihren glatten abweisenden Flächen war von einem doppelten Ring aus 52 Säulenpaaren umgeben. Kanneluren nahmen den aus dicken übereinandergeschichteten Steintrommeln bestehenden Säulen alle Schwere. Auf dem massigen Stein zeichnete das Sonnenlicht ein lebendiges Muster aus senkrechten Lichtstreifen und scharf abgegrenzten dunklen Schatten, das im Verlauf des Tages um die Säulen wanderte.

Dieses Zusammenspiel zweier gegensätzlicher Grundelemente, der massiven abweisenden Cella und des lichtdurchfluteten Säulenkranzes der Peristasis, wurde hier erstmals erprobt. In seinem Werk über *Die Tempel der Griechen* hat Gottfried Gruben beides auf ältere Bauformen zurückgeführt. Die Cella leitet sich vom geschlossenen Megaronhaus ab, die Peristasis (Ringhalle) vom offenen Baldachin, einem von Säulen getragenen künstlichen Himmel. Gruben: »Die Vereinigung dieser antithetischen Strukturen, von geschlossenem Haus und offenem Baldachin, von Megaron (Cella) und Peristasis (Säulenkranz), sollte sich als die fruchtbarste, für Jahrhunderte wirksame Grundidee der griechischen Architektur erweisen. Das Ausprägen und Auswägen der Spannung zwischen Cella und Peristasis, zwischen geschlossenem, kantigem Kern und durchsichtig gegliedertem Säulenkranz, zwischen Körper und Kleid, ruhendem Zentrum und rhythmischem Reigen ist fürderhin ihr eigenstes Thema.«

Kaum drei Jahrzehnte nach der Vollendung wurde dieses grandiose Bauwerk abgetragen und das Material zum Bau des neuen Tempels verwendet. Die Gründe sind nicht restlos geklärt. Denkbar ist, daß sich der Untergrund senkte und ein Erdbeben nachhalf. Sorgfältig in die Fundamente des Polykratesbaus eingebettet, blieben Spiren und Thoren – die beiden Teile der Säulenbasen* –

---

* Die konkav eingezogene Spira war der untere Teil. Darüber lag der nach außen gewölbte Thorus.

des Rhoikostempels erhalten. Es scheint, als hätten die Erbauer sie aus Achtung vor der Meisterschaft ihrer Vorgänger bewahren wollen. Man sollte sie nicht mit den auffälligen, auf die Fundamente gelegten schärfer geschnittenen und gröberen Säulenbasen des Polykratesbaus verwechseln. Deutlich wird der Unterschied an einer Stelle, wo ein aus der Mauer ragender Thorus des älteren Tempels unter einer Spira des jüngeren liegt.

Auf einer von Theodoros erfundenen Drehbank mit feinen Profilen versehen, findet sich in diesen steinernen Säulenbasen ein Abglanz der Schönheit des verschwundenen Rhoikostempels. Ein lebendiges Profil aus feinen Rillen, Hohlkehlen und Wülsten läßt anderthalb Tonnen schwere Kolosse von zwei Metern Durchmesser leicht und elegant erscheinen. »Nur wer die seidige, schmiegsame Haut dieser Profile selbst berührt hat, kann ermessen, welcher Grad von fühlbarem Leben hier der Oberfläche des feinkörnigen Steins verliehen wurde«, so hat Gruben die sinnliche Qualität des gestalteten Steins anschaulich beschrieben.

Um einen größeren Festplatz vor dem Altar zu schaffen, wurde der neue Tempel nach dem Abriß des alten nicht an der gleichen Stelle errichtet, sondern 40 Meter nach Westen verlegt. Während der Regierungszeit des Polykrates (538–522 v. Chr.) begonnen, konnte er in den Wirren nach dem Tod des Tyrannen nicht mehr vollendet werden. Keine drei Jahre, nachdem es den Höhepunkt seiner Macht erreicht hatte, befand sich Samos in persischer Hand. Ein samischer Tollkopf hatte eine Rebellion angezettelt und einige Offiziere der Besatzungsmacht erschlagen. Im Blutrausch metzelten die Perser darauf wahllos Männer, Frauen und Kinder dahin. Entvölkert wurde die Insel Polykrates' jüngerem Bruder Syloson übergeben.

ZAHL UND HARMONIE:
PYTHAGORAS

Um 570 v. Chr., als Rhoikos und Theodoros im heiligen Bezirk die Fundamente des Heratempels legten, wurde im sechs Kilometer entfernten Samos Pythagoras, Sohn des Steinschneiders Mnesarchos, geboren. Zwei Jahrzehnte später, als der Tempel fertiggestellt war, hatte er Mannesalter erreicht. Die Bauzeit fiel in die Phase, in der ein junger Mensch Anregungen aufnimmt, die später seine Vorstellungswelt prägen. Und gewiß wird der Bau eines Tempels, der alles Dagewesene in den Schatten stellen sollte, den aufgeweckten Sohn eines Handwerkers fasziniert haben.

Die Baumeister Rhoikos und Theodoros stammten wie er aus Samos. Theodoros, ein Universalgenie, verstand sich als Goldschmied und Steinschneider ebenso auf feinste Ziselierarbeit, wie er als Architekt und Ingenieur die große Form beherrschte. Obwohl jünger, dürfte er der erfindungsreichere Kopf gewesen sein. Als die Ephesier um 560 v. Chr. darangingen, der Stadtgöttin Artemis einen Tempel zu bauen, der das Heraion noch übertreffen sollte, holten sie ihn.

Wo außergewöhnliche Arbeit verlangt wurde, riefen die Großen diesen vielseitigen Mann. Für den Lyderkönig Kroisos fertigte Theodoros einen riesigen silbernen Mischkessel an, den das Orakel von Delphi als Weihegabe erhielt (Her. I 51). Auch soll er den berühmten smaragdbesetzten Goldring hergestellt haben, in dem Polykrates seinen kostbarsten Besitz sah (siehe Kasten). Außerdem ist Theodoros einer der großen Erfinder der Antike gewesen. Bahnbrechende Neuerungen wie die Wasserwaage, das Winkelmaß, der Schlüssel, der Bronzehohlguß und die Drehbank für die tonnenschweren Säulenbasen des Heraion wurden ihm zugeschrieben.

Der Ring des Polykrates

Mit dem von Theodoros hergestellten Ring verbindet Herodot (III 41–43) eine moralisierende Geschichte, in der sich
das Ende des glanzvollen Herrschers ankündigt. Besorgt,
das Glück seines Gastfreundes Polykrates könne den Neid
der Götter wecken, riet Pharao Amasis diesem, sich von
dem zu trennen, woran sein Herz am meisten hinge. Nach
einigem Nachdenken entschied sich Polykrates für den
Ring. Er ließ sich von einem Fünfzigruderer weit hinaus
aufs offene Meer fahren und warf den von Theodoros hergestellten Ring in die Fluten. Aber in Gestalt eines riesigen
Fisches verfolgte ihn das Glück auch dort. Tage später fand
er den Ring im Bauch des Tieres wieder, das ihm Fischer als
Gabe überreicht hatte.

Als Amasis davon erfuhr, ahnte er, so Herodot, »daß niemals ein Mensch den anderen aus dem drohenden Unheil
erretten vermöge und daß Polykrates, dem alles glücke, der
sogar wiederfinde, was er von sich werfe, kein gutes Ende
haben könne. So schickte er einen Boten nach Samos und
sagte ihm das Gastrecht auf, damit er nicht um Polykrates
wie um einen Freund trauern müsse, wenn dereinst ein
schweres Unheil über ihn hereinbräche.«

Beim Bau des neuen Heratempels konnte der junge Pythagoras
erstmals jene Vorgänge beobachten, die später seinen großen Beitrag zur Geschichte des Denkens ausmachen sollten: die Gestaltung der Materie durch die Zahl. Am Bau setzten Handwerker die
Vorgaben der Architekten in Formen um. Dort konnte ein junger
Mensch mit wachem Verstand erkennen, wie abstrakte Zahlen
materielle Gestalt annahmen. Aus Zahlen wurden Formen, deren
Schönheit entzückte.

Steinmetze verwandelten grob zurechtgehauene Kalkstein-
blöcke aus dem Steinbruch in sorgfältig bearbeitete Quader für

den Unterbau und die Mauern der Cella. In den amorphen Kalkstein der runden Säulenrohlinge meißelten sie Kanneluren, die lastenden steinernen Säulen Schwerelosigkeit und Leben verliehen. Auf den von Theodoros erfundenen Drehbänken formten Handwerker aus rohen Steinrollen die mit feinen Profilen versehenen Säulenbasen, auf denen Sonnenlicht ein zauberhaftes Spiel von Wölbungen, Schattenlinien und Lichtreflexen hervorrief. Zimmerleute und Schnitzer bearbeiteten Baumstämme zu prachtvoll verzierten Teilen des Gebälks.

Nach dem gleichen Prinzip wurden die Teile zu einem Ganzen von überwältigender Schönheit und Harmonie zusammengesetzt. In den Abmessungen des Riesenbaus herrschte das Zahlenverhältnis von zwei zu eins vor: Mit einer Grundfläche 105 × 52,5 Metern war der Tempel doppelt so lang wie breit. In seinem Inneren stand die Cella, in deren Grundfläche sich das Verhältnis von zwei zu eins wiederholte. Ihre Abmessungen wiederum entsprachen der Hälfte der Außenmaße des Tempels. Zwei Reihen aus je 15 Säulen unterteilten Cella und Pronaos in drei gleich große Schiffe. Außen waren sie von der symmetrischen Doppelreihe der 104 Säulen der Ringhalle umgeben. Überall Symmetrie, Maß und Form.

Als das Bauwerk um 550 v. Chr. fertiggestellt war, zeigte sich, daß Schönheit auf dem richtigen Verhältnis, auf der Harmonie der Teile innerhalb des Ganzen beruhte. Auf der Grundlage von jahrhundertelanger Erfahrung an solchen Bauwerken sollte um die Zeitenwende der Römer Vitruv in seinem Werk über die Architektur den Begriff *symmetria* definieren (I 2,4): Es ist »der sich aus den Gliedern des Bauwerks selbst ergebende Einklang und die auf dem berechneten Teil beruhende Wechselbeziehung der einzelnen Teile für sich gesondert zur Gestalt des Bauwerks als Ganzem«.

Wer, wie Pythagoras es vermutlich getan hat, die Entstehung des Tempels mit wachem Bewußtsein verfolgt hatte, dem mußte die Bedeutung von Proportion, von Zahl und Form ins Auge springen. Die Schönheit des Baus war nicht in der materiellen Qualität der Baustoffe Kalkstein und Holz vorgegeben. Das Gefühl, das sich beim Anblick des Tempels einstellte, beruhte auf dem Maß und der Form, die den Stoff gestaltet hatten. »Denn Abgemessenheit und Verhältnismäßigkeit werden uns doch über-

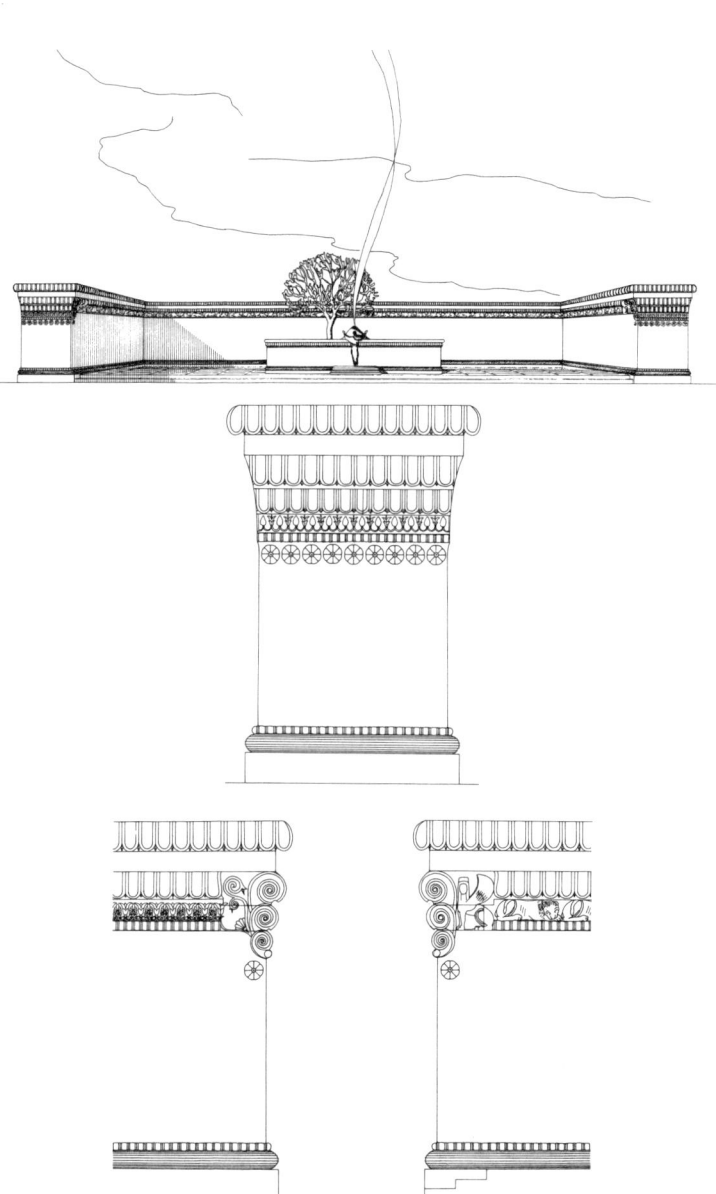

Der Rhoikosaltar und seine Ornamente

all offenbar Schönheit und Tugend«, sollte im 4. Jahrhundert Platon, der Pythagoras so viel verdankte, seinen Protagonisten Sokrates sagen lassen (Philebos 64e).

Ein Heranwachsender muß sich solcher Zusammenhänge nicht bewußt sein. Aber damit später die Aufmerksamkeit des Erwachsenen auf bestimmte Aspekte der Wirklichkeit fällt, genügt es, sie intuitiv erfaßt zu haben. Tatsächlich entspricht Pythagoras' große Entdeckung dem Vorgang, den er beim Bau des Heraion beobachtet haben konnte: Bestimmte Zahlenverhältnisse geben Formen vor, die als schön und harmonisch empfunden werden. Aus Zahlen werden Formen, die Menschen innerlich bewegen. Wer dies erlebt hat, für den liegt es nahe, die Antwort auf die Frage nach dem gestaltenden Prinzip der Welt in der *Zahl* zu sehen.

Die beiden großen Denker vor Pythagoras, Anaximander (etwa 611–547 v. Chr.) und Anaximenes (etwa 585–525), hatten das gleiche Prinzip im *Stoff* gesehen (S. 157). Die Form etwa der Erde – bei Anaximander ein flacher Säulenstumpf mit einem Durchmesser dreimal so groß wie seine Länge – war durch die Materie vorgegeben. Wie von selbst schien sie aus einem gestaltlosen Urstoff entstanden zu sein und hatte dabei auf nicht näher geklärte Weise ihre Gestalt angenommen. Was Form tatsächlich bedeutete, interessierte Anaximander und Anaximenes nicht weiter.

Pythagoras dagegen stellte erstmals die Frage nach der Form: Was gestaltet Materie? Seine Antwort lautete: »Zahlen«. Seine Vorläufer waren nicht dümmer gewesen, aber auf die Idee, nach dem formenden Prinzip zu fragen, waren sie nicht gekommen. Irgend etwas muß die Aufmerksamkeit des Pythagoras auf die überragende Bedeutung der Zahl gelenkt haben, und ich vermute, daß es Erfahrungen beim Bau des Rhoikostempels gewesen sind.

»Er hat es selbst gesagt...« Die Pythagoreer

Den Anstoß zu Phythagoras' großer Entdeckung freilich lieferte nicht wissenschaftlicher Erkenntnisdrang. In diesem vielschichtigen Mann nur den Wissenschaftler zu sehen hieße, die religiöse Komponente seines Denkens zu ignorieren. Wie bei anderen grie-

chischen Naturphilosophen vereinigten sich auch in ihm Erkenntnisstreben mit einem tiefempfundenen Glauben. Pythagoras' Religiosität hatte freilich nichts von der Rationalität seines Altersge-
nossen Xenophanes, dessen einer Gott das All durch seines Geistes
Denkkraft lenkt (S. 248 f.). Fremd war ihr auch der aufklärerische
Drang seines jüngeren Zeitgenossen Heraklit, der seine Mitbürger
im rationalen Diskurs über die göttliche Weltvernunft belehren
wollte (S. 231 ff.). Dieser Denker wurde zum Begründer einer
mystischen Geheimlehre.

Um 532 v. Chr. war Pythagoras nach Süditalien übergesiedelt.
Nach einer Überlieferung, die wie alles im Leben dieses Mannes
Züge späterer Legendenbildung trägt, hatte er sich der Tyrannis
auf Samos entzogen. Nach dem Regierungsantritt des Polykrates
538 v. Chr. war er zunächst zu einer ausgedehnten Studienreise
nach Ägypten und Babylonien aufgebrochen. Dort erwarb er mathematische und astronomische Kenntnisse, kam aber auch mit
religiösen Vorstellungen in Berührung, die sich später in seiner
Seelenlehre niederschlagen sollten. Als sich bei der Rückkehr
zeigte, daß Samos weiter in der Hand des Despoten war, zog
Pythagoras nach Kroton am Golf von Tarent.

Was immer an dieser Geschichte wahr ist, fest steht, daß der
Denker und Mystiker in den dreißiger Jahren des 5. Jahrhunderts
in Kroton einen religiösen Orden gegründet hat. Dieser Orden,
dessen Mitglieder eine »reine« Lebensweise verfolgten, errang für
einige Jahrzehnte die Macht in der Stadt. Drei Jahrzehnte später
vertrieb das Volk, der Herrschaft der »Tugendhaften« leid, um 500
v. Chr. die Pythagoreer. Offensichtlich hatten sie erheblichen
Konfliktstoff geschaffen.

Der Orden erlegte den Bürgern so abstruse religiöse Verbote
auf wie die, über ein Joch zu steigen oder Bohnen zu essen, ver-
wehrte ihnen jedoch den Zugang zum Geheimwissen des Bundes.
Unter Anführung eines abgewiesenen Aristokraten rotteten sich
die Betroffenen zusammen und verbrannten das Haus, in dem sich
die Pythagorasjünger versammelt hatten. Anscheinend kamen nur
zwei mit dem Leben davon. Ob Pythagoras selbst zu den Opfern
gehörte oder schon vorher ins sichere Metapont gezogen war, ist
ungewiß. Nach 500 v. Chr. verliert sich seine Spur.

Weil Wissen nur eingeweihten Mitgliedern des Bundes vorbehalten sein sollte, hat Pythagoras seine Lehre nur mündlich verbreitet und auch seine Schüler dazu verpflichtet. Aus diesem Grund stammt nahezu alles, was über diesen Denker bekannt ist, aus späteren Quellen – das meiste von Pythagoreern des 4. Jahrhunderts. Den Jüngern galt der Ordensstifter als Autorität von göttlicher Unfehlbarkeit. Wie eine Zauberformel verwandelte der Satz »er hat es selbst gesagt« persönliche Überzeugung zu unanfechtbaren Wahrheiten. Vieles, das Pythagoras zugeschrieben wurde, stammt daher vermutlich von anderen, die seine Lehre weiterentwickelt, in ihrem Sinne gedeutet und mit eigenen Ansichten angereichert haben. Dies sollte man im Auge behalten, wenn man sich mit diesem außergewöhnlichen Mann beschäftigt.

Seelenwanderung und Seelenläuterung: das mystische Element

Vom orphischen Glauben an ein Weiterleben der Seele nach dem Tod beeinflußt, sah Pythagoras im Leib nur einen vorübergehenden Aufenthaltsort der Seele. Um im Jenseits erlöst zu werden, mußte die Seele sich im Verlauf mehrerer Wiedergeburten läutern. Er selbst scheint sich an eine ganze Anzahl von Inkarnationen erinnert zu haben. Im 4. Jahrhundert v. Chr. überlieferte Herakleides von Pontos, ein Schüler Platons und Aristoteles', die Inkarnationen des Ordensgründers, die ihm pythagoreische Gewährsleute anvertraut hatten:

Als Sohn des Gottes Hermes war Pythagoras einst als Aithalides geboren worden. Sein göttlicher Vater hatte ihm die Gabe verliehen, sich an frühere Daseinsformen zu erinnern. Nach dem Tod des Aithalides war die Seele in Euphorbos neu geboren worden, einem der Helden des Trojanischen Krieges. Zum Erstaunen seiner Zuhörer erinnerte sich dieser, durch welche Pflanzen und Tiere seine Seele in früheren Existenzen schon gewandert sei. Entgegen Homers Darstellung von Menelaos nicht getötet, sondern nur verwundet, war Euphorbos später eines natürlichen Todes gestorben. Übergegangen in Hermotimos erinnerte sich die Seele an ihr früheres Dasein, so daß es ihrem vorübergehenden Träger mühelos gelang, den vermoderten Schild des Menelaos zu finden, den dieser im Branchidentempel von Didyma dem Apollon geweiht hatte. Nach dem Ende des Hermotimos auf Delos in Gestalt des Pyrrhos wiedergeboren, hatte die Seele nach dessen Tod in Pythagoras von Samos ihren vorläufig letzten Aufenthalt gefunden.

Auf diesen Glauben an Seelenwanderung spielt eines der wenigen Dokumente an, in denen sich ein Zeitgenosse über Pythagoras äußert. In einigen Zeilen macht sich der Rationalist und Aufklärer Xenophanes über ihn lustig (DK B 7):

> Und als er einst an einem Hund, der geschlagen wurde, vorbeikam,
> Habe er, heißt es, Mitleid gehabt und folgendes gesagt:
> »Hör auf und schlage nicht; denn es ist ja eines Freundes Seele, die ich
> erkannte, als ich sie schreien hörte.«

Prozeduren zur Läuterung der Seele spielten unter den Pythagoreern daher eine wichtige Rolle. Dazu gehörten nicht nur Verbote wie das, beseelte Tiere zu schlagen oder zu töten, die sich aus dem Seelenwanderungsglauben ergaben. Sie schlossen so absonderliche Tabus mit ein wie das, beim Füßewaschen mit dem linken Fuß anzufangen, Schuhe aber zuerst über den rechten zu ziehen und Feuer nicht mit dem Messer zu schüren.

Zahlen als gestaltende Prinzipien der Welt

Zur Seelenläuterung dient auch die Musik. In ihr zeigt sich die Verbindung zwischen Mystizismus und rationalem Erkenntnisstreben bei Pythagoras. Das grundlegende Wissen, daß Tonfolgen Menschen innerlich bewegen können, war nicht neu und auch nicht auf die Pythagoreer beschränkt. Im Dionysoskult, dem wilden Zwilling der Orphik, diente Musik zur Beschwichtigung rasender Bacchanten. In seinem Spätwerk, den *Gesetzen,* vergleicht Platon die Wiegenlieder der Ammen mit der Wirkung von Tönen auf die Teilnehmer orgiastischer Kulte (790 e): »durch Anwendung jenes Taktes der Bewegung und jener Liedertöne, wie bei der Heilung besinnungsloser Bacchantenwut«. Auf ähnliche Weise heilten Korybantenpriester bestimmte Nervenleiden.

Durch wilde Flötenmusik putschten sie die Kranken bis zur Erschöpfung auf. Ermüdet fielen diese dann in einen tiefen Schlaf, aus dem sie geheilt aufwachten.

In vergeistigter Form, so hat im 4. Jahrhundert v. Chr. der Aristotelesschüler Aristoxenos überliefert, setzten auch Pythagoras und seine Anhänger Tonfolgen ein. So wie Ärzte den Leib durch Medizin von Krankheit befreiten, läuterten sie die Seele durch Musik. Pythagoras indessen begnügte sich damit, solche Erfahrungen anzuwenden. Er hatte die entscheidende Idee, die Ursache dieses Effekts zu erforschen: Harmonische Tonintervalle, die auf die Seele wirken, die Menschen innerlich bewegen, sie zu Tränen rühren und läutern, so nahm er an, müssen auf Zahlenverhältnissen beruhen, die gemessen werden können.

Als Versuchsobjekt diente ihm ein Monochord. Das war ein einfacher Resonanzboden mit zwei festen Stegen und einer darübergespannten Saite. Mit Hilfe eines verschiebbaren dritten Steges ließen sich auf dieser Saite unterschiedlich hohe Töne erzeugen. Pythagoras konnte nun messen, welche Saitenlängen

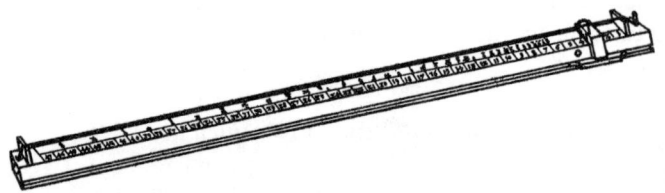

harmonischen Tonfolgen entsprachen. Er gelangte zu einer folgenreichen Entdeckung: Tonfolgen, die als harmonisch empfunden werden, liegen Verhältnisse einfacher Zahlen zugrunde. Halbierte er die Saite, dann hörte er einen um eine Oktave höheren Ton; unterteilte er die Längen im Verhältnis drei zu zwei, dann entstand eine Quinte, beim Verhältnis vier zu drei eine Quarte.

Neu an dieser Entdeckung war nicht die Überzeugung, daß es in der Natur Phänomene gibt, die sich in Zahlen ausdrücken lassen. Im Kosmos seines Vorläufers Anaximander (611–547 v. Chr.) kreisten die Sterne, der Mond und die Sonne in Abständen von 9 (1×9), 18 (2×9) und 27 (3×9) Erddurchmessern um die Erde. Der

Durchmesser der als Säulentrommel gedachten Erde war dreimal so groß wie die Höhe. Keine dieser Angaben, weder die Zahlen noch die Formen, entsprach indessen der Wirklichkeit. Anaximander hatte noch nicht einmal versucht, die Größen, Formen und Abstände der Himmelskörper grob abzuschätzen. Sein Modell des Kosmos beruhte auf der mythischen Vorstellung von der Universalität »heiliger« Zahlen wie drei und neun.

Die Überzeugung des Pythagoras, harmonischen Proportionen müßten Zahlenverhältnisse zugrunde liegen, die *gemessen* werden können, war daher vollkommen neu. Nur weil er überzeugt war, dem inneren Gefühl von Harmonie und Schönheit, das Menschen bei bestimmten Tonfolgen empfinden, müsse eine Ursache in der Außenwelt der Töne entsprechen, kam er auf die Idee, die Saitenlängen zu messen.

Aus diesen Erkenntnissen zogen er und seine Anhänger eine kühne Schlußfolgerung. Wenn Tonfolgen, die Menschen innerlich aufwühlen, auf einfachen Zahlenverhältnissen beruhen, dann muß auch die gesamte Welt auf dem Prinzip der Zahl beruhen. Zahlen wurden für Pythagoras und seine Jünger zum gestaltenden Prinzip des Kosmos, so wie es für Anaximander und Anaximenes (etwa 585–525 v. Chr.) der Stoff gewesen war.

Stoff und Form

»Alles ist Zahl«, dieser dem Pythagoras zugeschriebene Satz ergänzt die Weltsicht der milesischen Denker, für die der Stoff »alles« gewesen war. Anaximander und Anaximenes hatten eine Vorstellung dessen entwickelt, was Stoff (Materie) ist. Für sie lag das Prinzip der Welt in einem mit Lebenskräften beseelten Urstoff, aus dem alles andere hervorgegangen war: Anaximanders *apeiron* (das Unbegrenzte) und Anaximenes' »Luft« (S. 157). Offen blieb jedoch das Problem, auf welche Weise der Urstoff verschiedene Formen angenommen hatte. Die Frage etwa, was den Urstoff veranlaßt hatte, zu einer Erde von *zylinderförmiger* Gestalt zu werden, hatte Anaximander nicht beschäftigt. Die Form erschien beiden Denkern als gegeben.

Pythagoras dagegen erkannte als erster das Problem der Form, die den Stoff gestaltet. Von Anaximander hatte er die Frage nach der ersten Ursache übernommen, aus der alles andere hervorgegangen sei. Gewissermaßen seitenverkehrt zu Anaximanders Versäumnis, die Form als eigenständiges Phänomen zu betrachten, versäumte er das gleiche beim Stoff. Tatsächlich ist beides miteinander verbunden. Stoff wird durch Maß (Zahl) gestaltet. Für Pythagoras und seine Jünger war der Stoff in der Zahl vorgegeben. In ihrem Denken hatten Zahlen dinglichen Charakter.

Diese Verallgemeinerung, alles sei Zahl, brach mit allem, was die großen Denker davor gelehrt hatten. Die pythagoreische Überzeugung, etwas Abstraktem wie Zahlen entsprächen Dinge, die man sehen, greifen oder hören konnte, ist so »verrückt«, daß sie nicht einfach vom Himmel gefallen sein kann. Es liegt nahe, in diesem allmächtigen Prinzip der Zahl einen Nachhall der Anweisungen der Architekten des Heratempels von Samos an die Handwerker zu sehen. Auf der Grundlage solcher Zahlen- und Formangaben wurde der amorphe Stoff in den Händen der Handwerker zu Säulentrommeln, Kapitellen, Spiren sowie Mauersteinen und schließlich zu einem Tempel, dessen Proportionen als harmonisch und schön empfunden wurden.

Beide Ansätze, die der milesischen Denker und die der Pythagoreer, ergänzten sich. So unvollkommen sie waren, aus dem ersten ging im 5. Jahrhundert v. Chr. die Atomtheorie der Materie hervor, aus dem zweiten die Suche nach der mathematischen Struktur der Naturerscheinungen – bis zum heutigen Tag die Grundlage der Naturwissenschaft.

»Pythagoras hat von allen Menschen am meisten Erkundung getrieben«

In Pythagoras freilich nur einen Vorläufer der exakten, mathematischen Naturwissenschaft zu sehen wäre falsch. Er war zugleich Wunderheiler, Ordensstifter, religiöser Reformator und Begründer einer Geheimwissenschaft, die zur Zahlenmystik verkam. Wie sehr Wissenschaft und Mystik sich im Denken der Pythagoreer vermischten, zeigt sich in dem Versuch, seelische Zustände durch Zahlen auszudrücken. Vermutlich weil der Oktave Harmonie entspricht, bedeutete für sie die Acht Liebe und Freundschaft, Gesundheit die Sieben, und Gerechtigkeit schien eine Quadratzahl zu sein. Der gleiche Glaube an die gestaltende Kraft von Zahl und Harmonie findet sich im Modell des Kosmos, das der Pythagoreer Philolaos gegen Ende des 5. Jahrhunderts entwarf.

Philolaos ordnete den Fixsternhimmel sowie die damals bekannten Planeten Saturn, Jupiter, Venus und Merkur, dazu die Sonne, den Mond, die Erde auf kreisförmigen Sphären an, die um ein unsichtbares Zentralfeuer kreisten. Überzeugt, ein Universum mit weniger als zehn Sphären sei unvollständig, führte er zusätzlich eine fiktive, ebenfalls unsichtbare Gegenerde ein. Der einzige Grund dafür war der Glaube an die Heiligkeit der Zahl Zehn, einer Zahl, bei der die Phythagoreer zu schwören pflegten. Auch waren Geschwindigkeiten und Abstände der Sphären so berechnet, daß analog zu schwingenden Saiten musikalische Harmonien entstehen mußten. Hörbar schien diese Sphärenmusik nur deswegen nicht zu sein, weil sich das menschliche Ohr von Geburt an daran gewöhnt hatte.

So abstrus dieses Modell des Kosmos auch erscheint, zum erstenmal rückt es die Erde aus dem Zentrum des Universums. Sie war zu einem Planeten unter anderen geworden. Im Verlauf von anderthalb Jahrhunderten, in denen andere Denker Ungereimtheiten korrigierten, führte dieses Modell im 3. Jahrhundert v. Chr. zum heliozentrischen Planetensystem des Aristarchos (etwa 320–250 v. Chr.), eines weiteren bedeutenden Gelehrten aus Samos. Als erster erkannte er, daß die Erde sich um die Sonne bewegt, die im Mittelpunkt des Planetensystems ruht.

In der ihm eigenen Schroffheit hat Heraklit (etwa 540–470 v. Chr.) seinem älteren Zeitgenossen Pythagoras einen Nachruf gewidmet, der das Zwiespältige der faszinierenden Gestalt des Pythagoras wohl am ehesten erfaßt (DK B 129): »Pythagoras, des Mnesarchos Sohn, hat von allen Menschen am meisten Erkundung getrieben, und nachdem er sich diese Schriften herausgesucht hat, machte er daraus seine eigene Weisheit: Vielwisserei, Betrügerei.«

Das kam einem Kompliment so nahe, wie es Heraklit gegenüber Andersdenkenden nur möglich war. Um es richtig zu bewer-
ten, muß man wissen, was der große ephesische Denker von Geistern hielt, in denen wir die Größen ihrer Zeit sehen. Homer und
Archilochos wollte er postum mit Ruten gezüchtigt und aus öffentlichen Rezitationen verbannt haben; Hesiod, Xenophanes,
Hekataios und erneut Pythagoras nannte er herablassend Vielwisser ohne Verstand. Aber er bestätigte ihm wenigstens, die Forschung weiter vorangebracht zu haben als jeder andere zuvor. Er
warf ihm nur vor, von seinem Wissen falschen Gebrauch gemacht
zu haben. Herodot (IV 95) jedenfalls nannte Pythagoras »einen der
weisesten Männer von Hellas«.

V

DAS UMFELD EINER METROPOLE

EPHESOS

DIE WELTVERNUNFT DES HERAKLIT

*A*uf vergnüglichere Weise als in Ephesos läßt sich eine lebendige Anschauung einer reichen Handelsstadt der Spätantike schwerlich gewinnen. Wo sonst findet man im Zentrum einer hellenistisch-römischen Großstadt eine Ansammlung derart gegensätzlicher öffentlicher Gebäude, die sich dennoch auf das sinnvollste ergänzen? Auf engstem Raum war hier für die Freuden des Geistes ebenso gesorgt wie für die Bedürfnisse des Leibes.

Mittelpunkt des Geschäftslebens war der riesige, von prachtvoll verzierten überdachten Säulengängen umgebene Markt, ein Treffpunkt der Kaufleute aus der gesamten römischen Provinz Asia. In den Läden und Magazinen hinter den Säulenhallen boten Händler und Handwerker ihre Waren feil, Gewürze, kostbare Stoffe, Wein, Keramik, Parfüms, Kunsthandwerk und Sklaven.

Vom Markt erreichte man durch ein Tor die Celsus-Bibliothek am Kreuzungspunkt der beiden Prachtstraßen, der Marmor- und der Kuretenstraße. Im Inneren, einem großen Saal mit einer umlaufenden zweigeschossigen Galerie, lagerten über zwölftausend Schriftrollen. Aus Nischen zwischen den Säulen der eleganten Fassade blickten den Besucher vier Göttinnen an: Weisheit, Tugend, Gute Gesinnung und Bildung.

Vom Tempel der Gelehrsamkeit war es nur ein Schritt zum noblen zweigeschossigen Freudenhaus auf der gegenüberliegenden Straßenseite. Marmorböden mit Mosaiken, säulengestützte Decken und Portale, freskengeschmückte Wände, Bäder und ein lauschiger Innenhof, um den kleine Salons gruppiert waren, schufen eine Atmosphäre, in der sich der Gast wohl fühlen mußte.

Die Mädchen wiederum, darunter die Schöne, deren Fußabdruck in der Marmostraße ortskundigen Klienten die Richtung

Romantisierende Ansicht des Artemision von Ephesos

wies, hatten die Priester des reichverzierten Hadriantempels zu Nachbarn, den ein reicher Römer seinem Kaiser gestiftet hatte.

Ein Haus weiter ging es zur Scholastikatherme, einem luxuriös ausgestatteten öffentlichen Bad mit Umziehräumen, Schwimmbecken und Dampfbad sowie Massageräumen, in denen die Reichen sich waschen, massieren und mit duftenden Essenzen einreiben ließen.

Schließlich lag zwischen Tempel und Freudenhaus in einer Seitenstraße am Hang eine vielsitzige öffentliche Latrine, deren Sitzreihen um einen Innenhof mit einem großen Wasserbecken angeordnet waren. Ein auf korinthischen Säulen ruhendes Dach schützte die Benutzer vor Sonne und Regen, Sichtblenden zwischen den Sitzen fehlten zwar, aber dafür sorgten eine Wasserrinne vor und tiefe Abflußgräben unter den Sitzreihen für Hygiene.

Anders als in Milet hat man in Ephesos eine Vielzahl wichtiger Bauwerke rekonstruiert, darunter Celsusbibliothek, Hadriantempel und die durch eine fabrikhallenartige Überdachung geschützten Villen reicher Römer. Der Besucher gewinnt so einen Einblick, wie luxuriös und bunt das Leben der Oberschicht in einer reichen Provinzhauptstadt des römischen Weltreichs war. Denn ausgegraben und wiederhergestellt ist nur ein Bruchteil des antiken Ephesos, vorwiegend öffentliche Gebäude und Quartiere der Reichen.

Entstanden ist ein archäologisches Disneyland, bevölkert von Menschenscharen, die gruppenweise hinter einheimischen Führern und Führerinnen durch die ausgedehnte Ruinenlandschaft wandern. Es herrscht ein babylonisches Sprachengewirr. Wie es sich für ein solches Unternehmen gehört, sind Anfahrt und Rücktransport der Menschenströme bestens organisiert. Buskolonnen aus dem etwa 20 Kilometer entfernten Hafenort Kuşadası verfrachten ganze Schiffsladungen von Reisenden zu den Ruinen von Ephesos, wo vor dem Eingang Scharen von Verkäufern auf sie warten. Vom Ansichtskartenleporello bis zum handgeknüpften Teppich, vom Goldkettchen bis zur Imitation exklusiver französischer Modeartikel – das und einiges mehr ist vor dem Eingang zu den Ruinen von Ephesos zu haben.

An der Aufdringlichkeit der Verkäufer sollte sich niemand stören. In Ephesos hat das Geschäft mit den Fremden Tradition. Vor fast zwei Jahrtausenden, im Jahr 55, rief hier der Apostel Paulus einen Volksaufstand hervor, weil er durch seine Predigten den Devotionalienhandel empfindlich schädigte (Paulus XIX 21–40). Die Pilgerscharen, die von überallher nach Ephesos strömten, um das Artemisium, das große Heiligtum der Stadt aufzusuchen, stellten eine lukrative Einnahmequelle dar. Von ihnen lebte eine ganze Gilde von Silberschmieden, die Nachbildungen der Stadtgöttin *Artemis Ephesia* anfertigten. Nun kam dieser Fremde und verkündete unerhörte Dinge.

Eindringlich warnte der Anführer der Silberschmiede, Demetrius, seine Kollegen: »Männer, ihr wißt, daß wir unseren Wohlstand diesem Gewerbe verdanken. Nun seht und hört ihr, daß dieser Paulus nicht nur in Ephesos, sondern in der ganzen Provinz Asien viele Leute verführt und aufgehetzt hat mit der Behauptung, die mit Händen gemachten Götter seien keine Götter. So kommt nicht nur unser Geschäft in Verruf, sondern auch dem

Heiligtum der großen Göttin Artemis droht Gefahr, nichts mehr zu gelten, ja sie selbst, die von der ganzen Provinz Asien und von der ganzen Welt verehrt wird, wird ihre Hoheit verlieren.«

Das genügte. Erregt riefen die Silberschmiede: »Groß ist die Artemis von Ephesos!« Das Geschrei alarmierte unbeteiligte Bürger, die ins Theater stürmten und »Groß ist die Artemis von Ephesos!« brüllten. Nur das Eingreifen eines besonnenen Stadtschreibers verhinderte, daß die aufgebrachte Menge den Apostel und seine Gefährten lynchte.

Als Ephesos vorgelagerte Hafenstadt profitiert auch Kuşadası von den Riesenschiffen, die frühmorgens an der Reede anlegen. Aus einem verträumten Fischerdorf ist ein Anlaufpunkt für Mittelmeerkreuzfahrer geworden. Ungezählte Händler warten auf die Menschenmassen, die frühmorgens aus den Rümpfen quellen, Ephesos besichtigen und abends wieder zurückströmen, um schon in der Nacht zur nächsten Attraktion verfrachtet zu werden. Von den Händlern wiederum leben schlecht bezahlte Frauen, die Teppiche knüpfen oder Lederjacken nähen. Dazu kommen ambulante Gewürz- und Teeverkäufer sowie Schuhputzer, die selbst dem abgeschabtesten Leder wieder Hochglanz verleihen.

Vom Menschengewimmel in Ephesos darf man sich nicht abschrecken lassen. Die Statisterie, deren Teil man ist, gehört zum Stück, das dort aufgeführt wird. Nur sollte sich, wer durch die Ruinen wandert, im klaren sein, wie künstlich das Arrangement ist. Man meint, die Rekonstruktion einer bedeutenden antiken Stadt vor sich zu haben, läuft jedoch in Wirklichkeit an »Potemkinschen Dörfern der Vergangenheit« vorbei, wie der österreichische Archäologe Anton Bammer die Inszenierung von Ephesos ironisch charakterisiert hat.

Da Marmor kostbar war, wurde das Material alter Gebäude immer wieder verwendet. Über die Jahrhunderte konnte so ein und derselbe Stein verschiedenen Gebäuden angehört haben. Außer der unberührten Ruinenstätte, die Ephesos vor Ankunft der Archäologen war, gibt es daher, so wendet Bammer ein, keinen Zustand, der als *der* authentische gelten könnte. Die Rekonstruktion erweckt jedoch den Eindruck, Ephesos sei ein kleinasiatisches Pompeji – als habe all das, was heute dort zu sehen ist, zu einem bestimmten Zeitpunkt auch beisammen gestanden. Tatsächlich wurden jedoch Bauten aus verschiedenen Zeiten wiederhergestellt, die als besonders eindrucksvoll galten. Entstanden ist ein Potpourri aus Evergreens quer durch die hellenistisch-römische Antike. Doch auch wenn man die Inszenierung durchschaut, bereitet die Besichtigung des »Potemkinschen Dorfes« Ephesos Vergnügen.

Wanderungen einer Stadt

Wie Milet verdankte auch Ephesos seinen Reichtum dem Handel. Schon um 500 v. Chr. wandte sich der große Heraklit, ein Aristokrat, der alles Krämertum verachtete, höhnisch an seine Mitbürger: »Möge nie der Reichtum euch ausgehen, Ephesier, daß offenbar wird, wie verkommen ihr seid.« (DK B 125) Der zynische Wunsch sollte in Erfüllung gehen. Der Reichtum blieb Ephesos nahezu ein Jahrtausend lang treu. Der Niedergang der Stadt begann erst, als der Kayster (Küçük Menderes) sie im 5. Jahrhundert unserer Zeitrechnung allmählich vom Meer abschnitt. Der Hafen, die Quelle des Reichtums, war endgültig verlandet.

Der Blick aus der Höhe auf den ehemaligen Hafen und die Landschaft lohnt die Mühe, die 66 Sitzreihen des riesigen Theaters am Westhang des Panayır Dağ aufzusteigen. Man sieht auf eine von Säulen gesäumte Prachtstraße, die seitlich versetzt vom Theatervorplatz schnurgerade nach Westen verläuft. Es ist die Arkadiane. In der Antike führte sie zum 500 Meter entfernten Hafen; ihres Daseinszwecks beraubt, verliert sie sich heute in einer weiten Ebene. Das Meer am Horizont, das noch im 4. Jahrhundert bis ans Ende der Hafenstraße reichte, ist vom Kayster fünf Kilometer nach Westen verdrängt worden. Der Urheber dieser gewaltigen Veränderungen fließt, vom Theater aus nicht sichtbar, im Norden der Straße nach Kuşadası.

Was heute Ebene ist, war im 2. Jahrtausend v. Chr. eine tief ins Landesinnere geschnittene Bucht. Das Meer dürfte bis zu den 15 Kilometer entfernten Ruinen von Belevi im Nordosten von Ephesos an der Straße von Selçuk nach Izmir gereicht haben. Der zwei

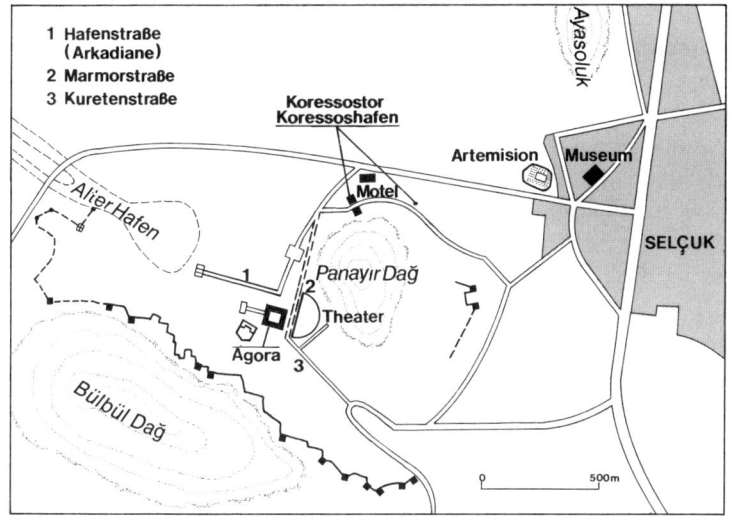

Das antike Ephesos

Kilometer entfernte Ayasolukhügel im Nordosten (hinter dem Panayır Dağ verborgen) mit der Johanneskirche, der Zitadelle und Teilen von Selçuk war eine Insel.

Zu Beginn des 6. Jahrhunderts v. Chr. hatten Ablagerungen aus dem Fluß die Küste bereits nach Westen verschoben. Die *archaische* Stadt lag am sogenannten Koressoshafen in der Südostecke der Bucht und zog sich den Nordhang des Panayır Dağ hinauf. Das ist das etwa 500 Meter vom Theater entfernte Gebiet oberhalb des Tusan-Motels an der Abzweigung zu den Ruinen von Ephesos. Nach Unterwerfung der Stadt durch den Lyderkönig Kroisos um 550 v. Chr. mußte diese befestigte und leicht zu verteidigende Siedlung aufgegeben werden. Auf Befehl des Kroisos wurden die Bewohner in nicht allzu großer Entfernung im Bereich des Artemistempels etwa anderthalb Kilometer nordöstlich des Theaters angesiedelt.

Zweieinhalb Jahrhunderte später wurde auch diese Stadt verlassen. Sand- und Geröllmassen aus dem Kayster hatten den Koressoshafen verlanden lassen. Der Diadoche Lysimachos (305–281

223

v. Chr.), einer der Erben Alexanders des Großen, verlegte Ephesos zum dritten Mal. Da die Bürger sich widersetzten, erzwang er
die Umsiedlung, indem er bei einem Unwetter die Abwässerka-
näle verstopfen und das archaische Ephesos überfluten ließ. Die
von Lysimachos gegründete *hellenistische* Stadt – in der man sich
befindet – wurde in die Senke zwischen dem Südhang des Panayır
Dağ und dem Nordhang des gegenüberliegenden Bülbül Dağ gebaut. Am westlichen Rand der Senke war das Meer noch tief
genug für große Schiffe.

Die Arkadiane verband das Stadtzentrum mit dem Hafen. Ihr
Name erinnert an den römischen Kaiser Arkadius, der sie um
400 n. Chr. erneuern und die Zufahrt zum Meer wiederherstellen
ließ. Schon um die Zeitenwende hatte Strabo den Hafen versumpft
und für schwere Lastschiffe unzugänglich vorgefunden. Dennoch
war Ephesos die größte Handelsmetropole des westlichen Asien
(Geogr. XIV 1, 24). Zur Blütezeit in den ersten beiden nach-
christlichen Jahrhunderten dürfte es über zweihunderttausend
Einwohner gehabt haben.

Die Arkadiane von Ephesos

Unter Arkadius (um 400), sieben Jahrhunderte nach der Gründung der hellenistischen Stadt durch Lysimachos, hatte der Kayster die Küste ein weiteres Stück nach Westen verschoben. Westlich der Arkadiane befand sich ein von Sümpfen und Sanddünen durchsetztes Marschland. Nur noch ein mühsam freigehaltener Kanal verband den Hafen mit dem Meer. Doch wie sich an der prunkvollen Erneuerung der Straße zeigt, war Ephesos noch immer Weltstadt. Es diente als Hauptumschlagsplatz der römischen Provinz Asien.

Zur Zeit des Arkadius war die elf Meter breite und 500 Meter lange Hafenstraße, die prachtvollste der Epoche, ganz mit Marmor gepflastert. An den Seiten von überdachten Säulenhallen mit kostbaren Mosaikböden gesäumt, verfügte sie über eine Straßenbeleuchtung mit fünfzig Lampen, ein Luxus, den sich in der Antike nur wenige Städte leisteten. Hinter den Hallen befanden sich Tavernen und Geschäfte, in denen Güter aus dem nahen Hafen, Nahrungsmittel und Gewürze angeboten wurden.

Der archaische Artemistempel: ein zerstörtes Weltwunder

Auf der Suche nach Heraklit (etwa 540–470 v. Chr.), dem faszinierendsten unter den frühen Denkern, muß man das hellenistisch-römische Ephesos zwischen Panayır Dağ und Bülbül Dağ verlassen. Heraklit wuchs in der Stadt auf, die unter dem Druck des Lyderkönigs Kroisos um die Mitte des 6. Jahrhunderts v. Chr. in das Gebiet um das Artemisheiligtum verlegt worden war. Da die Überreste unter acht Meter dicken Schwemmsandschichten unter dem Grundwasserspiegel liegen, ist diese Siedlung archäologisch nicht erforscht.

Ausgegraben sind nur Fundamentreste des archaischen Artemisions, des größten Tempels seiner Zeit. Auf seiner Grundfläche von 55 × 115 Metern hätte der Kölner Dom anderthalbmal Platz gehabt. Der Standort, das damals am Meer gelegene sumpfige Gelände unterhalb des Ayasolukhügels, war wie in Didyma und auf Samos durch ein älteres Heiligtum vorgegeben. An dieser

Das ältere Artemision von Ephesos

Stelle hatte schon vor der Einwanderung der Griechen die karische Urbevölkerung den Kult der orientalischen Fruchtbarkeitsgöttin Kybele gefeiert.

Wie in der Hera von Samos verbanden sich in der Artemis von Ephesos griechische und orientalische Elemente. Durch Verschmelzung mit Kybele war aus der jungfräulichen Jägerin Artemis der Griechen die mit Stierhoden behangene *Artemis Ephesia* geworden. Ihre Priester bezahlten die Macht, die ihnen das Amt verlieh, mit dem Verlust ihrer Männlichkeit. Dafür scheint die Göttin, die solche Opfer verlangte, omnipotent gewesen zu sein. Nach Ansicht der Gläubigen verlieh sie den Frauen Fruchtbarkeit, half bei der Geburt und bei der Jagd, beschützte die Natur, sorgte für Regen und Wachstum auf den Feldern und griff über die Sternzeichen auch in das menschliche Schicksal ein.

Nachdem die Samier 570 v. Chr. mit dem Bau des Heratempels neue Maßstäbe gesetzt hatten (S. 200), wollten die Ephesier, die in ihrer Artemis die mächtigste aller Göttinnen sahen, den Riesenbau auf der benachbarten Insel noch übertreffen. Um den sumpfigen Untergrund zu befestigen, wurde der Samier Theodoros verpflichtet, der schon das Heraion auf ähnlichem Boden errichtet hatte. Ihm zur Seite standen die Architekten Chersiphron und sein Sohn Metagenes aus Kreta, die in Ephesos ihren Ruhm begründen sollten. Um 560 v. Chr. wurde das Riesenprojekt in Angriff genommen.

Was entstand, war ein Meisterwerk archaischer Baukunst. Von einer Doppelreihe aus 19 Meter hohen kannelierten Säulen aus bläulich schimmerndem Marmor umgeben, galt es als ein unvergängliches Wunderwerk. Der Lyderkönig Kroisos hatte Figuralsäulen gestiftet, die an den Basen und Kapitellen mit kunstvollen Reliefs verziert waren. Wie es mit einfachen Winden und Flaschenzügen gelang, den 24 Tonnen schweren Mittelarchitrav fast 20 Meter hoch auf die Säulen zu heben, ist Geheimnis der Baumeister geblieben. Staunend meinten die Zeitgenossen, nur Artemis habe eine solch übermenschliche Leistung vollbringen können.

Diesem Tempel vertraute Heraklit später die Schriftrolle an, auf der er sein Lebenswerk niedergeschrieben hatte. Es war sein Vermächtnis an die Nachwelt. Für immer sollte sie dort den wenigen, die bereit waren, ihm auf dem Weg der Erkenntnis zu folgen, einsehbar sein. Doch das Artemisium ging nach dem Tod des Denkers in Flammen auf. Nachdem es in 120jähriger Bauzeit um 440 v. Chr. vollendet worden war, wurde es 356 v. Chr. von einem Namenlosen in Brand gesteckt; die Zerstörung eines Weltwunders sollte ihm Unsterblichkeit verschaffen. Ob Heraklits Schriftrolle den Flammen zum Opfer fiel, ist ungewiß. Was aus dem Werk überlebte, sind Bruchstücke, die von anderen kopiert worden sind.

Der eine und die vielen

Heraklit wuchs in einer Stadt auf, die sich nach der Niederlage des Kroisos im Jahr 546 v. Chr. besser als ihre Nachbarn mit den Siegern arrangiert hatte. Als einzige beteiligten die Ephesier sich 499 v. Chr. nicht am Ionischen Aufstand gegen die Perserherrschaft. Ephesos wurde bis 490 v. Chr. von perserfreundlichen Tyrannen regiert. Während die anderen ionischen Städte in Schutt und Asche lagen und viele ihrer Bewohner als Sklaven in die Fremde verschleppt waren, ging man hier ungestört seinen Geschäften nach.

Zur Lyder- und Perserzeit vollzog sich ein tiefgreifender Wandel der Lebensauffassung. Noch im 7. Jahrhundert hatten die Griechen Kleinasiens sich entschlossen gegen die Einfälle des wilden Reitervolks der Kimmerer gewehrt. Damals hatte der große elegische Dichter Kallinos von Ephesos die Jugend zu Gemeinsinn, Opferbereitschaft und Tapferkeit aufgerufen und Gehör gefunden. Von solchen Tugenden war zu Lebzeiten des Herkaklit nur wenig geblieben. Ob mit Lydien oder Persien, stets arrangierten die Ephesier sich klug mit der Vormacht im Osten. Anders als für die Phokaier, die für die Freiheit die Heimat aufgaben (S. 120 f.), bedeutete ihnen der Verlust der Unabhängigkeit wenig. Aber mit der Freiheit verschwand das Bewußtsein ihrer Verantwortung für die eigenen Geschicke.

Wie im benachbarten Kolophon der Dichter und Philosoph Xenophanes (etwa 570–470 v. Chr.) kritisierte, hatte sich unter lydischem Einfluß die Lebenseinstellung der Ionier gründlich verän-

Säulenbasis vom jüngeren Artemision

dert (S. 242 f.). Etwa zur gleichen Zeit spottete in Ephesos Hipponax über seine Mitbürger: »Sie rieben sich mit Senfwurzel die Nase, übermütig wie der Fürst Kroisos.« An die Stelle altgriechischer Strenge war die verfeinerte Lebensart ihrer lydischen Nachbarn getreten. Reichtum und Luxus hatten die Tugenden, die Kallinos gepriesen hatte, in Vergessenheit geraten lassen.

Gegen diese neue Lebensauffassung zog Heraklit zu Felde. Mit aristokratischer Distanz stellte er der Gier seiner Mitbürger nach Reichtum immaterielle Werte entgegen: »Eins ziehen die Besten allem anderen vor: ewigen Ruhm vergänglichen Dingen. Die Masse aber frißt sich voll wie das Vieh.« (DK B 29) Sarkastisch kommentierte er die Genußsucht seiner Zeitgenossen: »Wenn das Glück in den Lüsten des Körpers bestände, dann müßte man das Rindvieh glücklich nennen, wenn es Erbsen zu fressen fände.« (DK B 4) Im schon zitierten Fragment (S. 222) wünscht er seinen Mitbürgern den Reichtum, nach dem sie strebten, damit ihre Verkommenheit offenkundig werde.

Wer von der Masse so wenig hält wie dieser Denker, dem muß Volksherrschaft ein Greuel sein. In der Demokratie, die der persische Heerführer Mardonius kurz vor dem Griechenlandfeldzug von 490 v. Chr. den ionischen Städten verordnet hatte, bestimmte die Masse über das Schicksal der Stadt. (Her. VI 43) Aus persischer Sicht waren die Entmachtung der Tyrannen und die Einführung der Volksherrschaft gewiß nicht als Befreiung gedacht. Die Entscheidungskonflikte einer Demokratie sollten vielmehr verhindern, daß die Griechen Kleinasiens den Persern unter einem entschlossenen Führer in den Rücken fielen.

Mit der Volksherrschaft aber brach für Heraklit das Unglück über die Stadt herein (DK B 49). Aufgefordert, der Stadt Gesetze zu geben, lehnte er das Ansinnen ab. Wozu bedarf es neuer Gesetze, wenn die schlechte Verfassung der Demokratie schon in Kraft ist? (DK A 1,2) Rhetorisch fragte er: »Was haben sie eigentlich für einen Begriff oder Verstand? Sie hören auf Volkssänger und bedienen sich der großen Menge als Lehrer, nicht wissend, daß ›die meisten schlecht sind und nur die wenigsten gut‹.« Damit machte er niemanden geringeren als Bias von Priene (S. 133) zum Kronzeugen seiner Ansichten (DK B 104).

Überzeugt, der Beste sei soviel wert wie die Masse, empfahl er höhnisch: »Die Ephesier sollten sich samt und sonders, Mann für Mann, aufhängen und den Unmündigen ihre Stadt überlassen, sie, die den Hermodoros, ihren besten Mann, weggejagt haben, indem sie sagten: ›Von uns soll keiner der Beste sein; wenn aber doch, dann anderswo und bei anderen.‹« (DK B 121) Den Römern, das sei hinzugefügt, war Hermodoros willkommen. Er wirkte bei der Abfassung der Zwölf-Tafel-Gesetze mit und wurde dafür durch ein Standbild geehrt.

Am Ende des Weges: Rückzug in die Einsamkeit

Man könnte meinen, wer so über seine Mitbürger urteile, sei ein Menschenverächter. Geprägt von aristokratischem Dünkel habe Heraklit die Masse verachtet, weil sie gegen die Wertordnung seines Standes verstieß. Das würde ihn unter die Konservativen einreihen, die wie so viele Standesgenossen die neue Zeit nicht mehr verstanden, bissiger und eloquenter zwar als die meisten, aber vom gleichen Geist.

Doch nichts würde Heraklit weniger gerecht. Einem uraltem Adelsgeschlecht entstammend, hatte er auf das Amt des Priesterkönigs von Ephesos zugunsten seines Bruders verzichtet. Vom Aristokratendünkel der Konservativen hielt dieser Denker ebensowenig wie von den Werten des neuen Geldadels. Homer, in dem er Barden der Rückwärtsgewandten sah, wollte er sogar aus den Wettbewerben geworfen und postum mit Ruten gezüchtigt sehen (DK B 42).

Seine Verachtung galt der Gleichgültigkeit der Zeitgenossen. »Gemeinsam ist allen die Vernunft«, erklärte er und ergänzte: »Alle Menschen haben die Fähigkeit, sich selbst zu erkennen und vernünftig zu denken.« (DK B 113, 116). Obwohl mit der Fähigkeit zur Einsicht ausgestattet, lebten sie dennoch blind in den Tag. Sie gingen ihren Geschäften nach, strebten nach Reichtum, suchten ihr privates Glück, glaubten an die anthropomorphen Götter Homers und praktizierten die überlieferten Riten.

»Hinsichtlich der Erkenntnis der offenkundigen Dinge werden

die Menschen irregeführt ähnlich wie Homer, der, verglichen mit den anderen Griechen, noch der weiseste war«, erklärte Heraklit. Von der Weisheit des Homer aber sei wenig zu halten. Homer habe noch nicht einmal das Läuserätsel gelöst: »Jenen – Homer – nämlich führten Knaben, die Läuse töteten, in die Irre, indem sie sagten: Was wir gesehen und angefaßt haben, lassen wir zurück, und was wir weder gesehen noch angefaßt haben, das nehmen wir mit.« (DK B 56)

Unerbittlich prangerte Heraklit den Volksglauben und die mit ihm verbundenen Opfer- und Sühnepraktiken an. »Sie reinigen sich, indem sie sich mit neuem Blut beschmutzen, wie wenn einer, der, in den Schmutz getreten, sich mit Schmutz abwüsche.« (DK B 5) Damit waren zweifellos Tieropfer gemeint, aber der vernichtende Vergleich bezog auch einen der barbarischsten griechischen Bräuche mit ein, das Entsühnungsritual des *pharmakos*.

Um die Stadt von der Schuld ihrer Bürger zu entsühnen, wurde zum Fest der Targelien ein Mann vor die Stadt geführt. Nachdem er rituell mit Käse, Gerstenfladen und Feigen gefüttert worden war, wurde er siebenmal mit Ruten bis aufs Blut gepeitscht. Eindringlich hatte eine Generation vor Heraklit der Dichter Hipponax von Ephesos beschrieben, wie die Masse mit Stöcken in der Hand vor den Stadtmauern alljährlich auf die Unglücklichen wartete:

Seit langem schon erwartet man sie maulklaffend
Mit Ruten, die bereit sind für die Sühneopfer.

Durch Ausprügeln eines Opfers, das stellvertretend für alle litt, meinte man, die Stadt von Schuld zu reinigen. Zum Abschluß wurde der Gemarterte auf einem Holzstoß aus Ästen und Stämmen von Wildbäumen verbrannt.

Gegen solche archaischen Bräuche und den damit verbundenen Glauben richteten sich Heraklits Angriffe. Wehe denen, die im religiösen Wahn sich in die falschen Mysterien einweihen ließen: »Den in der Nacht Umherwandernden, Magiern, Bakchen, Mänaden, Mysten droht er mit den Dingen nach dem Tode, prophezeit er das Feuer; denn die bei den Menschen geltenden Mysterien werden in unheiliger Weise begangen.« (DK B 14)

Fassade der Celsusbibliothek

Philosophische Grundlage dieser Kritik am Mysterienglauben war Heraklits Annahme einer alles durchdringenden göttlichen Weltvernunft. Obwohl er als Denker keinen Lehrer hatte, kannte er Anaximanders Werk. Die Probleme, die seinen großen Vorgänger beschäftigt hatten, standen auch im Mittelpunkt seines Denkens: das Werden und Vergehen in der Natur, die Vergänglichkeit des Einzeldings, die Beständigkeit der Naturordnung und die Gesetzmäßigkeit im Kosmos.

Heraklit freilich fehlte die logische Strenge seines großen Vorgängers. Dichterische Assoziationen und Analogien durchdringen sein Werk. Nicht ohne Ironie urteilte Sokrates (etwa 470–399 v. Chr.), gewiß einer der klügsten Köpfe der Antike: »Was ich verstanden habe, ist vortrefflich – ich bin überzeugt, auch (das), was ich nicht verstanden habe. Aber es bedarf eines delischen Tauchers.« (DK A 4)

»Diese Welt, dieselbige von allen Dingen, hat weder der Götter, noch der Menschen einer gemacht, sondern sie war immer und ist und wird immer sein ein ewig loderndes Feuer, nach Maßen sich entzündend, nach Maßen erlöschend.« (DK B 30) Wie Anaximanders Weltordnung ist auch die Heraklits nicht von Göttern geschaffen. Sie liegt im Urprinzip der Dinge. Besser als in Anaximanders *apeiron,* dem Unbegrenzten, sieht der Jüngere das Prinzip des ewigen Wandels im Feuer verkörpert. Wie im Feuer ist das Einzelding vergänglich. Die Gesetzmäßigkeit jedoch – Heraklit spricht von den »Maßen«, nach denen das Weltfeuer auflodert und erlöscht – bleibt unverändert.

In einem bekannten Bild vergleicht er das Prinzip des unaufhörlichen Wandels unter gleichzeitiger Bewahrung der Weltordnung mit einem Fluß: »Wir steigen in denselben Fluß und doch nicht in denselben, wir sind es und wir sind es nicht.« (DK B 49) So wie der Fluß ständig neues Wasser heranführt und dennoch der gleiche bleibt, sind auch wir einem ständigen Wandel unterworfen und bleiben dennoch dieselben.

Da diese Gesetzmäßigkeit der Welt von der Vernunft erkannt werden kann, muß ihr auch eine die Welt durchdringende und sie ordnende Vernunft zugrunde liegen. Überzeugt, in dieser Vernunft verkörpere sich das göttliche Gesetz, erhob Heraklit die

Erforschung der Welt zur Maxime. Indem man das göttliche Prinzip erforscht, lassen sich Normen für das menschliche Handeln gewinnen: »Man muß bauen auf das allem Gemeinsame, wie eine Stadt auf ihr Gesetz, und noch viel fester. Denn alle menschlichen Gesetze ziehen ihre Nahrung aus dem *einen* Göttlichen. Denn das herrscht, soweit es nur will; es genügt allem und ist stärker als alles.« (DK B 114)

An einer anderen Stelle des Werks beschreibt Heraklit den Weg zur Erkenntnis: Zuerst wirft er seinen Mitmenschen vor, sie mißachteten das göttliche Gesetz, obwohl er sie darüber aufgeklärt habe. Anschließend offenbart er die Grundlage seines Wissens. Er zerlege »ein jedes nach seiner Natur« und untersuche, »wie es sich damit verhält«: »Denn obgleich alles nach diesem Gesetz geschieht, machen sie den Eindruck, als ob sie nichts davon ahnten, wenn sie sich an solchen Worten und Werken versuchen, wie ich sie verkünde, indem ich ein jedes nach seiner Natur zerlege und klarmache, wie es sich damit verhält.« (DK B 1)

Was jedoch kann als Erkenntnis gelten? Wer erkennen will, so stellte Heraklit fest, kann weder auf Überlieferung noch auf subjektive Gewißheit vertrauen. Auch hier brach er radikal mit Homer. Überzeugt, den subjektiven Empfindungen, Träumen und inneren Dialogen des einzelnen entspräche die »objektive« Realität von etwas, das von außen in den Menschen eindringt, hatte der große Dichter psychische Vorgänge auf Götter zurückgeführt (vgl. S. 67 f.). Was ein Mensch empfand, was er dachte und träumte, schien auf einen Gott zurückzugehen, der in das Innere des Menschen hinein wirkte.

Für Heraklit dagegen konnte subjektive Überzeugung kein Erkenntniskriterium sein. Er drückte dies in einem wunderbaren Bild aus. »Die Wachen haben eine einzige gemeinsame Welt; im Schlaf wendet sich jeder seiner eigenen zu.« (DK B 89) Als Erkenntnis kann nur gelten, was alle, die über wache Augen und einen klaren Verstand verfügen, gemeinsam erkennen. Modern gesprochen: Wer objektive Erkenntnis gewinnen will, muß alles Subjektive ausschalten. Er muß sich gewissermaßen fragen, wie ein Fremder die Welt an seiner Stelle sehen würde.

Heraklits Weg zur Erkenntnis war mit normativen Ansprüchen

gepflastert. In dieser objektiv existierenden Welt, der gemeinsamen Welt der Wachen, offenbart sich für ihn das göttliche Gesetz: »Daher muß man dem Gemeinsamen folgen. Obgleich aber das Weltgesetz allen gemeinsam ist, leben doch die vielen, als ob sie eigene Denkkraft hätten.« (DK B 2)

Da seine Mitbürger ihm auf dem Weg der Erkenntnis nicht folgten, überschüttete er sie mit Hohn. Bewußtseinslos, als schliefen sie, lebten sie in den Tag: »Die anderen Menschen aber wissen ebensowenig, was sie im Wachen tun, wie sie sich erinnern, was sie im Schlafe tun.« (DK B 1) Was diesem Denker ohne Gefolgschaft am Ende blieb, war der Rückzug in die Einsamkeit.

KLAROS

DIE FRÖSCHE DES APOLLON

Von Ephesos geht es nach Westen durch flaches Land, das in den letzten zwei Jahrtausenden vom Kaystros (Küçük Menderes) angeschwemmt worden ist. Nach fünf Kilometern biegt man nach Norden ab. Die Straße durchquert Überschwemmungsgebiet. In regenreichen Wintern staut sich der Fluß und überflutet die Ebene. Weiter im Norden schließen sich ausgedehnte Sümpfe an. Soweit der Blick reicht, wächst dichtes Schilf. An tieferen Stellen bilden sich Tümpel, in denen Wasservögel Nahrung finden. In einem ähnlichen Sumpfgebiet, wegen der Küstenverschiebung freilich weiter landeinwärts, könnte Homer jene Vogelschwärme beobachtet haben, die in der Ilias in die »Asische Wiese bei des Kaystros Strömungen« einfallen (Il. II 460–64):

> ... so wie viele Schwärme von geflügelten Vögeln,
> Gänsen oder Kranichen oder Schwänen mit langen Hälsen,
> Auf der Asischen Wiese bei des Kayster Strömungen
> Hierhin und dorthin fliegen, prunkend mit den Flügeln,
> Mit Geschrei sich vorwärts niederlassend, und es erdröhnt
> die Wiese.

Hinter den Sümpfen erreicht die Straße das Meer und führt in weiten Kurven über die Ausläufer der Küstenberge bis zur Abzweigung nach Değirmendere, einem Dorf unterhalb des antiken Kolophon. Auf den Hügeln südlich der Küstenstraße sind oberhalb einer Siedlung Mauerreste von Notion zu erkennen, dem Hafen von Kolophon. Anderthalb Kilometer hinter der Kreuzung weist ein Schild auf das einstige Apollonorakel von Klaros. Es liegt hinter Orangenplantagen, Feldern, Oliven und Obstbäumen versteckt.

Wie die von Didyma stammen auch die Überreste von Klaros aus hellenistisch-römischer Zeit, in der das Orakel seine Blütezeit hatte. Obwohl der Tempel nur halb so groß wie der von Didyma war, hatte das Orakel großen Zulauf. Menschen aus allen Teilen der griechisch-römischen Welt strömten nach Klaros, um zu erfahren, was die Zukunft für sie bereithielt.

Erwähnt wurde das »leuchtende Klaros« jedoch schon weitaus früher. Im homerischen Hymnos aus dem 7. Jahrhundert v. Chr. erscheint es als einer der Orte, die sich aus Furcht vor der Gewalttätigkeit des noch ungeborenen Gottes weigern, seiner Mutter Leto Zuflucht für die Niederkunft zu gewähren. Apollon kam auf Delos in der Mitte der Ägäis zur Welt.

Das Propylon, durch das die vom Meer kommenden Pilger den heiligen Hain von Klaros betraten, war noch vor wenigen Jahren ein verwunschener Ort. Unter einem dichten Gürtel von Bäumen und Gestrüpp ragten aus einem wasserüberfluteten Fundament Reste einsamer Säulen und einige Steinquader. In der Abgeschiedenheit einer von der Natur überwucherten Ruine erlebten die wenigen Besucher, die es dorthin zog, den Zauber der Vergangenheit. Beim letzten Besuch, 1992, waren die Bäume gerodet, die Sträucher herausgerissen und das Gras um das Propylon verschwunden. Ihrer Schutzhülle entblößt, liegen die Steine nun nackt in gelbem Sand.

Um die Verbindung zum Hauptteil des Orakels freizulegen, haben Archäologen die Vegetation entfernt und einen mannshohen häßlichen Graben gebaggert. Was sie treibt? Forscherdrang und auch der Versuch, Klaros zu einer Touristenattraktion wie Didyma zu machen? Wenn eines Tages alles offenliegt, werden zweifellos Besucherscharen dorthin strömen. Die Erde wird ihre Geheimnisse preisgegeben haben, und das Mysterium ist durch wissenschaftliche Deutungen ersetzt. Doch der Zauber, der Klaros einst umgab, wird endgültig verschwunden sein.

Vom Propylon im Süden kommend, betritt man den Hauptteil der Ausgrabungsstätte an der Ostseite. Ein steinerner Sessel neben den Überresten des Altars lädt zum Sitzen ein. Auf den ersten Blick scheint heilloses Durcheinander zu herrschen. An den Seiten vom Gehagel gestürzter Säulentrommeln umgeben, befindet sich

Fuß einer der Riesenstatuen des Apollontempels

das Fundament des Apollontempels im Südwestteil der Anlage. Wahllos liegen massige Steinquader am Boden verstreut; dazwischen führen labyrinthartige Gräben durch das Fundament zu zwei mysteriösen unterirdischen wassergefüllten Kammern, die von großen steinernen Rundbögen überbrückt sind. Auf den Rundbögen lasten die Überreste umgestürzter tonnenschwerer Statuen, darunter der Torso eines prachtvollen steinernen Riesenweibs mit raffiniert unter der Brust verschnürtem Gewand; das metergroße Bruchstück des Fußes mit den neckisch gekrümmten beiden kleineren Zehen und Teilen der Sandale liegt auf dem Pflaster daneben.

Wenn in Klaros auch sämtliche Säulen und Mauern eingestürzt sind, im Gegensatz zum Didymaion blieb hier das Herzstück des Orakels erhalten: die beiden von Rundbögen überbrückten unterirdischen Kammern im westlichen Teil des Tempels. Sie erlauben einen Einblick in die den Gläubigen verborgene »Maschinerie« der Weissagung.

An beiden Seiten des Pronaos, dem Vorraum an der Eingangsfront im Osten, führen Treppen zu zwei Gängen unter dem Tempelboden. Auf ihnen stiegen die Priester in die Erde hinab. Unsichtbar für die Ratsuchenden krochen sie durch die unterirdischen Gänge, die sich labyrinthartig durch den Tempelboden ziehen. Nach mehreren Richtungsänderungen erreichten sie einen der beiden Durchgänge an den Außenseiten der ersten Rundbogenkammer, durch die sie ins Innere gelangten.

Dort befand sich unter dem Tempel der Omphalos, der Nabel der Welt. Das war ein heiliger Stein, der den Erdmittelpunkt symbolisierte. Ein enger Durchgang führte aus der Rückwand in die zweite, etwas kleinere unterirdische Kammer, in der die heilige Quelle entsprang. Aus ihr trank der Priester, um mit göttlicher Hilfe in die Zukunft zu sehen. Darüber im Tempel stand das riesige, sieben Meter hohe Kultbild Apollons zwischen denen seiner Mutter Leto und seiner Schwester Artemis, deren Trümmer heute auf den Rundbögen liegen.

Wie sich die Weissagung vollzog, hat im ersten Jahrhundert unserer Zeitrechnung der römische Geschichtsschreiber Tacitus geschildert. In den *Annalen* (II 54) beschreibt er eine sentimentale Reise des römischen Feldherrn Germanicus im Jahr 18 unserer Zeitrechnung nach Ilium – dem einstigen Troja. An einer Stätte, an der so viele tapfere Krieger ein vorzeitiges Ende gefunden hatten, nachdenklich geworden, fuhr Germanicus weiter nach Süden, um in Klaros sein eigenes Schicksal zu erfahren.

»Daher segelte er von Ilium und was dort an die Wechsel des Schicksals und an unseren Ursprung ehrfurchtgebietend erinnerte, wieder an Asiens Küste hinab und landete bei Kolophon, um das Orakel des clarischen Apollo zu befragen. Nicht ein Weib, wie zu Delphi, sondern aus bestimmten Familien und meistens aus Milet berufen, hört ein Priester hier nur die Zahl und die Namen der Befragenden. Dann in die Höhle hinuntersteigend, trinkt er von dem Wasser der geheimnisvollen Quelle und erteilt, gewöhnlich ohne etwas von Wissenschaft und Dichtkunst zu wissen, in Versen abgefaßt die Antwort über das, was jeder gerade in seinem Sinne trägt. So, hieß es, habe er dem Germanicus in rätselhafter Weise, wie es der Orakel Sitte ist, frühzeitigen Untergang geweissagt.«

Ihrer Decken beraubt, liegen die unterirdischen Gänge und Orakelräume heute offen vor den Augen der Besucher. Im Allerheiligsten steht meterhoch Wasser, in dem Entengrütze wuchert. Nähert man sich, dann platschen von allen Seiten Frösche hinein, und nach einiger Zeit ertönt aus den Kammern, in denen einst Priester den Spruch des Gottes verkündeten, lautes Quaken.

Damit ist der Urzustand des Orakelglauben wieder erreicht. Religionswissenschaftler nehmen an, ursprünglich habe sich der Gott im griechischen Orakel ohne die Vermittlung eines Mediums im Rascheln der Blätter eines Lorbeerbaums geäußert: »Phoibos Apollon, so oft aus dem Lorbeer redend er weissagt unter den Höh'n des Parnassos«, heißt es im 7. Jahrhundert v. Chr. im homerischen Hymnos an den Gott.

Im Glauben der Griechen offenbarte sich das Göttliche anfangs unmittelbar in der Natur. In Dodona in Nordgriechenland, der ältesten Weissagungsstätte, meinte man, im Rauschen der Blätter einer heiligen Eiche Zeus zu vernehmen. Das Rascheln des Lorbeers dagegen galt als Apollons Stimme. Die Orakelpriester dienten nur als Deuter der göttlichen Stimmen in der Natur. Sie übersetzten das Gehörte in menschliche Sprache.

Erst später, so hat H. W. Parke aus dem homerischen Hymnos an Apollon abgeleitet, schaltete sich in Delphi, dem Hauptorakel der Griechen, die Pythia, als menschliches Medium für göttliche Eingebungen ein. Sie, nicht mehr der Lorbeer, war es nun, durch die der Gott sich zu offenbaren schien. Gleichzeitig wandelte der Lorbeer seine Funktion. Aus der Stimme Apollons wurde das Symbol des Gottes. In Klaros übernahm ein Priester, der aus der heiligen Quelle trank, die Rolle des Mediums. Der Gott äußerte sich durch ihn. Die göttliche Eingebung stammte aus der gleichen Quelle, in deren Wasser sich heute die Frösche tummeln. Aber nur wenige, die heute Klaros aufsuchen, verstehen noch, was sie meinen.

KOLOPHON

XENOPHANES: DER EINE GOTT

Von Klaros geht es zum 15 Kilometer entfernten Değirmendere, einem bescheidenen Dorf, das sich über die sanft abfallenden Ausläufer eines bewaldeten Bergrückens hinzieht. Kein Schild verrät, daß auf der Kuppe des Hügels über dem Ort die Akropolis von Kolophon lag, eine der reichsten ionischen Städte und Geburtsort des Dichters und Philosophen Xenophanes (etwa 570–475 v. Chr.). Und nichts an der Männergesellschaft, die den Nachmittag im Teehaus verplaudert, erinnert mehr an die Prunksucht der Bürger Kolophons, die Xenophanes vor zweieinhalb Jahrtausenden angeprangert hat:

> Sie, die die nutzlosen Feinheiten von den Lydern gelernt hatten,
> Solange sie noch frei waren von der verhaßten Tyrannis,
> Gingen auf dem Marktplatz in Gewändern, die ganz mit echtem
> Purpur gefärbt waren,
> Im ganzen nicht weniger als tausend,
> Stolz, prunkend mit ihren schön verzierten Haaren,
> durch künstlich bereitete Salben triefend von Duft.

Anstelle purpurner Prunkgewänder sieht man dunkle, abgetragene Anzüge; Schirmmützen haben die kunstvollen Frisuren ersetzt, und anstatt nach lydischen Wohlgerüchen riecht es nach Zigarettenqualm.

Aber auch ohne Wegweiser läßt sich der Akropolishügel finden. Von Klaros kommend fährt man am Metzgerladen, an dem vor Feiertagen gehäutete Schafskadaver hängen, nach links. An kleinen Geschäften und am Teehaus vorbei geht es über die holprige Dorfstraße bergan bis zum Ortsende. Dort läßt man den Wagen stehen und wandert auf einem schmalen Pfad zwischen zwei Gärten hindurch ein Stück nach links bis zum Fuß des Hügels über dem Dorf. Vorbei an uralten mächtigen Olivenbäumen mit spiralförmig gewundenen, schrundigen Stämmen und knorrigen Ästen geht es den Hügel hinauf. Auf der Erde verstreute Tonscherben, die beim Gehen unter den Füßen knirschen, sind die einzigen Hinweise, daß sich hier, unter dem schönsten aller Olivenhaine, Reste des antiken Kolophon befinden. Nach einer Viertelstunde ist ein Plateau erreicht.

Der Gegensatz zum Spektakel von Ephesos könnte nicht größer sein. Vom antiken Kolophon ist so gut wie nichts zu sehen. Nur Löcher in der Erde, die anscheinend planlos gegraben und rasch wieder zugeschüttet worden sind, verraten, daß irgend jemand sein Glück versucht hat. Was den Besuch dennoch zum Erlebnis macht, ist neben der Schönheit der Landschaft der Geist des Ortes. Hier fällt es leicht, sich in die Vergangenheit zu versetzen. Wo keine Ruinen aus hellenistisch-römische Zeit den Blick verstellen, bleibt der Phantasie die Freiheit, sich in die Welt des Xenophanes zu versetzen.

Kein größeres Bauwerk und keine Säulentrommel verrät, daß auf diesem Plateau die Akropolis einer Stadt lag, die im 7. und 6. vorchristlichen Jahrhundert zu den größten und mächtigsten des Ionischen Bundes zählte. Wo heute Ziegen und Schafe weiden, befand sich der Markt, auf dem die prunksüchtigen Bürger Kolophons in ihren Prachtgewändern umherstolzierten. Nach einigem Suchen lassen sich etwa 50 Meter unterhalb der Südweststrecke des Plateaus Spuren einer vom Gestrüpp überwucherten Mauer und eines Pflasters finden; auf der anderen Seite zeichnet sich unter einem jungen Olivenbaum das Fundament eines größeren Gebäudes ab.

Das Ende der Freiheit

Dies ist der Ort, um an die Gründung der Stadt durch Nachfahren der vertriebenen mykenischen Aristokraten von der Peloponnes im 11. Jahrhundert v. Chr. zu erinnern, von der ein halbes Jahrtausend später der Elegiker Mimnermos von Kolophon berichtet hat:

Pylos, des Aipytos und des Neleus Veste, verlassend,
Kamen zu Schiff in die lieb lockende Asia wir,
Ließen uns dreist als mächtige Landesbeherrscher im schönen
Kolophon nieder, erfüllt böse von ruchlosem Sinn.
Danach brachen wir auf vom Ufer des Flusses und nahmen,
Folgend dem göttlichen Rat, Smyrna in Aiolis ein.

Smyrna, das moderne Izmir, liegt im Norden der Stadt. Landwirtschaft in der fruchtbaren Ebene im Osten und Norden war die
eine Quelle von Kolophons Reichtum, die Kiefernwälder in den
höheren Regionen des Bergrückens waren die zweite. Aus dem
Harz dieser Bäume wurde das als Bindemittel für Lacke und Kleb-
stoffe benötigte Kolophonium gewonnen. Berühmt war Kolophon auch für seine Pferdezucht. Die kolophinischen Ritter hatten
den Ruf, jede Schlacht zu entscheiden. Strabo (XIV 1, 28) berichtet, das Sprichwort »er hat Kolophon zu Hilfe genommen« be-
deute eine Sache, die gut ausgegangen sei.

Doch die Niederlage gegen die überlegene Streitmacht des Lyderkönigs Gyges (689–652 v. Chr.) konnten auch sie nicht verhindern. Früher als die anderen ionischen Städte war Kolophon um
665 v. Chr. unter lydischen Einfluß geraten. Dennoch wurden die
Bürger nicht müde, die Heldentaten ihrer Vorväter im Kampf
gegen die Lyder zu rühmen. Um 600, zwei Generationen nach der
Niederlage, sollte Mimnermos einen seiner Mitbürger preisen,
der im Tal des Hermos bei Smyrna die lydische Reiterei anscheinend allein zurückgeschlagen hatte:

So war er nicht; denn seine Gewalt und mutige Kampfeslust
Schilderten Ältere mir, die es noch selber gesehen,
Wie er dichte Geschwader berittener Lyder zersprengte
Auf dem Hermischen Feld, tapfer mit eschenem Speer.
Nie fand Pallas Athene an seinem grimmigen Mute
Tadel, wenn er sich kühn warf in das Vordergefecht
Und im wütenden Toben des blutigen Schlachtengetümmels
Bitteren Hagelschlag feindlicher Speere durchbrach;
War im Lager doch keiner, der so gelassen wie jener
Schritt zum blutigen Werk tobenden Schlachtgewühls,
Da er noch rüstig im Licht der eilenden Sonne sich regte.

Der Widerstand hatte zumindest teilweise Erfolg gehabt. Zwar nahmen die Lyder die Unterstadt ein, aber die Akropolis hielt sich. Noch Jahrzehnte später scheint die kolophonische Reiterei ein respektabler Gegner gewesen zu sein. Um sie auszuschalten, mußte der Lyderkönig Alyattes (605–560 v. Chr.) zu einer schändlichen List greifen. Er lud die kolophonischen Ritter zu einem Fest nach Sardis ein, wo er sie unter Bruch der Gastfreundschaft umbringen ließ.

Kolophon geriet damit endgültig in Abhängigkeit vom Lyderreich. Wirtschaftlich war es eine Phase großer Prosperität. Aber nachdem der Perserkönig Kyros 546 v. Chr. Alyattes' Nachfolger Kroisos besiegt hatte und gegen die griechischen Städte an der Küste vorging, konnte es den vordringenden Persern wenig entgegensetzen. Kampflos geriet es unter persische Herrschaft.

Xenophanes: ein Wanderleben in der Fremde

Für Xenophanes wurde die Unterwerfung seiner Heimatstadt zum prägenden Ereignis. Schonungslos rechnete er mit seinen Landsleuten ab. Unter lydischem Einfluß verweichlicht, hätten sie versäumt, für ihre Freiheit zu kämpfen. Um der verhaßten Fremdherrschaft zu entgehen, zog der Dichter in die Fremde. Begleitet von zwei Sklaven, die seine spärliche Habe trugen, wanderte er als fahrender Sänger von Ort zu Ort. Zu Wohlstand kam man auf diese Weise nicht. Auf die Frage des Tyrannen Hieron von Syrakus, wie viele Sklaven er denn besitze, antwortete er: »Zwei, und auch diese kann ich kaum erhalten.«

Wer so spricht, ist nicht wie seine Zeitgenossen, die gefeierten Dichter Pindar, Simonides, Aischylos und Bachylides, als Hofpoet des reichen und mächtigen Hieron aller Sorgen ledig. Er ist gezwungen, für wenig Geld auf Märkten und bei Trinkgelagen vorzutragen. Das bekannte Bild vom gefeierten Rhapsoden, der in Purpurgewändern durch die Lande zieht und umrauscht vom Beifall der Menge Homer vorträgt, den er insgeheim ablehnt, wird Xenophanes nicht gerecht. Diesem Mann hätte es widersprochen, um des Erfolges willen die Werke eines Dichters vorzutragen, dessen Göttervorstellung ihm als aufgeklärtem Rationalisten zuwider war (DK B 11):

> Alles haben Homer und Hesiod den Göttern zugeschoben
> Was bei Menschen Schande und Schimpf ist:
> Stehlen und ehebrechen und einander betrügen.

Überliefert ist, daß Xenophanes eigene Werke vortrug, darunter zwei Epen, die verschollen sind. Thema des einen war die Gründung seiner Vaterstadt Kolophon, das des zweiten die Gründung Eleas in Süditalien, wo er eine neue Heimat fand. Elea war um 540 v. Chr. von Phokaiern erbaut worden, die wie Xenophanes die alte Heimat verlassen hatten, um unabhängig von Persiens Gnaden zu leben (S. 120). In den erhaltenen Bruchstücken aus Xenophanes' Werk geht es um das Wesen des Göttlichen, um menschliche Erkenntnis und die Prinzipien der Natur.

Wehmütig blickt Xenophanes im Alter von 92 Jahren auf ein unstetes Leben zurück (DK B 8):

> Schon aber sind es siebenundsechzig Jahre,
> Die umhertreiben mein Nachdenken durch das hellenische Land;
> Seit meiner Geburt aber waren es fünfundzwanzig,
> Wenn ich hierüber korrekt zu berichten weiß.

Wenn er in Elea, wo er die letzte Lebensphase verbrachte, auch keine eigene Philosophenschule begründet hat, so trug Xenophanes doch dazu bei, die Naturphilosophie seiner ionischen Heimat nach Süditalien zu verpflanzen. In Elea, wo er um 475 v. Chr. starb, wuchsen im 5. Jahrhundert mit Parmenides (etwa 515–440 v. Chr.) einer der tiefsinnigsten und mit dessen Schüler Zenon (etwa 495–430 v. Chr.) der wohl geistreichste unter den frühen griechischen Denkern heran. In der Auseinandersetzung mit Parmenides und Zenon empfing Leukipp von Milet (etwa 495–430 v. Chr.) in Elea entscheidende Anregungen zur Atomtheorie der Materie.

Der eine Gott des Xenophanes

Xenophanes sollte die Gottesanschauung der griechischen Denker in neue Bahnen lenken. Obwohl Heraklit (etwa 540–470 v. Chr.) seinen älteren Kollegen als unverständigen Vielwisser abtat, verdankte er dem Geschmähten mehr, als er eingestand. Das geistige Wesen des Göttlichen in Form einer ordnenden Weltvernunft, die in der Lehre des großen Ephesiers eine so wichtige Rolle spielte, war zuerst von Xenophanes gedacht worden.

In einer Elegie über ein *Symposion* (hier im Sinne von Gastmahl) ermahnt der Dichter die Männer, *den* einen Gott zu preisen. Anstatt den überlieferten Unsinn von Titanen, wilden Kentauren und Giganten nachzuplappern, sollten sie ehrfurchtsvoll über reine Themen reden.

Denn jetzt sind rein der Boden und die Hände aller
Und die Becher; geflochtene Kränze legt einer (uns) um,
Ein anderer reicht in einer Schale wohlduftendes Salböl;
Ein Mischkrug steht da, voll von Frohsinn,
Und anderer Wein ist bereit, der niemals auszugehen verheißt,
Mild, in irdenen Gefäßen blumenduftend;
In der Mitte verstreut Weihrauch heiligen Duft;
Kühl ist das Wasser, süß und klar;
Bereit liegen goldgelbe Brote, und der festliche Tisch
Ist mit Käse und dickem Honig beladen;
Der Altar in der Mitte ist völlig mit Blumen bedeckt,
Gesang erfüllt den Saal und festliche Freude.
Zuerst aber müssen frohgestimmte Männer den Gott preisen
Mit ehrfurchtsvollen Erzählungen und reinen Themen,
Unter Spenden und mit der Bitte, das Rechte
Verwirklichen zu können – das nämlich ist eher zur Hand,
Ist nicht Vermessenheit; trinken aber so viel, daß,
Wer kein Greis, ohne Begleiter nach Haus gelangt.
Von den Männern aber soll man den loben, der nach dem Trunk
Rechtes vorträgt
(Was ihm die Tradition liefert und was er selbst zum Thema
›Arete‹ – Tugend – beisteuert?),
Indem er nicht etwa handelt von Kämpfen der Titanen, Giganten
Und Kentauren, Fabeln der Früheren,

Oder von heftigen Parteiungen; daran ist nichts Nützliches.
Vor den Göttern aber soll man gute Ehrfurcht haben.

Der Gott des Xenophanes hat nichts mehr mit Homers Göttern gemein. Auf seinen Reisen durch fremde Länder hatte der philosophierende Dichter erlebt, wie jedes Volk sich die Götter nach dem eigenen Ebenbild schuf. Während die Äthiopier sich die ihren schwarz und plattnasig vorstellten, waren die der Thraker blauäugig und von rötlicher Haut (DK B 16). Spöttisch folgerte er (DK B 5):

> Doch wenn Ochsen oder Löwen Hände hätten
> Oder vielmehr malen könnten mit ihren Händen und Kunstwerke
>   herstellen wie die Menschen,
> Dann würden Pferde pferdeähnlich, Ochsen ochsenähnlich
> Der Götter Gestalten malen und solche Körper bilden,
> Wie jeder selbst gestaltet ist.

Blind der Überlieferung vertrauend, meinten die Menschen, Götter würden geboren wie sie, hätten ihre Kleidung, Stimme und Gestalt (DK B 14). Auch stattete jedes Volk seine Götter mit den eigenen Gefühlen und Verhaltensweisen aus. Die der Barbaren gaben sich roh und wild; die griechischen Götter verhielten sich zwar kultivierter, aber sie hatten alle menschlichen Schwächen. Sie hurten und stahlen, logen und betrogen. Götter konnten das nicht sein, es waren Spiegelbilder von Menschen.

An die Stelle der anthropomorphen Götter Homers und Hesiods setzte Xenophanes eine für einen Griechen dieser Zeit unerhörte neue Idee: Er entwickelte die Vorstellung eines einzigen Gottes, den nichts mit der irdischen Wirklichkeit verbindet. Als reines Gedankenprodukt ist er all das *nicht,* was Menschen sind (DK B 23):

> Ein Gott ist unter Göttern und Menschen der Größte,
> Nicht an Gestalt den Sterblichen gleich, nicht an Einsicht.

Auf diesem Grund ist den Menschen auch die Gewißheit verwehrt, das Wesen des Göttlichen je zu erkennen. Selbst wenn sie zufällig die Wahrheit aussprächen, wüßten sie es nicht. Schein haftet an allem (DK B 34). Über das vollkommene Wissen verfügt nur der Gott (DK B 24):

Ganz sieht er, ganz erkennt er, ganz hört er.

Dieser Gott wühlt nicht mit dem Dreizack das Meer auf und schleudert keine Blitze vom Olymp. Um etwas zu bewirken, muß er nicht wie ein Mensch tätig werden. Selbst bewegungslos, bewegt er die Welt nur durch seines Geistes Denkkraft (DK B 25, 26):

... ohne Mühe durch eine Regung der Einsicht erschüttert er alles
Immer bleibt er am selben Ort, ohne jede Bewegung,
Und nicht geziemt ihm, bald hierhin, bald dorthin zu gehen.

Damit hat Xenophanes den Bereich des Göttlichen deutlich von allem Irdischen abgegrenzt. In der Philosophie – nicht im Volksglauben – ist die Trennung endgültig. »Die olympischen Götter sind gestorben an der Philosophie«, hat Bruno Snell treffend bemerkt. Das hatte weitreichende Konsequenzen sowohl für das Selbstverständnis des Menschen als auch für das Naturbild.

Menschen und Natur folgten nun ihren eigenen Prinzipien: Nicht die Götter haben den Menschen ihre Kultur gebracht, diese haben sie selbst geschaffen. Erstmals erscheint bei Xenophanes die Idee des zivilisatorischen Fortschritts (DK B 18):

Wahrlich nicht von Anfang an haben die Götter den Sterblichen alles enthüllt, sondern allmählich finden sie suchend das Bessere.

Mit der gleichen Konsequenz, mit der er das Göttliche vom Menschlichen trennt, verbannt Xenophanes die Götter aus der Natur. Iris, bei Homer eine Götterbotin, wird zum Naturphänomen (DK B 32): »Und was sie Iris nennen, auch das ist seiner Natur nach nur eine Wolke, purpurn, rötlich und gelbgrün anzuschauen.«

Versteinerte Meerestiere, die er in den Steinbrüchen bei Syrakus gesehen hatte, eine fossile Sardelle auf Pharos vor der dalmatinischen Küste, Abdrücke von Seetieren auf Malta, das alles wies in die gleiche Richtung (DK A 33). Xenophanes erkannte: Dort, wo heute Land war, mußte sich einst Meer befunden haben. Und er zog eine kühne Schlußfolgerung: Die Erdoberfläche ist langsamen

Wandlungsprozessen unterworfen, die Folgen für die Lebenswelt haben. Ähnliches hatte sich zwar schon in Anaximanders Weltentstehungslehre angedeutet, aber erst Xenophanes fand anhand von Fossilien eine empirische Begründung.

Im 3. Jahrhundert unserer Zeitrechnung resümierte Hippolytos Xenophanes' Gedanken (DK A 33): »Es würden aber sämtliche Menschen umkommen, wenn die Erde ins Meer rutschte und dann zu Schlamm würde. Danach aber beginne sie wieder mit ihrer Entstehung, und diesem Wandel seien sämtliche Welten unterworfen.« Darin zeichnet sich eine weitere grundlegende Erkenntnis der antiken Naturforschung ab: Nicht Götter sind Urheber der Entstehung und des Verschwindens von Arten, sondern geologische Prozesse. Es sollte zweieinhalb Jahrtausende dauern, bevor im neuzeitlichen Europa das kirchliche Dogma von der göttlichen Schöpfung der Welt in sechs Tagen – das sich durch die Sintflutlegende problemlos auf das Verschwinden von Arten ausweiten ließ – mit ähnlicher Entschiedenheit in Frage gestellt wurde.

VI

DER WEG NACH SÜDEN

TEMPEL UND TOTENBARKEN

*A*uf dem Weg von Kuşadası nach Bodrum, dem nächsten großen Ziel, lohnen sich kleinere Abstecher zu Orten, die für die Idee dieser Reise zwar unwesentlich, aber dennoch reizvoll sind. Anstatt auf direktem Weg nach Söke fährt man von Kuşadası zunächst über Selçuk zum Artemision von Magnesia am Mäander, dessen Überreste fünf Kilometer hinter Ortaklar neben der Straße liegen. In der Entstehungsgeschichte dieses Heiligtums zeigt sich, wie der Glaube an die alten Götter auch nach Jahrhunderten aufklärerischen Denkens weiterlebte.

Magnesia

Es begann mit einer wunderbaren Erscheinung der Schutzgöttin von Magnesia, Artemis Leukophryene, im Jahr 206 v. Chr. Um das Zeichen zu deuten, wurde das Orakel von Delphi befragt. Die Bürger erfuhren, die Göttin wolle durch athletische und musische Wettbewerbe geehrt werden. Da es ähnliche Spiele bereits an traditionsreichen Orten wie Olympia, Delphi, Nemea und am Isthmus von Korinth gab, war das ein nicht gerade einfach zu erfüllender Wunsch. Vor vergleichbaren Problemen stünde Duisburg, wollte es durch Ausrichtung neuer Opernfestspiele mit Salzburg und Bayreuth konkurrieren. Doch beflügelt vom Wunsch der Göttin, scheuten die Magnesier keine Mühe und sandten Boten in alle Teile der griechischen Welt, um zu ihrer Veranstaltung zu laden.

Offensichtlich scheint den Spielen kein Erfolg beschieden gewesen zu sein. Das brachte die Magnesier auf die Idee, den Ruf

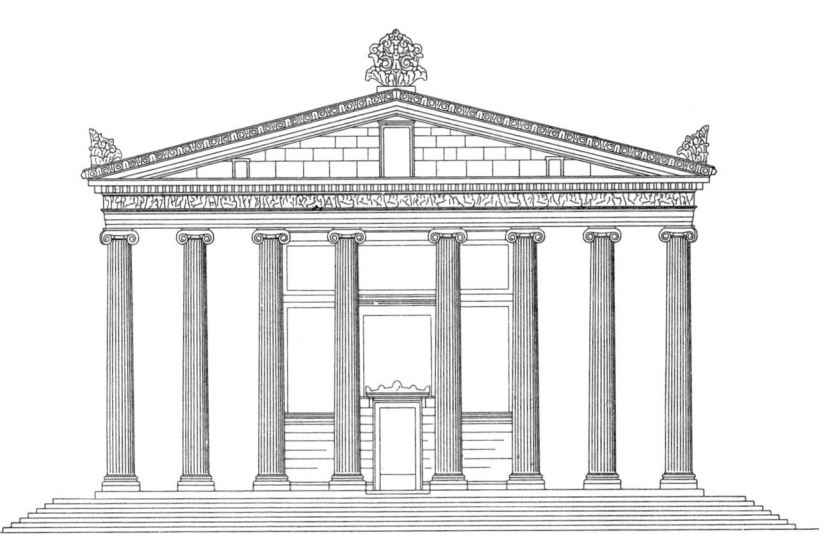

Das Artemision von Magnesia
(Eine im 2. vorchristlichen Jahrhundert entwickelte Bauform.)

ihrer Stadt in der griechischen Welt durch den Bau eines Heiligtums zu verbessern, das neben den Riesentempeln von Didyma,
Ephesos und Samos bestehen konnte. Als Baumeister beriefen sie
Hermogenes aus Priene respektive Alabanda, der hier sein Lebenswerk krönen sollte. Nach dreißig- bis vierzigjähriger Bauzeit
wurde der Tempel um 130 v. Chr. eingeweiht.

Das Trümmerfeld neben der Straße vermittelt einen vagen Eindruck seiner gewaltigen Ausmaße. Eine genauere Vorstellung der
Monumentalität dieses Bauwerks gibt das Modell (s. oben). Hermogenes verwirklichte hier erstmals in großem Maßstab eine
neue Idee, die, wie Gottfried Gruben bemerkt hat, »die erstarren-
den Tempelformen noch einmal mit Schwung und dem Atem
einer neuen Kunstepoche belebt«. Indem er den inneren Säulenkranz eines Dipteros* wegließ, schuf der Architekt eine riesige

---

* Ein Dipteros, wie der Apollontempel von Didyma, ist von einer doppelten
Säulenreihe umgeben.

überdachte Umgangshalle um die Cella. Die nun weit vor dem dunklen Innenraum stehenden hellen Säulen an der Außenseite schufen malerische Licht- und Schattenkontraste, die es in den älteren, von doppelten Säulenreihen umgebenen Dipteroi nicht gegeben hatte. Der Eindruck eines weiten, lufterfüllten Raums zwischen Naos und Säulenkranz entstand.

Herakleia

Auf dem Weg nach Milas, wo die Straße nach Bodrum abzweigt, fährt man hinter Söke wieder durch die Mäanderebene, die im Osten durch die Ausläufer des Latmosgebirge (Besparmak Dağ) begrenzt wird. Am Ende der Ebene überquert die Straße den Fluß und führt über einen Paß zum Bafa Gölü, in dem sich bei Windstille malerisch die Felszacken des Latmosgebirge spiegeln. Dieser 15 Kilometer lange See ist der Überrest des Latmischen Meerbusens (S. 135). Abgeschirmt durch die Vorberge des Latmos, blieb er vor der Verlandung geschützt. Nur das salzige Wasser erinnert an die Herkunft aus dem Mittelmeer.

Im 4. Jahrhundert v. Chr. wurde in der – damals noch mit dem Mittelmeer verbundenen – Südostecke des Latmischen Meerbusens Herakleia gegründet. Man erreicht die in einer Landschaft von wildromantischer Schönheit gelegenen Überreste der Stadt über zehn Kilometer Schotterstraße.

Der Weg zweigt einige Kilometer hinter dem Bafa Gölü in Çamiçi von der Hauptstraße ab. Zunächst geht es an Feldern und Olivenhainen vorbei, die auf den kargen Felshängen über der Straße wachsen. Hinter einem Dorf fährt man dann in die wildzerklüftete Felslandschaft des Latmos ein. Wie von Riesenhand geschleudert liegen mächtige Gesteinsbrocken in der Gegend verstreut. Schon von weitem ist auf einer Anhöhe über dem See das Dorf Kapıkırı mit den Überresten von Herakleia zu sehen.

Trotz der Abgeschiedenheit des Orts hat der Fortschritt auch hier Einzug gehalten. Wir sind ihm in Gestalt eines blonden Deutschen begegnet, der im Wohnmobil seinen Computer mitgebracht hatte. Der moderne Pythagorasnachfahre saß in einer verqualmten Fischerhütte über dem See, die ein Schild als »Restaurant« auswies. Von den staunenden Kindern des Wirts umlagert, bearbeitete er auf dem Bildschirm gerade eine umfangreiche Speisekarte, während aus der Küche der beißende Geruch von scharf gebratenem Karpfen drang – dem einzigen Gericht, das es gab. Später stellte sich der Landsmann als »Sohn der Familie« vor und erklärte, mit Hilfe seines Rechners berate er die Leute von Kapıkırı in landwirtschaftlichen und organisatorischen Fragen.

Stimmungsvoller als im computergesteuerten Restaurant mit seinen Plastiktischen ist das Seeufer mit Überresten des Hafens von Herakleia. Eine uralte steinerne Treppe, deren Stufen Wind und Wellen rundgeschliffen haben, führt zum Wasser hinab. Doch kein Schiff bricht mehr von hier ins Mittelmeer auf. Vor anderthalb Jahrtausenden schnitten Sand und Geröll aus dem Mäander Herakleias Zugang zur Ägäis ab.

Auf einem Felsvorsprung über dem Meer erhebt sich ein verfallenes Kastell. Durch Lücken in der Festungsmauer blickt man auf rundgeschliffene Felsbrocken mit rätselhaften viereckigen Schächten unten am Seeufer. Es ist ein Friedhof. Um ihre Toten zu bestatten, haben die Bewohner von Herakleia in die Felsbrocken am Ufer sargähnliche Schächte gemeißelt. Sie wurden mit schweren rechtwinkligen Steinplatten verschlossen, die, von Plünderern abgeräumt, heute auf den Felsen verstreut sind.

Unten am Ufer finden sich Dutzende solcher Gräber, darunter auch winzige Kindersärge. Ein aus dem See ragender Felsen mit zwei nebeneinanderliegenden Schächten scheint wie eine Totenbarke im Wasser zu schwimmen. Zentimetergenaue Einkerbungen an den Rändern der Gräber zeugen von der Sorgfalt, mit der die massiven steinernen Deckel eingepaßt worden sind. Manche der Toten waren einzeln, andere nebeneinander bestattet.

Euromos

Von Herakleia auf der Hauptstraße zurück, geht es weiter nach Süden und vor Milas zu dem nur einige hundert Meter von der Straße entfernten Zeustempel von Euromos aus dem 2. Jahrhun-

Der Zeustempel von Euromos

dert n. Chr. Wie Herakleia ohne kunsthistorisches Interesse, ist er wegen seiner Lage sehenswert. Inmitten von Olivenbäumen ragen auf einem Felshügel sechzehn Säulen empor, die sogar noch Teile des Gebälks tragen.

Hinter Milas zweigt die Straße zum etwa 50 Kilometer entfernten Bodrum ab, dem antiken Halikarnassos, wo um 485 v. Chr. Herodot, der Begründer der Geschichtsschreibung, geboren wurde.

HALIKARNASSOS

HERODOT: GESCHICHTEN WERDEN GESCHICHTE

B odrum, während der Saison Rummelplatz an einer märchen-haft schönen Bucht, sei ein Vergnügungsort reicher Türken, hatte in Kuşadası ein junger Geschäftsmann abschätzig bemerkt. An der Uferpromenade von Bodrum sahen wir, was gemeint war. Bord an Bord sind dort protzig lackierte hölzerne Jachten aufgereiht. Naturholz in Aspik, hier Inbegriff von Reichtum und Eleganz, darüber ein Wald aus Masten und Drähten verstellen den Blick selbst auf die malerisch in der Bucht gelegene Kreuzritterburg, das Wahrzeichen der Stadt.

Aber wen kümmert das hier? Wer kann, der zeigt, was er hat, und für die anderen läßt das Geschäft in den Restaurants, Bars, Diskotheken, Charterbüros, Cafés und Boutiquen sentimentale Erinnerung nicht zu. Am Ufer hat das bescheidene Fischerdorf von einst Anschluß an touristisches Weltniveau gefunden. Es geht zu wie überall am Mittelmeer, wo es schön ist.

Die Stadt des Mausolos und der Artemisia

Ihren Reiz zeigt die Stadt in den Straßen und Gassen abseits des Hafens. Inmitten von Gärten, Bäumen und Weinbergen erstrekken sich weißgestrichene Häuser über die sanft ansteigenden Hänge. Um die Zeitenwende hat der römische Baumeister Vitruv Halikarnassos mit einem Amphitheater verglichen *(de architectura* Il 8). Wie das trichterförmig ansteigende Halbrund eines Theaters um die Bühne breitete sich die in einen Hügelkranz gebaute Stadt über der halbkreisförmigen Bucht mit dem Hafen und der dahinterliegenden Agora aus.

Romantisierende Ansicht von Bodrum mit der Kreuzritterburg im 18. Jahrhundert

Unvergeßlich ist das Panorama, das sich einem von den oberen Rängen des in einen Hügel eingekerbten antiken Theaters bietet. Über Häuser, Bäume und Gärten hinweg blickt man auf das tiefblaue Wasser der weiten, von einer Halbinsel unterteilten Bucht. In der Mitte erheben sich die mächtigen Mauern und Türme der Kreuzritterburg wie der Rumpf und die Aufbauten eines versteinerten Riesenschiffes aus dem Wasser. Der dunkle Höhenrücken der Insel Karaada am Horizont schließt das Panorama ab.

Von den oberen Rängen des Theaters läßt sich eine Vorstellung von Halikarnassos in der Mitte des 4. vorchristlichen Jahrhunderts gewinnen. Um 367 hatte der persische Satrap Mausolos (377–353 v. Chr.), der wie ein König über die Provinz Karien herrschte, seinen Regierungssitz nach Halikarnassos verlegt. In dieser Blütezeit sind mehrere prachtvolle Bauten entstanden, darunter das Theater und sein Grabmal, das Mausoleion.

Auf der Halbinsel, wo heute die Kreuzritterburg steht, befand sich damals vermutlich die Festung mit dem Herrscherpalast. Der halbkreisförmige rechte Teil der Bucht von Halikarnassos bildete den Hafen. Ungefähr parallel zur Halbinsel schirmte eine Mole einen kleinen Teil vom Haupthafen ab. Zwischen ihr und der Festung lag der geheime Militärhafen der Stadt.

Diesen versteckten Hafen machte sich die Schwester und Gemahlin Artemisia II (352–350 v. Chr.), die nach dem Tod des Mausolos die Regentschaft übernahm, im Krieg gegen Rhodos zunutze. Die vermeintliche Schwäche einer Frau auf dem Thron verleitete Rhodos zu einem Angriff auf Halikarnassos. Als sich die feindliche Flotte näherte, versteckte Artemisia ihre Kriegsschiffe im geheimen Hafen. Nachdem die Schiffe des Gegners in die scheinbar ungeschützte Bucht eingefahren waren, griff sie aus dem Hinterhalt an und errang einen glanzvollen Sieg.

Hinter dem östlichen (linken) Teil des Hafens lag vermutlich die Agora, der Markt von Halikarnassos. Ihm schloß sich links unterhalb des Theaters ein riesiger umfriedeter Platz an, auf dem Mausolos sein Grabmal errichten ließ. Unter Leitung der Architekten Satyros und Pytheos, der auch den Athenatempel von Priene geschaffen hat, entstand dort ein Riesenbau von 40 bis 50 Meter Höhe – eines der Sieben Weltwunder.

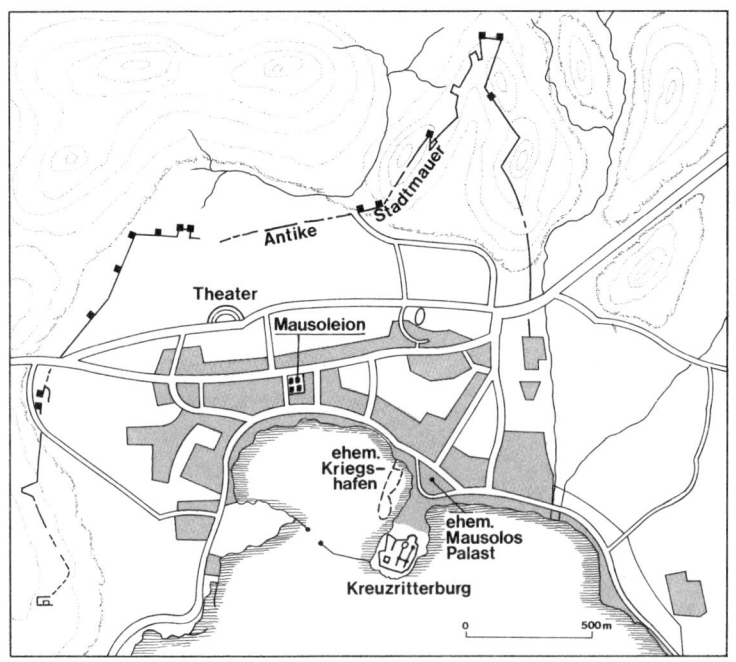

Bodrum / Halikarnassos

Als Mausolos noch vor der Vollendung starb, setzte seine
Schwester und Witwe Artemisia das Werk fort. Doch Gram über
den Verlust des geliebten Bruders und Gatten raffte auch sie vorzeitig dahin (Strabo XIV 2, 17), so daß der Bau erst nach dem Tod
beider fertiggestellt wurde. Eine Quadriga mit den Statuen des
Mausolos und der Artemisia krönte das Dach. Da die Staatskasse
leer war, haben die Bildhauer, so berichtet die Legende, das Werk
aus eigenen Mitteln vollendet.

Vom Theater aus nicht sichtbar, liegen die Überreste des zerstörten Weltwunders zwischen Häusern und Gärten verborgen
etwa hundert Meter vom Ufer entfernt. Vom Grabmal selbst sind
wenig mehr als Fundamentreste und eine riesige Grube geblieben,
in der Mausolos und Artemisia ihre letzte Ruhe fanden. Aber
selbst das beeindruckt durch Größe. Das rekonstruierte Modell im

Rekonstruktion des Mausoleion

Museum an der Ausgrabungsstätte gibt eine Vorstellung von der Schönheit und Monumentalität des Mausoleion. Gipsabdrücke der Friese mit wild bewegten Szenen einer Amazonenschlacht, die einst den Unterbau säumten, lassen ahnen, daß dieses Bauwerk nicht nur seiner Größe wegen als Weltwunder galt.

Das meiste Steinmaterial aus dem verschwundenen Weltwunder ist in der Kreuzritterburg verbaut. Noch im 12. Jahrundert scheint das Grabmal gestanden zu haben. Ein Erdbeben brachte es in der ersten Hälfte des 14. Jahrhunderts zum Einsturz, und den Johannitern aus Rhodos, die im 15. Jahrhundert nach Baumaterialien für ein Fort suchten fanden in der Ruine einen willkommenen Steinbruch. Antike marmorne Friese wurden zu Kalkmörtel gebrannt und in mittelalterliche Wappen verwandelt, Steinquader und Säulentrommeln eines hellenistischen Grabmals bildeten nun die Mauern und Türme einer christlichen Festung.

Amazonenschlacht, Friesplatte vom Mausoleion

Einer der Beteiligten, der Ritter De la Touret, hat in seinem Tagebuch die Entdeckung und Zerstörung des Grabes festgehalten. Nach einigen Tagen Suchens entdeckten die Johanniter in der Ruine eine unterirdische Kammer, die reich mit Marmorbildwerken und Ornamenten ausgestattet war. Voll Bewunderung betrachteten sie zunächst die Statuen und Friese, schlugen dann jedoch alles kurz und klein. Als sie durch einen Durchgang in der Wand den dahinterliegenden Grabraum betraten, rief das Horn zum Abendgebet, und die Eindringlinge zogen sich zurück. Am nächsten Morgen fanden die Ritter das Grab geöffnet und geplündert vor.

Um 485 v. Chr., 130 Jahre vor der Epoche des Mausolos, wurde in Halikarnassos Herodot (gest. 429 v. Chr.) geboren, der Begründer der Geschichtsschreibung. In der Stadt und ihrer Umgebung fand die Begegnung des Heranwachsenden mit den schicksalhaften Ereignissen statt, die in den Jahrzehnten davor die Griechen Kleinasiens in den Strudel welthistorischer Veränderungen gerissen hatten.

Nach dem Sieg des Perserkönigs Kyros II. (558–526 v. Chr.) über den Lyder Kroisos im Jahr 546 v. Chr. war Karien, die Landschaft südlich Milets, unter persische Oberhoheit gefallen. Halikarnassos hatte sich mit den neuen Herren arrangiert und war von einheimischen Vasallen der Perserkönige regiert worden. 499 v. Chr. hatten sich Teile Kariens am Aufstand der Ionischen Städte (499–494 v. Chr.) gegen die persische Vormacht beteiligt. Gemeinsam mit ihren ionischen Nachbarn im Norden waren sie in der Schlacht am Mäander besiegt worden.

Karien war unter persischer Oberhoheit geblieben. Als Regentin von des Großkönigs Gnaden hatte Artemisia die Ältere – nicht zu verwechseln mit der Schwester des Mausolos – am Griechenlandfeldzug des Xerxes (486–465 v. Chr.) teilgenommen. Diese resolute Frau war Befehlshaberin eines karischen Kontigents gewesen, das 480 v. Chr. vor Salamis in der Flotte des Großkönigs gekämpft und deren Schicksal geteilt hatte. Sie war von den verbündeten Griechen vernichtend geschlagen worden.

Herodot war als Sechsjähriger noch zu jung, um die Auseinandersetzungen bewußt erlebt zu haben. Aber die Eltern und Großeltern erinnerten sich und gaben ihr Wissen an die Jungen weiter.

Um etwas über die Perserkriege zu erfahren, war Halikarnassos kein schlechter Ort. Zu Herodots Jugendzeit lebten dort noch einige hundert Männer, die in der Seeschlacht von Salamis bei Athen auf seiten der Perser gekämpft hatten (Her. VII 99; VIII 87–8). Zwar hatten sie zu den Verlierern gehört, aber das tat ihrer Ehre keinen Abbruch. Im Gegenteil, der Glanz in den Augen der Jungen, denen sie von ihren Heldentaten erzählten – und sie wurden dessen nie überdrüssig – machte sie zu Siegern. Außer Phöni-

Torso eines der Pferde der Quadriga, die einst auf dem Mausoleion stand.

ziern aus Sidon, so sollte Herodot später berichten, habe in der Flotte des Großkönigs niemand so tapfer gekämpft wie die Männer aus Halikarnassos.

Befehligt wurden das Kontingent aus Halikarnassos und der benachbarten Inseln Kos, Nisyros und Kalyndos von der Regentin Artemisia. Die Klugheit und der Mut dieser Frau hatten die Bewunderung des Großkönigs gefunden. Auf seinem Thron am sicheren Ufer an der Salamis gegenüberliegenden Küste sitzend, war Xerxes zum Zeugen ihres Heldenmuts geworden. Im Durcheinander der sich abzeichnenden Niederlage sah er, wie ein vom Flaggschiff der Artemisia gerammtes Schiff in den Fluten versank. Erstaunt über die Kühnheit dieser Frau soll er ausgerufen haben: »Ja, die Männer sind mir zu Weibern geworden, und die Weiber zu Männern.«

Wann immer sie diese Geschichte erzählten, konnten die Veteranen von Salamis ein Lächeln nicht verkneifen. Artemisia hatte nicht ein feindliches Schiff versenkt, sondern eines der eigenen Flotte. Auf der Flucht vor einer attischen Triere hatte sie kurzerhand das Schiff des Herrschers vom benachbarten Kalyndos gerammt. Ob aus Zufall oder in der Absicht, einen Rivalen aus dem Weg zu räumen, konnte Herodot nicht erfahren. Für die Beteiligten stand jedoch außer Zweifel, daß Artemisia durch ihr überraschendes Manöver sich und die Mannschaft gerettet hatte. Vernünftig wie er war, hatte der Kommandant der attischen Triere nicht mit der Unberechenbarkeit dieser Frau gerechnet. In der Annahme, wer ein gegnerisches Schiff versenke, müsse ein Freund sein, drehte er ab.

Geschichten, die andere erzählten, stellten Herodots Zugang zur Vergangenheit dar. Das Anekdotenhafte dieser Überlieferung sollte sich später in seinem Werk niederschlagen. Um den Strang des Weltgeschehens rankt sich ein dichtes Geflecht aus persönlichen Schicksalen, Erlebnissen, Denkwürdigkeiten und lokalen Ereignissen. Es sind Geschichten, wie Menschen sie erzählen, wenn sie etwas erlebt haben, ohne über die großen Zusammenhänge nachzudenken.

In den Bergen im Nordwesten von Halikarnassos lag Pedasos, damals eine bedeutende Stadt, heute ein abgelegenes Hirtendorf namens Gökçeler. In Pedasos faszinierte den Heranwachsenden der Athenatempel, in dem von Zeit zu Zeit Merkwürdiges geschah. Sobald Unheil bevorstand, wuchs der Priesterin ein kräftiger Bart. Dreimal hatte sich das Omen schon erfüllt. Da sie in unsicheren Zeiten aufwuchsen, begaben sich die Jugendlichen wohl öfter auf die zweistündige Wanderung, um nach dunklen Schatten im Gesicht der Priesterin zu suchen (Her I 175; VIII 104).

In Pedasos wird Herodot auch den letzten Überlebenden des Widerstands gegen die Perser begegnet sein. Stolz, nach dem Fall des Kroisos (546 v. Chr.) als einzige in ganz Karien dem persischen Feldherrn Harpagos Widerstand geleistet zu haben, erzählten sie ihre Geschichten den Jungen. Sie hatten sich in unzugängliche Berge zurückgezogen und den übermächtigen Feind von dort aus bekämpft. Aber Herodot erwähnt das eher beiläufig, während er eine weitere Pedaser Geschichte in aller Ausführlichkeit ausbreitet (Her. VIII 104–6).

In Pedasos erinnerte man sich noch an den unglücklichen Hermotimos, der als Vertrauter des Großkönigs zu einem mächtigen Mann geworden war. Als Junge von Feinden aus der Stadt entführt, war er in die Hände eines Panionios geraten, der Knaben von schöner Gestalt verschnitt, um sie für viel Geld auf den Sklavenmärkten von Sardis und Ephesos zu verkaufen. Die Barbaren, die Eunuchen wegen ihrer Treue schätzten, zahlten gut.

Hermotimos hatte Glück im Unglück gehabt. Er war in den Besitz des Perserkönigs Xerxes übergegangen und hatte die Gunst seines Herren erworben. Auf einer Reise im Auftrag des Königs traf er zufällig seinen Peiniger, redete ihm freundlich zu und erzählte von dem Glück, das ihm durch ihn, Panionios, widerfahren sei. Zum Dank werde er ihm und seiner Familie Gutes erweisen. Er möge nur seine Angehörigen herbeiholen. Panionios fiel auf die List herein. Als er die Familie in seiner Gewalt hatte, ließ Hermotimos die Maske fallen: »Mensch, der du mit dem allerschändlichsten Gewerbe dein Brot gesucht hast«, herrschte er seinen Gefangenen an, »was tat ich dir zuleide, und was hat dir je einer meiner Vorfahren zuleide getan, dir oder einem der Deinen, daß du mich von einem Manne zu einem Nichts gemacht hast. Du glaubtest wohl, es sei den Göttern verborgen geblieben, was du damals getan hast? Sie aber haben dich nach gutem Recht in meine Hand geliefert, und du solltest dich nicht beklagen können über die Strafe, die ich dir auferlegen werde.« Sodann zwang er Panionios, seine vier Söhne zu entmannen, anschließend mußten diese das gleiche am Vater vollziehen.

An der Westspitze der heutigen Bodrumhalbinsel, beim reizvollen Badeort Gümüşlük, lag Myndos. In den Tavernen am Hafen erzählte man sich zu Herodots Zeiten noch die Geschichte vom alten Skylax, einem bekannten Schiffsführer der Stadt, den der persische Feldherr Megabates gedemütigt hatte. Die Folge war ein Konflikt mit Milet, der 499 v. Chr. zum Anlaß für den Aufstand der ionischen Städte gegen Persien wurde (Her. V 33–35).

Bei einem gemeinsamen Flottenunternehmen mit dem damaligen Verbündeten Milet gegen die Insel Naxos hatte Megabates auf dem myndischen Schiff keine Wache angetroffen. Aufgebracht ließ er den Schiffsführer herbeischleppen und so auf eine Ruderbank binden, daß der Kopf durch die Ruderluke ins Freie ragte. Die Alten, von denen Herodot die Geschichte erfuhr, schmunzelten noch immer, wenn sie sich erinnerten, wie der aus dem Schiffsrumpf ragende Kopf des Skylax die Planken bewachte.

Die Demütigung rief Aristagoras, den Tyrannen von Milet, auf den Plan. Empört, seinen Gastfreund Skylax dem Gespött der Leute ausgesetzt zu sehen, befreite er diesen aus seiner peinlichen Lage und stellte den persischen Feldherrn zur Rede. Böse Worte fielen. In seiner Wut rächte sich Megabates, indem er die Naxier vor einem Angriff Milets warnte. Der Mißerfolg wiederum veranlaßte Aristagoras, seine Landsleute gegen die Perser aufzuwiegeln. Es war das Vorgeplänkel zum Ionischen Aufstand.

Herodots Werk ist gespickt von solchen Erzählungen. Wohin er auch reiste, überall hörte er Geschichten über denkwürdige Ereignisse. Als gründlicher Chronist zeichnete er auf, was er gehört und gesehen hatte.

Abschied aus der Provinz

Doch Geschichten sind keine Geschichte. Herodots Werk zeichnet sich durch eine neue kritische Einstellung gegenüber der Überlieferung aus, die Homer nicht gekannt hatte. Nicht alles, was Menschen über die Vergangenheit erzählen, ist wahr. Es geht darum, Wahrheit und Legende zu unterscheiden. Auch sieht Herodot in der Geschichte nicht eine Folge von Ereignissen, die nur beschrieben werden müssen. So wie Anaximander in der Natur nach Ursachen der Veränderung gesucht hatte, sucht er nach den Ursachen des Geschehens unter den Menschen.

Die Götter greifen nicht mehr unmittelbar in die Handlung ein. Sie haben vielmehr gewisse »Spielregeln« geschaffen. Eifersüchtig achten sie darauf, daß die Menschen das ihnen gesetzte Maß nicht überschreiten. Im übrigen sind die Menschen frei, selbst zu entscheiden und zu handeln. Die Ursachen der Geschichte liegen daher in den Antriebskräften menschlichen Handelns. Programmatisch leitet Herodot sein Werk ein: »Herodot, aus Halikarnassos, gibt hier Bericht von allem, was er erkundet hat, damit der Menschen Taten nicht in Vergessenheit geraten und auch die großen und wunderbaren Werke nicht, die von den Hellenen und Barbaren vollbracht wurden. Vor allem aber soll man erfahren, um welcher Ursache willen sie gegeneinander in Krieg geraten sind.«

Verständlich wird diese veränderte Sicht der Vergangenheit vor dem Hintergrund von Herodots Leben. In der geistigen Provinz Kariens aufgewachsen, in der die kulturell eher rückständigen Dorer das griechische Element stellten, kam der Begründer der Geschichtsschreibung auf Samos erstmals in Berührung mit der glanzvollen ionischen Kultur. Später zog es ihn wie so viele andere Intellektuelle nach Athen, das zum politischen und geistigen Mittelpunkt der griechischen Welt geworden war.

Der Sieg der verbündeten Griechen auf der Halbinsel Mykale hatte 479 v. Chr. die persische Vorherrschaft über die ionischen und aiolischen Teile Kleinasiens beendet. Nachdem die Macht der Perser auch in Karien im Schwinden war, kam es Jahre später in Halikarnassos zum Putsch gegen den perserfreundlichen Sohn der

Artemisia, Lygdamis. Der Aufstand scheiterte, und als einer der Beteiligten floh Herodot nach Samos.

Staunend stand er dort vor den gewaltigen Bauten der Polykrateszeit. Der riesige Heratempel, die gewaltige Hafenmole und der kilometerlange Tunnel des Eupalinos (S. 189) erweckten seine Bewunderung: »Ich habe mich deshalb über die Samier so ausführlich ausgelassen, weil sie die drei größten Bauwerke geschaffen haben, die es in Hellas gibt«, sollte er später erklären.

Im Heraion sah Herodot auch das prächtige Weihegeschenk, das der samische Händler Kolaios zwei Jahrhunderte zuvor nach seiner Rückkehr aus Tartessos der Göttin gestiftet hatte (Her. IV 152). In Gestalt dieser Weihegabe war die Erinnerung an eine legendäre Entdeckungsfahrt ans andere Ende der Welt mit Händen greifbar. Herodot beschrieb es als einen riesigen Mischkessel aus Erz, über dessen Rand Greifenköpfe emporragten. Auf einem Fuß aus drei Kolossen von sieben Ellen Höhe ruhend, war dieses Meisterwerk samischer Erzgießerkunst über drei Meter hoch.

Begegnungen und Eindrücke in Athen

Von Samos kehrte Herodot in seine Heimat zurück und trug zum Sturz des Lygdamis bei. Halikarnassos geriet unter athenischen Einfluß. 454 v. Chr. wurde es zum erstenmal in Tributlisten des von Athen beherrschten delisch-attischen Seebunds gegen die Perser aufgeführt. Nun hielt es Herodot nicht länger in seiner kleinasiatischen Heimat. Er zog nach Athen, das sich nach den Perserkriegen in einer stürmischen Entwicklung befand. Es hatte die Hauptlast des Abwehrkampfs getragen und war zur politischen und geistigen Führungsmacht der griechischen Welt geworden.

In Athen hatte Kleisthenes durch seine Reformen 508 v. Chr. den Weg zur Demokratie gebahnt. Die Beteiligung der Bevölkerung an der Macht war eine der Voraussetzungen für den Sieg über die Perser gewesen. Mit der Entmachtung des Adelsrats war 461 v. Chr. die Volksherrschaft besiegelt worden.

In dieser Übergangsphase zur Demokratie entstand in Athen die Tragödie. Vor Zehntausenden von Zuschauern aller Stände wurden im riesigen Theater am Abhang der Akropolis die Konflikte freier Menschen exemplarisch durchgespielt. Wie im berühmten Chorgesang der um 442 v. Chr. aufgeführten *Antigone* des Sophokles wurde das Bewußtsein menschlicher Allmacht und Ambilenz in nie dagewesener Intensität erlebt (Antigone 333 ff.):

Ungeheuer ist viel, doch nichts
Ungeheurer als der Mensch.
Durch die grauliche Meeresflut,
Bei dem tobenden Sturm von Süd,
Umtost von brechenden Wogen,
So fährt er seinen Weg.
Der Götter Ursprung, Mutter Erde,
Schwindet, ermüdet nicht. Er mit den pflügenden,
Schollen aufwerfenden Rossen die Jahre durch
Müht sie ab, das Feld bestellend.

Sorgloser Vögel Schwarm umstellt
Er mit garngesponnenem Netz.
Und das Wild in all seiner Art,
Wie des salzigen Meeres Brut,
Er fängts, der Listge, sich ein,
Der überkluge Mann.
Beherrscht durch Scharfsinn auch der Wildnis
Schweifendes Tier und zähmt auch die mähnigen
Rosse mit nackenumschließenden Jochholz,
Auch den unbezwungnen Bergstier.

Das Wort wie den windschnellen Sinn,
Das Thing, das die Staaten gesetzt,
Solches brachte er alles sich bei und lernt auch,
Dem Frost da drauß zu entgehn,
Sowie des Sturmes Regenpfeil.
Rat für alles weiß er sich, und ratlos trifft
Ihn Nichts, was kommt. Nur vorm Tod
Fand er keine Flucht. Doch sonst
Gen heillos Leiden hat er sich
Heil ersonnen.

Doch der Chorgesang auf die Allmacht und den Erfindungsreichtum des Menschen endet nachdenklich. Die Eindeutigkeit home-

rischer Werte und die Geborgenheit in der alten Ordnung sind
endgültig dahin. Kein Gott steht den Menschen in ihren Konflikten zur Seite. Sie selbst müssen um die Einsicht ringen, was gut
und was böse ist, und sich entscheiden:

> Das Wissen, das alles ersinnt,
> Ihm über Verhoffen zuteil,
> Bald zum Bösen und wieder zum Guten treibt's ihn.
> Wer treulich ehrt Landesart
> Und Götterrecht, dieser steht
> Hoch im Staat. Doch staatlos, wer sich zugesellt
> Aus Frevelmut bösen Sinn.
> Nie sei der mein Hausgenoß
> Und nie auch meines Herzens Freund
> Der das waget.

Die Begegnung mit der Tragödie sollte Herodot, der mit Sophokles befreundet war, beeinflussen. Seine Ankündigung, von den
»großen und wunderbaren Werken« zu berichten, die von den
Griechen und Barbaren vollbracht worden seien, klingt wie das
Echo zu diesem Chorgesang.

Herodots Darstellung des Schicksalhaften in der Geschichte ist
durch die Tragödie geprägt. Vom Machtwahn verblendet, überse-
hen die Großen auf dem Höhepunkt ihres Erfolges die warnenden
Zeichen. Der Lyder Kroisos schlägt den Rat des weisen Solon zur
Mäßigung ebenso in den Wind wie der Perser Xerxes den seines
Oheims Artabanos und des Spartaners Demaratos. Selbstüberschätzung und Machtwahn kommen vor dem Fall. Die Götter
sorgen dafür, daß die Bäume nicht in den Himmel wachsen.
Hybris wird bestraft.

Eindringlich läßt Herodot Themistokles, den Vater des Sieges
von Salamis, die Athener warnen. Im Überschwang des
Triumphs dürften sie nicht alle Vorsicht vergessen. Sie sollten sich
hüten, den fliehenden Persern den Rückzug nach Asien abzuschneiden (Her. VIII 109): »Denn nicht wir haben dies vollbracht,
sondern die Götter und die Heroen, die es nicht dulden wollten,
daß Asien und Europa einen einzigen Herrscher haben...«

Unter dem großen Staatsmann Perikles erlebte Athen um die

Jahrhundertmitte seine Blütezeit. Finanziert durch Tributzahlungen der Verbündeten aus dem delisch-attischen Seebund entstanden unter Mitwirkung des großen Bildhauers Pheidias auf der Akropolis Bauwerke von nie erreichter Schönheit und Majestät. Verzückt schrieb Plutarch, der sie fünf Jahrhunderte später sah: »In kurzer Zeit wurden sie geschaffen für ewige Zeit. Ihre Schönheit gab ihnen sogleich die Würde des Alters, ihre lebendige Kraft schenkt ihnen bis zum heutigen Tag den Reiz der Neuheit und Frische. So liegt ein Hauch immerwährender Jugend über diesen Werken, die Zeit geht vorüber, ohne ihnen etwas anzuhaben, als atmete in ihnen ein ewig blühendes Leben, eine nie alternde Seele.«

Wenn exakte Angaben auch fehlen, so wird Herodot seine wichtigsten Reisen zur Zeit des Athener Aufenthalts in den fünfziger und der ersten Hälfte der vierziger Jahre unternommen haben. Um die Welt zu erforschen, bereiste er Ägypten, Phönikien, Babylonien, das Schwarzmeergebiet mit dem Goldland Kolchis (Georgien) und dem Land der Skythen zwischen den Steppen Südrußlands und der Donaumündung. Auf einer vierzig Tagesreisen währenden Fahrt den Dnjepr hinauf erkundete er das Innere Südrußlands.

Von seinen Reisen kehrte er offenbar immer wieder in die Stadt zurück, die wie ein Magnet Künstler und Intellektuelle aus allen Teilen der griechischen Welt anzog. Unter anderen wirkten im Athen dieser glanzvollen Epoche der Sophist Protagoras aus Abdera in Nordgriechenland und der Naturphilosoph Anaxagoras aus Klazomenai in Kleinasien. Um die Geheimnisse des Universums zu entschlüsseln, ließ Anaxagoras Haus und Hof im Stich und vernachlässigte sein Vermögen. Gefördert durch seinen Freund Perikles versuchte er, die Geheimnisse der Kosmos zu ergründen. Befragt, warum es besser sei, geboren als nicht geboren zu sein, antwortete er: »Um das Himmelsgebäude zu betrachten und die Ordnung im Weltall.«

In Begleitung seines Schülers Zenon reiste selbst der große Parmenides um 450 v. Chr. aus dem süditalienischen Elea ins geistige Zentrum der griechischen Welt. Der Zweck seiner Reise war, vor athenischen Intellektuellen, darunter der junge Sokrates, zu verkünden, die Welt der Sinne sei Illusion. Logik zeige, daß es Bewegung und Veränderung nicht geben könne. Wirklich sei nur ein unentstandenes, unveränderbares Sein, eine durch und durch mit Materie angefüllte riesige Kugel, die bewegungslos in sich verharre.

Gleichzeitig machten Sophisten mit Protagoras als dem führenden Kopf den Menschen zum Gegenstand wissenschaftlicher Betrachtung. Einige von ihnen wurden reich, indem sie die *jeunesse dorée* in der Kunst der Rede unterwiesen, die notwendig war, um in einer direkten Demokratie die Massen mit sich zu reißen und Macht zu gewinnen. Im Athen dieser Epoche wurde geistige Leistung mehr als anderswo geschätzt. Perikles, so berichtete später Platon, habe sich durch Anaxagoras über das wahre Wesen des Verstandes und des Unverstandes aufklären lassen und das, was ihm nützlich erschien, in seinen Reden verwendet (*Phaidros* 270 a). Überliefert ist auch, daß die Athener 445/4 v. Chr. Herodot für sein Geschichtswerk einen Ehrensold verliehen und er zu diesem Anlaß vorgetragen hat.

Herodots Dank an Athen

Die Wertschätzung beruhte auf Gegenseitigkeit. In seinem Werk pries Herodot die Stadt, ihre demokratischen Ideale und die Weisheit und Entschlossenheit ihrer Führer. Eindringlich resümiert er am Ende der Vorgeschichte Athens, wie der Sturz der Tyrannis und die 508 v. Chr. geschaffene Demokratie die Bereitschaft der Bürger gestärkt hätten, die Freiheit zu verteidigen. Dieser Verteidigungswille hatte die Perserkriege entschieden (Her. V 78):

»So war nun Athens Macht groß geworden. Daraus mag man erkennen, daß die Gleichheit (in der Demokratie) in jeder Hinsicht etwas Wertvolles und Schönes ist. Solange die Athener noch unter Tyrannengewalt standen, konnten sie keinen ihrer Nachbarn besiegen. Doch kaum waren sie frei, nahmen sie alsbald die erste Stelle ein. Und dies beweist eben, daß sie als Untertanen und Unterdrückte im Dienst eines Herren absichtlich träge und unlustig waren im Kampf, während sie jetzt als Freigewordene eifrig zu ihrem eigenen Nutzen arbeiteten.«

443 v. Chr. zog Herodot nach Thurioi in Süditalien. Die Stadt war kurz zuvor an der Stelle des zerstörten Sybaris unter athenischer Führung gegründet worden. In einem nach dem Vorbild Athens geschaffenen Idealstaat sollten dort Siedler aus allen Teilen der griechischen Welt zusammenleben. Protagoras hatte die Verfassung entworfen. Mit seinem rasterförmigen Straßenmuster, das jedem Haus den gleichen Rang zuwies, hatte der Baumeister Hippodamos von Milet das demokratische Prinzip fest im Stadtplan verankert. Was entstand, war eine von Sozialreformern gestaltete Mustersiedlung, in die es neben Herodot auch den großen Naturphilosophen, Mediziner, Politiker, Wunderheiler und Wanderprediger Empedokles von Akragas zog.

Aber auch dieser Aufenthalt war nicht von Dauer. Gegen Ende seines Lebens scheint Herodot noch einmal nach Athen zurückgekehrt zu sein. Am Vorabend des Peloponnesischen Krieges (431–404 v. Chr.) hatte sich in Griechenland die Stimmung gegen die Stadt gerichtet, mit der ihn so viel verband. Es scheint, als habe er das Gerede über den Machtmißbrauch Athens, der die Freiheit der übrigen Griechen bedrohe, nicht mehr ertragen. Abrupt unterbrach er 431 v. Chr. seine Darstellung der Kriegsvorbereitungen des Jahres 480 gegen die Perser. In einer furiosen Attacke gegen die Vergeßlichkeit erinnerte Herodot die Griechen daran, daß sie ihre Freiheit Athen verdankten (Her. VII 139):

»Hier sehe ich mich nun gezwungen, offen meine Meinung darzustellen, die zwar den meisten Menschen nicht behagen wird; dennoch will ich nicht zurückhalten, was ich selber als Wahrheit erkenne. Wenn die Athener damals, erschreckt durch die herandringende Gefahr, ihr Land verlassen oder ... sich aber Xerxes ergeben hätten, so hätte keiner zur See sich unterfangen, ihm entgegenzutreten.« In diesem Fall, so schließt er eine längere Argumentation ab, wäre ganz Griechenland unterworfen worden. »Wer also sagt, daß die Athener die Retter von Hellas gewesen seien, der irrt gewiß nicht von der Wahrheit ab.«

Kurz darauf verliert sich Herodots Spur. Denkbar ist, daß er wie auch Perikles 429 v. Chr. der Pest erlag, die in diesem Jahr Tausende von Athenern dahinraffte.

In seinen Epen hatte Homer Sagen verarbeitet. Der Stoff mochte zwar einen historischen Hintergrund haben, aber dieser war durch die Art der Überlieferung gründlich verzerrt worden (S. 58 ff.). Der Gedanke, Wissen über das Vergangene kritisch zu prüfen, wäre dem Verfasser der Ilias nie gekommen, und das ist bekanntlich auch nicht der Sinn großer Dichtung. Aber Homer ging einen Schritt weiter. Er behauptete, sein Wissen sei wahr, weil er es von den göttlichen Musen habe. In dieser Überzeugung hatte er Sagen als historische Realität dargestellt.

Herodot dagegen unterschied zwischen Hörensagen und eigener Anschauung. Während er sich seiner eigenen Beobachtungen sicher sein konnte, mußten Erzählungen anderer überprüft werden. Das bedeutete, gründlich zu recherchieren. Stolz berichtet der Begründer der Geschichtsschreibung, er habe mit Menschen aus über vierzig griechischen Städten und mehr als dreißig weiteren Ländern gesprochen. Immer wieder stellte er fest, daß seine Informanten über ein und dasselbe Ereignis, über ein und denselben Tatbestand die gegensätzlichsten Geschichten erzählten.

Die einen berichteten, Bias von Priene habe mit einem einzigen Wort Kroisos vom Krieg gegen die Inseln Samos, Chios und Lesbos abgehalten; für andere war es Pittakos von Mitylene gewesen (Her. I 27). Ähnliche Ungereimtheiten stellte Herodot in den Berichten über die Seeschlacht von Lade (494 v. Chr.) fest. Die Milesier behaupteten, die Samier seien feige davongesegelt; auf Samos dagegen erfuhr er, die eigenen Schiffe hätten sich tapfer geschlagen, feig seien andere gewesen. Er bemerkte, die Wahrheit ließe sich nicht mehr feststellen (Her. VI 14): »Denn sie beschuldigen sich gegenseitig.«

Andere Widersprüche ließen sich dagegen aufklären. In Ägypten verehrte man Herakles als einen der zwölf ursprünglichen Götter, in Griechenland dagegen nur als einen Heros (Her. II 43–4). Was war richtig? War Herakles nun ein Gott oder ein Mensch, dem gottähnliche Ehren zuteil geworden waren? Herodots Antwort, es habe einen Gott und einen gleichnamigen Heros gegeben, folglich sollte man beide verehren, ist ohne Belang.

Aber in der Methode, durch die er zu dieser Erkenntnis gelangte, zeichnete sich die moderne Geschichtsschreibung ab. Anstatt sich aufgrund subjektiver Überzeugung der einen oder anderen Version anzuschließen, versuchte er, ein objektives Entscheidungskriterium zu finden. Er reiste zu einem »neutralen« Heraklesheiligtum in Phönikien: »Ich wollte jedoch über diese Dinge Gewißheit erlangen von denen, die imstande sind, sie mir zu geben«, berichtete er: »So bin ich zu Schiff nach Tyros in Phoiniken gefahren, weil man mir sagte, dort befände sich ein angesehenes Heiligtum des Herakles.«

An einer anderen Stelle distanzierte er sich ausdrücklich von einer Geschichte, die er für falsch hielt. Zugleich erklärte er jedoch, als Chronist sei er verpflichtet, alles aufzuzeichnen, was man ihm berichtet habe (Her. VII 152): »Doch es ist meine Pflicht, alles, was ich höre zu berichten, aber daran glauben muß ich deswegen noch lange nicht. Das gilt für mein ganzes Geschichtswerk.«

Vor dem Hintergrund von Homers Beschwörung der Musen zeigt sich, wie neu diese Einstellung zur Geschichte ist: »Sagt mir nun Musen...! Denn ihr seid die Göttinnen und seid zugegen bei allem und wißt alles, wir aber hören nur die Kunde und wissen gar nichts.« (Il. II 484 f.) Hinter Herodots Methode steht ein zuvor unbekanntes Vertrauen in die menschlichen Fähigkeiten. Der Mensch hat die Freiheit, selbst zu erkennen. Er muß nicht blind der Überlieferung vertrauen. Er kann und muß feststellen, was wahr ist und was nicht.

Ursachen in der Geschichte

Wie Homer sah auch Herodot seine Aufgabe darin, über große und denkwürdige Taten von Menschen zu berichten: »Herodot, aus Halikarnassos, gibt hier Bericht von allem, was er erkundet hat, damit der Menschen Taten nicht in Vergessenheit geraten und auch die großen und wunderbaren Werke nicht, die von den Hellenen und den Barbaren vollbracht wurden«, kündigte er seine Historien an. Im Mittelpunkt des Werks steht die Auseinandersetzung der Griechen mit den großen Mächten im Osten – zuerst mit dem lydischen, dann dem persischen Reich. Durch das Expansionsstreben Persiens geraten auch andere Völker vorübergehend in den Strudel der welthistorischen Veränderungen: die Ägypter und Babylonier im Süden, sowie die Skythen im Norden.

Aus griechischer Sicht sind das »Barbaren«. Doch ebenso wie Homer die Taten griechischer Helden nicht höher einschätzt als die ihrer trojanischen Gegner, sieht Herodot seine Chronistenpflicht darin, unvoreingenommen auch über die Barbaren zu schreiben. Er erweitert die Aufgabe, indem er auch über Geographie und Klima der Länder berichtet, die er bereist hat, über die Sitten und Gebräuche ihrer Bewohner, und er schwelgt geradezu in der Beschreibung exotischer Tiere und Pflanzen.

Neben der kritischen Einstellung gegenüber Hörensagen unterscheidet sich seine Geschichtsbetrachtung in einem zweiten entscheidenden Punkt von der Homers. Er drückt es schon im zweiten Satz seiner Einleitung aus: »Vor allem aber soll man erfahren, um welcher Ursache willen sie (Griechen und Barbaren) gegeneinander in Krieg geraten sind.« Geschichte ist nicht nur eine Abfolge von Geschehnissen. Welthistorische Ereignisse haben Ursachen. Man erkennt diese Ursachen, indem man untersucht, auf welche Weise die Ereignisse zustande gekommen sind.

In einer aufschlußreichen Passage untersucht Herodot die Ausweitung des Konflikts zwischen Griechen und Persern auf das griechische Mutterland nach 500 v. Chr. Dahinter steht eine unausgesprochene Frage. Warum ließ Athen als die zweitstärkste griechische Macht sich auf die riskante Auseinandersetzung mit dem persischen Weltreich ein, während die traditionelle Militärmacht Sparta weise Zurückhaltung übte (Her. V 49–54 und 97)?

Ausführlich berichtet Herodot über die Reise, auf der Aristagoras, der Tyrann von Milet, in Griechenland um Unterstützung für den Aufstand der Ionier gegen die Perser wirbt. Zuerst sucht der Milesier Sparta auf. Gestützt auf die Erdkarte des Hekataios schildert er König Kleomenes in leuchtenden Farben die Reichtümer der persischen Hauptstadt Susa (S. 169 f.). Den kriegserfahrenen Spartanern würde die Eroberung leichtfallen, denn die Barbaren seien schlechte Kämpfer. Doch als erfahrener Staatsmann will

Kleomenes sich nicht auf ein ungewisses Abenteuer einlassen. Wieviel Tage der Marsch von der Küste nach Susa denn dauern würde? Als er erfährt, drei Monate, lehnt er ab. Was Aristagoras im oligarchisch regierten Sparta nicht gelang, erreicht er anschließend im demokratischen Athen. Dort muß er nicht einen klug abwägenden Regenten überzeugen, er findet eine begeisterungsfähige Volksversammlung vor, die sich durch eine flammende Rede mitreißen läßt. Aufgeputscht beschließt die Masse, den Aufstand gegen die Perser zu unterstützen. Herodot kommentiert:

»Es muß ja wohl leichter sein, viele zu täuschen als einen. Den einen Kleomenes von Lakedaimon hatte er nicht zu täuschen vermocht, aber bei dreißigtausend Athenern gelang es ihm. So beschlossen sie, den Ionern zwanzig Schiff zu Hilfe zu schicken... Diese Schiffe aber waren der Anfang des Unheils für die Hellenen und die Barbaren.« Damit hat Herodot eine Ursache angegeben: Der Krieg griff auf das griechische Festland über, weil die Athener in Verkennung dessen, was sie erwartete, den Ionischen Aufstand halbherzig unterstützten. Ausschlaggebend waren mangelhafte geographische Kenntnisse gepaart mit der Begeisterungsfähigkeit der Volksmassen in einer Demokratie.

Nicht ahnend, auf was sie sich einließ, trat eine Mittelmacht mit 30 000 waffenfähigen Männern (Thukydides II 13) in den Krieg mit einem Weltreich ein. Doch dieselbe demokratische Verfassung sollte später, wie Herodot ebenfalls erkannte, eine der Ursachen des glanzvollen Sieges über einen zahlenmäßig weit überlegenen Gegner sein. Bürger, die frei über ihre Geschicke entschieden, waren sich ihrer Verantwortung für das Gemeinwesen bewußt.

Wie radikal diese Suche nach historischer Kausalität mit dem herkömmlichen Denken brach, zeigt der Vergleich mit Homer. Zu Lebzeiten des großen Dichters des 8. Jahrhunderts v. Chr. lagen die großen mykenischen Paläste Griechenlands in Trümmern. Was war geschehen? Der Dichter gab eine Antwort, die dem Denken seiner adligen Zuhörer entsprach: In der bekannten Szene (Il. IV 40 ff.) läßt er Hera dem Göttervater Zeus ihre drei Lieblingsstätte Sparta, Pylos und Mykene anbieten. Diese möge er vernichten, falls er ihr erlaube, das verhaßte Troja zu zerstören. Troja war untergegangen. Folglich mußte die Zerstörung der mykenischen Burgen Griechenlands der Preis gewesen sein, den Zeus für sein Entgegenkommen beim Untergang Trojas eingefordert hatte.

Auch Herodot läßt Themistokles sagen, die Griechen verdankten den Sieg vor Salamis den Göttern. Aber daran, daß Menschen dort gekämpft und gesiegt hatten, besteht für ihn kein Zweifel. Ausführlich hat er die historischen Ursachen des Sieges dargestellt. Die Götter hatten nicht mehr getan, als den Sieg einer ungerechten Sache zu verhindern und die Hybris des Xerxes zu bestrafen: Europa und Asien unter einem Herrscher zu vereinen, hätte gegen göttliches Recht verstoßen.

Der Neid der Götter

Dennoch ist Herodot nicht nur Rationalist. Indem er kausale Erklärungen mit mythischen Deutungen verbindet, erhält die Geschichte einen Sinn, der über die Absichten der Akteure hinausgeht. Das zeigt sich in der Darstellung des großen Lyderkönigs. Kroisos erscheint als tragischer Held, als ein hochherziger und großzügiger Herrscher, der zu seinem Unglück nur versäumt hat, die Grenzen seiner Macht und seines Glücks zu erkennen, und dadurch den Neid der Götter auf sich zieht.

Eindringlich wird der Aufstieg und Fall dieses Mannes dargestellt. Nachdem er sich die meisten griechischen Städte an der Westküste Kleinasiens unterworfen hatte, rüstete Kroisos zum Feldzug gegen das weitaus mächtigere Perserreich. Das Orakel hatte ihm vorausgesagt, wenn er den Grenzfluß Halys überschreite, werde er ein großes Reich zerstören. Kroisos glaubte, Persien sei gemeint. Doch das Reich, dessen Untergang Delphi prophezeit hatte, war sein eigenes. In seiner Verblendung übersah er den Doppelsinn des Spruches und griff bedenkenlos an. Prompt wurde Kroisos geschlagen, und sein Reich fiel an Kyros.

Folgt man Herodot, dann waren blindes Machtstreben und Selbstüberschätzung des Kroisos die Ursache des Untergangs des Lyderreichs und damit indirekt der Perserkriege von 490 und 480–479 v. Chr. Doch mit dieser kausalen Erklärung eines historischen Vorgangs verbindet sich die mythische Vorstellung, zuviel Glück wecke den Neid der Götter.

Durch die Geschichte des Kroisos zieht sich die moralisierende Episode einer Begegnung mit Solon von Athen, einem der sieben griechischen Weisen (Her. I 29–32). Dabei dürfte es sich um eine der Anekdoten handeln, die man in der griechischen Welt über die Sieben Weisen erzählte. Solon lebte etwa von 640 bis 560 v. Chr. Eine Begegnung mit Kroisos, zu der es, Herodot zufolge, 548 v. Chr. gekommen sein müßte, kann daher nicht stattgefunden haben. Das ändert jedoch nichts an der Moral, die Herodot der Geschichte gibt.

Auf dem Höhepunkt seiner Macht bittet Kroisos Solon in seine Hauptstadt Sardis und läßt ihm in kindlichem Stolz seine immensen Reichtümer zeigen. Anschließend will er von seinem Gast wissen, wen dieser für den glücklichsten Menschen halte, der ihm auf seinen ausgedehnten Reisen begegnet sei. Natürlich erwartet der Lyderkönig, der Grieche werde ihn als den Glücklichsten preisen.

Aber Solon erzählt die Geschichte eines Atheners, der es zu bescheidenem Wohlstand gebracht, edle Söhne großgezogen und schließlich sein Leben im Kampf für seine Stadt geopfert habe. Der sei der glücklichste Mensch gewesen. Enttäuscht fragt Kroisos, wer denn an die zweite Stelle zu setzen sei. Erneut nennt Solon nicht ihn, sondern zwei Jünglinge aus Argos, die für ihre Mutter eine bewundernswerte Tat vollbracht hätten und anschließend im Tempel sanft entschlafen seien.

Enttäuscht will der Lyder nun wissen, warum Solon denn seine, eines Königs Glückseligkeit so gering schätze, daß er ihn mit einfachen Bürgern gleichstelle: »O Kroisos«, erwidert Solon, »ich weiß, daß alles Göttliche erfüllt ist von Eifersucht und Zerstörungswut, und du fragst mich nach des Menschen Glück!« Er sehe ja den Reichtum seines Gastgebers, aber das Leben sei lang, und vieles könne noch geschehen: »Aber was du von mir hören willst, das kann ich noch nicht von dir sagen, bis ich erfahre, du habest dein Leben glücklich beendet... Schon vielen hat Gott das volle Glück vor Augen gehalten und sie doch von Wurzel aus umgestürzt.«

Tatsächlich trifft Kroisos kurz darauf der erste Schicksalsschlag. Sein Lieblingssohn und Thronerbe kommt durch einen Jagdunfall ums Leben. Herodot sieht darin einen Akt göttlicher Rache. Kroisos hatte sein Glück überschätzt. Aber Schlimmeres sollte folgen. Um den Machtzuwachs des Perserreichs einzudämmen, begann der Lyder den Krieg, vor dem ihn das Orakel zweideutig gewarnt hatte. Besiegt fiel er in die Hände des Kyros, der ihn zusammen mit sieben lydischen Knaben dem Sonnengott opfern wollte (Her. I 86–7).

Kroisos auf dem Scheiterhaufen.
Etrurisches Vasenbild (um 500 v. Chr.)

Auf dem Scheiterhaufen, den Tod vor Augen, erinnert sich Kroisos an Solons Worte, niemanden glücklich zu preisen, bevor sein Ende bekannt sei, und ruft dreimal: »Solon!« Kyros will wissen warum. Während das Feuer schon brennt, erfährt er den Grund: »Als aber Kyros von den Dolmetschern hörte, was Kroisos geantwortet hatte«, so zieht Herodot die Moral aus dieser Geschichte, »wandte sich sein Sinn, und er bereute, daß er, selbst nur ein Mensch, einen anderen Menschen, der ihm an Glück und Herrlichkeit nicht nachgestanden hatte, lebendig dem Feuer übergäbe, und es wurde ihm bange vor der Vergeltung, denn er bedachte, daß es im menschlichen Leben nichts Beständiges gäbe.« Kyros befiehlt, das Feuer zu löschen, aber es ist zu spät. Kroisos muß durch ein Wunder gerettet werden. Apollon schickt einen Platzregen.

Eine Generation später sollte der große athenische Historiker Thukydides auch diese letzte mythische Überzeugung aus der Geschichte verbannen. Die Geschichte hat keine Moral. Es gibt nur eine Gesetzmäßigkeit der Macht, der alles menschliche, ja sogar das göttliche Handeln unterworfen ist. In einer Schlüsselszene seines Werkes über den Peloponnesischen Krieg (431–404 v. Chr.) läßt er Vertreter der kleinen Ägäisinsel Melos und des übermächtigen Athen aufeinandertreffen (Thuk. V 104–5). Melos, das sich aus dem Krieg heraushalten will, soll sich Athen anschließen.

Im Bewußtsein, daß sie Athen militärisch hoffnungslos unterlegen sind, wenden die Melier ein, die Götter würden nicht zulassen, daß Athen sie unterwerfe: »Gleichwohl haben wir das Vertrauen zum Schicksal, daß es uns, weil es von göttlicher Art ist, nicht unterliegen läßt, denn als Gottesfürchtige stehen wir gegen das Ungerechte.« Zynisch antworten die Vertreter Athens, vor den Göttern sei ihnen nicht bange. Daß der Mächtige über den Machtlosen herrsche, sei Naturprinzip. Ebenso wie für Menschen gelte es für Götter: »Wir glauben, daß bei den Göttern vermutlich, ganz sicher aber bei den Menschen, überall aus einem Zwange der Natur heraus, das Mächtige über das gebietet, dessen es Herr wird.«

KOS

HIPPOKRATES UND DIE ENTSTEHUNG
MEDIZINISCHEN DENKENS

*I*m Südwesten der Bucht von Bodrum zeichnet sich in der
Ferne der Bergrücken von Kos ab. Geburtsstätte des Hippokrates (etwa 460–375 v. Chr.) und Ort eines berühmten Asklepioshei-
ligtums, ist die Insel Ziel eines weiteren Tagesausflugs. Allerdings
sollte man nicht ausgerechnet einen Montag wählen, da dann das
Asklepieion, die große Sehenswürdigkeit der Insel, geschlossen ist.

Obwohl das Schiff den schmalen Sund in einer Dreiviertel-
stunde überquert, dauert es etwa zwei Stunden, bis man auf Kos
endlich griechischen Boden betritt. Die meiste Zeit vergeht mit
Warten: Zuerst wartet man auf die Grenzbeamten beider Seiten,
die genußvoll ihre hoheitlichen Akte zelebrieren, dann auf ver-
spätete Besatzungsmitglieder und schließlich auf Reisende, die
sich in letzter Minute entscheiden und das Grenzritual erneut in
Bewegung setzen. Bevor irgend jemand, der sich in Bodrum fahr-
plangemäß um 8.30 Uhr am Zollamt eingefunden hat, auf Kos ein
Taxi zum Asklepieion besteigt, ist es 11 Uhr. Zeit, sich mit der
Geschichte der Insel, mit den Leuten von Kos und dem Heiligtum
zu beschäftigen, bleibt also genug.

Im religiösen Rang stand das Asklepieion von Kos dem von
Epidauros nach. In Epidauros, im steinigen Bergland der östlichen Peloponnes, so hatte das Orakel von Delphi den Wettstreit
der Heilstätten entschieden, war Asklepios als Sohn des Apollon
und der thessalischen Königstochter Koronis geboren (Pausanias
II, 26.4–7):

O Asklepios, allen Sterblichen zur großen Freude entsprossen,
Den Plegyas' Tochter, in Liebe verbunden, geboren hat.
Koronis, reich an Anmut im steinigen Epidauros Land.

Für die Entwicklung der Heilkunst indessen war Kos ungleich wichtiger. Hier wurde 460 v. Chr. Hippokrates geboren, der berühmteste Arzt der Antike und einer der Begründer der modernen Medizin. Er und seine Schüler übertrugen die rationale Weltsicht der ionischen Naturphilosophie auf die Heilkunst.

Kos stellt daher einen weiteren Höhepunkt und zugleich einen gewissen Abschluß dieser Reise dar. Auf dem Weg zu den Geburtsstätten abendländischen Denkens ist es die letzte Station, an der sich ein schöpferischer Beitrag rekonstruieren läßt. Was folgt, die Bibliothek im grandiosen hellenistischen Herrschaftssitz von Pergamon, ist nicht auf die Schaffung von Neuem, sondern auf die Bewahrung des Alten gerichtet. Am Ende einer glanzvollen Epoche sahen sich die Könige von Pergamon als Bewahrer des kulturellen Erbes einer großen Vergangenheit.

Obwohl das Asklepieion von Kos ein Ort der Wunderheilungen war, entstand hier die bedeutendste medizinische Schule der Antike. Ihre Träger, die sogenannten Asklepiaden, waren eine Ärztegilde, die in Asklepios ihren Stammvater sah. Ihr bedeutendster Abkömmling, Hippokrates, leitete sich in der 17. Generation vom göttlichen Schutzpatron der Heilkunst her. Aber schon vor Hippokrates muß es auf Kos eine Tradition exakter Krankenbeobachtung gegeben haben. Während vom Asklepiosheiligtum in Epidaurus nur Wunderheilungen überliefert sind, erwähnt Strabo (XIV 2,19), Hippokrates habe seine Studien über die Behandlung von Krankheiten aus den im Asklepieion von Kos niedergelegten Krankengeschichten gewonnen.

Wie zuvor Xenophanes, Pythagoras, Herodot, Leukipp und Anaxagoras kehrte auch Hippokrates seiner kleinasiatischen Heimat den Rücken und führte ein Leben in der Fremde. In seinen Werken läßt sich die Spur ausgedehnter Reisen verfolgen, die ihn durch Nordgriechenland, Makedonien und Thrakien nach Nordafrika und Südrußland führten. So lebte er lange genug im Wilden Norden des Schwarzen Meeres, um ausführliche anthropologische Studien über die Skythen zu hinterlassen. Er untersuchte die Einflüsse der Lebensweise, des Wassers, des Klimas, des Bodens und der Luft auf die körperliche Konstitution der Bewohner, auf ihre Krankheiten und ihren Volkscharakter. Gegen Ende seines

Lebens praktizierte Hippokrates in Nordgriechenland, wo er um 375 v. Chr. im Alter von etwa 85 Jahren in Larissa in Thessalien starb.

Wenn Hippokrates auch den größeren Teil seines Lebens in anderen Teilen der Alten Welt verbracht hat, die Ursprünge der hippokratischen Medizin liegen in Kleinasien. Nur 40 Kilometer südlich von Kos gab es auf dem Festland in Knidos eine weitere Ärzteschule, deren Rang der koischen gleichkam. Auf Kos läßt sich daher verfolgen, wie eine moderne, naturwissenschaftliche Medizin in Wechselwirkung mit mythischen Vorstellungen über Wunderheilungen entstanden ist.

Die Leute von Kos

366 v. Chr., ein Jahrzehnt nach dem Tod des Hippokrates, wurde auf dem Gebiet des modernen Kos durch Zusammenschluß mehrerer Dörfer eine neue Hauptstadt gegründet, die sich in den folgenden Jahrhunderten weiterentwickelte. Voller Bewunderung schrieb Strabo (XIV 2,19), der sie um die Zeitenwende besuchte: »Die Stadt ist zwar nicht groß, aber am schönsten unter allen gebaut und für die Hinzuschiffenden ein herrlicher Anblick.« Ihre Überreste, verteilt in mehreren Ausgrabungszonen im Gebiet des modernen Kos, geben die Vorstellung einer wohlhabenden Stadt mit prachtvollen öffentlichen Bauten und Plätzen.

Auch Asklepios, dessen Kult auf der Insel vermutlich schon im 6. Jahrhundert praktiziert worden war, erhielt ein neues Heiligtum. In dem auf einem Berghang oberhalb der Stadt gelegenen heiligen Hain seines Vaters Apollon errichteten ihm die Bürger einen bescheidenen Altar. Im Verlauf der folgenden Jahrhunderte sollte die Kultstätte zu dem großen religiös-medizinischen Kurzentrum ausgebaut werden, das Strabo (XIV 2,19) erwähnt: »In der Vorstadt steht der sehr berühmte und mit einer Menge von Weihgeschenken angefüllte Tempel des Äskulap, unter denen sich auch der Antigonus des Apelles befindet.«

Die Bewohner der neuen Siedlung lebten von Landwirtschaft und vom Fischfang. Auch die Seidenweberei trug zum Wohlstand bei. Durchsichtige Seidengewänder aus Kos, die sogenannten *vestes Coae*, waren ein in der griechisch-römischen Welt begehrter Luxusartikel. Hergestellt wurden sie in Heimarbeit sowie in kleineren und größeren Werkstätten von Sklavinnen.

Um die Mitte des 3. Jahrhunderts hat der zu Unrecht wenig bekannte koische Dichter Herondas ein farbiges Bild seiner Landsleute hinterlassen. Von seinem Werk blieben acht Mimiamben erhalten – das sind in Hinkiamben geschriebene Kurzdramen. Vorgetragen wurden sie von einer Person, die durch Sprechweise und Mimik die einzelnen Rollen voneinander abgrenzte. In realistischer Situationskomik skizziert Herondas Angehörige unterschiedlicher sozialer Schichten.

Da gibt es in der Umgebung der Stadt lebenslustige adlige Großgrundbesitzer. Arbeit verrichten sie nicht. Ihr Dasein erschöpft sich in Liebeshändeln, Symposien und literarischen Versuchen. Siege bei den panhellenischen Spielen in Olympia, Delphi oder Korinth sind die großen Ereignisse ihres Lebens. Derweilen bestellen Sklaven und Tagelöhner ihre Felder, Olivenhaine und Weinberge, die Grundlage ihres Reichtums sind.

Einer dieser Adligen hat sich unsterblich in die schöne Metriche verliebt. Die Abwesenheit ihres Mannes nutzend, der monatelang in Ägypten unterwegs ist, schickt er eine Kupplerin, die alte Gyllis. Die Alte soll die Schöne beschwatzen, und Gyllis beherrscht ihr Metier. Eindringlich schildert sie die Vorzüge des Galans, seine Erfolge in zahlreichen Wettkämpfen, seinen Reichtum, seine Liebe und Diskretion; sie lockt Metriche, die Freuden der Liebe zu genießen und sich außerdem reich beschenken zu lassen:

So hör also,
Welch eine Botschaft dir zu bringen ich herkam,
Der Pataikion Enkelkind, Matakines Sohn, Gryllos,
Fünffach gekrönt, erstmals als Knabe in Pytho,
[...]
Gehörig reich, rupft aus der Erd' er kein Hälmchen.
Ist, Liebeshändeln fern, verschwiegen, ein Siegel!
Als er dich sah bei Mises Niederfahrt, wog't ihm
Sein Blut, durchstach der Liebe Stachel das Herz ihm.
Und mir weicht nicht zur Nachtzeit er noch tagsüber

Vom Hause, Kind, bricht aus vor mir in Wehklagen
Und tätschelt mich und will vor Sehnsucht gleich sterben.
Nun, Metriche, mein Kind, den einen Fehltritt – tu
Der Göttin ihm zuliebe, füge dich drein, daß
Nicht unversehens das Alter dich anblickt!
Zweifach gewinnst du: lebst voll Lust, dazu wird dir
Geschenkt mehr, als du glaubst, Bedenk es wohl, folg mir.

Doch Metriche erweist sich als ebenso tugendhaft wie schön. Alle Überredungskunst der Alten ist verschwendet, die Umworbene bleibt standhaft.

Eine alternde Dame aus besseren Kreisen, Bitinna, verdächtigt ihren Sklaven, den sie als Liebhaber hält, der Untreue. Ohne Scheu vor der anwesenden Zofe und zwei weiteren Sklaven wirft sie ihm vor, ihrer »Schenkel Spiel« genüge ihm wohl nicht mehr. Demütig und trotzig zugleich bestreitet dieser den Vorwurf. Habe sie je das Objekt ihrer Eifersucht gesehen?

»... Scheingründe jeden Tag suchst du,
Bitinna; Sklave bin ich, wie du willst, brauch mich;
Nur daß du nicht mehr Tag und Nacht mein Blut aussaugst!«

Rasend vor Eifersucht ordnet die Herrin an, den Sklaven zur Strafe nackt und gefesselt zuerst zum Brandmarker zu führen. Den Weg zum Sklavenstockhaus, wo ihn 2000 Hiebe erwarten, solle er »bunt gefärbt« gehen. Nur der Fürbitte der Zofe verdankt das erbarmungswürdige Opfer einen Aufschub bis nach dem Totenfest. Bitinna kündigt zynisch an:

»Doch wenn den Toten Spenden wir gebracht haben,
Sollst – sei gewiß! – du feiern nach dem Fest dein Fest...«

Metro und Koritto, zwei Damen der Gesellschaft, versenken sich in ein lüsternes Gespräch. Es geht um einen scharlachroten Baubon, einen ledernen Penis, den Koritto einer dritten geschenkt hat. Unter dem Siegel der Verschwiegenheit gelingt es Metro, den Namen des Schusters zu erfahren, der das Wunderwerk genäht hat. Die Freundin verrät, es sei der kleine kahlköpfige Kerdon aus Chios oder Erythrai, und gerät ins Schwärmen über die handwerkliche Geschicklichkeit dieses Mannes:

»Doch Werke sind das – was für Werke! Du glaubst der
Athene eigenhänd'ge Arbeit, nicht Kerdons
Zu sehn. Und ich, mit zweien kam er, Metro – ließ,
Voll Eifer schauend, die Augen aus dem Kopf gehen.
Es machen Männer ihren nicht so – wir sind ja
Ganz unter uns –, so aufrecht; nicht nur dies, sondern
Die Weichheit – traumhaft – und die Riemchen wie Wolle,
Nicht Leder.«

Im Gespräch der beiden zeigt sich auch, wie sehr die Bürger von
Kos die verhaßten Steuereintreiber fürchten. Seine Baubons, vertraut Koritto ihrer Freundin an, verkaufe der Schuster nur heimlich, »weil vor den Zöllnern jetzt ja jede Tür Angst hat«. Niemand
ist vor ihrem Zugriff sicher.

In einer anderen Episode führt Metro Kerdon zwei weitere Damen aus besseren Kreisen zu. In seinem Laden entpuppt sich der
Schuster als ein ebenso gerissener Verkäufer, der seine Kundinnen
durch artige Komplimente umgarnt, wie als Meister seines Fa-
ches. Er führt den Damen die prachtvollsten Schuhe vor, die man
sich denken kann:

»Schaun werdet ihr nun alle Sorten von Schuharten:
Sikyonier, Ambrakidien, Vögelchen, Chier,
Papageiengrün, Hanfgelb, Pantoffeln, Sandalen,
Ionische Schnürschuh', Nachtbabuschen, Hochknöchel,
Krebsrote, Argossandaletten, Scharlachne,
Nach Knabenart, Laufschuhe – was das Herz jeder
Von euch begehrt . . .«

Bürgerlicher Herkunft ist die geplagte Mutter eines widerborsti-
gen Knaben, den sie dem Schulmeister vorführt. Anstatt Schreiben zu lernen, bringe er das Schulgeld im Spiel mit Lastträgern
und entlaufenen Sklaven durch. Der Schulmeister soll den mißra-
tenen Sohn durch Prügel zur Raison bringen. »Bleu ihn, bis die
Sonne sinkt!«, fordert sie ihn auf.

Vor Gericht tragen zwei Metöken ihren Streit aus. Weil sie als
Zugewanderte zwar frei sind, aber nicht das Bürgerrecht der Polis
genießen, müssen sie, wie der eine beklagt, selbst »vorm kleinsten
Bürger zitternd sich beugen«.

Das hindert den phönikischen Bordellwirt Battaros jedoch nicht, den reichen Schiffsbesitzer und Getreidehändler Thales vor Gericht zu verklagen. Dieser habe die Türe seines Hauses eingeschlagen, Feuer gelegt, eines der Sklavenmädchen gewaltsam entführt und an einer delikaten Stelle beschädigt. Unterwürfig, wie es sich für einen Metöken gehört, zugleich aber frech, beschwört er die Richter, sich durch seinen Gegner nicht irreführen zu lassen. Gewiß werde dieser auf sein Verdienst pochen, die Stadt vor einer Hungersnot bewahrt zu haben. Tatsächlich jedoch profitiere Thales vom Hunger, so wie er, Battaros, von der Lust der Menschen:

>»Kann sein, *der* (Thales) sagt zu euch: ›Aus Ake her kam ich
Mit Weizen, bot dem schlimmen Hunger hier Einhalt.‹
Ich kam aus Tyros mit Weibern. Was macht das
Dem Volk? Denn für umsonst gibt weder *der* Weizen
Zum Mahlen her noch ich – zum Mahlen – dort jene!«

Der Bordellwirt führt die mitgebrachte Sklavin Myrtale vor. Diese muß sich entblößen, um dem Gericht den Schaden zu zeigen. Geschickt läßt Battaros einfließen, sein Kontrahent, ein Phryger, hieße eigentlich Artimmes und habe sich den griechischen Namen Thales nur aus Gründen der Respektabilität zugelegt. Wenn sie, hält Battaros den Richtern vor, einem Fremden solche Übergriffe durchgehen ließen,

... »dann ist's aus mit
Der Sicherheit der Stadt und eurem Stolz; eure
Selbstherrlichkeit, ihr Herrn, die zerbricht Thales!«

Sich an den Gegner wendend, schlägt Battaros einen Vergleich vor:

>»*Du* liebst die Myrtale, nicht schlimm! *Ich* lieb
Den Weizen. Gib mir dies, und du bekommst jenes.
Oder wenn dir beim Zeus dein Innres zu heiß brennt,
So stopf dem Battaros in die Hand die Kaufsumme;
Nimm hin, was dir gehört, und knutsche nach Wunsch es;
s'ist dir erlaubt ...«

Ganz unten in der sozialen Hierarchie stehen die Massen der Sklaven und Sklavinnen. Ihnen gilt die Sympathie des Herondas. Als

Person gelten sie nichts, ihre Gefühle zählen nicht: mißbraucht, beschimpft, verdächtigt, herumgestoßen und geprügelt sind sie Objekte in den Händen ihrer Besitzer.

Ein bürgerlicher Gott macht Karriere

Im Vergleich zu den Olympiern war Asklepios, dem die Koer im 4. Jahrhundert über der Stadt eine Kultstätte errichtet hatten, ein junger Gott. Noch um 730 v. Chr. hatte Homer ihn als einen thessalischen König dargestellt, dessen Söhne Machaon und Podaleirios, sich auf das Heilen von Wunden verstanden. Die frühesten Hinweise auf göttliche Verehrung stammen aus einem homerischen Hymnos aus dem späten 6. Jahrhundert:

> Auf den Heiler der Krankheit Asklepios heb ich mein Lied an,
> Auf den Sohn Apollons; die hehre Koronis gebar ihn,
> König Phlegias Tochter auf Dations ebenen Fluren.
> Freudebringer den Menschen, Besänftiger schmerzender Übel.
> Heil also auch dir, Herrscher! Ich bete zu dir im Gesange.

Der neue Gott unterschied sich grundsätzlich von den Olympiern. Blind und taub für die Nöte des einzelnen hatten Zeus, Athena oder Asklepios' Vater Apollon die göttliche Ordnung der Welt vertreten. Auch wenn es ihn in unlösbare Entscheidungskonflikte brachte, vor dieser Ordnung mußte der Mensch bestehen. In der klassischen Tragödie kümmerte das Schicksal der Helden die Götter wenig. Das ungeschriebene heilige Gesetz der Götter über Menschenrecht zu stellen war ihr Gebot, mochte der einzelne auch daran zugrunde gehen.

Asklepios dagegen trug menschliche Züge. Weder verlangte er von den Gläubigen, sich vor einer göttlichen Ordnung zu bewähren, noch stand er dem Schicksal des einzelnen gleichgültig gegenüber. Bevor ihm selbst göttliche Ehren zuteil wurden, hatte er die Unerbittlichkeit der Olympier am eigenen Leib erfahren. Weil er durch seine Heilkunst einen Toten wieder zum Leben erweckt und dadurch gegen die Weltordnung verstoßen hatte, war er von Zeus mit einem Blitzstrahl niedergestreckt worden.

Es war ein bürgerlicher Gott. Weisheit und Güte ausstrahlend, erscheint er auf den Bildwerken als bärtiger Mann. Auf seinen Schlangenstab gestützt, wendet er sich den Gläubigen mit menschlicher Wärme zu. Für jeden ansprechbar, war der Gott bereit, allen zu helfen, die mit ihren Leiden in seine Heiligtümer kamen. Wie dem Jungen in Epidaurus, der ihm für seine Heilung zehn Murmeln versprochen hatte, widmete er jedem die gleiche Aufmerksamkeit. Um 474/3 v. Chr. rühmte ihn der große Dichter Pindar (etwa 522–446 v. Chr.) in der 3. Pythischen Ode:

> Alle nun, die kamen, da sie mit angeborenen
> Leiden behaftet waren oder am Körper verwundet vom grauen Erz
> Oder einem von fern geschleuderten Stein,
> Deren Aussehen von der Sommerhitze oder der Winterkälte
>   zugerichtet,
> Die befreite er jeweils von ihren verschiedentlichen Schmerzen
> Und ließ sie gehen, indem er die einen mit sanften Zaubersprüchen
>   behandelte,
> Andere Linderndes trinken ließ oder auf ihren Körper überall heilende
> Kräuter legte oder sie durch Schneiden wieder aufrichtete.

Im 4. und 3. Jahrhundert vor unserer Zeitrechnung hatten die großen religiösen Ordnungsvorstellungen der Vergangenheit ihre einstige Verbindlichkeit verloren. Das Individuum entwickelte seelische Bedürfnisse, denen die Olympier gleichgültig gegenüberstanden. Weil der neue Gott ein offenes Ohr für die Kümmernisse und das Leid jedes einzelnen hatte, fand sein Kult wachsenden Zulauf. Asklepios nahm Verbindung zu den Gläubigen auf, während diese im Abaton – dem Liegeraum des Heiligtums – schliefen. Im Traum, wenn die Seele von ihren körperlichen Bindungen befreit war, erschien er und gab, was die älteren Götter ihr versagt hatten: Zuwendung, Trost, Linderung von Schmerz und vielleicht sogar Heilung.

Mit der wachsenden Bedeutung des Kults wurde auch das Asklepieion von Kos ausgebaut. Dem Altar aus der Mitte des 4. Jahrhunderts v. Chr. folgte zu Beginn des 3. der erste bescheidene Tempel, der im folgenden Jahrhundert modernisiert wurde. Wie der Altar lag er auf der mittleren Ebene des später auf drei

Terrassen erweiterten Heiligtums. Gleichzeitig wurde südlich davon ein noch bescheidenes Abaton gebaut. Östlich des Altars entstand eine Halle. Im freien Raum zwischen diesen Gebäuden standen Statuen, die Geheilte dem Gott als Weihegaben dargebracht hatten.

Dieses Heiligtum wurde zur Keimzelle der riesigen, sich über drei Terrassen erstreckenden Anlage, deren Überreste man besichtigt. Mit dem Reichtum der Stadt war das Bedürfnis nach Repräsentation gewachsen. Gefördert wurde der Ausbau durch zwei mächtige hellenistische Könige: den auf Kos geborenen ägyptischen Herrscher Ptolemaios II. (283–243 v. Chr.) und den glanzvollen Eumenes II. von Pergamon (197–159 v. Chr.).

Das Heiligtum

Um die Mitte des 2. Jahrhunderts v. Chr. bot sich den Besuchern, die von Kos zum Asklepieion pilgerten, ein überwältigender Anblick. Auf drei übereinanderliegenden Ebenen, die durch riesige Freitreppen verbunden waren, erhob sich ein kunstvolles Ensemble aus Gebäuden, Aufgängen und Plätzen. Jedes Detail war darauf abgestimmt, die Wirkung des Ganzen zu steigern.

In der Verlängerung der Freitreppen befand sich auf der obersten Terrasse als Höhepunkt und dramatischer Abschluß ein Tempel des Asklepios. Wie Gottfried Gruben bemerkt hat, erfüllte dieser auf drei Seiten von einer U-förmigen Säulenhalle eingerahmte Tempel keine sakrale Funktion. Ein Altar als Zeichen kultischer Praktiken fehlte. Zweck dieses Tempels war, einen schon von weitem sichtbaren optischen Anziehungspunkt zu bilden: »Aus der Ferne, von der Küstenebene her muß diese ohne Überschneidungen sich auftürmende, im Tempel gipfelnde Baugruppe wie eine Vision erschienen sein.«

Von Kos ging es über einen sanft ansteigenden Bergrücken zum Heiligtum hinauf. Die lange, schattige Zypressenallee, die heute zum Eingang führt, vermittelt einen Eindruck, wie der Weg in der Antike ausgesehen haben könnte. Die Gläubigen betraten das Aklepieion wie heutige Besucher über die Freitreppe, die zur un-

Das Asklepieion von Kos

teren Terrasse hinaufführt. Sie befanden sich nun auf einem großen, auf den Außenseiten von riesigen Säulenhallen umgebenen
rechtwinkligen Platz. Kammern hinter den Hallen dienten Fremden als Unterkünfte. Schon auf der unteren Terrasse wurde der
Blick durch die Vielzahl der Weihegeschenke und Votivtafeln gefesselt, auf denen Geheilte dem Gott dankten.

Hier herrschte jene besondere Atmosphäre aus banger Erwartung und gläubiger Zuversicht, in der Wunderglauben gedeiht.
Die Tafeln bezeugten, daß schon Scharen von Leidenden hierhin
gepilgert und von einem gütigen Gott von ihren Leiden befreit
worden waren. Niemand in einer solchen Umgebung käme auf
die Idee, mit dem Kyniker Diogenes an die vielen zu denken,
deren Hoffnung auf ein Wunder enttäuscht worden war. Sarkastisch hatte der Mann in der Tonne über die Votivtafeln bemerkt:
»Es wären noch viel mehr, wenn auch die nicht Geretteten Tafeln
aufgestellt hätten. «

In der Verlängerung der ersten Freitreppe stiegen die Gläubigen am Ende des Platzes eine zweite zur mittleren Terrasse hinauf. Brunnen seitlich der Treppe spendeten das Wasser, mit dem sie sich wuschen, um dem Gott im Zustand äußerer und innerer Reinheit gegenüberzutreten. Auf der mittleren Terrasse befand sich neben weiteren Gebäuden und Tempeln, darunter dem seines Vaters Apollon, auch der Haupttempel des Asklepios. In der Cella stand die Statue des Gottes zusammen mit der seiner Tochter Hygieia. Auf dem Altar davor wurden die Opfer und kultische Handlungen vollzogen.

Nachdem die Kranken dem Gott geopfert und eine Spende hinterlassen hatten, erreichten sie über eine dritte Treppe die oberste Terrasse. Hier, endlich am Ziel ihrer Pilgerfahrt angelangt, betraten sie einen auf drei Seiten von Säulenhallen umgebenen Platz. Wie dem modernen Besucher bot sich ihnen ein wunderbarer Blick über den unteren Teil des Heiligtums, über die Stadt und das Meer hinüber zu den Hügelketten an der kleinasiatischen Küste. In der Mitte dieser obersten Terrasse stand als optischer Abschluß des Heiligtums der zweite Asklepiostempel. In den Säulenhallen, die den Platz umgaben, befand sich vermutlich das Abaton, in dem der Gott den Kranken bei Nacht erschien.

Besuch bei Asklepios

Die mittlere der drei Terrassen ist die Kulisse eines bezaubernden Mimiambus des Herondas. Er spielt um die Mitte des 3. Jahrhunderts v. Chr., vor der großen Erweiterung des Heiligtums. Kynno und Kokkale, zwei Bürgersfrauen aus Kos, treten auf und begrüßen Asklepios, wie einen Bekannten: »Gruß dir, o Herrscher Paian!« Nach einem Gebet bittet Kynno den Gott und seine göttlichen Gehilfinnen um Verständnis, daß ihre Opfergabe nur bescheiden sei:

»... Gnäd'gen Sinns zeigt euch
Und nehmt den Hahn, den Herold auf der Hausmauer,
Den ich zum Opfer bring, als Zukost an! Schöpfen

Aus reicher Quelle wir ja nicht des Wohlstands, weil
Wir sonst ein Rind wohl oder fettes Mastschwein, und
Nicht nur 'nen Hahn, als Opfergabe für die Heilung
Der Krankheit böten, die du wieder wegnahmst, o
Mein Herr und Gott, die linden Hände auflegend.«

Nachdem sie eine Votivtafel aufgestellt haben, wandern die beiden
schwatzend an den prachtvollen Weihegeschenken vorbei:

»Ach, liebe Kynno, die schönen
Bildwerke! Welcher Meister hat denn dieses Steinbild
Geschaffen, wer ließ es als Stifter aufstellen?«

»Die Söhne des Praxiteles; siehst dort du an
Dem Sockel nicht die Inschrift? Prexons Sohn Euthias
Hat dieses Werk gestiftet.«

»Huldvoll sei ihnen
Wie Euthias für so schöne Werke Gott Paian!
Sieh, Liebe, hier das Mädchen, wie's hinaufguckt nach
Dem Apfel! Muß man da nicht sagen: ›Die muß, wenn
Sie nicht den Apfel kriegt, vor Sehnsucht gleich sterben?‹
Und, Kynno, dort der Alte! und die Fuchsgans! Bei
den Moiren, wie der kleine Junge die anpackt!
Ständ's vor uns nicht aus Stein, ›Das Werk wird gleich‹, dächte
Man, ›sprechen!‹ – Ah, bald sind die Menschen so weit, daß
Selbst in die Steine Leben sie hineinlegen!
Siehst du nicht Myttes Tochter, Battale, Kynno,
So wie sie geht und steht, als Standbild hier vor dir?
Wenn einer nicht sie selbst, die Battale, sah und
Dieses Bild sieht, braucht die echte selber er nicht mehr!«

Von Besucherscharen umgeben, betreten die Freundinnen eine mit
prächtigen Gemälden verzierte Halle. Während Kynno sich erneut
auf Kommentare und Erklärungen beschränkt, die eine gewisse
Bildung verraten, erliegt Kokkale in kindlichem Staunen dem
Realismus des Dargestellten:

»Sieh doch, liebe Kynno, was
Für Bilder! Als hätt' eine neue Athene
Dies Schöne hier geschaffen. – Sei gegrüßt Herrin!
Der nackte Junge! Kriegt der, wenn ich ihn kneife,

Nicht blaue Flecke, Kynno? Liegt am Leib warm ihm
Das Fleisch doch, warm, lebendig zuckend, hier auf dem
Gemälde...
Der Ochs und der ihn führt, die Frau, die mitgeht, der
Krummnas'ge da und der mit borst'gem Haar – haben
Die nicht taghelles Leben all im Blick? glaubte
Ich nicht, zu weit als Frau damit zu gehn, schrie ich
Vor Angst, der Ochse könnt mir ein Leid antun;
So blickt er schräg mit dem einen Auge her, Kynni.«

Ein Tempelaufseher kommt, erkundigt sich höflich, ob alles
wunschgemäß verlaufen sei. Auf den Hahn schielend, schmeichelt
er, noch nie habe jemand ein schöneres Opfer gebracht als sie, und
bittet den Gott, den beiden und ihren Familien wohlgesonnen zu
sein. Das ist das Stichwort. Geschäftsmäßig weist Kynno die
Freundin an, dem Aufseher zum Dank die Schenkel des Hahnes
abzuschneiden und der Asklepiosschlange einen Opferpfennig ins
Maul zu legen. Den Rest des Tieres aber solle sie wieder mit nach
Hause nehmen und auch das Weihbrot nicht vergessen. Nun sei
erst einmal der Gott an der Reihe, etwas für sie zu tun:

»Erst gebe er, dann gibst du ihm! Mehr wert
Bei Opfern ist das Weihbrot als die Abgabe.«

Wunderheilungen

Die Begegnung des Gottes mit den Heilungsuchenden fand im
Abaton statt, dem Liegeraum. Was dort geschah, hat, zur Groteske verzerrt, der athenische Komödiendichter Aristophanes
(445–385 v. Chr.) geschildert (Plutos 658 ff.). Am Abend geleite-
ten Priester die Kranken zu ihrem Lager im Abaton, dem Liegeraum, ermahnten sie zur Ruhe und löschten das Licht. Erfüllt von
Eindrücken des Tages und den Berichten über Wunderheilungen
schliefen die Gläubigen ein. Verlief alles wunschgemäß, dann
träumten sie schon in der ersten Nacht, der Gott erscheine, untersuche sie und befreie sie von ihren Leiden. Stellte sich der erhoffte
Traum nicht ein, dann wiederholte sich die Prozedur in den folgenden Nächten, bis der Gott erschien.

Obwohl Berichte über Heilungen aus Kos nicht erhalten sind, liefern die aus Epidaurus auf der Peloponnes Anhaltspunkte. Manchmal genügte die bloße Anwesenheit des Gottes und eine leichte Berührung, um das Wunder zu vollbringen: »Andromache aus Epeiros wegen Kindersegens«, heißt es in einem der von Priestern aufgezeichneten Berichte. »Diese schlief im Heilraum und sah einen Traum: Es träumte ihr, ein schöner Knabe decke sie auf, hierauf berühre sie der Gott mit der Hand. Darauf bekam Andromache einen Sohn von Arybbas.« Zuweilen heilten sogar die Schlangen des Gottes, indem sie an Wunden, an Geschwüren oder den Augen von Blinden leckten.

In anderen Fällen wandte der Gott ärztliche Praktiken an. Die Gläubigen schrieben ihm jedoch Erfolge zu, wo die Ärzte gescheitert waren. In den Träumen der Kranken operierte Asklepios, verabreichte Heiltränke, ergriff hygienische Maßnahmen, setzte herausgesprungene Augen wieder ein, öffnete Bäuche oder fegte einem Verlausten das Ungeziefer vom Leib. Alles, was menschlicher Kunst versagt blieb, schien dem Gott zu gelingen. Er befreite von chronischen Kopfschmerzen ebenso wie von Verdauungsstörungen, Bandwürmern oder Läusen, heilte Geschwüre, machte Taube hörend und Blinde sehend.

In einem skurrilen Fall vermischten sich Wunschdenken, Wunderglauben und Telepathie. Stellvertretend für eine abwesende wassersüchtige Frau schlief die Mutter im Abaton. Im Traum erlebte sie, wie der Gott ihrer Tochter den Kopf abschnitt, und sie an den Füßen aufhing, so daß die Quelle des Übels ausfließen konnte. Nachdem das Wasser ausgelaufen war, hing Asklepios die Tochter ab, stellte sie auf die Beine und setzte ihr den Kopf wieder auf. Nach Hause zurückgekehrt, stellte die Mutter fest, daß die Tochter das gleiche geträumt hatte und geheilt worden war.

Glaube und ärztliche Kunst

In der zitierten Ode Pindars (S. 292) zeigen sich die Erwartungen von Kranken des 5. Jahrhunderts v. Chr. Der Gott heilt ein ziemlich breites Spektrum von Krankheiten. Um zu erkennen, wie neu solche Erwartungen waren, muß man sich ins 8. Jahrhundert zurückversetzen. Die einzigen Schäden, an denen sich die Zeitgenossen Homers versuchten, waren Kriegs- und Jagdverletzungen.

Alles andere, worunter *wir* Krankheit verstehen – Infektionen und Seuchen, Geschwüre, Rheuma und Gicht, innere Störungen usw. – wurde nicht als Krankheit verstanden, d. h. als Abweichung vom Zustand »Gesundheit«, in dem der Organismus reibungslos funktioniert. Wie die Pest, die zu Beginn der *Ilias* die Griechen heimsucht, galten sie als göttliche Vergeltungsmaßnahmen für menschliches Fehlverhalten. Ein Seher, der den Grund des göttlichen Zorns erriet, erstellte die »Diagnose«. Sein »Therapie«vorschlag bestand in Wiedergutmachung und Sühneopfern, die den Gott versöhnlich stimmen sollten.

Mit dem Niedergang der homerischen Welt verloren auch die alten Götter an Autorität. Dichter und Dichterinnen, Naturphilosophen und Ärzte machten ihnen die Urheberschaft an nahezu allem streitig, was einst als ihre Domäne gegolten hatte. Dazu gehörten Naturphänomene ebenso wie psychische Regungen, Krankheiten und kulturelle Errungenschaften. Die Bürger der Stadtstaaten des 6. Jahrhunderts entwickelten ein Bewußtsein ihrer eigenen, menschlichen Fähigkeit: »Keineswegs haben die Götter von Anfang an alles den Sterblichen aufgezeigt, sondern mit der Zeit finden sie suchend Besseres vor«, hatte um die Wende zum 5. Jahrhundert Xenophanes von Kolophon formuliert (S. 249).

Wie weit das Bewußtsein menschlichen Könnens auf dem Gebiet der Heilkunst fortgeschritten war, zeigt sich in der Institution des öffentlichen Arztes. Um Vorsorge für die Gesundheit der Bevölkerung zu treffen, stellten griechische Stadtstaaten schon im 6. vorchristlichen Jahrhundert besoldete Ärzte ein.

Parallel zu den wachsenden Fähigkeiten der Ärzte entwickelte sich der Asklepioskult. Medizin und Kult entstanden nicht als Gegensätze. Wie Antje Krug gezeigt hat, bedingten sie sich vielmehr gegenseitig. Krankheit wurde nicht mehr wie früher als Schicksal oder als göttliche Strafe hingenommen, sie erschien als ein körperliches Übel, das abgewendet werden konnte. Erst dadurch entstand die Hoffnung auf Heilung – sei es durch ärztliche Kunst oder durch göttliches Eingreifen. Indem Asklepios denen die Hoffnung auf Heilung ließ, vor deren Leiden die Kunst der Ärzte versagt hatte, ergänzten sich Glaube und Medizin.

Nicht zufällig erfuhr der Kult des Heilgottes wachsenden Zulauf in einer Zeit, in der auch das medizinische Wissen Fortschritte machte. Je weiter die diagnostischen Fähigkeiten der Ärzte voranschritten, desto größer wurden die Erwartungen der Kranken an den heilenden Gott. Denn, wie sich zeigen wird, die hippokratischen Ärzte entwickelten zwar genaue Vorstellungen über die Ursachen von Krankheiten, aber über wirksame Therapien verfügten sie in den meisten Fällen nicht. Was sie vermochten, war, den Kranken

Linderung zu verschaffen, während die Natur ihren Lauf nahm. So steigerte der Fortschritt der medizinischen Erkenntnis zwar die Erwartung der Kranken, konnte sie aber häufig nicht einlösen.

Einen Ausweg versprach der Gott. Als unheilbar geltende Kranke hatten im Asklepieion tatsächlich manchmal eher Chancen als bei den führenden Ärzten der Zeit. In Fällen, in denen ärztliche Kunst versagte, verzichteten Hippokrates und seine Nachfolger darauf, dem Kranken Hoffnung zu machen, sondern prognostizierten das bevorstehende Ende. Asklepios dagegen ließ sich auch auf aussichtslose Fälle ein. Ob Schwindsucht, Blindheit, Lahmheit oder eine Geschwulst – im Asklepieion blieb jedem Kranken noch Hoffnung. Da auch psychosomatische Effekte den Verlauf von Krankheiten beeinflussen, konnte der Glaube an einen helfenden Gott heilen.

Dazu kommen eine Lage und Einrichtungen, die einem modernen Kurort zur Ehre gereichen würden. Von schattenspendenden Kiefern und Zypressen umgeben, liegt das Asklepieion auf einem Berghang über dem Meer. Ein Panorama von ruhiger Schönheit

breitet sich vor dem Besucher aus. Über einen Gürtel aus spitzen dunklen Zypressen und helleren Laubbäumen hinweg schweift der Blick in die Ebene, zur Stadt und übers Meer hin zur Küste Kleinasiens. An heißen Sommertagen verschafft eine frische Brise vom Meer Kühlung. Die großen lichtdurchfluteten Plätze waren einst von schattigen Wandelgängen gesäumt. Im Brunnenhaus floß das zum Trinken, zu Waschungen und zum Baden benötigte Wasser.

»Nichts geschieht ohne die Natur«

Ein Gegensatz zwischen Medizin und Asklepioskult bestand zu Lebzeiten des Hippokrates (etwa 460–375 v. Chr.) nicht. Wenn sich die Praktiken auch unterschieden, so verbanden doch der gemeinsame Ahnherr und gemeinsame Traditionen die hippokratischen Ärzte mit den Asklepiospriestern. Während in der Vorstellung der Priester der Gott die Heilung bewirkte, sahen die Ärzte in Asklepios den Schutzpatron *menschlicher* Heilkunst.

Problematischer war das Verhältnis zu den Scharen von Wunderheilern, Sühnepriestern und Magiern, die durch die Lande zogen und Heilung von allen nur möglichen Übeln versprachen. Grundlage ihres Geschäfts war die Dummheit der Masse. Sie profitierten vom Glauben, Krankheiten seien die Folgen religiöser Vergehen, durch die sich der Kranke, ein Verwandter oder Mitbürger »befleckt« habe. Auslöser konnte eine Bluttat oder ein anderer Frevel sein, durch den der Kranke übernatürliche Strafen auf sich gezogen hatte. Gegen »Befleckung« aber half keine Medizin. Sühnepriester versprachen, den Kranken, seine Familie oder die Stadt durch Magie vom Übel zu befreien. Zu Beginn des 4. Jahrhunderts erwähnte Hippokrates' jüngerer Zeitgenosse Platon (427–347 v. Chr.) Bettelpriester und Wahrsager, die den Reichen einschwatzten, sie seien im Besitz göttlicher Kräfte, mit denen sie Freveltaten entsühnen könnten.

Auf den Marktplätzen des 5. Jahrhunderts kam es zu öffentlichen Auseinandersetzungen zwischen den Verfechtern verschiedener philosophischer Lehren. Polybos, der Schwiegersohn des Hippokrates, berichtet von Redeturnieren, in denen sich die Kontrahenten vor Publikum »gegenseitig in den Sand strecken«. Jedesmal, so registrierte Polybos nicht ohne Spott, erhalte ein anderer den Sieg zugesprochen: Denn jeder führe »für seine Lehre Zeugnisse und Belege an, die in Wahrheit nichts bedeuten«.

Ähnliche Auseinandersetzungen muß es über die Heilkunst gegeben haben. Ein Schlüsselwerk der hippokratischen Medizin, die Schrift *Von der heiligen Krankheit,* der Epilepsie, gibt einen Eindruck von der Heftigkeit der Kontroversen. Wie in der gesamten umfangreichen Sammlung medizinischer Schriften, die im 3. Jahrhundert v. Chr. unter dem Sammelbegriff *Corpus Hippocraticum* überliefert worden ist, bleibt der Verfasser dieses Meisterwerks aus dem letzten Drittel des 5. Jahrhunderts anonym. Gelehrte von Rang vermuten jedoch, daß es Hippokrates selbst ist.

Aus dem zweieinhalb Jahrtausende alten Text dringt noch die Erregung durch, mit der ein scharfsinniger Arzt gegen den dumpfen Aberglauben der Masse ankämpft. Offensichtlich haben seine Gegner Zulauf. Mit den Mitteln der Logik gibt er sie der Lächerlichkeit preis. Erbarmungslos zieht er gegen die »Zauberer, Sühnepriester, Bettler und Schwindler« zu Felde, die behaupten, die Epilepsie sei göttlichen Ursprungs, eine »heilige Krankheit«.

Die Vorstellung, Götter verursachten Krankheiten, erscheint ihm nicht weniger gotteslästerlich als die Anmaßung, durch Magie zu heilen oder gar Macht über die Naturkräfte zu gewinnen: »Denn wenn ein Mensch durch Zauberei den Mond herabzöge, die Sonne verfinstere und Sturm und gutes Wetter machte, dann wäre meines Erachtens nichts von diesen göttlichen Ursprungs, sondern nur Menschenwerk, wenn die Macht der Gottheit durch Menschenwitz überwältigt und gedemütigt wäre.«

Schonungslos deckt Hippokrates auf, wie erbärmlich seine Gegner argumentieren. Für jede Erscheinungsform der Epilepsie gäben sie einem anderen Gott die Schuld: »Und wenn die Kranken das Meckern einer Ziege nachahmen oder mit den Zähnen knirschen, und wenn sie nach der rechten Seite hin fallen, dann sagen sie, das käme von der Göttermutter. Wenn der Kranke aber lauter und stärker schreit, dann sagen sie, das klänge wie das Wiehern eines Pferdes, und davon sei Poseidon die Ursache. Wenn aber einem Kranken Kot entfährt – was ja oft bei den von dieser Krankheit Befallenen vorkommt –, dann heißt es, das wirke ›der Gott am Wege‹. Wenn aber die Exkremente dünner und häufiger sind, dann käme das von Apollon Nomios. Wenn aber der Fallsüchtige Schaum aus dem Munde schleudert und mit den Füßen um sich schlägt, dann sei Ares daran schuld. Wenn aber nachts Schreckbilder vor ihnen stehen und Ängste und Wahnvorstellungen und sie von ihrem Lager aufspringen und in ihrer Todesangst aus dem Haus stürzen, dann sagen sie, das seien Anfälle der Hekate und Anfechtungen von Heroen.«

Nicht weniger vernichtend urteilt der Verfasser über die Heilpraktiken der Gegner: »Sie wandten Sühnungen und Besprechungen an, verordneten, keine Bäder zu nehmen, mancherlei Speisen zu meiden, die für kranke Menschen schädlich wären: so von Seetieren keine Barben, Schwarzschwänze, Pfriemenfische und Aale – denn der Genuß dieser Fische wäre besonders gefährlich –; sie verbieten aber auch Fleisch von Ziegen, Hirschen, Schweinen und Hunden – denn diese Fleischarten bringen den Unterleib am stärksten in Aufruhr –, und von Vogelarten dürfe man nichts essen vom Huhn, von Turteltauben und Trappen, ferner all das nicht, was als besonders stark wirkend gilt. Und von Gemüsen verbieten sie Minze, Knoblauch und Zwiebeln; denn Scharfes sei für Kranke nicht zuträglich. – Man dürfe ferner auch keine schwarze Kleidung tragen – denn Schwarz sei die Farbe des Todes – und auch nicht in einem Ziegenfell schlafen oder ein solches tragen und nicht einen Fuß vor den anderen setzen und nicht eine Hand auf die andere legen; denn all diese Dinge seien Hindernisse.« Sühnepriester »reinigten« die Kranken mit Blut und ähnlich abscheulichen Mitteln, »als ob diese einen scheußlichen Schandfleck an sich hätten oder fluchbeladene Mörder oder von Menschen gebrandmarkt wären oder irgendeine Greueltat verübt hätten«.

Brillant entlarvt Hippokrates in der Schrift von der Heiligen Krankheit seine Gegner als Schwachköpfe: Merkten sie denn nicht, daß solche Nahrungsverbote ihrer eigenen Behauptung vom göttlichen Ursprung der Krankheit widersprächen? Wenn Götter den Kranken heilen wollten, dann bedürfe es profaner Mittel nicht. Seine Gegner, die Sühnepriester gäben sich den Anschein, besonders gottesfürchtig zu sein und mehr als gewöhnliche Menschen zu wissen. In Wahrheit jedoch diene ihnen der Volksglaube nur dazu, ihre Ignoranz und ihr Unvermögen zu verbergen. Überlebe der Kranke, so schrieben sie sich das selbst zum Verdienst, stürbe er, dann behaupteten sie, die Götter seien schuld.

»Ich«, so versicherte Hippokrates, »glaube nie und nimmer, daß ein menschlicher Körper von einem Gott befleckt wird, d. h. das Vergänglichste vom Allerheiligsten.« Anschließend entwickelt er seine eigene Theorie: Die Krankheit hat ihren Ursprung im Gehirn. Als Beweis dafür, daß eine Hirnstörung die Ursache der

Krankheit ist, führt er ein Experiment an. Er öffnet das Gehirn von Ziegen, die unter epileptischen Anfällen gelitten hatten, und stellt eine Anomalie fest: Es ist voll Wasser und riecht übel. Auf dieser Grundlage schlägt er eine Therapie vor: »Wer es ... vermag, den Körper des Menschen durch die von ihm verordnete Diät feucht und trocken, warm und kalt zu machen, der könnte wohl auch diese Krankheit heilen, wenn er die rechtzeitige Anordnung der Mittel erkennte, ohne Entsühnungen und Zauberkünste und allen anderen solchen Schwindel.«

Man muß nicht Arzt sein, um zu begreifen, daß eine solche Therapie nicht wirksamer war als die Praktiken, die Hippokrates als Scharlatanerie entlarvt hatte. Falls auf diese Weise überhaupt Wirkung zu erzielen war, dann durch den gleichen psychosomatischen Effekt, auf dem auch die sporadischen »Wunderheilungen« seiner Gegner beruht haben könnten.

Was Hippokrates und seine Schüler auszeichnete, war nicht das therapeutische Instrumentarium. Es war die Überzeugung, daß alles mit natürlichen Dingen zugehe, daß alles seine Ursache habe. Krankheiten werden nicht von Göttern gesandt, sondern beruhen auf Störungen des Organismus, die durch Vererbung, Umweltfaktoren oder Ernährung hervorgerufen werden. Die Heilige Krankheit, so leitet der Verfasser seine Schrift ein, »scheint mir um nichts göttlicher oder heiliger zu sein als die anderen Krankheiten, sondern sie hat den gleichen Ursprung wie die anderen«. Die gleiche Überzeugung vertritt Hippokrates in der Schrift *Von der Umwelt*. Er berichtet, Skythen führten Impotenz auf göttliche Eingriffe zurück. Er dagegen erklärt dieses Leiden für so göttlich und so menschlich wie jedes andere.

Hippokrates überträgt das Denken der ionischen Naturphilosophie, wie es Herodot in die Geschichtsschreibung eingeführt hatte, auf die Heilkunst. Anderthalb Jahrhunderte zuvor hatte Anaximander von Milet (611–547 v. Chr.) die Götter aus dem Naturgeschehen verbannt (S. 157 ff.). Was immer geschah, folgte einer inneren Gesetzmäßigkeit des Kosmos. Von dieser Gesetzmäßigkeit überzeugt, formulierte Leukipp von Milet (etwa 495–430 v. Chr.) das Kausalitätsprinzip: »Kein Ding entsteht planlos, sondern alles aus Sinn und unter Notwendigkeit.« (DK B 2)

Das gleiche Prinzip gilt nach Hippokrates für die Medizin: »Denn ein jedes dieser Dinge hat seine eigene Natur, und nichts geschieht ohne die Natur.« Damit übertrugen er, seine Schüler und Nachfolger das Kausalitätsprinzip auf die Heilkunst. Homer hatte in der Pest einen Akt göttlicher Vergeltung für den Frevel des Agamemnon gesehen. Für die hippokratischen Ärzte dagegen bestand kein Zweifel, daß Krankheiten Ursachen haben. Falls Krankheiten heilbar waren, dann nicht durch Opfer und Sühnepraktiken, sondern durch Bekämpfung der Ursachen.

Das Programm: Heilkunst als Erfahrungswissenschaft

Bei ihrem Bemühen, Kranken zu helfen, gingen die hippokratischen Ärzte jedoch einen entscheidenden Schritt weiter als ihre Vorbilder, die Naturphilosophen. Sie begannen, den Krankheitsverlauf empirisch zu erforschen.

Die Denker zwischen Anaximander und Demokrit, einem Zeitgenossen des Hippokrates, hatten sich mit spekulativen Theorien über das Universum begnügt. Keiner hatte es für notwendig empfunden, seine Theorie zu überprüfen. Die hippokratischen Ärzte dagegen mußten sich mit leidenden Menschen auseinandersetzen und sich den Fragen der Kranken und ihrer Angehörigen stellen. Ausschlaggebend für ihre Bereitschaft, empirisches Wissen anzusammeln, war ärztliche Praxis.

Stimmte die Kosmologie eines Anaximander nicht, dann stürzte deswegen das Himmelsgewölbe nicht ein. Unbeirrt von menschlichen Irrtümern zogen die Planeten weiter ihre Bahn. Für einen Kranken dagegen konnte die Diagnose über die Ursache seines Leidens über Leben und Tod entscheiden, oder wenn es nichts zu heilen gab, über ein erträgliches Ende oder einen qualvollen Tod. Schätzte der Arzt den Verlauf einer Krankheit falsch ein und machte Hoffnung, dann verlor er, wenn der Patient starb, nicht nur einen Klienten. Er sah sich dann dem Vorwurf ausgesetzt, schuld an dessen Tod zu sein. Kurz, die hippokratischen Ärzte hatten zwingende Gründe, ihr berufliches Wissen auf ein solides empirisches Fundament zu stellen.

Diese kritische Einstellung gegenüber philosophischer Spekulation zeigt sich am deutlichsten in der Schrift *Die alte Heilkunst*. In ihr polemisiert um 400 v. Chr. ein unbekannter Arzt gegen die Gesundheitslehre des Philosophen und Arztes Alkmaion von Kroton in Süditalien (etwa 530–470 v. Chr.), einem der großen Ärzte seiner Zeit.

Alkmaion verdankt die Medizin zwei bahnbrechende Erkenntnisse. Er hatte nachgewiesen, daß das Gehirn das Organ der Verarbeitung von Sinneswahrnehmungen, Gedächtnis und Denken ist. Hippokrates' Idee, die Ursache der Epilepsie im Gehirn zu suchen, dürfte auf die Vorarbeit dieses Mannes zurückgehen. Außerdem hatte Alkmaion als erster Gesundheit und Krankheit kausal erklärt. Seine Erklärung war freilich falsch, und das trug ihm die Kritik des scharfsinnigen Verfassers der Schrift über die alte Heilkunst ein.

Alkmaions Gesundheitslehre beruhte auf philosophischer Spekulation. Angeregt durch die Lehre Anaximanders nahm er an, die gleichen Prinzipien wie im Kosmos müßten auch im menschlichen Körper herrschen. Gesundheit schien auf einem Gleichgewicht von Gegensätzen zu beruhen: von Feuchtem und Trockenem, von Kaltem und Warmem, von Bitterem und Süßem. Daraus leitete er ab, Krankheit entstehe, wenn einer der Gegensätze die Herrschaft an sich risse.

Gegen diese Lehre zog der Verfasser der Schrift *Die alte Heilkunst* zu Felde. Schonungslos deckte er deren empirische Haltlosigkeit auf. Angenommen, so argumentierte er, ein Mensch von schwächlicher Konstitution nehme nur Kaltes zu sich: Weizenkörner roh und unzubereitet, so wie sie von der Tenne kommen, rohes Fleisch und Wasser. Die Versuchsperson werde bald von Schmerzen geplagt, leide unter schlechter Verdauung sowie Schwäche und werde sterben, wenn man ihr nicht helfe. Doch wie ließ sich das notwendige Gleichgewicht wiederherstellen, das Alkmaions Gesundheitslehre verlangte?

Wenn das Übergewicht des einen Gegensatzes die Krankheit verursacht habe, dann müsse sie sich, wäre die Theorie richtig, durch Zuführung des anderen heilen lassen: Das Warme durch das Kalte, das Feuchte durch das Trockene und umgekehrt. Man gebe

Brot anstelle von Weizen und gekochtes anstelle von rohem Fleisch. Was ist die empirische Grundlage der Therapie? fragte der Verfasser polemisch: »Hat denn die Zubereitung dem Weizen das Warme oder das Kalte, das Trockene oder das Feuchte entzogen? Denn was dem Feuer und Wasser ausgesetzt und mit vielen anderen Dingen bearbeitet wurde, von denen jedes seine besondere Wirkung und Natur besitzt, das hat durch die Vermischung und Verbindung mit anderen Eigenschaften viele von seinen eigenen eingebüßt.«

Er folgerte, das alles beruhe auf Wunschdenken. Die philosophischen Flausen in den Köpfen der Ärzte hätten die Heilkunst verdorben. Der Arzt möge sich zukünftig auf die Erforschung der Krankheitsursachen beschränken: »Eine genaue Kenntnis der Natur läßt sich meiner Ansicht nach nirgend anderswoher als aus der Heilkunst selbst gewinnen... Unter Heilkunst verstehe ich diejenige Forschung, die genau erkennt, was der Mensch ist, unter welchen Bedingungen er wächst usw.«

Eine der vielen Krankengeschichten genügt zur Illustration der empirischen Fundierung hippokratischer Heilkunst. Was den Begründer der modernen Medizin von den zeitgenössischen »Philosophen-Ärzten« unterschied, war minutiöse Beobachtung des Krankheitsverlaufs bei jedem Patienten. Aufgezeichnet ist dieses Wissen in den Büchern I und III der *Epidemien*. Auf Thasos wird Hippokrates zu einer Frau gerufen, die vierzehn Tage nach der Geburt einer Tochter, in denen sie sich wohl gefühlt und normal menstruiert hatte, von Fieber und Schüttelfrost überfallen worden war (Epidemien I 4). Er registriert:

»Hatte zuerst Schmerzen am Herzen und in der rechten Seite. Beschwerden in den weiblichen Organen. Aufhören der Menstruation. Anlegen eines Pessars brachte ihr in der Gegend Erleichterung, aber die Schmerzen am Kopf, Nacken und Hüfte dauerten an. Kein Schlaf. Kalte Hände und Füße. Durstig, Unterleib sehr heiß. Wenig Stuhl, Urin dünn, anfangs farblos. Am sechsten Tage in der Nacht viel Phantasieren und dann wieder bei Verstand. Am siebten durstig, wenig gallenartiger dunkler Stuhl. Am achten Schüttelfrost, hohes Fieber. Viele Krämpfe unter Schmerzen. Viel Delirium. Nach Einführung eines Zäpfchens stand sie auf. Starke Entleerung mit gallenartigem Abfluß. Kein Schlaf. Am neunten Krämpfe. Am zehnten wieder etwas bei Besinnung. Am elften schlief sie ein, konnte sich an alles erinnern, aber bald darauf wieder Delirium. Ließ unter Krämpfen viel Urin, während die Gehilfen ihr zuweilen zuredeten. Der Urin dick und weiß, wie er wird, wenn man ihn lange hat stehen lassen und dann aufrührt. Als er lange Zeit stand, bildete er keinen Bodensatz. Seine Farbe und Dicke ähnlich dem eines Zugtieres. Einen solchen Urin schied sie aus, wie auch ich ihn gesehen habe. Am vierzehnten Tage ein Zucken durch den ganzen Körper. Viel Reden. Wieder etwas bei Besinnung. Aber dann wieder rasch Phantasieren. Um den siebzehnten Tag konnte sie nicht mehr sprechen. Am zwanzigsten starb sie.«

In einem weiteren Werk, dem *Prognostikon* zieht Hippokrates die Schlußfolgerungen aus den vielen Einzelfällen, die er beobachtet hatte. Gewisse allgemeine Symptome, die spezifisch für eine Krankheit sind, sollen den Arzt in die Lage versetzen, den zu erwartenden Verlauf vorauszusagen. Nur wenn er aus dem gegenwärtigen Zustand des Patienten vorhersehen kann, was zukünftig eintreten wird, kann er sich richtig verhalten. Ist die Krankheit heilbar, dann muß er geeignete Maßnahmen zur Bekämpfung der Ursachen ergreifen. Ist der Fall hoffnungslos, dann wird ihn sein Wissen davor bewahren, den Patienten und seinen Angehörigen in falscher Hoffnung zu wiegen. Weder muß er sich später selbst Vorwürfe machen, noch werden ihm die Angehörigen schuld am Tod des Patienten geben.

In der »Schrift von der Umwelt« schließlich zieht Hippokrates die Bilanz seiner Erfahrungen in verschiedenen Ländern und unter verschiedenen Völkern. Er beschreibt, wie das Klima, die Winde, die Beschaffenheit von Luft, Boden und Wasser, charakteristische Geländeformationen, ja sogar der Regierungsform die körperlichen und geistigen Merkmale der in verschiedenen Umwelten lebenden Menschen bestimmen.

Dieses Werk eines weitgereisten und erfahrenen Arztes, der jüngere Kollegen darüber belehrt, was sie beachten müssen, um »die Heilkunst in der rechten Weise auszuüben« ist eines der richtungweisenden Werke der griechischen Wissenschaft. Erstmals hat hier ein Heilkundiger versucht, den Einfluß von Lebensweise und Umwelt auf Gesundheit und Krankheit von Menschen zu bestimmen. Um genau zu sein, er hat dies bei den Schichten untersucht, aus denen sich seine Patienten rekrutierten. »Berufskrankheiten« der Sklaven etwa, die ihr Leben unter erbärmlichen Bedingungen in Silberminen fristeten, kommen bei Hippokrates nicht vor. In dieser Gleichgültigkeit gegenüber dem Objekt »Sklave« ist dieser bedeutende Arzt ebenso von der griechischen Gesellschaft geprägt wie die großen Aufklärer dieser Zeit, die Naturphilosophen.

VII

AUF UMWEGEN ZUM SITZ DER GÖTTER UND DER KÖNIGE VON PERGAMON

ABSTECHER INS LANDESINNERE

Nach einer Fahrt, die von Çanakkale bis Bodrum bisher entlang der Küste führte, geht es auf dem Weg nach Pergamon nun im weiten Bogen durch das Landesinnere. »Denkwürdigkeiten« wie in Milet, Ephesos oder Kolophon sind dort nicht zu verzeichnen. Aber mit Nysa, Hierapolis (Pamukkale), Aphrodisias und Sardis liegen vier reizvolle Orte mit Ruinen aus hellenistisch-römischer Zeit am Weg.

Wer frühmorgens in Bodrum aufbricht, kann Nysa, Aphrodisias und Hierapolis mit einiger Anstrengung an einem Tag besichtigen. Ich empfehle es nicht. Besser ist es, von Nysa direkt nach Pamukkale zu fahren und dort zu übernachten. Dem Besuch von Aphrodisias am folgenden Tag schließt sich ein weiterer erholsamer Nachmittag in den Thermalquellen und eine zweite Nacht in Pamukkale an. Ausgeruht fährt man dann am folgenden Morgen über Sardis nach Pergamon, der letzten Station der Ionischen Reise. Dieser Empfehlung entspricht auch die Reihenfolge, in der ich die Orte beschreibe.

Auf der Fahrt durch die fruchtbaren Täler des Mäander (Büyük Menderes) und des Hermos (Gediz) vorbei an schneebedeckten Bergen lernt man eine andere, herbere Türkei kennen. Während die Küste unter dem Einfluß des Fremdenverkehrs rasch europäisiert, ist das Landesinnere weitgehend unberührt. Die Masse der Bewohner der Dörfer und kleineren Städte am Weg lebt von der Landwirtschaft. Neben bulligen Traktoren älterer Baujahre sind Lastesel und magere Pferdchen gebräuchliche Zug- und Transportmittel. Schicksalsergeben klappern sie in emsigem Trab kilometerweit über asphaltierte Straßen, während der Autoverkehr an ihnen vorbeibraust.

Auf dem Land gibt es Märkte, auf denen Lastwagen voll orangebrauner Gummistiefel mit dem Mercedesstern als Qualitätssymbol oder einheitlich braungelb gestreifter Sofas angeboten werden. Unvergeßlich ist mir das Bild eines Bauern mit seinem soeben erworbenen Sitzmöbel. Stolz auf dem quer über sein Wägelchen gelegten Sofa sitzend, treibt er lachend sein klappriges Pferd heimwärts.

Nysa

Von Bodrum geht es zunächst zurück nach Milâs und dann weiter nach Osten. Man überquert ein bewaldetes Gebirge, biegt bei Yatağan auf die Straße nach Aydın ab und fährt in der Schlucht des Çine durch wildzerklüftetes Bergland nach Norden. Bei Eskiçine weitet sich das Tal und geht einige Kilometer vor Aydin in die Mäanderebene über.

Wie mit der Wasserwaage angelegt, breitet sich das weite Tal zwischen den langgestreckten Gebirgsmassiven aus, die es im Süden und Norden begrenzen. Die Felder sind von Pappelreihen umgeben, dazwischen liegen Obst- und Orangenplantagen. Parallel zu den zerfurchten Ausläufern der Aydın Dağları (Berge) im Norden fährt man nach Sultanhisar, wo der Weg zur wildromantischen Ruinenstätte von Nysa in ein Seitental abzweigt.

In römischer Zeit galt Nysa als Zentrum der Wissenschaft. Seine Bibliothek ist neben der von Ephesos die besterhaltene der gesamten Region. Hier studierte um 50 v. Chr. der Geograph Strabo (64 v. Chr.–19 n. Chr.) (XIV 1,43). Die Stadt lag auf beiden Seiten einer steilen Schlucht mit einem Wildbach, der sich einige Kilometer weiter unten in den Mäander ergießt. Im Winter und Frühjahr, wenn der Bach Hochwasser führte, war Nysa in zwei Hälften geteilt. Strabo beschreibt es als eine »Doppelstadt«. Um das Gelände zu nutzen, mußten die Bewohner die Schlucht überbrücken. Zu diesem Zweck schufen sie drei der abenteuerlichsten Bauwerke der Antike.

Im untersten hatten Nysaner die beiden Steilhänge der Schlucht für die Sitzreihen der Längsseiten eines Stadions genutzt. Das

Nysa, einst Zentrum von Wissenschaft und Kultur

machte es erforderlich, den Bach auf der gesamten Länge des Stadions durch eine kühne Stützkonstruktion zu überbrücken. Auf dieser Überbrückung ruhten die Sitzreihen der Nord- und der Südostkurve sowie der Innenraum.

Selbst auf Granit hätte ein solches Bauwerk Probleme bereitet, doch der Untergrund hier besteht aus bröckeligem Sediment. Die Nysaner versuchten es trotzdem. An den Hängen unterhalb des Wärterhäuschens sind noch Spuren der Stützmauern und Bögen zu sehen, mit denen sie das Gelände befestigen wollten. Doch die Mühe war vergeblich. Der Bach erwies sich als stärker und spülte die waghalsige Konstruktion mitsamt den Sitzreihen ins Tal.

Ein ähnliches Schicksal erlitt später eine Brücke etwa 200 Meter oberhalb des Stadions. Um die Zeitenwende verband sie noch beide Hälften der Stadt. Sie und die höhergelegene Überbrückung des Bachs unter dem Theatervorplatz sind in Strabos Geographie beschrieben, ein Hinweis auf das Stadion dagegen fehlt. Da dieser ein so außergewöhnliches Bauwerk zweifellos erwähnt hätte, scheint es schon damals nicht mehr existiert zu haben.

Ein Stück bachaufwärts macht die in Süd-Nordrichtung verlaufende Schlucht einen hundert Meter langen Schlenker in Gestalt eines seitenverkehrten S. In den darüberliegenden Hang bauten die Nysaner das 15 000 Zuschauer fassende Theater. Um einen Vorplatz zu schaffen, mußten sie daher den Bach überbauen. Zu diesem Zweck leiteten sie das Wasser durch einen neun Meter breiten und zehn Meter hohen Tunnel. Als einziger der drei Überbrückungskonstruktionen blieb dieser Tunnel erhalten.

Von den oberen Sitzreihen des Theaters bietet sich eine wunderbare Aussicht. Über Olivenhaine hinweg blickt man durch die Schlucht auf die Mäanderebene bis zu den gegenüberliegenden Bergen im Süden. Etwas abseits liegt unter knorrigen Olivenbäumen das Buleterion, das Ratshaus, mit seinem theaterartigen Sitzungssaal.

Hierapolis: Badefreuden über antiken Säulen

Von Sultanhisar geht es durch die Mäanderebene nach Osten. Bis Sarayköy, wo die Straße das Tal verläßt, ziehen die hügeligen Ausläufer der Aydın Dağları vorbei. Es scheint, als habe das Gebirgsmassiv im Hintergrund seine Vorboten in die Ebene geschickt. Man muß diese zerfurchten und ausgewaschenen Hügel aus Sedimentgestein am Rand der Mäanderebene gesehen haben, um zu verstehen, woher die Sand- und Geröllmassen kommen, mit denen der Mäander zuerst den Latmischen Meerbusen angefüllt hat, um heute bei Akköy weitere Buchten zuzuschwemmen. Es scheint, als sei das Gebirge im Norden der Straße dazu bestimmt, das Mittelmeer aufzufüllen. Transportmittel ist der bescheidene Fluß, den die Straße kurz vor Sarayköy überquert.

In der Provinzhauptstadt Denizli zweigt eine Nebenstraße nach Pamukkale zur Stätte des antiken Hierapolis ab, dessen Ruinen auf einem Plateau am Südhang des Salpakgebirges (Çökeles Dağ) liegen. Dort, 150 Meter über dem Tal des Lykos (Çürüksu), sprudeln heiße Quellen aus der Erde, deren mineralstoffhaltiges Wasser den grau-braunen Fels des Untergrunds in eine weiß und zartblau schimmernde Märchenlandschaft aus bizarr geformten Kalksteinablagerungen verwandelt hat.

Auf dem Plateau erwartet den Neuankömmling ein milder Schock. Pamukkale, eines der großen Reiseziele in der Westtürkei, zieht während der Saison Tausende Menschen an. Schon frühmorgens strömen die ersten Besucher aus Bussen, die sie von der Küste hierher verfrachtet haben. Gruppenweise sieht man sie dann über die Sinterterrassen schlendern, verfolgt von einheimischen Frauen, die ihnen Spitzendeckchen, Wollwaren und Tücher aufdrängen; Männer in dunklen Anzügen mit Reiseführern und Souvenirs eilen hinterher.

Jeder will etwas loswerden. Um zuerst an der Geldquelle »Tourist« zu sein, rennen Verkäufer um die Wette. Der Besuch der Ruinen kann zum Spießrutenlauf werden. Man wird von aufdringlichen Kindern mit Postkartenleporellos verfolgt oder am Theater von unangenehmen Gestalten angesprochen: Hinter vorgehaltener Hand bieten sie billig »garantiert antike Münzen« an, denen die Fälschung schon von weitem anzusehen ist. Davor haben sich Frauen mit den üblichen Handarbeiten postiert. Gelegentlich sieht man Männer in Kleinbussen vorfahren, die sie mit neuer Ware beliefern.

Die Ursache des Menschengewimmels in Pamukkale, die strahlend helle Landschaft auf bizarr geformten Sinterterrassen, ist Ergebnis eines einfachen chemischen Vorgangs. Aus dem Erdinneren tritt heißes Wasser aus, in dem sich unter dem Einfluß von Hitze und Druck Calciumbicarbonat gelöst hat. An der Erdoberfläche, wo das Wasser allmählich erkaltet, verwandelt sich das gelöste Salz langsam in unlöslichen Kalk und Kohlendioxydgas, das in feinen Perlen aufsteigt. Mit der Zeit füllt der sich ablagernde Sinter das Bachbett. Auf diese Weise entsteht eine Fläche, auf der sich das heiße Wasser neue Wege sucht. Der Bach verzweigt sich, und der sich ablagernde Kalk füllt weitere Rinnen auf, was zu erneuter Verzweigung führt, usw.

In Jahrmillionen entstand so eine bizarre Landschaft aus strahlend weißen, halbrunden Becken, Stalagmiten und puffartigen Wucherungen, die terrassenförmig zum Tal hin abfallen. In den kniehohen Becken staut sich blau dampfendes Wasser, bevor es über den Beckenrand nach unten fließt. Dabei erkaltet es und hinterläßt weitere Ablagerungen. Wo ein Becken der oberen Terrasse über die darunterliegende hinauswächst, bilden sich wie in einer Tropfsteinhöhle Stalagmiten. Puffartige Wucherungen entstehen, wo das Wasser über die Schräge des Hangs rinnt und seine Kalkfracht ablädt. Ihnen verdankt der moderne Ort den Namen Pamukkale – Baumwollschloß.

In dieser verzauberten Landschaft aus weißen Kalksteinbecken und -rinnen gab es in der Antike eine florierende Industrie. Wegen seines Mineralgehalts eignete sich das heiße Wasser vorzüglich zum Reinigen und Färben von Wolle. In den Becken und Rinnen, in denen sich heute Kinder und Jugendliche tummeln, gingen einst Wollwäscher und Purpurfärber ihrem Gewerbe nach. Von ihnen lebten Spinner und Weber, die ihrerseits Viehzüchtern und Wollscherern Brot und Arbeit verschafften. Hochwertige Textilien aus Hierapolis wurden zur Blütezeit der Stadt in den ersten Jahrhunderten unserer Zeitrechnung bis nach Italien ausgeführt.

Unter den badebesessenen Römern entwickelte sich Hierapolis mit seinen heißen Quellen zu einem Kurort von Weltruf. In den beiden großen Thermen auf dem Plateau oberhalb der Sinterterrassen suchten Kranke und Erholungsbedürftige aus allen Teilen des Reichs Entspannung, Linderung von Schmerzen und Heilung. Festspiele mit musischen Darbietungen, Sport und Gladiatorenwettkämpfen im Theater vervollständigten den Kurbetrieb.

Ein Abglanz davon findet sich oben auf dem Plateau neben der heutigen Quelle. Umgeben von duftenden Rosen, von Hibiskus, Oleander, Palmen und Zypressen, liegt im Garten eines Motels ein öffentliches Bad über den Trümmern eines römischen Nymphäums. Im kristallklaren dampfenden Wasser über kanellierte Säulenschäfte und Kapitelle auf dem Boden des Beckens gleitend, fühlt man das Prickeln der aufsteigenden Gasbläschen auf der Haut. Durch eine märchenhaft schöne Aussicht kaum weniger reizvoll ist das Thermalbad des Tusanmotels am Rand des Plateaus. Im warmen Wasser liegend, blickt man über das weite Tal des Lykos auf die bis weit ins Frühjahr schneebedeckten Gipfel der Ak Berge auf der gegenüberliegenden Seite.

Seinen Ruf als Heilstätte verdankte Hierapolis aber nicht nur der Wirkung seines Wassers, sondern in nicht minderem Maße seinen Priestern. Im Plutonium, einer mannshohen Höhle neben dem Apollontempel, dessen Überreste oberhalb des Nymphäum-Motels zu finden sind, strömten nach Strabo (XIII 4,14) »dicke nebelartige Dämpfe« aus dem Erdinnern. Heute versperrt ein Eisengestell den Zugang. Aber noch immer hört man es im Höhleninneren blubbern, als gurgle die Erde.

Dies war der Ort, an dem die Priester, verschnittene Gallier, wie Strabo erwähnt, den staunenden Besuchern ihre magischen Fähigkeiten vorführten. Ochsen und Vögel, die sie in die Höhle brachten, starben auf der Stelle und wurden tot herausgezogen. Sie selbst dagegen drangen in die Höhle vor und kehrten mit roten Köpfen wie nach einem Erstickungsanfall ans Tageslicht zurück. Götter und Erdgeister schienen ihnen Macht über den Tod verliehen zu haben. Das Schauspiel muß auch Skeptiker beeindruckt haben. Strabo, der rational erklärt, die Priester hätten die Luft angehalten, rätselt, ob nicht doch Magie im Spiel gewesen sei.

Aphrodisias

Um von Pamukkale zu den Ruinen der eleganten römischen Provinzhauptstadt Aphrodisias zu gelangen, muß man das 2300 Meter hohe Ak-Massiv umfahren. Über Denizli und Sarayköy geht es noch einmal durch das Mäandertal, bevor man bei Kuyucak im Tal eines Nebenflusses nach Südosten abbiegt. Aus der Vielfalt an Bäumen in der Hügellandschaft ringsum ragen die schlanken Kronen hochgewachsener Pappeln heraus. Immer wieder begegnet man Menschen, die einzelne Tiere zum Weiden am Straßenrand führen. Beaufsichtigt von einer alten Frau in farbigen Pumphosen, grasen einträchtig ein Esel, eine Kuh und ein Schaf nebeneinander; ein Junge führt eine Ziege und ein Schaf zur Weide; im Gras liegend schaut eine ganze Familie, Mann, Frau und ihre beiden Kinder, ihren zwei Kühen beim Fressen zu.

Umgeben von fruchtbaren Feldern, Olivenhainen und Weinplantagen, liegt Aphrodisias auf einer Hochebene, die im Osten vom Ak-Gebirge begrenzt wird. Vorbildlich ausgegraben und in einem Führer sachkundig vom Leiter der Ausgrabungen Kenan T. Erim kommentiert, vermitteln die Ruinen von Aphrodisias eine lebendige Anschauung des Reichtums, der Schönheit und Eleganz einer bedeutenden Provinzstadt des römischen Weltreichs.

Vorbei an dem reich verzierten Tetrapylon mit seinen spiralförmig kanellierten Säulen aus rosa Marmor wandert man zum Tempel der Stadtgöttin, der Aphrodisias die Gunst mehrerer römischer Feldherrn und Kaiser verdankte. Malerisch heben sich die vierzehn noch stehenden Säulen vor dem schneebedeckten Gipfel des Ak-Dağ am Horizont im Osten ab. Ein Abstecher zum Nordrand der Stadt führt zum gigantischen Stadion, auf dessen Rängen 30 000 Zuschauer Platz hatten. Zum Tempel zurückgekehrt, sucht man das Halbrund der von marmornen Delphinen gesäumten Sitzreihen eines zauberhaften Odeion auf, des Konzertsaals, und geht dann durch die Portikus des Tiberius zwischen Hadrianthermen und dem riesigen, von Säulenhallen umgebenen Markt zum Hügel, in dessen Osthang das Theater eingebettet ist.

Zurück bleibt der Eindruck einer reichen, bedeutenden Stadt mit prachtvollen öffentlichen Gebäuden und eleganten Straßen und Plätzen. Dennoch wirken diese Bauten im Vergleich zu denen der Griechen banal. Nichts an Aphrodisias überrascht. Das meiste ist »Zitat«. Man erkennt das Bemühen der Baumeister, ihre griechischen Vorläufer durch schiere Quantität, durch die Zahl der Säulen etwa oder die Größe der Anlage, zu übertreffen. In endloser Zahl wurden so Elemente aneinandergereiht, die großen Vorbildern entlehnt sind, ohne je deren innere Geschlossenheit, Harmonie, Eleganz oder Wucht, kurz: deren Eindeutigkeit, zu erreichen. Entstanden ist eine Architektur, die nicht aneckt. Weder führt sie, wie der hellenistische Apollontempel von Didyma, dem Gläubigen seine Bedeutungslosigkeit vor, noch besticht sie ihn, wie der Athenatempel von Priene, durch geistige Klarheit. Sie ist von unverbindlich heiterer Eleganz.

Den Eindruck bestärkt ein Besuch im Museum. Dort sind die Skulpturen aufgestellt, die einst die öffentlichen Plätze der Stadt bevölkerten. Es ist die künstlerische Hinterlassenschaft der im römischen Weltreich gefeierten Bildhauerschule von Aphrodisias. Man steht vor idealisierten Frauenstatuen von zeitloser Schönheit und vor den realistisch in Marmor gemeißelten Priestern und Honoratioren der Stadt, würdigen Gestalten, die Wirklichkeitssinn, Nüchternheit und Entschlossenheit ausstrahlen. Jeder von ihnen trägt unverwechselbare individuelle Züge. Obwohl alles stimmt, von der Körperhaltung bis zum kunstvollen Faltenwurf der Gewänder über einem angedeuteten Leib – die Art, wie die Bildhauer sich mit einem begrenzten Repertoire fester Darstellungsformen begnügten, läßt ahnen, wie sehr Konventionalität in dieser Welt Trumpf war. Die Kunst der Bildhauer bestand nicht im kühnen Entwurf, nicht in der Entdeckung überraschender neuer Formen. Sie bestand in der kunstvollen Ausführung standardisierter Grundmuster.

Um nach Pamukkale zurückzukehren, sollte man den Weg über Tavas und Denizli wählen. Die Fahrt durch die Hochebene im Südosten von Aphrodisias vorbei an schneebedeckten Bergen ist nicht nur kürzer, sondern landschaftlich überaus reizvoll. Über einem weiten Hochtal erhebt sich im Osten von Tavas die mächtige, von einer weißen Haube überzogene Kuppe des Zweieinhalbtausenders Honaz.

Agoıra des römischen Aphrodisias

Um von Pamukkale zur einstigen lydischen Hauptstadt Sardis beim modernen Salihli zu gelangen, biegt man vier Kilometer hinter Sarayköy nach Alaşehir ab. Die Straße führt durch ein weites von Bergen umgebenes Hochtal mit großen Ackerflächen und ausgedehnten Weinfeldern. Im Frühjahr strömen frühmorgens Traktoren aus den Dörfern zu den Feldern. Gravitätisch sitzen auf dem Fahrersitz und den Kotflügeln Männer in dunklen Anzügen, die Schirmmützen tief über den Kopf gezogen. Im Anhänger dahinter hockt ein halbes Dutzend Frauen fröstelnd in der Morgenkühle, Schultern und Köpfe in dicke Schals gehüllt.

Dem Extrem ländlicher Arbeitsteilung sind wir später in Sardis begegnet. Tief über die Erde gebeugt, pflanzten sieben Frauen in bunten Pluderhosen wie seit Jahrtausenden im Schweiße ihres Angesichts Setzlinge in die Erde. Zehn Meter entfernt lag flach auf dem Rücken ein einsamer Mann, der von Zeit zu Zeit kleine Wölkchen Zigarettenrauch in den blauen Himmel steigen ließ. Körperliche Arbeit verrichtete er nicht. Wenn er sich gelegentlich zum Sitzen aufrichtete, dann, um Anweisungen zu erteilen.

Es handelte sich, wie wir später erfuhren, um einen Unternehmer. Vom Grundbesitzer beauftragt, für einen Festpreis die Felder zu bestellen, übernahm er die Organisation. Das bedeutet: Frühmorgens mit dem Traktor durch die Dörfer zu fahren, bis ein Anhänger voll Frauen angeworben ist, die zum Feld gebracht und bei der Arbeit beaufsichtigt werden.

Häufiger sieht man Familienverbände zusammenarbeiten. Während die Frauen pflanzen, fahren die Männer Traktor, führen die von Pferden gezogenen Pflüge, schleppen Säcke und Kisten und besprengen die Setzlinge. Doch öfter als das so starke »schwache Geschlecht« gönnen auch sie sich ein Päuschen, um zu plaudern und zu rauchen. Riesige Anbauflächen werden so im Frühjahr mit Zehntausenden von Tabak- und Gemüsesetzlingen bepflanzt.

Im Tal des Hermos (Gediz) auf der Hauptstraße nach Izmir angelangt, fährt man in westlicher Richtung nach Salihli und weiter zum zehn Kilometer entfernten Dorf Sart, der Stätte der lydischen Hauptstadt Sardis. Hier befand sich die Residenz des Lyderkönigs Kroisos (560–546 v. Chr.), der durch seinen Entschluß, den Halys zu überschreiten, die schicksalhafte Begegnung zwischen Persern und Griechen herbeiführte.

Von der Stadt des Kroisos ist nur wenig geblieben. Das Gymnasium an der Hauptstraße und die angrenzende Synagoge mit ihren bunten Marmorintarsien stammen aus der römischen Siedlung des 3. Jahrhunderts. So dekorativ das ist, allzuviel Zeit sollte man dort nicht verschwenden. Weitaus eindrucksvoller und wichtiger ist der gigantische Artemistempel im Süden des Dorfs. Man erreicht ihn über die Dorfstraße, die an einem Flüßchen in der Ortsmitte von der Hauptstraße nach Süden abzweigt, nach ungefähr 800 Metern.

Dort bietet sich ein Anblick von dramatischer Schönheit. Auf einem Plateau unterhalb des wildzerklüfteten, steilen Burgbergs liegt die Ruine eines gewaltigen Tempels. Über den Fundamenten ragen zwei 17 Meter hohe Säulen mit Kapitellen und ein Dutzend weiterer Säulenstümpfe empor. Wie mächtig das ist, zeigt sich unter den gedrungenen Stümpfen an der Ostseite. Mit einem Durchmesser von zwei und einer Höhe von etwa acht Metern lassen sie die Menschen unter sich verschwinden. Diesen Eindruck verstärkt noch das am Südrand des Tempels aufgestellte ionische Kapitell. Das auf der Höhe der beiden noch stehenden Säulen zierlich wirkende Rankenwerk der Kapitelle erweist sich aus der Nähe als tonnenschwerer Steinblock mit armdicken Wülsten.

Auch dieses Bauwerk stammt aus hellenistisch-römischer Zeit. In drei Abschnitten zwischen dem Ende des 4. vorchristlichen und dem 2. Jahrhundert unserer Zeitrechnung erbaut, wurde es, wie andere griechische Tempel Kleinasiens, nie fertiggestellt.

Zur Zeit des Kroisos existierte an einer noch nicht entdeckten Stelle ein Heiligtum der großen lydisch-phrygischen Gottheit Kybele. Wie in Ephesos verschmolz diese in orgiastischen Kulten verehrte orientalische Natur- und Fruchtbarkeitsgöttin auch hier mit der griechischen Artemis. Im Westen des Burgbergs lag im Gebiet um den Tempel das Sardis des Kroisos. Überreste dieser Stadt, die 546 v. Chr. nach der Erstürmung der Akropolis von den Persern zerstört worden ist, sind in der Ausgrabungszone nördlich des Artemisions neben der Dorfstraße zu sehen.

Unter persischer Herrschaft wieder aufgebaut, wurde Sardis bald darauf erneut zerstört. 499 v. Chr., am Beginn des Ionischen Aufstands, fielen die verbündeten Ionier unterstützt von einem kleinen athenischen Kontingent überraschend in der Stadt ein. Ohnmächtig mußte der auf dem Burgberg eingeschlossene persische Feldherr Ataphernes zusehen, wie Sardis und der Kybeletempel zu seinen Füßen in Flammen aufgingen.

Herodot hat den Brand, der zum Anlaß des Griechenlandfeldzugs des Dareios werden sollte, geschildert (Her. V 101): »Die meisten Häuser waren aus Rohr gebaut, und auch diejenigen, die aus Backstein waren, hatten Dächer von Rohr. Als nun eines von diesen Häusern von einem Kriegsmann in Brand gesteckt wurde, verbreitete sich das Feuer von Haus zu Haus und erfaßte die ganze Stadt. Da wurden die Lyder und alle Perser, die sich noch darin aufhielten, von den Flammen, die an allen Enden ringsum aufgingen, bedrängt, und da sie die brennende Stadt nicht mehr verlassen konnten, flüchteten sie sich alle auf den Markt zum Fluß Paktolos, der vom Tmolos herabströmt und Goldsand mitführt und mitten durch den Markt fließt, nachher aber in den Fluß Hermos fällt, der sich ins Meer gießt.«

Das Flüßchen unterhalb des Heiligtums war Herodot zufolge die Quelle des Reichtums der lydischen Könige. Es schwemmte Goldstaub aus dem Boz-Gebirge (Tmolos) im Süden mitten durch die Stadt. Zur Goldgewinnung mußte man nur Schafsfelle an seichten Stellen in den Fluß hängen, in denen sich der wertvolle Staub verfing. Vermutlich stammte ein anderer Teil des Reichtums der Lyderkönige aus Minen im Geyikli-Gebirge, westlich von Pergamon. Im Graben neben der zum Tempel führenden Straße haben Archäologen Werkstätten entdeckt, in denen einst Gold geschmolzen und gereinigt worden ist.

Der legendäre Reichtum des letzten Lyderkönigs wurde für Herodot zum Anlaß einer drolligen Geschichte (Her. VI 125). Tatsächlich kann sie schon deshalb nicht stattgefunden haben, weil etwa vierzig Jahre die Beteiligten trennen. Zum Dank dafür, daß er sich ihm beim Orakel von Delphi für ihn verwendet hatte, lud Kroisos den einflußreichen athenischen Aristokraten Alkmeon in seinen Palast auf dem Burgberg von Sardis ein. Als Gastgeschenk bot er dem Athener an, dieser möge sich soviel Gold aus der Schatzkammer nehmen, wie er bei sich tragen könne. Ausgerüstet mit einem bauschigen Rock und den weitesten Stiefeln, die er finden konnte, griff Alkmeon zu.

»So machte er sich über einen Haufen Goldstaub her, stopfte davon, so viel die Stiefel nur fassen konnten, neben die Beine, darauf füllte er sich den ganzen Bausch mit Gold und streute sich auch davon in die Haare seines Kopfes, ein anderes Teil endlich nahm er in den Mund und ging so hinaus aus der Schatzkammer, mühsam seine Stiefel schleppend, kaum noch einem Menschen ähnlich mit seinem vollgestopften Mund und aufgeschwelltem Leib. Kroisos mußte lachen, wie er ihn so sah, und ließ ihm nicht nur dies alles, sondern schenkte ihm noch ebensoviel dazu. So kam das Haus zu großem Reichtum, und Alkmeon, der nunmehr Vierergespanne zu halten begann, gewann damit einen Sieg in Olympia.«

Kroisos' Ende

Auf dem steilen Burgberg von Sardis, oberhalb des Tempels, entschied sich Kroisos' Schicksal. Nach seinem Angriff auf das Perserreich und einer ersten Schlacht in Kappadokien, die unentschieden ausgegangen war, hatte sich der Lyderkönig nach Sardis zurückgezogen und sein Heer aufgelöst. In der als uneinnehmbar geltenden Burg wähnte er sich sicher. Das Sprichwort, »du hast die Akropolis von Sardis eingenommen«, bezeichnete Unmögliches. Kroisos meinte, der Großkönig werde es nicht wagen, ihn dort anzugreifen. Im Frühjahr wollte er mit den verbündeten Ägyptern, Babyloniern und Spartanern zu einem neuen Feldzug gegen den Feind im Osten aufbrechen.

Doch Kyros marschierte überraschend nach Sardis, und der Lyderkönig mußte in aller Eile ein neues Heer zusammenstellen. In der Ebene vor der Stadt kam es zur Schlacht. Um die stärkste Waffe der Lyder, die Reiterei, auszuschalten, ließ Kyros seine Lastkamele sammeln. Als die Pferde die anrennenden Kamele sahen, flohen sie in wilder Panik. Geschlagen zog Kroisos sich mit den Resten seines Heeres auf den Burgberg von Sardis zurück. Vierzehn Tage lang wartete er dort auf ein spartanisches Entsatzheer. Doch wie immer, wenn es galt, Verbündeten in Not zu helfen, ließen sich die Spartaner auch diesmal Zeit. Bevor sie ausrückten, hatte ein Perser den steilsten Teil des Burgberges als die Schwachstelle der Festung erkannt. Weil der Berg dort als unbesteigbar galt, hatten die Belagerten keine Wachen aufgestellt. An dieser Stelle drangen persische Soldaten heimlich in die Burg ein, überrumpelten die Besatzung und nahmen Kroisos gefangen.

Die abschließende Geschichte des Kroisos ist schon erzählt (S. 282f.): (Beinahe-)Ende auf dem Scheiterhaufen und späte Einsicht, warum Solon ihn nicht als den glücklichsten Menschen hatte preisen wollen; Rührung und der vergebliche Versuch des Kyros, das Feuer zu löschen, schließlich wundersame Errettung durch Apollon. Herodot zufolge kam Kroisos mit einem »blauen Auge« und um eine Erkenntnis reicher davon. Sein wirkliches Ende dürfte nicht ganz so erbaulich gewesen sein.

Damit war 546 v. Chr. das Ende des glanzvollen Lyderreichs besiegelt, das die Griechen seit den Tagen der Sappho (um 600 v. Chr.) fasziniert hatte. Für die ionischen und aiolischen Städte bedeutete es das Ende der milden lydischen Vorherrschaft. Eine Generationen während erbitterte Auseinandersetzung mit den Persern nahm ihren Anfang, in der die Freiheit Griechenlands auf dem Spiel stand. Sie sollte erst 479 v. Chr. mit dem Sieg der Griechen vor der Halbinsel Mykale beendet werden.

VON SARDIS NACH PERGAMON:
DER FRIEDHOF DER FÜRSTEN

*V*on Sardis nach Salihli zurückgekehrt, fährt man nach Norden in Richtung Akhisar. Im Süden verschwinden allmählich die Gipfel des Boz-Gebirges. Hinter dem Dorf Çökelek führt die Straße durch eine von langgestreckten Hügeln durchzogene Landschaft, der Dutzende künstlicher Kuppen aufgesetzt sind. Dieses Bin-Tepe* genannte Gebiet ist der Friedhof lydischer Fürsten und Könige. Im größten dieser Gräber, einem 96 Meter hohen Hügel mit einem Durchmesser von beinahe 400 Metern, lag nach der Überlieferung der Vater des Kroisos, Alyattes.

Herodot (I 93) berichtet, außer in Ägypten und Babylonien habe es kein Bauwerk vergleichbarer Größe gegeben: »Oben auf der Höhe des Males standen noch zu meiner Zeit fünf Tafeln und darin waren Schriften gehauen, die Auskunft darüber geben sollten, welchen Teil des Baues jede der drei Gruppen – Handwerker, Marktleute und öffentliche Dirnen – habe herrichten lassen, und als man es berechnete, fand man, daß der Anteil der Dirnen der größte war. Bei dem gemeinen Volk in Lydien halten sich nämlich die Töchter allgemein feil und sammeln damit eine Mitgift, bis sie heiraten, und statten sich selber aus.«

Hinter Aksihar geht es in Richtung Soma, wo die Straße das weite Tal des Kaikos (Bakir Cay) erreicht, und von dort durch das Kernland der Könige von Pergamon nach Bergama. Bevor Rom sie 133 v. Chr. beerbte, hatten die Herrscher von Pergamon in nur anderthalb Jahrhunderten aus dem Nichts eines der großen hellenistischen Reiche geschaffen. Um die Mitte des 2. Jahrhunderts gehörte ihnen der größte Teil Kleinasiens. Ihren Herrschaftssitz,

---

* Tausend Hügel – tatsächlich sind es nur etwa sechzig.

den der Stammherr Philetairos 281 v. Chr. als eine Felsenburg übernahm, verwandelten sie in eine der schönsten und glanzvollsten Städte der Antike, vergleichbar mit Athen, Antiochia in Syrien und Alexandria in Ägypten.

Nach dem Burgberg sollte man in Pergamon auch das prachtvolle Asklepiosheiligtum aufsuchen, wo im 2. Jahrhundert unserer Zeitrechnung der große Arzt Galen wirkte. Ich gehe nicht näher darauf ein, weil im Kapitel über Kos Asklepioskult und Medizin bereits ausführlich behandelt worden sind.

PERGAMON

DIE BEWAHRUNG DES WISSENS

*D*er Weg zu den Ruinen von Pergamon zweigt in Bergama ab. Vorbei an den Überresten der Unterstadt, wo die Masse der Bevölkerung lebte, windet sich die Straße um den Burgberg zum Gipfel empor. Dort, 300 Meter über dem Tal, befand sich einst die Akropolis, der Wohnsitz der Götter und der Herrscher Pergamons.

Bevor man die ausgedehnte Ruinenlandschaft durchwandert, ist es zweckmäßig, sich einen Eindruck der Gesamtanlage zu verschaffen. Von entscheidenden Bauwerken blieb zu wenig erhalten, als daß sich an Ort und Stelle noch eine Vorstellung des Ganzen gewinnen ließe. Was sonst nur als eine Ansammlung von Überresten weitläufiger Gebäude erscheinen würde, erweist sich am rekonstruierten Modell als ein sorgfältig geplantes Ensemble aus Kasernen, Palästen, Tempeln, Altären, öffentlichen Plätzen, Hallen und Denkmälern.

Fächerförmig um die schwindelerregend steile Theatermulde breiteten sich auf einem Bergrücken die terrassenförmig abgestuften Bezirke der Oberstadt wie auf einer Bühne aus. In der gewöhnlichen Menschen entrückten Welt hoch über dem Tal erhob sich über dem Theater ein Herrschaftssitz mit Tempeln und Palästen, Altären, Terrassen und einem großen, von eleganten Säulenhallen gesäumten Platz von unerreichbarer Klarheit und Erhabenheit. Hier verkörperte sich der Anspruch der Herrscher von Pergamon, in einer von Barbaren bedrohten Welt eine Bastion des Griechentums zu bilden. Dem Betrachter in der Ebene muß die Akropolis hoch über dem Kaikostal als Vision einer anderen Welt erschienen sein.

Die gleiche Botschaft verbreitete der Große Altar, das glanzvollste Bauwerk der Akropolis. Auf seinen wunderbaren Friesen

Die Akropolis von Pergamon: ein hellenistischer
Herrschaftssitz und kultureller Mittelpunkt

hatten Eumenes II. (197–159 v. Chr.) die wichtigste Tat der Attaliden verherrlichen lassen: die Bezwingung der Galater. Sie hatten
die zivilisierte Welt von der Geißel eines wilden Keltenvolks
befreit, das aus Mitteleuropa eingedrungen war und Kleinasien
tyrannisierte. Allegorisch wird der Sieg Pergamons über die Barbaren zum Triumph der Götter über die Titanen verklärt. Die
Ordnung des Zeus triumphiert über die Mächte des Chaos, die
sich mit urwelthafter Gewalt gegen sie erhoben haben.

Als Standort für den Überblick eignet sich die Südwestecke des
Athenabezirks. Das ist die hintere linke Ecke des großen Platzes
links des Weges, der vom Eingang nach oben führt. Von dort
nicht sichtbar, befindet sich unterhalb des Platzes das Theater. Im
Rücken liegen auf einer tieferen Ebene die von einer Kiefer bewachsenen Fundamente des Großen Altars.

Das Modell aus dem Berliner Pergamonmuseum (S. 336/7)
zeigt die Stadt zur Blütezeit unter dem vorletzten Herrscher Attalos II. (159–138 v. Chr.). Eine Ausnahme bildet nur der 129
n. Chr. geweihte Trajantempel – die Ruine mit den wieder aufgerichteten Säulen und Architraven auf dem höchsten Punkt im
Norden. Ihm schloß sich auf der darunterliegenden Terrasse der
auf drei Seiten von Säulenhallen umgebene Bezirk der Stadtgöttin

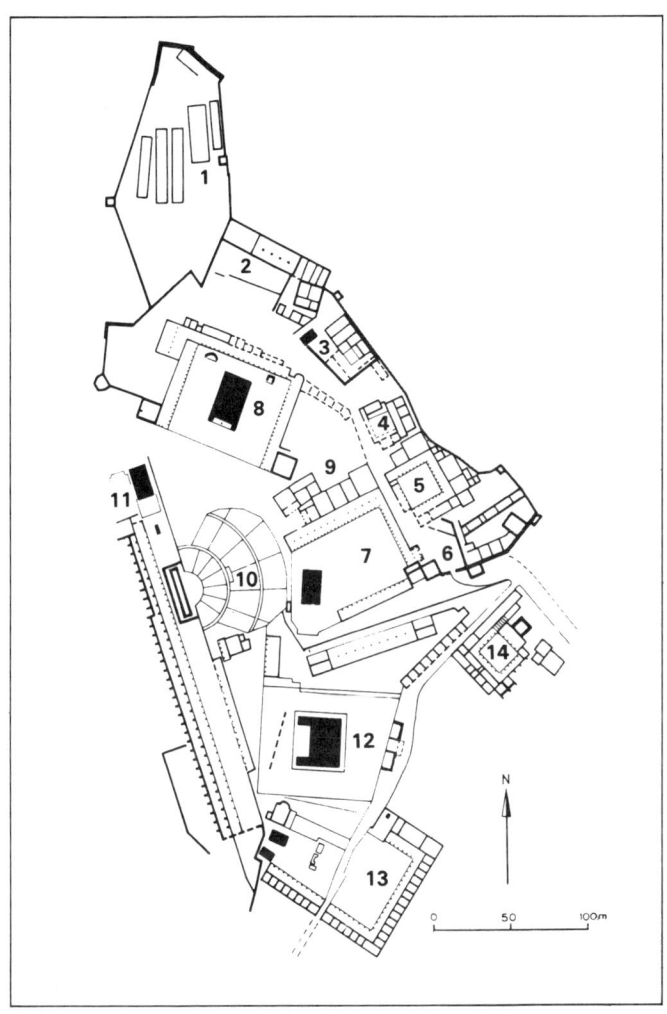

Grundriß der Akropolis von Pergamon; 1 Magazinbauten, 2 Palast I
(Kaserne), 3–5 Paläste, 6 Burgtor, 7 Athenaheiligtum, 8 Trajaneum,
9 Bibliothek, 10 Dionysostheater, 11 Dionysostempel, 12 Großer Altar,
13 Obere Agora (Marktplatz), 14 Heroon

Athena an, an dessen Südwestecke man steht. Im westlichen Teil des Platzes, nur zehn Meter vom Rand des Theaters entfernt, erhob sich der Tempel. An die zweigeschossige Nordhalle des Athenabezirks angebaut, war die Bibliothek der Herrscher von Pergamon. Was von ihr blieb, sind die grauen Mauerreste von vier größeren Räumen oberhalb der weißen Säulenstümpfe der Nordhalle.

Südlich des Athenatempels befand sich auf der nächsttieferen Terrasse der Große Altar. Verdeckt durch die ausladenden Kronen dreier Kiefern im Altarbereich bildete auf der untersten Ebene der Oberstadt der von Hallen umgebene obere Markt die südliche Grenze. An seiner Westseite schloß sich die riesige, 250 Meter lange, von Hallen gesäumte Terrasse unter dem Theater an. Wie eine mächtige Festungsmauer schirmte sie das über ihr liegende Halbrund des Herrschaftssitzes nach unten hin ab.

In einem zweiten, äußeren Halbkreis um die Theatermulde erstreckten sich am Rand der Bergkuppe die Paläste der Könige von Pergamon mit Gärten, den Kasernen der Wachmannschaften und Lagerhäusern. Außerhalb des Mauerrings, der den Herrschaftssitz umgab, schloß sich im Osten (oberhalb des Parkplatzes) der heilige Bezirk an, ein großes Gebäude mit einem Säulenhof. Dort wurden die Könige von Pergamon nach ihrem Tod als Heroen verehrt. Die eigentliche Stadt mit den Wohnhäusern der Bürger, mit Gymnasien, Tempeln, Thermen und Märkten breitete sich unterhalb des Herrschaftssitzes an den Hängen und am Fuß des Berges aus.

Ein größerer Gegensatz zur hippodamischen Stadtplanung – wie in Milet oder Priene – ist gar nicht denkbar (S. 126ff. und 146ff.). Das hat nichts mit der Lage zu tun. Auch Priene lag auf einem Bergrücken. Um durch einen rechtwinkligen Straßenraster jedem Haus den gleichen Rang zuzuweisen, hatte man dort keine Mühe gescheut und Straßen steil den Berghang hinaufgeführt.

In der Anlage Pergamon, wo hoch über den Häusern der Bürger die Götter und Könige residierten, drückten sich vielmehr Machtverhältnisse aus. Hier gab es Herrscher und Beherrschte. »Die königliche Residenz sollte die Stadt beherrschen, die als Anbau untergeordneten Ranges zu ihren Füßen lag«, so hat es der

Historiker Michael Rostovtzeff charakterisiert. Ebenso wie die Architektur trug auch die Organisation der *Polis* nur noch eine »griechische Fassade« (Rostovtzeff). Zwar verfügten die Pergamesen über eine Volksversammlung, einen Rat und einen Magistrat wie die Demokratien des 5. Jahrhunderts, tatsächlich jedoch wurden sie von der Akra aus regiert.

Das Reich aus dem Nichts

Begonnen hatte der Aufstieg Pergamons mit einem Verrat. In den Wirren nach dem Tod Alexanders des Großen (323 v. Chr.) hatten die Generäle in Jahrzehnten währenden Kämpfen das Weltreich unter sich aufgeteilt. Um die Wende zum 3. Jahrhundert herrschte Kassander über Makedonien und Griechenland, Lysimachos über Thrakien und das westliche Kleinasien, Seleukos über Syrien mitsamt dem westlichen Asien bis zum Indus und schließlich Ptolemaios über Ägypten und Palästina.

Lysimachos deponierte die Kriegsbeute, die er dem unterlegenen Rivalen Antigonos abgenommen hatte, auf der Burg von Pergamon, die damals vermutlich kaum mehr als ein befestigtes Felsennest war. Zur Bewachung setzte er einen makedonischen Offizier namens Philetairos ein. Unangreifbar in seiner Felsenburg hütete dieser zwei Jahrzehnte lang treu die unvorstellbare Summe von 9000 Talenten – das waren 234 000 Kilogramm Silber. Die Chance, selbst Besitzer des Schatzes und Herr von Pergamon zu werden, kam 283 v. Chr. In einer Palastintrige schlug Philetairos sich auf die Seite des Gegners seines Herren Seleukos. Vermutlich bestätigte ihn dieser im Gegenzug als Regenten über die Stadt und ihr Umland unter eigener Oberhoheit. Als Seleukos kurz darauf ermordet wurde, nutzte der Statthalter die Gunst der Stunde.

Stets vorsichtig im Umgang mit Mächtigeren, erkannte Philetairos weiterhin pro forma das Vasallenverhältnis zum Seleukidenreich an. Insgeheim steuerte er jedoch die Unabhängigkeit an. Er behielt den Schatz, und der Nachfolger des Seleukos, Antiochos I., hielt es nicht für ratsam, gegen Philetairos vorzugehen.

335

Modell von Pergamon (vgl. Legende auf S. 333)

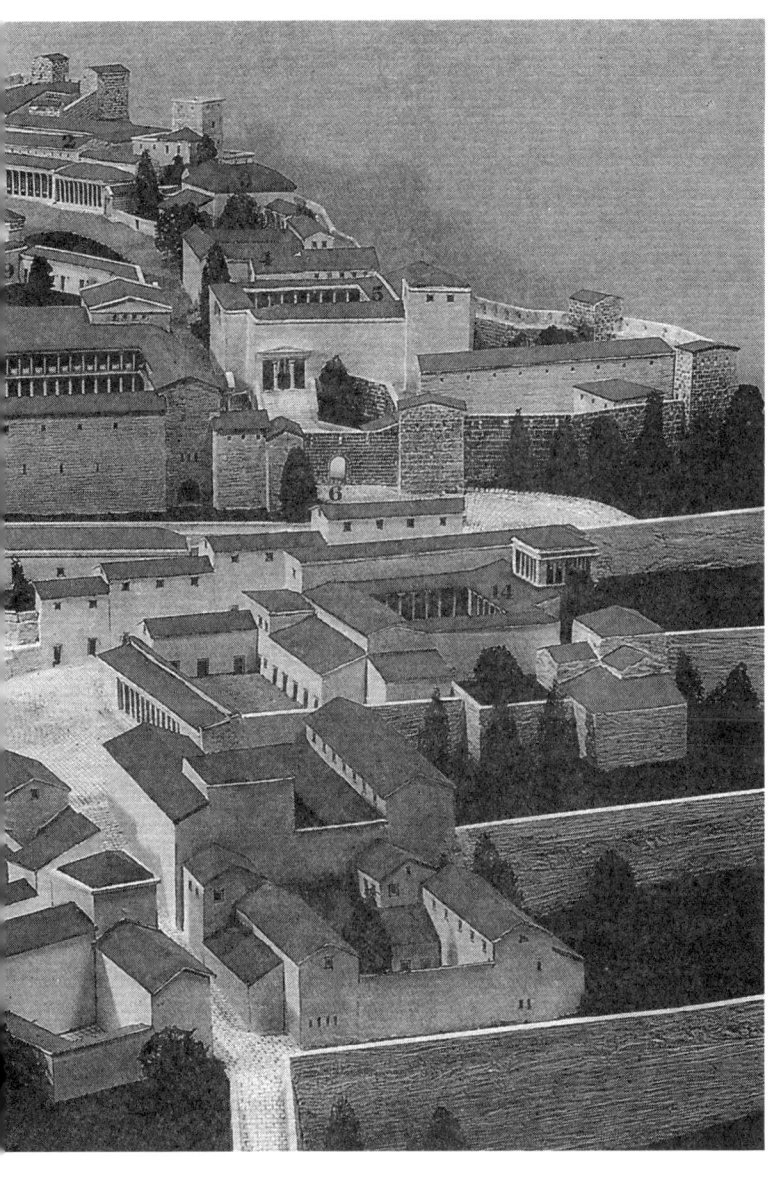

Großzügige Geschenke an Nachbarstädte in Kleinasien sowie an die Apollonheiligtümer in Delphi und Delos verhalfen dem neuen Herrn von Pergamon zu Ansehen in der griechischen Welt.

Erst sein Neffe und Nachfolger Eumenes I. (263–241 v. Chr.) wagte es, Pergamon endgültig aus dem Seleukidenreich zu lösen. Er besiegte Antiochos 261 v. Chr. bei Sardis und weitete das Herrschaftsgebiet auf das gesamte Kaikostal aus.

Der Neffe und Adoptivsohn des Eumenes, Attalos I. (241–197 v. Chr.), folgte dem von seinen Vorgängern eingeschlagenen Weg. Ihm gelang es, Pergamon unter den hellenistischen Königreichen zum eigenständigen Machtfaktor zu machen. Auch war er der erste, der den gefürchteten Galatern die Stirn bot. Er verweigerte die verlangten Tribute und besiegte den Gegner in der Nähe der Kaikosquellen beim heutigen Soma.

Nach seinem Sieg legt sich Attalos I. den Titel »Soter« (Retter) zu und ließ das Ereignis auf einem großen Denkmal vor dem Athenaheiligtum feiern, von dem Kopien zweier eindrucksvoller Figurengruppen erhalten blieben: »Der sterbende Gallier« in den Kapitolinischen Museen und »Der große Gallier« im Thermenmuseum von Rom. Ein vom unsichtbaren Sieger bedrängter nackter Krieger stützt seine tote Frau mit der einen Hand, während er sich mit der anderen das Schwert in die Kehle stößt.

Indem er 228 v. Chr. die Königswürde annahm, stellte sich Attalos auf eine Stufe mit den früheren Herren seines Reichs, den Seleukiden. Er weitete das Herrschaftsgebiet von Pergamon über große Teile Kleinasiens aus. Doch die Expansion forderte ihren Preis. Zu schwach, um sich allein gegen Makedonien und das Seleukidenreich zu behaupten, rief er Rom zu Hilfe und öffnete dadurch der Großmacht am Tiber das Tor nach Kleinasien. Das von Attalos begründete Bündnis, das seine Nachfolger übernahmen, drängte Pergamon unaufhaltsam in die Rolle eines Vasallen. Rom wurde zur neuen Vormacht in Kleinasien. Nach dem Tod des letzten Attaliden 133 v. Chr. sollte das Reich an Rom fallen.

Mit seinem mächtigen Verbündeten besiegte Attalos' Sohn Eumenes II. (196–159 v. Chr.) sämtliche Gegner, die sich ihm in den Weg stellten: das Seleukidenreich und Makedonien, erneut die Galater und schließlich Bithynien an der Schwarzmeerküste. Das

Der Pergamonaltar in seiner ursprünglichen Umgebung

Reich, das nun das gesamte westliche Kleinasien umfaßte, hatte seine größte Ausdehnung erreicht.

Die Niederlage der Barbaren war diesmal endgültig. 189 v. Chr. in der Gegend von Ankara vernichtend geschlagen, zogen sich die Überlebenden über den Halys (Kizilirmak) zurück. Sämtliche römischen Schiffe in Kleinasien reichten nicht aus, um die von den Galatern in Jahrzehnten der Plünderung und Erpressung zusammengetragenen Beutestücke zu transportieren. Als Zeichen seines glanzvollen Sieges ließ Eumenes II. den Großen Altar errichten – den »Pergamonaltar« (siehe Kasten auf S. 340f.).

Unter Eumenes II. und seinem Bruder Attalos II. (159–138 v. Chr.) erhielt die Oberstadt ihre endgültige Gestalt. Neue Gebäude wurden hinzugefügt und ältere prächtiger ausgestattet. Von diesen Herrschern heißt es, sie hätten eine Stadt aus Trachyt übernommen und sie in Marmor hinterlassen. »Die *Akra* blieb, was sie früher gewesen war, die Residenz und Festung der Könige«, so hat Rostovtzeff den Zweck dieser großen Umgestaltung beschrieben: »Aber in der Residenz des Eumenes und Attalos erhielt eine

339

Der Pergamonaltar gehört zu Pergamon

Am Ort der Entstehung sind vom Großen Altar, dem eindrucksvollsten und bedeutendsten Werk auf dem Burgberg, nur Teile des Unterbaus geblieben. Auf einen Nachbau montiert, befinden sich die Friese im Pergamonmuseum in Berlin. Sie sind in den siebziger Jahren des 19. Jahrhunderts von Carl Humann vor einheimischen Kalkbrennern gerettet worden, die systematisch die prachtvollen marmornen Kunstschätze des Burgbergs in Baumaterial verwandelten. Zweifellos war das ein unschätzbares Verdienst. Doch inzwischen ist »Bewahrung« kein Grund mehr, sie in Berlin zu behalten. Mit dem kulturellen Erbe der Vergangenheit geht man in der Türkei heute nicht schlechter um als in Deutschland.

In einem grauen deutschen Museum von ihrer Geschichte und von der Landschaft abgeschnitten, für die sie geschaffen worden sind, fristen die grandiosen Bildwerke ein trauriges Dasein. Während der Altar einst frei auf einem Bergrücken hoch über dem Tal stand, klebt er dort mit der Rückseite an der Wand. Schlimmer noch, in Berlin müssen Bildwerke, auf denen ein großer hellenistischer König den Sieg Pergamons über Barbaren verklären ließ, als Kulturkulisse für Galadiners und Modeschauen herhalten.

Wie andere bedeutende Werke griechischer Bildhauerkunst – in Kleinasien gehören dazu die Statuen und Reliefs vom Mausoleion aus Halikarnassos im British Museum in London – sind die Friese vom Großen Altar in Berlin bestenfalls tote Pracht. In der Rückgabe sehe ich weniger eine moralische Verpflichtung als eine historische Notwendigkeit. Getrennt vom Ursprungsort, von ihrem Zweck und ihrer Geschichte, sind es lediglich Fetische einer aufs Ästhetische beschränkten Kulturbetrachtung. Nur in der Umgebung, in der sie entstanden sind, gewinnen diese Bildwerke ihre Wirkung zurück.

Wer das nicht sieht, sollte das Akropolismuseum in Athen besuchen. Auf der Akropolis, unmittelbar neben dem ursprünglichen Aufstellungsort, bleiben Bildwerke am Leben; dort ist die Kontinuität ihrer Geschichte gewahrt. Entstehung und Funktion werden erlebbar: ihre Rolle im archaischen Heiligtum, dessen Zerstörung durch die Perser im Jahr 480 v. Chr. und die fürsorgliche »Beerdigung«, als die Athener sich drei Jahrzehnte später an den Wiederaufbau machten. Hier erlebt man noch, wie sich vor zweieinhalb Jahrtausenden Menschen um das kulturelle Erbe der Vergangenheit bemühten.

neue Idee eine gesteigerte Bedeutung – die Idee, daß diese königliche Residenz gleichzeitig ein Bollwerk des Hellenismus sei, ein schönes Symbol nicht nur für die politische, sondern auch für die kulturelle Mission Pergamons. Pergamon erhob jetzt den Anspruch, ebenso eine Vormacht des Hellenismus auf kulturellem Gebiet zu sein wie Athen, Alexandria (in Ägypten) und Antiochia (in Syrien).«

Den großen Herrschern von Pergamon folgte ein schwacher Nachkömmling. In krankhaftem Verfolgungswahn ließ Attalos III. (138–133 v. Chr.), ein Sohn Eumenes', seine Verwandten und Freunde mitsamt ihren Frauen und Kindern umbringen. Als habe ihm die Bluttat den Verstand geraubt, zog er sich anschließend von der Außenwelt zurück. In Trauerkleidung und mit wild wucherndem Haar widmete er sich im Palast botanischen und zoologischen Studien. Er schrieb eine Abhandlung über Landwirtschaft und experimentierte mit Giften und Gegengiften, wobei Gefangene als Versuchsobjekte dienten. Bevor er 133 v. Chr. starb, war Attalos immerhin vernünftig genug gewesen, sein Reich Rom zu übertragen. Damit war besiegelt, was seine Vorgänger eingeleitet hatten. Rom, das de facto schon lange Vormacht gewesen war, verleibte Kleinasien als Provinz *Asia* seinem Weltreich ein.

Die Bibliothek

Diese geistig-politische Mission der großen Herrscher von Pergamon – neben dem glanzvollen Eumenes II. (197–159 v. Chr.) waren das der Vorgänger Attalos I. (241–197) und der Nachfolger Attalos II. (159–138) – ist am deutlichsten im Athenabezirk verkörpert, an dessen Nordseite sich die Bibliothek anschloß. Um 160 v. Chr., gegen Ende der Regierungszeit des Eumenes, hätte man vor dem Athenatempel stehend einen im Norden und Osten von prachtvollen zweigeschossigen marmornen Säulenhallen gesäumten Platz vor sich gehabt. Über der auf dorischen Säulen ruhenden Decke des Untergeschosses der 72 Meter langen Nordhalle erhob sich eine Galerie aus ionischen Säulen, die das Dach trug. Als Zeichen der historischen Leistung der Attaliden trugen die marmornen Balustraden der Galerie Reliefs, auf denen die wild durcheinandergeworfenen Waffen der besiegten Feinde abgebildet waren.

Diese Friese dienten nicht lediglich als Dekoration, sie waren politisches Programm. In ihnen wiederholte sich die Aussage der Denkmäler auf dem Platz davor. Im Zentrum des Platzes ragte auf einem großen runden Sockel eine unter Attalos I. errichtete Kolossalstatue (vermutlich) der Athena »Promachos« empor, der »Vorkämpferin«. Diese Statue mußte – ebenfalls Programm – um 20 v. Chr. einem Denkmal des römischen Kaisers Augustus weichen. An der Südseite erinnerten zwei weitere mächtige Monumente an den Sieg des Attalos über die Barbaren, darunter der berühmte »Große Gallier« und »Der sterbende Gallier«.

Ihre geistige Legitimation fand diese Demonstration griechischer Überlegenheit in der Bibliothek und in den umfangreichen Kunstsammlungen der Könige von Pergamon. Schon Attalos I. hatte bedeutende Werke griechischer Bildhauer des 6. bis 3. vorchristlichen Jahrhunderts sowie Gemälde nach Pergamon geschafft, vieles durch Raub. Deponiert waren die Kunstschätze in den Säulenhallen, den Räumen hinter der Bibliothek und im Palast. Das bedeutendste Monument griechischen Geistes schufen die Herrscher von Pergamon freilich in Gestalt ihrer Büchersammlungen.

342

Athenatempel und sein Umfeld

Attalos I. hatte nicht nur die Akademie in Athen unterstützt, sondern auch bedeutende Gelehrte, Schriftsteller und Historiker nach Pergamon gerufen. Das rege geistige Leben am Hof eines Herrschers, der selbst gelehrte Schriften verfaßte, ist ohne eine umfangreiche Büchersammlung nicht denkbar. Aber erst unter seinem Nachfolger Eumenes II. nahm dieses Interesse architektonisch Gestalt an. Angrenzend an die Nordhalle des Athenabezirks ließ er eine aus vier Räumen bestehende Bibliothek bauen. Man erreichte sie über die Galerie im Obergeschoß.

Ihre Überreste befinden sich hinter der Nordseite des Athenabezirks. Auf einer über dem Platz liegenden Ebene sind Fundamente und Mauern eines etwa 14 × 16 Meter großen Saales zu sehen, an den sich die dreier etwas kleinerer Räume anschließen. In diesen Sälen befand sich eine der beiden großen hellenistischen Bibliotheken. Die zweite, von der noch die Rede sein soll, lag in Alexandria in Ägypten.

Rekonstruktion des Athenabezirks: Galerie

Während die Masse der Schriftrollen – die »Bücher« vor dem Übergang zu gebundenen Kodizes seit dem 2. Jahrhundert n. Chr. – vermutlich in den kleineren Räumen aufbewahrt wurden, diente der große Saal auch als Festsaal. Hier wurde Athena, die Göttin der Weisheit, verehrt. Auf einem Postament gegenüber dem Haupteingang stand eine verkleinerte Nachbildung der Kolossalstatue der Göttin, die Pheidias für die Akropolis in Athen geschaffen hatte. Die Botschaft war eindeutig. Pergamon beanspruchte, in der Nachfolge Athens das kulturelle und geistige Zentrum der griechischen Welt zu sein.

Ein gemauertes Podium, das drei Seiten des Raumes umgab und Bildnisse von Alkaios, Herodot und Timotheos von Milet, dreier Schutzpatrone hellenistischer Bibliotheken trug, vervollständigten das Inventar. Dazu kamen Wandgemälde, Reliefs und Regale zur Aufbewahrung der Schriftrollen, die vermutlich in den Löchern im Mauerwerk befestigt waren. In angegliederten Schreibwerkstätten fertigten Sklaven Abschriften von Texten an.

344

Die Vorläufer: Aristoteles und die Bibliothek von Alexandria

Vorbild für die Bibliothek der Attaliden war die ein Jahrhundert ältere der Ptolemaier in Ägypten. Die Könige von Ägypten aber, so sollte Strabo (XIII 1,54) später berichten, hätten von Aristoteles gelernt, wie man eine Bibliothek einrichtet. Tatsächlich war dieser jedoch längst tot (gest. 322 v. Chr.), als Ptolemaios I. (323–286 v. Chr.) kurz nach der Jahrhundertwende die Bibliothek von Alexandria gründete. Dennoch ist es nicht falsch, im Universalgelehrten des 4. vorchristlichen Jahrhunderts den geistigen Paten der großen hellenistischen Bibliotheken zu sehen.

Aristoteles' Überzeugung von der kulturellen Mission des Griechentums wirkte in zwei bedeutenden Herrschern weiter, die über die Macht verfügten, eine solche Idee zu verwirklichen: in Alexander dem Großen und Ptolemaios, dem Freund und Anführer der Leibwache Alexanders. Unter den Generälen, die nach dem Tod des jugendlichen Eroberers (323 v. Chr.) das Weltreich unter sich aufteilten, war er der gebildetste. Aus seinem Werk über den Alexanderzug, das sich auf das Kriegstagebuch und andere offizielle Dokumente stützte, haben sich Generationen von Historikern bedient.

Nach den Jahren in Assos und auf Lesbos (S. 77 ff.) war Aristoteles 342 v. Chr. einem Ruf Philipps II. nach Makedonien gefolgt, um die Erziehung des vierzehnjährigen Alexander zu übernehmen. Aristoteles hatte das Angebot angenommen, weil er darin eine einmalige Möglichkeit sah, Ideen politische Wirksamkeit zu verschaffen. Der Erfolg sollte ihm recht geben. Zur Macht gelangt, sah Alexander seine historische Aufgabe nicht lediglich in der Zerstörung des Perserreichs, in der Eroberung von Land und Reichtümern. Unter dem Einfluß seines Erziehers verstand er sich auch als Wegbereiter hellenischen Geistes und hellenischer Kultur.

Vom Geist des großen Freundes war auch Ptolemaios geprägt. Nachdem seine Herrschaft gefestigt war, setzte er die von Alexander eingeleitete Hellenisierung Ägyptens konsequent fort. Um Alexandria zu einem Zentrum griechischer Wissenschaft und Bildung zu machen, versuchte er, keinen geringeren als Theophrast, den Nachfolger des Aristoteles, als Berater und Erzieher seines Sohnes zu gewinnen. Zwar blieb der Umworbene in Athen, aber an seiner Stelle kamen zwei andere hervorragende Vertreter der aristotelischen Schule: Straton, der als Prinzenerzieher wirkte, bevor er wenige Jahre später als Nachfolger Theophrasts (gest. 288 v. Chr.) nach Athen zurückkehrte; dazu Demetrios von Phaleron, ein Staatsmann und Denker, der zum Berater Ptolemaios' in kulturellen Angelegenheiten wurde.

Demetrios war es, der Aristoteles' Idee einer universalen Wissenschaft nach Ägypten verpflanzte. Als Voraussetzung der umfassenden Studien seiner Schule, die von der Philosophie, über Zoologie und Botanik, Lieratur, Politik und Geschichte alle Wissenschaften umfaßten, hatte der große Gelehrte systematisch Werke früherer Autoren gesammelt. Von Demetrios beraten, verwirklichte Ptolemaios diese Idee im größeren Maßstab eines Reichs, das über unbegrenzte Mittel verfügte.

Er gründete in Alexandria das Museion als Forschungsstätte für einen Kreis bedeutender Gelehrter. In der angeschlossenen Bibliothek sollten sämtliche Werke der großen Dichter und Denker der Vergangenheit versammelt werden. Schon der Name »Museion« war Programm. Platon und Aristoteles hatten ihre Schulen, die Akademie und den Peripatos, in Hainen gegründet, die den Musen, den Göttinnen der Künste und Wissenschaften, heilig waren. Es war nur konsequent, den Musen auch die neue Forschungsstätte zu weihen.

Damit sie sich ganz ihren Studien widmen konnten, hatte der König die Mitglieder des Museion, Literaten und Naturforscher, aller materiellen Sorgen entledigt. Ihr Domizil befand sich im Palast. Von Dienern umsorgt, genossen sie das Privileg, für das Vergnügen geistiger Arbeit auch noch gut bezahlt zu werden. Ein Zeitgenosse, der Skeptiker Timon von Phlius, spöttelte, sie lebten wie exotische Vögel in einem goldenen Käfig: »Viele werden genährt im volkreichen Ägypten, Bücherkritzler, pausenlos zankend im Vogelkäfig der Musen.«

Die Suche nach Handschriften

Um die Bibliothek des Museion zu einem Ort zu machen, an dem sämtliche Bücher der Welt versammelt waren, bedurfte es erheblicher Anstrengungen. Mit dem Auftrag, ohne Scheu vor Doubletten gute Handschriften der wichtigen Autoren anzukaufen, schickte Demetrios sachkundige Männer in alle Teile der griechischen Welt. Die Spur dieser Bücherkäufer läßt sich anhand erhaltener Inventarlisten verfolgen. Um einen vollständigen Homer zu beschaffen, müssen diese Männer systematisch große Teile des Mittelmeerraums abgesucht haben. Die in Alexandria versammelten Homerhandschriften stammten von der Peloponnes, aus Kreta und Zypern, dem Schwarzmeergebiet, der Westküste Kleinasiens und sogar aus Massilia in Südfrankreich.

Nachdem im 2. Jahrhundert v. Chr. auch die Beauftragten der Könige von Pergamon verstärkt als Käufer auftraten, entbrannte ein heftiger Wettbewerb. Der Überlieferung zufolge versuchten die Ptolemaier, ihre pergamesischen Konkurrenten dadurch auszuschalten, daß sie die Lieferung von Papyros unterbrachen, des bis dahin bevorzugten Schreibuntergrunds. Die Pergameser lösten die Versorgungskrise, indem sie ein spezielles Verfahren zur Behandlung von Schafs- und Ziegenfellen entwickelten. Tierhäute wurden zu »Pergament« verarbeitet.

Als beide Bibliotheken ihren Bedarf an Handschriften bekannter Werke gedeckt hatten, suchten sie ihren Ruhm durch Herausgabe noch unveröffentlichter Schriften der großen Autoren zu mehren. Das wiederum trieb die Preise in die Höhe, und die gestiegenen Preise bewirkten, daß in wachsender Zahl Fälschungen auf den Markt kamen.

Von ihrem Auftrag besessen, scheuten beide Seiten selbst vor Bücherraub nicht zurück. Um an wertvolle Handschriften zu gelangen, ließ der dritte Ptolemaier, Euergetes (246–221 v. Chr.), sämtliche Schiffe, die in Alexandria einliefen, nach Schriftrollen durchsuchen. Während die Besitzer durch eilig angefertigte Kopien »entschädigt« wurden, wanderten die Originale in die eigene Bibliothek. Euergetes war es vermutlich auch, der in Athen das Staatsexemplar der drei großen Tragiker gegen eine hohe Kaution auslieh, die er verfallen ließ, um das Original zu besitzen. Eine schön ausgestattete Kopie sollte die Athener über den Verlust hinwegtrösten.

Die Bücher des Aristoteles

Von welchen Zufällen in der Antike das Schicksal von Büchern abhing, zeigt die Geschichte der Bibliothek des Aristoteles. Der Gründer der Peripatetischen Schule in Athen hatte seinen umfangreichen Bücherbestand seinem Nachfolger Theophrast vermacht. Dieser vermehrte ihn und gab ihn später an Neleus weiter, in dem er das kommende Oberhaupt der Schule sah. Damit war die Bibliothek 288 v. Chr. in die Hände des Sohnes jenes Koriskos gelangt, der sechs Jahrzehnte zuvor den Vorlesungen des Aristoteles in Assos zugehört hatte (S. 76).

Als nicht er, sondern Straton zu Theophrasts Nachfolger gewählt wurde, zog sich Neleus mitsamt der umfangreichen Büchersammlung in seine Heimatstadt Skepsis in der Troas zurück. Dort suchten ihn 286 v. Chr. Agenten des Ptolemaios auf. Es gelang ihnen, den größten Teil der Bibliothek zu erwerben. Um zu ermessen, was der Ankauf für Alexandria bedeutete, mußte man Aristoteles' universale wissenschaftliche Interessen und seine Arbeitsweise berücksichtigen. Von der Physik über Himmelskunde, Zoologie und Botanik bis hin zu Literatur, Politik und Geschichte gab es kein Wissensgebiet, über das er und seine Schüler nicht gearbeitet hätten. Da er in seinen Schriften stets eine Bilanz des Wissens seiner Vorläufer zog, bedeutete das: Seine Bibliothek muß einen großen Teil des Wissens der Vergangenheit enthalten haben. Dieser unermeßliche Bücherschatz wurde nun der Bibliothek von Alexandria einverleibt.

Eine Ausnahme bildeten die Lehrschriften, die der Meister selbst verfaßt hatte. Neleus behielt sie und vermachte sie seinen Erben, »unwissenden Leuten«, wie Strabo sie abschätzig nannte (XIII 1,54). Aus Furcht, die Herrscher von Pergamon, zu deren Reich Skepsis gehörte, könnten ihnen das wertvolle Gut rauben, versteckten die Erben die Schriften im Keller. Dort moderten sie anderthalb Jahrhunderte unbeachtet vor sich hin. Erst um die Wende zum 1. Jahrhundert v. Chr. tauchten die Lehrschriften des Aristoteles wieder auf, als ein reicher Bücherliebhaber, Apellikon von Teos, sie von Erben der Erben des Neleus erwarb. Inzwischen hatten Feuchtigkeit, Schimmel und Würmer einiges zerstört. Apellikon brachte die Überreste nach Athen und rettete sie, indem er sie abschreiben ließ. »Mehr Bücherliebhaber als Philosoph« (Strabo), ergänzte er die zerstörten Stellen eher schlecht als recht, indem er einfügte, was ihm sinnvoll erschien. Die Lehrschriften des Aristoteles hatten überlebt, aber sie waren entstellt.

Bei der Einnahme Athens durch die Römer im ersten mitridatischen Krieg kam Apellikon vermutlich 86 v. Chr. ums Leben. Seine Bücher gingen als Kriegsbeute in den Besitz des Siegers Sulla über, der sie nach Rom brachte. Dort wurde etwa zwei Jahrzehnte später der Grammatiker Tyrannion auf den unerhörten Fund aufmerksam. Er bestach den Bibliothekar und ließ Abschriften anfertigen. Eine Kopie gelangte im zweiten Drittel des 1. Jahrhunderts v. Chr. in den Besitz des Andronikos von Rhodos, der zum Oberhaupt der erneuerten Peripatetischen Schule werden sollte. Andronikos stellte die durch Apellikon verdorbenen Texte wieder her. Seine sorgfältige Bearbeitung bildet die Grundlage eines großen Teils der Werke des Aristoteles, die auf uns gekommen sind.

Schicksale der großen hellenistischen Bibliotheken

Durch Kauf, Enteignung und Raub sammelten sich so im Laufe der Zeit in Alexandria und Pergamon riesige Büchersammlungen an. Die des Museion umfaßte im Jahr 47 v. Chr., als sie bei der Belagerung Alexandrias durch Caesar in Flammen aufging, 700 000 Schriftrollen. Die kleinere des Serapeion enthielt annähernd 43 000 Rollen. Denkbar ist, daß diese zweite Bibliothek nur philologisch bearbeitete, »definitive Ausgaben« enthielt, während die größere des Museion sämtliche angekauften Handschriften umfaßte – also die Vielzahl mehr oder weniger abweichender unredigierter Abschriften der gleichen Werke.

Die der Attaliden in Pergamon erreichte ein Drittel der Größe ihres Vorbilds, etwa 200 000 Rollen. Der römische Feldherr Marcus Antonius soll sie 41 v. Chr. seiner Geliebten, Kleopatra, geschenkt haben. Doch eine vollständige Übertragung nach Alexandria ist unwahrscheinlich. Vermutlich wurde aus den Beständen von Pergamon nur ein Teil der beim Brand erlittenen Verluste ausgeglichen.

Die Schenkung und die unversehrte Bibliothek des Serapeion mit den »definitiven Ausgaben« dürfte in Alexandria den größten Teil der Verluste durch den Brand des Museion wettgemacht haben. Da in der folgenden alexandrinischen Überlieferung nur noch von der Bibliothek des Serapeion die Rede ist, vermuten Altphilologen, daß die des Museion nicht mehr existierte. In Pergamon dagegen muß es im 2. Jahrhundert unserer Zeitrechnung noch eine umfangreiche Bibliothek gegeben haben, auf die sich der große Arzt Galen stützte.

Die Bewahrung der Texte

Für die Überlieferung antiker Schriften erwies sich die Arbeit der Bibliothekare von Alexandria als folgenreicher. Den Königen von Pergamon gelang es nicht, Gelehrte zu gewinnen, die bereit waren, sich auf mühevolle philologische Arbeit einzulassen. Schon ihr erster namhafter Kopf, der Stoiker Krates, verschwendete seine Arbeitskraft daran, in Homers Werk stoisches Gedankengut nachzuweisen. Seine Aufgabe wäre es jedoch gewesen, Originaltexte zu rekonstruieren, von denen nur noch voneinander abweichende Abschriften existierten.

Fünf Jahrhunderte trennten die ersten Bibliothekare von Alexandria von Homer. Schon wegen der Vergänglichkeit des Schreibmaterials Papyros waren die Originalschriften längst verschwunden. Die Werke hatten nur dadurch überlebt, daß sie unzählige Male abgeschrieben und vervielfältigt worden waren. Welcher Bedarf schon um 500 v. Chr. bestanden haben muß, läßt ein Ausspruch des Xenophanes von Kolophon ahnen: ». . . da von Anfang an alle nach Homer gelernt haben«.

Berufsmäßige Rezitatoren, kunstsinnige Tyrannen wie Peisistratos von Athen (6. Jahrhundert v. Chr.), Dichter und Philosophen, Literaturliebhaber, Schulen und Buchhändler, die durch Schreibsklaven große Mengen billiger Kopien herstellen ließen, hatten eine Vielzahl divergierender Homertexte hinterlassen. Bei jeder Abschrift hatten sich unbemerkt Fehler eingeschlichen. Dazu kamen subjektive Auslegungen, wirkliche oder vermeintliche Korrekturen, Ergänzungen oder Auslassungen. All das hatte dazu beigetragen, in den fünf Jahrhunderten zwischen Homer und der Bibliothek von Alexandria eine Vielzahl divergierender Versionen ein- und desselben Werks zu schaffen. Was war authentisch und was verfälscht?

Um die Werke wiederherzustellen, entwickelten mehrere Bibliothekarsgenerationen in Alexandria das Instrumentarium der Philologie. Zenodot von Ephesos, von Ptolemaios im Jahrzehnt nach 300 v. Chr. zum ersten Leiter der Museionsbibliothek bestellt, hatte sich an eine herkulische Aufgabe gewagt. Am Ende meinte er, den originalen Homertext rekonstruiert zu haben. Die Nachfolger verwarfen seine Ausgabe. In einer Gemeinschaftsarbeit, die sich über mehrere Generationen hinzog, rekonstruierten sie Homer Schritt für Schritt durch konstruktive Kritik am Werk der Vorgänger. Um 150 v. Chr. schuf Aristarch von Samothrake die letzte definitive Ausgabe.

Ähnlich wurde bei den anderen Autoren verfahren. Sämtliche Werke der Antike, die bis in unsere Zeit überlebt haben, sind durch die Hände der Bibliothekare von Alexandria gegangen. Alexandrinische Gelehrte bearbeiteten sie und gaben ihnen ihre heutige Form. Keine Bearbeitung eines antiken Textes, die erhalten blieb, ist älter als die Bibliothek von Alexandria. Da ihr Wiederherstellungswerk als vorbildlich galt, setzten sie die Maßstäbe. Fortan wurden nicht mehr die älteren, verfälschten Versionen, sondern nur noch die von ihnen bearbeiteten jüngeren abgeschrieben und blieben dadurch erhalten.

Der weitere Weg der Bücher bis in die Neuzeit sei nur skizziert. Das meiste, was von der griechischen Literatur geblieben ist, überlebte dadurch, daß es mit der Zeit immer wieder abgeschrieben wurde. Papyros, bis zur Einführung des Pergaments das übliche Schreibmaterial, hat im Mittelmeerklima eine Lebensdauer von höchstens zwei Jahrhunderten. Pergament besaß zwar eine größere Haltbarkeit, aber unbegrenzt war sie nicht.

Als weitere Bedrohung kamen Brände wie der des Jahres 48/47 v. Chr. dazu, dem die Museionsbibliothek von Alexandria zum Opfer fiel. Unermeßliche Bücherschätze gingen durch Kriege und gezielte Vernichtung verloren. Religiöse Eiferer zerstörten 391 n. Chr. auch die Serapions-Bibliothek von Alexandria. Als der christliche Patriarch Theophilos die Tempel der Stadt gewaltsam christianisierte, mußten die Bücherbestände, aus denen die Philosophen ihr Wissen schöpften, vernichtet werden. Für bigotte Eiferer ist die Vernunft stets der Hauptfeind Gottes gewesen.

Wenn es an anderen Orten gute Kopien gab, dann ließen sich die regelmäßig wiederkehrenden Verluste umfangreicher Bücherbestände wettmachen. Man griff auf Abschriften von Werken aus anderen Sammlungen zurück. Nachdem die kaiserliche Bibliothek in Rom 80 n. Chr. durch Feuer vernichtet worden war, setzte der Imperator Domitian alles in Bewegung, um die Verluste auszugleichen. Er ließ Kopien aus dem Besitz reicher Privatleute aufkaufen, Abschriften anfertigen und sandte sogar Schreiber bis nach Alexandria, wo sich noch Standardausgaben der verlorenen Werke befanden.

Kurz, vom literarischen Erbe der Antike hatten jene Werke die besten Überlebenschancen, von denen es zu jeder Zeit genügend Kopien gab. Das bedeutet: Nur solche Werke blieben erhalten, die stets von einer gewissen Anzahl Menschen gelesen und daher auch kopiert wurden. Die Leidenschaft der Gebildeten, Bücher zu lesen, wirkte dem natürlichen Verfall und menschengemachten Zerstörungen entgegen. Denn Katastrophen, denen ganze Bibliotheken zum Opfer fielen, traten im Verlauf einer zweieinhalbtausendjährigen Geschichte immer wieder ein.

Dieses Wechselspiel von Zerstörung und Erneuerung führte im Laufe der Zeit zu einer gewissen Auslese. Damit ein Werk erhalten blieb, mußte es immer wieder Menschen gegeben haben, die an der Erhaltung interessiert waren: Leser, die bestimmte Werke schätzten und sie deswegen bewahrten, sie abschrieben oder abschreiben ließen; reiche Büchersammler, die über Zehntausende von Werken verfügten, selbst wenn sie, wie jene römischen Patrizier, über die sich im 1. Jahrhundert Seneca lustig machte, noch nicht einmal die Titel kannten; später kamen Klöster dazu, in denen fromme Mönche die Schriften antiker Autoren sammelten und pflegten. Auch mußte es größere, zentrale Bibliotheken gegeben haben, in denen fachkundige Gelehrte von Zeit zu Zeit die erforderliche philologische Begleitarbeit leisteten, den Wildwuchs unkontrollierten Abschreibens von Entstellungen reinigten und so die Grundlage neuer, besserer Abschriften schufen.

Epochen, in denen, wie zur Zeit des byzantinischen Bildersturms (726–842 n. Chr.), das Interesse weitgehend erlosch, waren auch Zeiten literarischer Verödung. Werke antiker Autoren überlebten dann in Enklaven wie Klosterbibliotheken, in denen fromme Mönche Schriften heidnischer Autoren kopierten. Werke, die im Verlauf von zweieinhalb Jahrtausenden für nur wenige Jahrhunderte keine Leser mehr fanden, gingen allzu oft verloren.

So blieben vom umfangreichen Œuvre der großen Tragödiendichter Aischylos, Sophokles und Euripides nur Bruchteile. Von den 80 Dramen des Aischylos sind es gerade sieben. Die übrigen starben einen sanften Tod. Sie wurden nicht hinwegzensiert und auch nicht verbrannt. Mangelndes Interesse genügte, um sie für immer verschwinden zu lassen. In den ersten Jahrhunderten unserer Zeitrechnung gaben römische Exzerptoren »Volksausgaben« heraus, in denen das umfangreiche Gesamtwerk der großen griechischen Tragödiendichter auf wenige Stücke kondensiert war. Danach moderten die Handschriften mit den Gesamtausgaben zwar noch eine Weile vor sich hin, aber niemand hatte mehr das Interesse, sie zu erneuern. Auf diese Weise ging die Mehrzahl der Tragödien des klassischen Athen verloren.

Unwiederbringlich verloren wären auch die meisten archaischen Lyriker, hätte das trockene Klima Ägyptens nicht eine Anzahl von Papyrosrollen und -blättern vor dem Verfall bewahrt. Noch im ersten Jahrhundert v. Chr. hatte man in Rom vollständige Lyrikerausgaben erwerben können, die auf eine Bearbeitung von Aristophanes von Byzanz (etwa 257–180 v. Chr.) zurückgingen, des bedeutendsten unter den Bibliothekaren von Alexandria. Irgendwann in den folgenden Jahrhunderten verloren die gebildeten Schichten Roms jedoch das Interesse an Sappho und ihrem Vorgänger Archilochos. Die Werke der großen griechischen Lyriker wurden – mit Ausnahme Pindars – nicht mehr kopiert.

Wolfgang Schadewaldt hat dafür eine plausible Erklärung gefunden: Die Hauptträger der Überlieferung dieser Epoche, die Rhetorenschulen, waren an archaischer griechischer Lyrik nicht mehr interessiert. Die Subjektivität, mit der die Sappho über ihre Gefühle und Vorlieben schreibt, entsprach nicht dem Ideal der staatstragenden Kräfte Roms. Archilochos galt als ein notorischer Spötter, der sich über alles hinwegsetzte, was einem römischen Patrizier heilig war. Wegen seines Pathos und seiner historischen Bezüge dagegen hochgeschätzt, wurde Pindar weiter überliefert.

Die meisten Papyri wurden erst in der Neuzeit wiederentdeckt. Archäologen fanden ganze Rollen mit zusammenhängenden Texten, aber auch einzelne Blätter, die etwa zur Versteifung einer Mumie gedient hatten. Präpariert und entziffert bilden sie die Grundlage der Überlieferung der Lyrik.

Verloren sind die Schriften der ersten Naturphilosophen zwischen Anaximander im 6. und Demokrit im 4. Jahrhundert v. Chr. Was über diese sogenannten Vorsokratiker bekannt ist, stammt aus einem sechzehnbändigen Werk des Theophrast, das um die Wende zum 3. Jahrhundert v. Chr. entstand: *Die Meinungen der Physiker*. Angeregt durch Aristoteles zeichnete Theophrast, dem die Schriften der Vorsokratiker noch vorgelegen haben, darin die Entwicklung der Naturphilosophie auf.

Auch Theophrasts *Meinungen* gingen größtenteils verloren. Was erhalten ist, verdanken wir Abschriften: Um 50 v. Chr. hatte der unbekannte Verfasser der sogenannten *Vetusta Placita* Teile aus Theophrasts Werk exzerpiert. Bevor auch die *Vetusta* verschwand, hatten um 100 n. Chr. ein gewisser Aetius und andere Autoren einiges davon in ihre Werke übernommen. Zwar über-

354

lebte auch das Opus des Aetius nicht, aber zuvor hatte um 150 n. Chr. ein weiterer Unbekannter aus ihm abgeschrieben, *Pseudo Plutarch*. Er ist die wichtigste Quelle unseres Wissens über die Vorsokratiker. Was wir über diese Denker am Anfang der Naturphilosophie wissen, blieb nur durch mehrfaches Exzerpieren und Zusammenfassen erhalten. Ergänzt wird es durch vereinzelte Hinweise in Werken weiterer Autoren, die ebenfalls aus Theophrasts Werk schöpften.

Der Strom der Überlieferung

Obwohl jedes Werk *seine* Geschichte hat, läßt sich dennoch ein Hauptstrom der Überlieferung in groben Zügen wiedergeben. Nach Alexandria wurde Rom seit der Zeitenwende wichtig für die Erhaltung der antiken Literatur. Durch Schaffung einer zweiten Hauptstadt des römischen Weltreichs in Konstantinopel – dem ehemaligen Byzanz – spaltete sich die Überlieferung im 4. Jahrhundert zwischen Rom und der Hauptstadt des Oströmischen Reiches auf. Um die Mitte des 4. Jahrhunderts gründete Konstantin der Große am Bosporus eine kaiserliche Bibliothek.

In den Wirren, die im Westreich den Untergang Roms begleiteten, verfielen dort auch die öffentlichen Bibliotheken. Der Strom der Überlieferung verlagerte sich nach Konstantinopel. Im Jahr 395 Hauptstadt des Oströmischen Reichs geworden, überdauerte die Stadt den Machtverfall Roms um fast ein Jahrtausend. In dieser Zeit trug Byzanz die Hauptlast der Erhaltung der Werke griechischer Autoren, während im Westen der langsame Niedergang begann.

Im Westreich überlebten Werke der Griechen die Wirren der Völkerwanderungszeit noch für eine Weile in den Büchersammlungen gebildeter römischer Aristokraten. Der bekannteste Vertreter dieser aussterbenden Schicht war der Konsul Boethius (etwa 480–524). Der neue Herr über Italien, der Ostgote Theoderich, hatte ihn 522 zum Kanzler gemacht, bevor er ihn zwei Jahre später hinrichten ließ. In seinen letzten Tagen schrieb Boethius im Gefängnis den im Mittelalter hochgeschätzten *Trost der Philosophie*.

Nach dem Urteil des Philosophen Kurt Flasch war er »der letzte Mensch, der den vollen Umfang der antiken Bildung aktiv in sich vereinigte«.

Der vorzeitige Tod verhinderte das ehrgeizige Vorhaben dieses gebildeten Mannes, das Gesamtwerk des Platon und Aristoteles ins Lateinische zu übersetzen. So hinterließ Boethius nur eine lateinische Fassung der logischen Schriften des Aristoteles. Der größere und wichtigere Teil des Gesamtwerks dagegen – die aristotelischen Realwissenschaften: Physik, Metaphysik, Seelenlehre, Politik, Poesie und Biologie – blieb unübertragen und ging dem Abendland in den folgenden Jahrhunderten verloren. Boethius' lateinische Version der logischen Schriften sollte für Jahrhunderte die abendländische Philosophie bestimmen. Angesichts der überragenden Autorität des Gelehrten wurde das mittelalterliche Denken dadurch auf fatale Weise eingeengt. Da das Gesamtwerk nicht bekannt war, bedeutete im frühen Mittelalter wissenschaftlich zu denken nach Flasch: »die Logik des Aristoteles auf ein gegebenes Feld anwenden«.

Vom geistigen Erbe der Antike überlebten im Westen vorwiegend Werke *lateinischer* Autoren. Daß sie nicht das Schicksal ihrer *griechischen* Vorläufer teilten, ist das Verdienst eines weiteren römischen Patriziers, Magnus Aurelius Cassiodorus (490–580), den Theoderich nach Boethius' Hinrichtung zum Kanzler machte. Nach seinem Rückzug aus der Politik gründete Cassiodor um 550 in Kalabrien das Kloster von Vivarium, dessen Bibliothek das geistige Erbe der Antike bewahren sollte. Indem er die untergegangene antike Wissenschaft und Literatur zur Grundlage christlicher Bildung erklärte und das Abschreiben von Büchern als Kampf gegen den Teufel pries, begründete Cassiodor die mittelalterliche Klosterbibliothek, die so entscheidend für die weitere Überlieferung werden sollte.

Von Vivarium strahlte die Anregung auf zwei Neugründungen aus, denen wir die Erhaltung wichtiger *lateinischer* Kodizes verdanken: die 529 von Benedikt von Nursia gegründete Benediktinerabtei von Monte Cassino und das 612 von dem Iren Kolumban gegründete Kloster von Bobbio in Oberitalien. Die Werke der *griechischen* Autoren dagegen gingen anschließend im Abendland

ΤΕΡΨΙΧΌΡΗ Ε

Herodot: Anfang des 3. Buches
(Handschrift aus dem 10. Jahrhundert)

aus Mangel an Sprachkenntnissen und Interesse verloren. Waren in der Klosterbibliothek von Vivarium Terenz, Lukrez, Cicero, Sallust, Vergil, Horaz, Seneca und Plinius und weiteren Römern noch neben Homer, Hippokrates, Galen, Platon, Aristoteles, Euklid und Ptolemaios versammelt gewesen, so verschwanden die Griechen in der Folgezeit aus den Klosterbibliotheken.

Da die römischen Autoren griechische Vorbilder hatten, blieb dem Mittelalter zwar eine vage Ahnung der griechischen Literatur, aber die Werke selbst waren mit wenigen Ausnahmen verschwunden. Sie sollten erst in der Renaissance wieder nach Europa gelangen. Für Dante (1265–1321) beispielsweise, der den römischen Epiker Vergil über alles schätzte, blieb dessen großer Vorgänger Homer ein leerer Name. Die *Ilias* und die *Odyssee* kannte Dante nicht. Zwischen 1000 und 1300 hatte man im westlichen Abendland nur undeutliche Vorstellungen von der griechischen Literatur und Wissenschaft.

Eine Ausnahme bildeten dank der Vermittlerrolle der Araber Medizin, Naturwissenschaft und Teile der Philosophie. Die Araber, die noch zur Zeit Mohammeds (gest. 632) kaum über schriftliches Wissen verfügt hatten, waren im 7. Jahrhundert bei der Eroberung Ägyptens und Persiens auf Teile der geistigen Hinterlassenschaft der Griechen gestoßen, hatten sie übernommen und in einer eigenen Philosophie weiterentwickelt.

Ins Perserreich wiederum waren die Werke der Griechen durch syrische Gelehrte gelangt, die aus religiösen Gründen aus dem Reich von Byzanz vertrieben worden waren. Als nestorianische Christen, die in Antiochia in Syrien und in Edessa in Mesopotamien gelehrt und Texte griechischer Philosophen und Naturwissenschaftler übersetzt hatten, waren sie in Konflikt mit dem zur Staatsreligion erhobenen griechisch-orthodoxen Glauben geraten. Nachdem der byzantinische Kaiser 487 die Schule von Edessa geschlossen und ihre Vertreter verfolgt hatte, waren sie ins tolerantere Perserreich geflüchtet und hatten ihr Wissen und ihre Bücher mitgebracht. Weitere oströmische Gelehrte waren 529 nach der Schließung der Akademie in Athen gefolgt.

Als Mohammeds Nachfolger dann 641 Persien eroberten, fanden arabische Gelehrte einen umfangreichen Bestand von Werken griechischer Philosophen, Ärzte und Naturwissenschaftler vor. In den folgenden Jahrhunderten ins Arabische übersetzt, bildeten die Schriften der griechischen Ärzte Hippokrates und Galen sowie die vollständigen Werke des Aristoteles die Grundlagen der hochentwickelten Medizin und Philosophie der Araber. Arabische Denker wie Avicenna (gest. 1037) und Averroes (gest. 1198) sollten im Mittelalter einen tiefgreifenden Einfluß auf die Philosophie des Abendlands erlangen.

Welche Überlegenheit das Wissen der Antike arabischen Ärzten im 12. Jahrhundert gegenüber ihren europäischen Kollegen verschaffte, zeigt sich im Bericht des Schriftstellers Usama ibn Munquidh. Ein fränkischer Ritter hatte seinen Onkel, einen islamischen Fürsten, gebeten, ihm einen Arzt zu schicken, um ihn und seine Frau von ihren Leiden zu befreien. An Hippokrates und Galen geschult, versuchte der Araber die Ursachen der Krankheiten zu bekämpfen: Gegen den Abszeß am Bein des Mannes verordnete er eine Packung, die den Eiter ausfließen ließ, während er die »Trockenheit« der Frau durch eine Gemüsediät bekämpfte.

Beide Patienten befanden sich auf dem Weg der Besserung, als ein deutscher Kollege hinzugezogen wurde. Dieser stellte den Ritter vor die Wahl, entweder zu sterben oder sich von seinem Bein zu trennen. Obwohl die Amputation schon beim zweiten Axthieb gelang, verschied der Patient kurz darauf an »Knochenmarkausfluß«. Nicht besser erging es der Frau. Der Arzt erklärte sie vom Dämon besessen, schnitt ihr die Haare ab und verabreichte Knoblauch und Senf. Als sich ihr Zustand verschlechterte, versicherte er, der Dämon sei nun in den Kopf eingedrungen. Um ihn zu bekämpfen, zog der Arzt der Kranken die Kopfhaut ab und rieb den freiliegenden Schädel mit Salz ein. Die Kur bekam der Patientin nicht besser als ihrem Mann. Kaum Witwe geworden, verschied auch sie.

Neben arabischen Werken gelangten die ins Arabische übersetzten Schriften der griechischen Ärzte und des Aristoteles an den Berührungspunkten beider Kulturen ins christliche Abendland. Das waren Süditalien und Sizilien sowie die arabischen Städte Südspaniens. Toledo diente im 12. Jahrhundert als Hauptumschlagsplatz eines florierenden Kulturexports. Dort übertrugen Gelehrte wie

Gerardo von Cremona naturwissenschaftliche, medizinische und philosophische Werke griechischer Autoren aus dem Arabischen ins Latein, der Gelehrtensprache des Westens. Aus Toledo holte sich auch Kaiser Friedrich II. (gest. 1250) einen hervorragenden Übersetzer nach Palermo. Durch ihn verfügte die berühmte Ärzteschule von Salerno schon um 1240 über die erste *vollständige* Ausgabe der Werke des Aristoteles im christlichen Abendland.

Auf dem Umweg über die nach Persien vertriebenen nestorianischen Syrer und über wißbegierige Araber hatte Byzanz somit indirekt zur Vermittlung von Werken griechischer *Ärzte* und *Philosophen* an den Westen beigetragen. Als dann im Spätmittelalter und in der Frührenaissance in Italien das Interesse auch an der *literarischen* Hinterlassenschaft der Griechen wuchs, begann aus Byzanz ein reger Export von Kodizes in den Westen. Obwohl dort große Bücherschätze dem bildungsfeindlichen Jahrhundert des Bildersturms (726–842) und die Eroberung Konstantinopels durch ein christliches Kreuzfahrerheer (1204) zum Opfer gefallen waren, reichten die Bestände noch aus, um den Bedarf des Westens zu decken.

Auf der systematischen Suche nach Handschriften bereisten im letzten halben Jahrhundert vor dem Fall von Konstantinopel (1453) italienische Bücherkäufer das Oströmische Reich. Der Hochschullehrer Guarino von Verona brachte über 60 Kodizes mit, darunter Werke von Xenophon und Aristophanes. Auf nur einer seiner beiden Fahrten gelang es dem Bücherfinder und Buchhändler Giovanni Aurispa, gleich 238 Handschriften zu retten, darunter den vollständigen Platon, Thukydides, Werke des Sophokles, Aischylos, Euripides, Pindar, Kallimachos, Strabo und die homerischen Hymnen. Der Übersetzer Francesco Filelfo erwarb etwa 40 Handschriften mit Texten wichtiger Autoren wie Homer, Hesiod, Herodot und Theokrit. Als Mehmed II. dann 1453 Konstantinopel einnahm, waren daher bereits genügend Kodizes nach Italien gelangt, um die Verluste zu begrenzen. Aber auch nach dem Fall der Hauptstadt nutzten die türkischen Eroberer den Handel mit byzantinischen Kodizes als Einnahmequelle. Nahezu alles, was den Bildersturm und die Zerstörungen durch das Kreuzfahrerheer überstanden hatte, blieb bis heute erhalten.

ANHANG

LITERATUR

Bammer, Anton, Ephesos, Graz 1988

Burnet, John, Greek Philosophy, New York 1968

–, Die Anfänge der Griechischen Philosophie, Leipzig 1913

Connolly, Peter: Die Welt des Odysseus, Hamburg 1986

Farrington, Benjamin, Science in Antiquity, Oxford 1969

–, Head and Hand in Greece, London 1947

Flasch, Kurt, Einführung in die Philosophie des Mittelalters, Darmstadt 1987

–, Das Philosophische Denken im Mittelalter, Stuttgart 1986

Gomperz, Theodor, Griechische Denker, 3 Bde., Berlin/Leipzig 1922

Gregor, Joseph, Alexander der Große, München 1940

Gruben, Gottfried, Die Tempel der Griechen, München 1966

Handbuch der Bibliothekswissenschaft; Bd. 3: Geschichte der Bibliotheken, hrsg. v. Georg Leyh, Wiesbaden 1955

Harrison, Jane Ellen, Epilogemena to the Study of Greek Religion and Themis, New York 1962

–, Prologemena to the Study of Greek Religion, London 1961

Heraklit, Fragmente, hrsg. v. Bruno Snell, München/Zürich 1986

Herodot, Neun Bücher der Geschichte, Essen 1984

Herondas, Mimiamben, übers. v. Oskar Werner, Stuttgart 1968

Hippokrates, Auserlesene Schriften, eingel. u. übers., Wilhelm Capelle, Zürich/München 1984

Höckmann, Olaf, Antike Seefahrt, München 1985

Homer, Ilias, übers. v. Wolfgang Schadewaldt, Frankfurt 1975; (zu empfehlen ist auch die Reclamausgabe von R. Hampe mit einem umfangreichen Register, das das Auffinden von Stellen erleichtert)

–, Odyssee, übers. v. Roland Hampe, Stuttgart 1979

Homerische Hymnen, hrsg. v. Anton Weiher, München/Zürich 1989

Hunger, Herbert u. andere Autoren, Textüberlieferung der antiken Literatur und der Bibel, München 1975

Huxley, G. L., The Early Ionians, London 1966

Jaeger, Werner, Die Theologie der frühen griechischen Denker, Stuttgart 1953

–, Paideia, Berlin, New York 1989

–, Aristoteles, Zürich/Hildesheim, 1985
Kahn, Charles H., Anaximander and the Origins of Greek Cosmology, New
   York 1960
Krafft, Fritz, Geschichte der Naturwissenschaft, Bd. 1, Freiburg 1971
Krug, Antje, Heilkunst und Heilkult, München 1985
Latacz, Joachim, Homer, München/Zürich 1989
Lesky, Albin, Geschichte der griechischen Literatur, Bern/München 1971
Lukrez, Welt aus Atomen, Stuttgart 1973
Lyrik, Frühgriechischer Lyriker, Bd. 1 u. 2, übers. v. Zoltan Franyo u. Peter
   Gan, Berlin 1981
–, Griechische Lyrik, versch. Übersetzer, Stuttgart 1964
–, Griechische Lyriker, übers. und erl. v. Horst Rüdiger, Zürich/Stuttgart
   1968
Müller, Werner, Architekten in der Welt der Antike, Zürich/München 1989
Myres, John L., Herodotus, Oxford 1953
Pausanias, Reisen in Griechenland, 3 Bde., hrsg. v. Felix Eckstein, Zürich/
   München 1986
Plutarch, Große Griechen und Römer, übers. v. Konrad Ziegler, Zürich 1954
Parke, H. W., A History of the Delphic Oracle, Oxford 1939
Pfeiffer, Rudolf, Geschichte der klassischen Philologie, München 1978
Radt, Wolfgang, Pergamon, Köln 1988
Roebuck, Carl, Ionian Trade and Colonization, New York 1959
Rostovtzeff, Michael, Gesellschafts- und Wirtschaftsgeschichte der Hellenisti-
   schen Welt, 3 Bde., Darmstadt 1984
Sappho, Lieder, hrsg. v. Max Treu, München/Zürich 1984
Sartiaux, Felix, Les Civilisations Anciennes De L'Asie Mineure, Paris 1928
Siebler, Michael, Troia – Homer – Schliemann, Mainz 1990
Snell, Bruno, Die Entdeckung des Geistes, Göttingen 1986
Sophokles, Die Tragödien, übers. v. Heinrich Weinstock, Stuttgart 1962
Strabo, Erdbeschreibung, übers. v. A. Forbiger, Berlin o. J.
Tacitus, Sämtliche Erhaltene Werke, Essen o. J.
Tarn, William W., Alexander der Große, Darmstadt 1968
Thukydides. Der Peloponnesische Krieg, Essen o. J.
Die Vorsokratiker, übers. und eingel. v. W. Capelle, Stuttgart 1968
–, Die Vorsokratiker, übers. und erl. v. Jaap Mansfeld, Stuttgart 1987
Walter, Hans, Das Griechische Heiligtum dargestellt am Haraion von Samos,
   Stuttgart 1990.
Wood, Michael, Der Krieg um Troja. Geschichte der Stadt, ihrer Wiederent-
   deckung und der neuesten Grabungen, Frankfurt a. M. 1985
Xenophanes, Die Fragmente, übers. u. erl. v. Ernst Heitsch, München/Zü-
   rich 1983

QUELLENNACHWEIS

PRIMÄRQUELLEN*
Für die Abdruckserlaubnis von ihnen publizierter Übersetzungen antiker
Schriftsteller sei folgenden Verlagen gedankt:
Akademie-Verlag: Frühgriechische Lyriker (Archilochos, Alkmaion, Ananios,
Hipponax, Mimnermos, Tyrtaios); *Artemis:* Griechische Lyriker (Alkaios);
Hippokrates, Auserlesene Schriften; Homerische Hymnen; Sappho, Lieder;
Xenophanes, Die Fragmente; *Insel:* Homer, Ilias; *Kröner:* Sophokles, Die
Tragödien; *Reclam:* Heronadas, Mimiamben

ABBILDUNGEN*
Bildvorlagen wurden uns zur Verfügung gestellt von:
Aksit-Kultur, Istanbul: S. 262; *E.-W. Bauer:* S. 318; *Beck:* S. 50, 105, 136 u. 141
(aus: O. Höckmann, Antike Seefahrt); *British Museum:* S. 112, 229, 263 u. 265;
Bruckmann: S. 89 (Sappho und Alkmaios, nach: Vasenbild, Antikensamm-
lung, München); *Campus:* S. 80 (aus: L. Benevolo, Geschichte der Großstadt);
DuMont: S. 344 (aus: W. Radt, Pergamon); *Hirmer:* S. 182, 184, 253 (aus:
G. Gruben, Die Tempel der Griechen) u. S. 282 (Amphore aus Vulci; Paris
Louvre); *Oxford University Press:* S. 39 (aus: P. Connolly, Die Welt des Odys-
seus); *Preußischer Kulturbesitz:* S. 150, 333, 336/37, 339 u. 343; *Rombach:* S. 170
(aus: F. Krafft, Geschichte der Naturwissenschaft); *Umschau:* S. 57 (aus:
M. Wood, Der Krieg um Troja; Foto: Dtes. Arch. Inst., Athen); *Urachhaus:*
S. 201 u. 207 (aus: H. Walter, Das griechische Heiligtum); *Wasmuth:* S. 126 u.
226 (aus: F. Krischen, Weltwunder d. Baukunst...)

STICHE
Antiquities of Iona, 5 Bde., London 1769 ff., S. 123, 178/179, 256 u. 258/259

KARTEN UND STADTPLÄNE
Soweit nicht anders vermerkt: A. Sworonski

* Detaillierte bibl. Angaben vgl. S. 362 f.

REGISTER

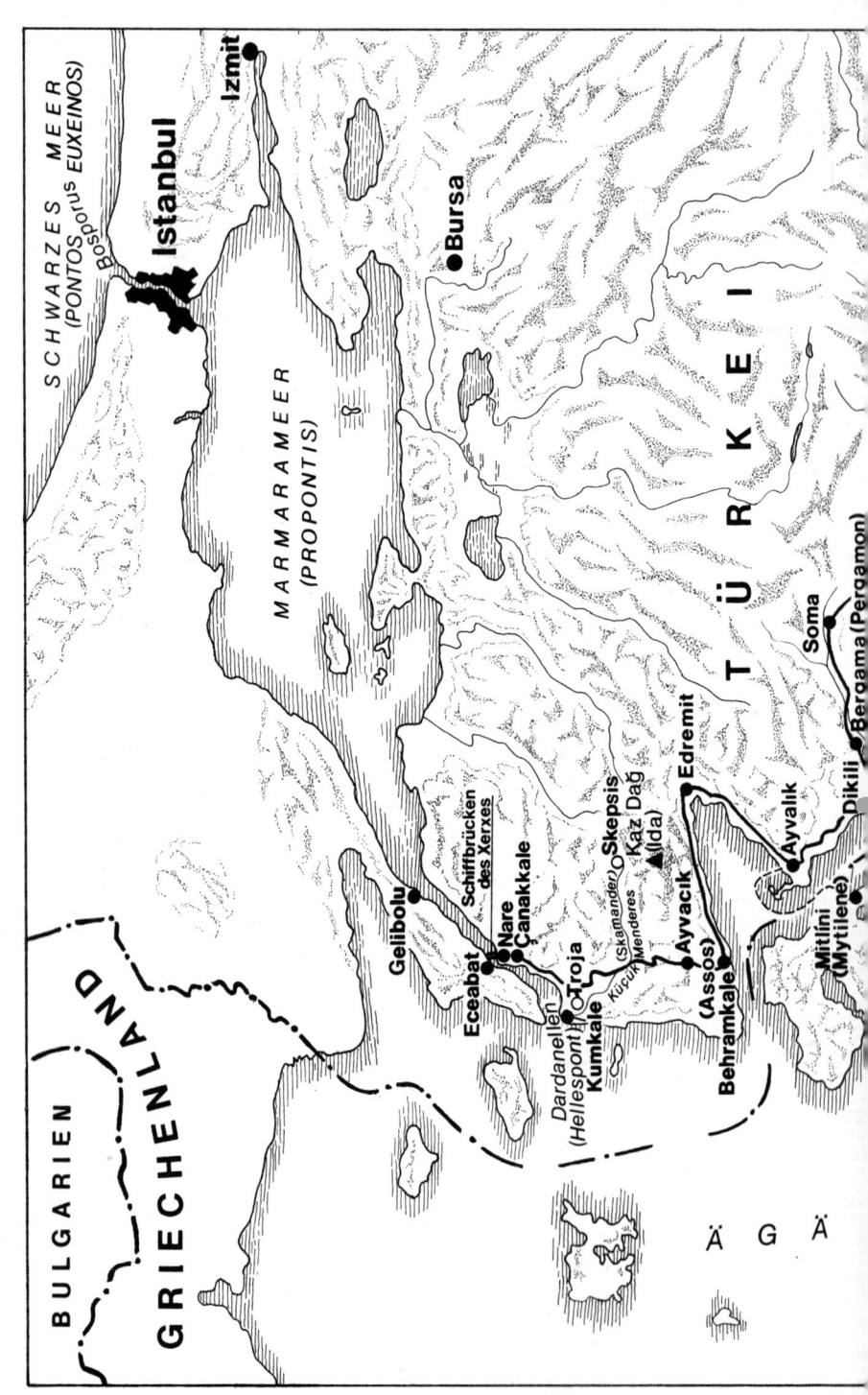